Research on the Synergy and Effectiveness of

SERVICE INDUSTRY

Development Policies

服务业发展政策
协同性有效性研究

李朝鲜　李丽　◎ 等著

中国财经出版传媒集团

经济科学出版社

Economic Science Press

图书在版编目（CIP）数据

服务业发展政策协同性有效性研究/李朝鲜等著.
—北京：经济科学出版社，2021.8
ISBN 978 - 7 - 5218 - 2833 - 7

Ⅰ.①服…　Ⅱ.①李…　Ⅲ.①服务业－经济发展－经济
政策－研究－中国　Ⅳ.①F726.9

中国版本图书馆 CIP 数据核字（2021）第 177536 号

责任编辑：刘　丽
责任校对：王肖楠
责任印制：范　艳

服务业发展政策协同性有效性研究
李朝鲜　李　丽　等著
经济科学出版社出版、发行　新华书店经销
社址：北京市海淀区阜成路甲 28 号　邮编：100142
总编部电话：010 - 88191217　发行部电话：010 - 88191522
网址：www. esp. com. cn
电子邮箱：esp@ esp. com. cn
天猫网店：经济科学出版社旗舰店
网址：http：//jjkxcbs. tmall. com
北京密兴印刷有限公司印装
710 × 1000　16 开　31 印张　460000 字
2021 年 8 月第 1 版　2021 年 8 月第 1 次印刷
ISBN 978 - 7 - 5218 - 2833 - 7　定价：120.00 元
（图书出现印装问题，本社负责调换。电话：010 - 88191510）
（版权所有　侵权必究　打击盗版　举报热线：010 - 88191661
QQ：2242791300　营销中心电话：010 - 88191537
电子邮箱：dbts@ esp. com. cn）

前言

"十四五"时期，我国服务业发展进入了一个新的阶段，服务业结构持续优化，涵盖领域不断拓宽，新型产业形态不断涌现，创造出较大经济价值。服务业产业增加值持续快速增长，占比不断上升，发展成为国民经济第一大类产业。

服务业已成为经济新常态下保障我国经济平稳运行的重要力量、进行创新创业活动的重要领域和保障就业市场的稳定力量。自党的十八大以来，服务业在提高社会劳动生产力、吸纳就业、新设市场主体、扩大内需、对外贸易等方面全面领跑，支撑国民经济健康发展，成为国家经济发展的支柱之一。

1978年至今，国务院出台了大量服务业相关政策，随着政策的逐步落实，我国服务业取得了实质性的发展与进步，但由于服务业自身发展的复杂性与特殊性，在一定程度上决定了服务业相关产业政策会跨越目前的政策领域边界和某个部门的职责范围，如果仅使用一种产业政策可能会对服务业发展产生不利影响，而使用多种宏观调控手段的组合政策，就能够比单一政策措施更有效地实现政策目标。

服务业发展政策的协同性有效性对服务业发展的意义重大。我国当前的供给侧结构性改革影响重大和意义深远，其顺利推进需紧扣"政策"这一主要矛盾，以改进政策质量为抓手以增强政策可实施性为突破口，大力推动供给侧结构性改革。由于服务业涵盖范围的广泛性、多层次性、复杂性，以及各子行业及不同区域发展不均衡的问题，需政府在政策制定过程中因地制宜、科学分析，针对不同子行业、不同区域的发展需求来制定相应结构性政策。同时，由于我国政府部门较多，存在政策制定时出现重叠甚至产生冲突、不及时采取有效措施、政策措施实施延迟、部门推卸责任等问题，因此在政策制定过程中应利用协同机制，将不同政策措施进行结合，打破现有政策领域边界，实现政策效率最大化，优化既定政策目标，促进服务业高效发展。

目前，学术界对我国服务业发展政策的研究多关注于现有服务业发展政策的不足和实施难点及相应解决措施，但对我国服务业发展政策的协同问题关注还较少，尤其是服务业发展政策对服务业发展、社会普遍服务与经济增长的有效性研究明显不足。特别是面对复杂多变的国内国际经济形势，如何提升不同政策措施间的协同作用，避免不同政策措施间的相互掣肘，从而加快服务业发展进程，即深入研究中国服务业发展政策的演变及协同性有效性，是新时期中国经济发展和改革面临的具有战略意义的重大课题。

本书以服务业相关理论、分类、发展现状及相关政策比较分析为基础，对服务业发展政策演变进行总结，进一步量化服务业政策文本，构建政策措施协同度模型和协同有效性分析模型，对服务业政策的协同性及有效性进行实证分析。同时，构建服务业政策与经济系统的耦合模型，研究服务业政策与 GDP 增长、第三产业发展、产业结构高级化以及产业结构合理化的耦合关系，并对服务业分行业政策发展效应进行研究。最后以典型地区服务业为研究对象，进一步具体分析，得出本书研究结论，并提出实质性建议，为促进服务业快速发展的政策制定与实施提供决策参考。

本书的创新点主要有以下几个方面。

（1）学术观点的创新。本书认为政策协同能够推进服务业发展，它是政策相互冲突或相互竞争的结果，是解决政策冲突的有效途径，且建立一个良好的政策协同有利于提高政策的实施效率和实现帕累托最优状态及实现更大限度的绩效并创造更多的福利。

（2）研究方法与分析工具的创新。本书运用编码分析法对服务业发展政策多维矩阵数据库的内容进行编码和分析。在研究过程中运用了多种量化分析法，综合采用主成分分析法、多因素分析、加法效应和乘法效应等方法，对引导措施、行政措施、财政税收措施、人事措施、金融措施等进行量化。同时构建数理模型评价服务业发展政策的协同性和有效性；构建多元回归计量分析模型，运用 Stata 软件分析服务业发展政策措施协同对服务业发展的有效性；通过建立服务业政策与经济系统的耦合模型，研究服务业政策与 GDP 增长、服务业发展的耦合关系，并基于协整理论和误差修正模型理论，对中国服务业政策的经济效应进行系统研究；在评价服务业发展政策对各区域经济增长、就业吸纳和社会服务绩效的影响时，将政策协同度引入柯布—道格拉斯生产函数，构建计量评价模型，评价政策对服务业发展的有效性。

（3）数据资料创新。本书基于对我国改革开放以来政府出台政策文本的量化进行政策协同有效性的研究，依据服务业的内涵和范围界定，从全球法律法规网和万方数据库下载收集整理大量政策文本。特别是收集了 1978—2019 年的服务业发展政策，揭示改革开放以来我国服务业政策演变的规律。考虑到协同性有效性的实证研究中很多非政策变量指标数据的可获得性，本书主要分析了 1997—2019 年的服务业发展政策的协同性和有效性。本书中收集的相关政策文本均是推动我国服务业发展的各级各类政策，资料数据非常庞大，需构建多维数据库进行编码分析。

通过分析研究，本书主要得出以下结论。

（1）服务业发展政策的制定和实施促进了服务业发展，但服务业发展质量不够高，表现为市场开放不够、民间投资动力不足、金融支持度不够等。

（2）中国服务业政策更加体现服务业的创新性和高质量发展。

（3）生产性服务业政策颁布的数量最多，生活性服务业政策数量次之，社会性服务业政策颁布最少。

（4）政策总效力增加主要是政策数量的增加引起的，而不是来源于政策力度和政策措施的改善。

（5）服务业发展政策大多为通知类等力度较低的政策，不利于服务业发展长期性、系统性、战略性目标的实现。

（6）服务业主管部门不掌握足够的经济和行政资源。

（7）将服务业政策协同性问题，定位为政策的制定和实施主体在议定政策目标以及确立不同政策措施等方面的相互协调。

（8）我国政府尝试用更多的经济杠杆与行政措施协同使用，但在运用金融措施与行政措施协同方面比较薄弱。

（9）服务业政策促进了经济增长、产业结构升级与就业，但在促进产业结构合理化方面还有待提高。生产性服务业政策在推动制造业发展中的效果较为理想，生活性服务业政策在拉动消费需求、缩小城乡差距、提高人民生活水平方面，发挥了应有的重要作用。

（10）服务业政策的实施效果随省份或区域不同，在整体与局部区域上可能存在较大差异。京津冀、长三角和泛珠三角区域的服务业政策实施明显促进了服务业的经济增长与就业水平，长三角的促进效应更加明显。

当然，本书仍存在一些不足，主要表现为服务业的范围界定不能涵盖新型业态。本书认为服务业子行业可以考虑从生产者、消费者和政府三个经济主体视角分为生产性服务业、生活性服务业和社会性服务业三大类。社会性服务业虽包含范围较广，但大多带有半行政半服务性的特点，多数子行业的产业经济性质并不明显。因此，本书在子行业研究中仅对生产性服务业与生活性服务业进行了重点分析，对新型服务业，例如数字娱乐产业、新媒体资讯、粉丝经济等未进行深入分析。在数据收集方面，有关部分子行业的数据未进行专门统计，数据收集存在一定困难。同时，由于政策颁布年度跨度大，政策收集与筛选不能面面俱到。

　　本书的顺利出版，不仅得益于"科技创新服务能力建设——高精尖学科建设（市级）——应用经济学"项目和国家社科基金重大项目"中国服务业发展政策的演变及有效性协同性研究"（编号17ZDA056）的资助，也得益于北京工商大学科技处和经济学院的大力支持。参与本书写作的人员主要有北京工商大学李丽、方燕、徐丹丹、孙永波、余向华、罗玉波、王勇、尹玉良、邱雅、王琴英、王康等老师。北京工商大学经济学院赵博文、陈佳波、王微微和李尚容等研究生对本书的编写也付出了很多的心血，他们在数据收集、文献整理、实证研究等方面做了大量的基础工作。经济科学出版社刘丽女士为本书的出版也付出了辛勤的努力。在此对所有为本书的出版付出心血的领导、同仁和学生表示衷心的感谢。

　　由于水平有限，且服务业涵盖的广泛性与复杂性、数据收集的局限性，无法做到对整个行业的全面分析。同时，服务业发展的新现象、新问题会不断涌现，数据专项收集也会相继完善，均有待后续研究探索，进一步深入分析，充实与完善服务业发展相关理论知识。希望本书能够给广大读者有所启迪、有所帮助，不妥之处敬请谅解，恳请作出批评指正。

李朝鲜

2021 年 7 月 1 日

目 录

第一章 绪 论

第一节 研究背景

服务业已成为新常态下我国新的经济增长点。在经济发展态势不好、制造业发展受到挤压的背景下，服务业能否稳步增长变得尤为重要。2019 年我国服务业增加值 534233 亿元，比上年增长 6.9%，分别高出国内生产总值和第二产业增加值增速 0.8 和 1.2 个百分点；服务业增加值占 GDP 比重达到 53.9%，比上年提高 0.6 个百分点，对经济增长的贡献率达到 59.4%。其中，交通运输、仓储和邮政业、金融业、租赁和商务服务业增加值分别增长 7.1%、7.2%、8.7% 和 18.7%。服务业已经发展为经济新常态下保障我国经济平稳运行的重要力量、进行创新创业活动的重要领域与保障就业市场的稳定力量。

自 1978 年以来，国务院出台了大量服务业相关政策，随着政策的逐步落实，我国服务业在发展经济、升级产业结构、扩大内需、增加就业岗位和提升国际竞争力等方面作出了巨大贡献。但服务业包含了非常丰富的行业门类，存在千万家以上的法人单位，与其他产业相比：服务业对于交易过程的管控、制度环境的营造方面有更高的要求，对促进服务业持续健康发展的体制机制、包容创新的监管环境和公平普惠的政策环境有更高的要求，对构建政府标准、市场标准和企业标准的服务质量治理有更高的要求。因此，急需出台一系列相应的产业政策进一步提升我国服务业的发展质量。

由于服务业具有多领域且复杂的特性，决定了服务业的相关产业政策会跨越政策的领域边界和某个部门的职责范围，如果仅使用一项产业政策可能会对服务业发展产生不利影响，而使用多种宏观调控手段的组合策略，就能够比单一政策措施更有效地完成政策目标。

目前，学术界对我国服务业发展政策的研究更多的关注在现有服务业发展政策的不足和实施难点，并提出相应解决措施，但就我国服务业发展政策的协同问题关注的还比较少，尤其是服务业发展政策对服务业发展、社会普遍服务与经济增长的有效性的研究明显不足。特别是面对复杂多变的国内国际经济形势，如何提升不同政策措施间的协同作用，避免不同政策措施间的相互掣肘，从而加快服务业发展进程，即深入研究中国服务业发展政策的演变及协同性有效性，是新时期中国经济发展和改革面临的具有战略意义的重大课题。

全球新兴服务业、新的服务模式蓬勃发展。从全世界的工业化发展过程来看，当一个国家在完成工业化后，就会优化升级产业结构，服务业此时会成为经济发展的主要拉动力量。从全球的经济发展过程可以看出，当工业所占比重增加时，会出现较大的经济波动幅度；而当服务业的所占比重增加时，不会出现较大的经济波动幅度，也就是经济波动趋向于稳定。发展服务业不仅能提升社会劳动生产率，还能增加更多的就业岗位，是国家经济发展的支柱之一。近年来，全球服务业具有低速增长、稳中趋缓的发展态势。但与世界经济的发展趋势相比，服务业仍具有良好的表现，全球服务业跨国直接投资、服务贸易的增长速度均高于全球外国直接投资（Foreign Direct Investment，FDI）和世界贸易增速；跨境电商、物联网、互联网金融、共享经济等新兴服务业和新的服务模式蓬勃发展，成为促使全球服务业发展的主要推动力，新业态的出现同样加快了各国服务业政策的不断创新。

我国服务业发展面临新形势和新问题。自20世纪90年代，党中央及国务院就制定并实施一系列政策鼓励服务业发展。"十二五"时期，我国服务业增加值比重，从44.2%提高到50.5%，年均提高1.26个百分点，服务业已经占据国民经济的半壁江山。例如，2016年服务业在国内生产总值（Gross Domestic Product，GDP）中占比为51.6%。但目前我国服务业发展也面临若干突出问题，例如：服务业的发展理念需要尽快转变，发展机制的束缚较多，还未建立起良好的市场环境；服务业供给创新速度偏慢，生产性服务业整体水平有待提高，还要为制造业的转型升级提供更充足的支撑；部分生活性服务业有效供给还需补充，一些领域还不能满足居民生活需求；服务贸易长期逆差，服务贸易国际竞争力较弱，服务业整体上处于国际分工中低端，贸易逆差规模较大；服务业人才不足，服务水平有待进一步提升。

服务业发展政策的协同性有效性对服务业发展的意义重大。我国当前的供给侧结构性改革影响重大、意义深远，其顺利推进需要紧扣"政策"这个主要矛盾，以改进政策的质量为抓手、以增强政策的可实施性为突破口，大力推动供给侧结构性改革。本书整理了1997—2019年全国人大、国务院、国家发展改革委、商务部和财政部以及地方政府等多个部门独立或联合制定的服务业政策共3604条。其中，中央政府政策24条、各部委政策201条，地方政府政策3379条。通过万方数据库，依据服务业政策的定义，通过略读这些政策，并筛选核对，整理出与服务业发展密切相关的政策2667条。随后通过精读服务业政策的不同属性，经过八个多月的整理与筛选，确定了中央政府层面（全国人大和国务院）、国家发展改革委、商务部和财政部等多个部门独立或联合制定的服务业政策共计1871条。这些政策的协同性有效性需要研究，特别是我国服务业在不同子行业、不同区域的发展存在不均衡情况，需要政府在制定服务业政策时针对不同子行业、不同区域的发展需求来制定相应的结构性政策，将不同的政策措施协同和组合起来，以增强政策的协同性有效性，通过政策实施的协同性和有效性来推动服务业发展。

2017年6月，中华人民共和国国家发展和改革委员会（以卜简称国家发展改革委）印发实施《服务业创新发展大纲（2017—2025年）》（以下简称《大纲》）明确提出"提升服务业市场化、社会化、国际化水平的发展方向，期望在优化结构、提高质量、提升效率基础上，实现服务业增加值'十年倍增'"的战略目标，推动我国由服务业大国加快向服务业强国迈进的基础更加牢固。《大纲》从创新引领、转型升级、促进融合、提升质量和优化布局 5 个方面，提出要提升服务业的发展动能、推动服务业增效升级、促进跨界融合发展、创新服务质量治理和优化空间布局等任务。此次公布的《大纲》与之前的相关政策文件相比，为服务业的发展提供战略性指引，对改善服务业发展的政策环境提出更多要求，更加突出由深化改革来提升服务业发展质量这一最终目的。本书在总结我国服务业发展政策的基础上，收集我国 1997—2019 年的相关政策资料，并从政策力度、政策措施、政策目标等维度对服务业发展政策进行量化；利用量化数据对我国服务业发展政策的演变路径、有效性及协同状况等问题进行研究，并提出相关建议，以期为政府制定有效的政策措施提供研究支持。

第二节　研究意义

本书的研究意义主要体现在理论和现实两个方面。

一、理论意义

一方面，本书的研究建立在对服务业科学分类的基础上。随着信息技术的进步和经济结构的升级，新兴服务业不断产生，服务业的多样化和差异性将更加典型，加强对我国服务业的分类研究，建立适应我国国情的既能真正反映服务业发展实际情况、又能与国际服务业分类标准接轨的服务业分类法，是本书研究的关键问题，解决该问题有利于促进服务经济的健康发展、推动服务业的学术研究。

另一方面，本书还能够丰富中国服务业发展政策的研究方法和研究视角。自改革开放以来，我国政府陆续制定并实施了大量的服务业发展政策，并且随着政策实施的深入，逐渐着重于加强不同政策间的协同作用，通过政策协同来推动服务业的发展。然而,从目前来看学者尚未充分研究服务业发展政策的协同作用,而且更关注对某一子行业或一地区政策的对象、内容、效果或未来方向等进行分析,对服务业发展政策间的互动效应和协同效应关注得比较少,并且这些研究更多地集中在逻辑分析层面上,关于量化服务业发展政策的研究几乎没有。因此,本书在服务业发展政策量化研究的基础上对服务业发展政策协同性和有效性问题进行探讨,有助于丰富原有服务业发展政策的研究方法和研究视角。

二、现实意义

首先,本书的研究能为政府制定有效的服务业发展政策提供参考。政策协同是政策相互冲突或相互竞争的结果,是解决政策冲突的有效途径,有利于提高政策的实施效率和实现帕累托最优状态及实现更大限度的绩效和创造更多的福利。本书通过对服务业发展政策演变、政策协同和政策有效性等问题进行研究,为政府制定服务业发展政策和有效实施提供参照依据。

其次,本书的研究有利于进一步理顺服务业发展政策。在市场逐步成为推动我国服务业发展主导力量的同时,伴随着国内和国际市场复杂化趋势,以及市场机制不完善的现状,需要政府实行合理的服务业发展政策,保证服务业的稳定发展。合理的政府干预政策是我国服务业发展中重要的辅助力量。政策力度、政策措施、部门联合颁布政策是政策干预的主要方式,但执行效果问题是服务业发展政策存在的主要问题。我国服务业增加值比重低于上中等收入国家57%的平均水平,与发达国家74%的平均水平相差20多个百分点。正是基于以上基本背景,自2013年下半年以来,国务院相继出台了《国务院关于加快发展养老服务业的若干意见》《国务院关于加快发展生产性服务业促进产业结构调整升级的指导意见》等13个有关促进服务业发展的政策文件。半年左右的时间,国务院如此大力度地发布推进服务业发展的文件,在我国十分罕见。"十三五"规划纲要设置了服务业增加值比重这个指标,指出服务业比重进一步提高的主要目标，主要是为了引导服务业加快发展、优质发展，它也是一项预期性指标。针对服务业发展落后的现状，需要政府在理论和实践方面不断完善，确保政策执行到位、力度合适。本书通过对服务业发展政策演变的研究，揭示服务业发展政策的演变规律，理顺服务业发展政策。

最后，本书的研究还有助于揭示我国服务业发展政策协同的效果。服务业发展政策协同涉及多个主体及历史和逻辑等多种维度，同时也表现出不同的深度或层次。通过对我国服务业发展政策的协同状况、发展路径及服务业发展政策的有效性等问题进行研究，有助于理解在我国服务业发展政策的制定和实施过程中，不同政策措施之间的协同状况和协同机制以及不同服务业发展政策措施协同方式对服务业发展效果和经济增长的影响等，对揭示中国服务业发展政策的制定原理以及指导我国服务业发展政策的制定有着重要意义。本书注重从历史和逻辑的视角研究政策演变，并实证分析其协同性和有效性，项目研究成果对后续政府制定政策促进服务业发展、优化服务业结构、提高服务业效率和增加服务业比重也有重大意义。

第三节　国内外文献的综述

一、关于中国服务业发展现状

近年来，我国经济的主体部分由工业向服务业转变，由工业经济向服务经济前进，服务业逐渐成为国民经济中的第一大产业和就业的第一主体。尽管我国的服务业总体规模不断扩大，但发展水平较低，服务业内部的行业组成也不合理，地区间服务业发展分化严重。总体来看，我国的服务业发展与发达国家相比，仍然有很大差距。因此国内许多研究者通过研究服务业的发展现状，分析我国服务业发展中存在的问题，提出政策建议来促进我国服务业的发展。本书主要从政策协同、区域失衡、集聚水平、发展形势与优化路径和国际比较等方面总结我国服务业发展现状。

1. 服务业政策协同效应不足

关于服务业政策协同效应的研究多集中在某一单一政策的评估方面。关于服务业的税收政策环境的问题研究，大部分学者都认为现行税收体制存在缺陷，税收政策在促进服务业发展上存在问题。欧阳坤和许文（2009）分析了当时税收政策在促进服务业发展上存在的不足，包括增值税征收范围过窄、营业税税制不完善和缺乏统一规范的税收优惠政策体系，并建议改革增值税、调整营业税和制定合理有效的税收优惠政策体系。肖全章（2011）认为促进服务业发展的税收政策体制存在缺陷，地方税收体系不完善，地方税收自主权过小，扭曲了地方政府行为；增值税的征税范围过窄，存在重复征税；产业税负不协调；税收优惠政策缺乏系统性设计，手段单一。除了对税收政策环境的研究之外，在促进服务业发展的土地政策上，马立行（2010）认为传统产业发展政策、土地管理政策存在资源倾斜，服务业在土地资源方面先天性的不足；工业土地资源占用过多，既加剧土地资源的紧张，又挤占服务业发展用地需求，产业发展环境恶化。面对产业发展出现融合的趋势，土地政策尤其是土地用地性质政策面临难题，亟待调整。在服务业用地规划、用地指标方面应当优先考虑、倾斜支持。在运输服务业政策上，樊桦（2012）认为我国的运输服务业中，政策部门政策取代产业政策，运输服务业发展政策缺乏顶层设计和通盘考虑；运输服务业政策缺少从促进一体化运输发展的角度来规范各种关系的产业政策；运输服务业发展所面临的全局性、战略性问题缺乏政策支持和引导，现有运输服务业政策体系仍具有明显的行政管理色彩。

目前学者对我国服务业发展政策的研究着重在某一服务业发展政策的不足和实施难点上，并提出对策，还没充分关注到我国服务业发展政策的协同问题，尤其是服务业发展政策对服务业发展及经济增长的有效性的研究明显不足。

2. 服务业发展区域失衡

虽然不同学者在研究服务业发展的区域差异时所使用的研究方法不同，但我国服务业发展中存在的区域差异问题是被学术界共识的。顾乃华和李江帆（2006）认为东、中、西部由于市场化进程不一致导致服务业技术效率存在显著差异，并加剧了我国服务业区域发展失衡现象。李金昌和罗顺风（2010）基于经济增长的收敛性理论，认为我国省际服务业发展水平的绝对差异一直处于扩大趋势，省际的相对差异经历了三次波动。我国省际服务业增长不存在明显的绝对收敛性。张建升和谭伟（2011）研究发现我国地区服务业发展水平差异较大，自东部往西部呈现逐渐降低的梯度分布格局，外商直接投资只对东部地区服务业发展水平有显著促进作用，而固定资产投资只对西部地区服务业发展有显著影响。伍毓锋和汤志伟（2015）把中国 31 个省份服务业分为高、中、低三类区域，三类区域服务业增加值和服务业增加值占 GDP 比重的差异呈扩大趋势，人均服务业增加值的差异有所减小。王铁山（2015）研究发现东部各省份的服务业技术效率差距最大，中部各省区的服务业技术效率差距适中，西部各省份的服务业技术效率比较均衡，差距最小；无论是全国还是三大区域，不同省份间服务业技术效率的差异都在逐渐减小，并有趋同趋势。

总之，由于服务业发展的地区差距日益扩大，区域非平衡发展对城乡一体化造成很大障碍。因此对服务业发展的地区差异的演化与影响因素、如何制定解决区域差异以及如何优化地区服务业的地区布局等问题的服务业政策研究，对促进国民经济的发展以及国际竞争力的提高，都有重要的现实意义。

3. 服务业发展集聚趋势增强

随着我国经济的快速发展，服务业的集聚趋势进一步增强，产值比重明显上升。国内许多地方非常重视推进服务业集聚区的建设。因此通过对服务业集聚问题的研究，有利于优化各类资源的配置，提高服务业竞争水平,充分利用服务业集聚的积极作用,为政府推动服务业集聚的发展提供理论和政策依据。

(1)关于服务业发展的集聚水平研究。国内有关服务业发展的集聚水平的文献大多是基于宏观数据的实证分析,其测度方法大致可以分为以下两类。

①地理信息分析法。陈建军、陈国亮和黄洁(2009)在新经济地理学理论的基础之上,结合新古典经济学和城市经济学理论尝试性地提出了生产性服务业集聚的理论框架。研究发现知识密集度、信息技术水平、城市与政府规模等变量对生产性服务业集聚有显著影响,并存在一定的区域差异,与制造业集聚相比,生产性服务业集聚受地理因素和累积循环因果关系的影响较弱。从长期看,中国东部城市存在集聚效应,中西部地区在城市相对规模达到一定的熵值后集聚效应开始递减。周珂慧等(2010)研究发现金融服务业空间高度集聚于中心商务区(Central Business District,CBD)内(单核心),集聚主要受城市等级规模和政策推动的影响。非银行业(保险业、证券业和其他金融活动)和银行业时空演变规律性更强,但总体都呈现"轴向扩散""楼宇主导"态势;演变过程和城市主导发展方向、城市功能转型相契合,空间表现为由非均衡向相对均衡发展的格局过渡。

②统计分析法。马风华和刘俊(2006)通过使用埃尔森和格莱斯(Ellsion & Glaese)建立的产业地理集中指数以及自定义的五省市集中度,发现服务业的地域分布非常不平衡,广东、河南、江苏和山东四省集中度最高,西部地区服务业相对落后。总体而言,服务业一般集中在制造业集聚的地区。胡霞(2008)通过熵指数测度我国服务业聚集程度,认为中国城市服务业存在显著的产业集聚现象,其强度高于工业。随着市场规模的增大和制度环境的提升会有利于加强服务业的集聚,而地区要素禀赋和地区虚拟变量的作用均不显著。吉亚辉和杨应德(2012)采用空间统计学原理和方法,发现生产性服务业的空间分布存在一定的集聚特征,产值大和发展快的集中于东部沿海地区;西部地区各省份的产值呈低值分布,形成低值集聚区;中部地区各省份产值较高且与高值区毗

邻，分布较为集中。谷永芬和洪娟（2013）研究发现长三角城市服务业产业相对聚集且专业化程度较高；服务业集聚程度与区域经济增长呈现负相关关系，由集聚带来的该地区规模经济和专业化优势对经济增长的效应开始出现逆转；生产性服务业市场规模、政府干预程度、人力资本水平和居民消费能力等均与经济增长均呈正相关。今后政府对服务业集聚应注重对集聚多样化的协调、集聚协同产业的发展以及集聚配套基础设施一体化的建设。

（2）关于服务业发展的集聚效应研究。相关的研究基本上是使用计量方法对服务业发展的集聚效应进行实证分析。大部分的研究者认为服务业集聚能促进区域经济发展。王晶晶、黄繁华和于诚（2014）研究发现服务业集聚显著促进服务业劳动生产率增长。服务业集聚对生产率影响的积极效应受到经济发展水平的影响。制造业集聚、物质资本和人力资本均有利于服务业劳动生产率提升。马鹏和李文秀（2014）认为不同的高端服务业集聚效应不同，高端服务业集聚和产业控制力实现存在显著的正相关关系。应通过高端服务业集聚提升我国全球价值链上的分工地位，获得更多的利益分配，获取产业控制力。也有部分研究者提出相反的意见，王琢卓、韩峰和赵玉奇（2012）通过使用马歇尔和雅各布斯外部性与新经济地理的综合视角，研究了我国生产性服务业集聚对城市经济增长的影响，发现生产性服务业专业化、多样化和集聚规模与城市经济发展之间存在长期的平衡关系；生产性服务业多样化从长期与短期来看都推动了城市经济增长，而专业化却对经济增长产生负向效应。

4. 服务业的发展形势与优化路径

该部分文献主要是基于对我国服务业或服务业分支行业的发展形势的研究，讨论和研究当前服务业或服务业分支行业发展中现存的问题，通过设计相关政策提出有关建议，以促进服务业的发展。整体服务业的研究上，张素珍和徐江林（2003）认为我国服务业发展水平严重滞后，服务业结构不合理，服务业改革、开放步伐相对缓慢，制约了供给能力的扩张，服务业法律法规不健全。国家应当积极推进城镇化战略的实施，提高服务业的有效需求，有目标、有步骤地发展我国服务业，分层次逐步开放我国服务市场，制定适度的服务业保护政策，加强政府在促进服务业发展中的作用。刘治（2007）认为应当充分认识加快发展服务业的重要性和紧迫性，深化体制改革，创新发展模式，优化发展环境，确保完成加快服务业发展的目标和任务。

在服务业分支行业的发展形势与政策合理化研究上，李文（2008）认为我国的生产性服务业存在增加值比重过小、高度化不足、与其他部门的关联度较差等缺陷，促进我国生产性服务业发展的税收政策优化措施包括：开征教育税、给予民办教育必要的优惠、给予职工培训费用加成扣除；细化风险投资税收优惠措施；加强研究与开发（Research and Development，R&D）税收鼓励；降低某些生产性服务业的税收负担、扩大增值税课税范围等。匡佩远（2009）整理了我国信息服务业政策现状并归纳了政策障碍所在，提出了我国发展信息服务业的相关政策需求。张学江和荆林波（2010）分析了我国消费金融服务业现存的问题和发展状况，提出了对消费金融服务业发展有利的政策建议。贾曼莹（2010）认为我国现代服务业明显落后于世界现代服务业的平均发展水平，探讨通过财税政策激励和扶持促进我国现代服务业发展。姚战琪（2012）认为我国人力资源服务业在很多方面带来了显著成效，对降低企业运营成本、促进就业、优化产业结构有帮助；与此同时，各地人力资源服务体系还不够完善的问题依然存在、在服务的市场和公共方面存在不清楚的界限、人资服务业发展所处层次不高、在岸服务外包虽然有了迅猛进步，但离岸服务外包受到忽视等问题依然存在。中国的国情之下，人才服务业已进入快速发展时期，我们需要做的是：制定的政策要促进人力资源服务业多元化发展、市场化服务和公共服务业协调发展、人力资源服务企业转型升级，以及推动人力资源服务在岸外包和离岸外包协调发展以及不断完善的法律环境建设。青连斌（2016）认为在中国人民的努力奋斗下，以居家养老服务为基础，中国的居家养老服务的地位日益增强，社区养老服务发展迅速，支撑居家养老和社区养老的机构养老形式也发挥着越来越明显的作用。

与此同时，养老业在我国还存在着诸多棘手问题，包含缓慢提升的养老服务水平、养老服务业不均衡的开展、经营养老机构困难重重和老年人的生活需求不能较好得到满足。因此需要改进，促使养老服务供给架构得到进一步优化，使得养老服务和医疗卫生融合得以进一步发展，革新公办的养老机构，研究设立长期且多样的护理陪护保障体系，居家养老支持政策要得以建立健全。

5. 服务业发展的国际比较

产业的空间差异或布局不同是客观存在的现实，不同地区的服务业政策结构是有差异的。目前，我国现代服务业方面已经形成了一定的规模，但体制机制方面仍未完全确立，在发展理念和方式方面与国外发达国家仍存在很大的差距。20 世纪 70 年代前后，美国、日本和欧洲等发达国家的经济形态的主导是以服务业为主，服务业也逐渐成为竞争优势，这也促进了我国现代服务业的发展和进步，体现在发展方向、规划实施和政策促进等方面。

李善同和陈波（2002）对世界服务业发展出现的新趋势进行了详细分析，包括服务业在经济活动中逐步取得主导地位；服务业内部结构凸显新经济的特点；服务业和制造业的关系不断加强；全球范围内服务贸易增长加快；服务业管制宽严有度。这为研究我国服务业的发展规律和政策选择提供参考依据。高传胜和李善同（2008）基于投入产出分析发现，中国服务业的发展水平还参差不齐，与经济发达强国存在显著差距，不仅体现在服务使用结构及其变化趋势上，还体现在产业的服务投入水平上。中国加快服务业发展应该从生产者服务业方面进行突破。相关的政策则要考虑几个着眼点，包括市场环境的完善、改革行业体制、对行业相关人才的纳入、借鉴国外服务业的有关的经验和加强发展本土国际大企业等方面。李莹和熊涓（2007）通过对日韩服务业内部结构、服务贸易出口结构和服务贸易竞争力指标的分析发现：日韩服务贸易整体竞争力不具备比较优势，针对此事，在服务贸易发展中两国政府选择"渐进式"模式，既可以引入国际竞争，还可以提供本国服务业相关的政策和管理上的力量，这是本国暂不具备竞争力的方面。这些做法对于中国发展服务业具有极强的借鉴作用。

另外，对于服务业分支行业的国际研究上，马春和宋鸿（2008）通过对国外研发有关服务业发展状况的讨论和总结，认为加快我国研发服务业的进步与发展，应加大政府引导和扶持力度，以顺应研发服务业发展趋势；围绕区域产业优势，促进研发服务业集群发展；领先企业加大海外研发投入，利用好全球资源；积极培育第三方研发服务公司，发展研发外包。张楠（2011）发现日本现代服务业发展的成功经验主要是：重视服务业的发展对其他产业的影响；国家提供研发技术的资源和具有持续性的政策；技术贸易的发展要得以重视；发展的核心是垄断企业服务业，在初期的服务业发展中获得显著成效。由此可见，要发展好中国现代服务业，政府应该注重技术研发资金补贴和支持政策的持续性，服务业的联动影响也要得到充分重视，但是也不能忽视以大企业为核心的服务业。秦浩和郭薇（2013）分析探讨了人力资源服务业发展与各项经济指标之间的关系，并从知识化、专业化、多元化和国际化等方面对国外人力资源服务业的发展趋势进行了展望，旨在为我国人才市场服务体系的健全提供参考借鉴。

综上所述，针对服务业政策协同不足和区域失衡问题，适应服务业的地区集聚趋势，结合国际经验，需要深入研究区域服务业政策协同性和有效性问题。

二、关于服务业与经济发展的关系

国内研究者多是通过分析服务业在国民经济中的战略地位和对经济发展的作用等来阐述服务业与经济增长之间的关系。陈凯（2005）通过对国外有关服务业在经济发展中的地位及作用的相关理论进行了归纳和总结，认为国外学术界普遍认为在就业方面，服务业发挥重要作用，可是关于服务业对经济发展是否促进，依然产生了很多争议。大部分研究者认为服务业对促进我国经济发展占有重要地位，程大中（2004）认为我国服务业已不再是"边缘化的或奢侈的经济活动",而是位于经济的核心地带。在国民经济中服务业发挥了重要作用是黏合剂的作用,这一作用促进了经济增长与发展、提升了经济竞争力、助推了经济变革,顺应了经济全球化发展。夏杰长和倪红福(2016)研究发现服务业与工业的界限日益模糊,形成了"你中有我,我中有你"的格局;服务业在协调和支撑全球价值链的过程中发挥着重要作用,在国际贸易中作用日益突出。未来较长一段时间内,中国经济增长应该是服务业和工业的"双轮驱动",不是谁主导。应避免从过去片面强调工业主导地位转向现在单纯强调服务业主导地位,要树立从传统产业或行业的市场干预(产品补贴、投资补贴、关税和税收优惠等)转向水平型措施(平台、网络和制度)的新产业政策思路。

对服务业分支行业与经济发展之间的关系的考察,陈仕权(2006)认为几乎在所有国家,服务业的表现都能影响经济增长的快慢。对生产性服务业而言,发展势头猛进,在促进我国经济增长方面作用显著,直接影响着我国国民经济的发展。此外,李京文(2008)认为发达的现代服务业可以为发展新技术产业提供创业的氛围,能够为现代制造业的发展提供帮助;现代服务业与工农业经济的协调发展,现代服务业与现代制造业的双轮驱动形成互动的机制,是我国社会经济可持续发展的重要保证。

服务业在国民经济中占据着重要地位,服务业发展有利于优化产业结构与经济发展路径、扩大就业和增强国际竞争力,是国内外学者的共识。

三、关于中国服务业发展政策演变

1. 服务业发展相关政策研究

国内服务业政策的理论研究主要集中于税收机制对服务业或服务业相关行业发展的作用上。沈彤(2007)对公共文化服务业体系、农村服务业、科技开发、金融服务业等十个方面的服务业税收政策框架加以分析概括，并就税收政策对我国服务业发展发挥积极促进作用提出了相关建议。黄朝晓、唐婧妮和王结玉（2010）认为服务业的税收政策存在诸多问题，导致服务业能享受的优惠政策有限，建议对服务业税收政策进行调整完善。刘建民和王鑫（2008）认为促进生产性服务业又好又快地发展，要解决好生产性服务业现有税收政策中存在的立法层次低、行业政策差异大、税收负担重以及重复征税等问题。完善生产性服务业税收政策，主要是推进增值税转型的进程，营业税上单设"物流税"税目，解除税收对行业和非公有制的歧视，加大企业所得税优惠力度并转变优惠方式。苑新丽和任东梅（2008）有针对性地提出了财税政策在发展现代服务业中可采取的主要措施。潘海岚（2009）认为中国服务业的发展先后经历了认识期、转变期、加速期和完善期的过程，现在服务业之所以发展滞后，是因为新兴现代服务业依然还有门槛高、管制多、垄断经营现象的存在。市场不规范、对外开放程度不高、不够专业，除此之外，还存在效率不高的问题。认为在当时的政策之上，需要细化服务业发展相关体制，平衡产业发展关系，助推服务业结构更加完善。周侃、申玉铭和任旺兵（2011）对"十一五"时期中国服务业政策效应进行综合测度分析，提出中国服务业政策调整和优化应从深化服务业体制改革、完善社会保障体系、平衡内外资鼓励政策、拓宽政策支持覆盖面、构建服务业企业对服务业政策实施情况的反馈机制等方面着手，推动转型期中国服务业向高比重、高效率方向发展。姚战琪（2013）通过对中国服务业对外直接投资的现状和影响服务业对外直接投资竞争力的因素分析，提出以下对策：增强我国服务业竞争力是推动服务贸易良性发展的根本举措；高度重视高端服务业发展；大力推动服务业对外投资，制定措施引导外资投向中西部和东北地区；加大对服务业基础设施及专有技术与人才的投入。李国刚和李开航等（2016）基于政策工具视角下，采用内容分析法对我国新常态背景下的生产性服务业中部分政策文本建立政策分析框架。提出以下建议：优化生产性服务业的政策工具结构；制定政策的过程中应适当加深对协同型政策工具的重视度；以高人力资源含量、高度专业性、高附加值等为基础条件进行政策的制定与实施；应注重政策的可行性。江静（2017）从制度和营商环境的角度出发，提出政府在制定服务业政策时，除了放松服务业管制、税收优惠等常规的政策手段外，还应该关注其营商环境的整体提升，尤其是针对产权保护、投资者保护、加大合同执行力度、缓解融资约束等方面作出努力。

2. 服务业政策演变研究

该部分研究基本是通过梳理和分析我国颁布的服务业政策文件，来研究服务业的政策在逐步完善过程中表现出来的特征，然后针对已有的服务业发展政策展开讨论和发现目前服务业政策存在的问题，据此研究如何推动服务业发展。在我国整体服务业政策变迁的研究上，瞿华和邓于君（2005）通过总结我国服务业发展政策的特点，认为与市场经济体制改革深入、迎接世界贸易组织（World Trade Organization，WTO）挑战的时代背景相适应，我国服务业总体发展政策主要具有加大市场化与对外开放力度的特点，部分省区市相应制定的服务业发展政策也体现了这些特点。社会主义市场经济体制的建立和不断完善、加入WTO以及全球经济一体化使中国服务业加大市场化与对外开放力度的改革之举成为必然。郭怀英（2006）认为推进市场化和扩大开放是国家服务业总体政策的主导思想，一些行业政策在突破体制障碍方面取得重要进展，对服务业而言，该产业不仅仅是一个比重目标，还有一方面要注重"改革、规范、创新"，服务业政策要重在改善发展环境，并具有可操作性。服务业政策要针对重点行业、关键领域和分阶段制定，使政策手段更为丰富，加强分类指导，增强结构政策引导力度；不能忽视服务业统计制度建设，为了积累经验，可以把中心城市作为政策试点。潘海岚（2009）认为中国服务业的发展随着国家产业政策的变迁，先后经历了认识期、转变期、加速期和完善期的历程，呈现出政策的阶段性特征。服务业不论在产值还是就业等方面对国民经济贡献显著。然而，服务业仍表现为总体发展水平不高、缺乏竞争力、结构不合理、区域发展不平衡的特征。服务业之所以出现滞后现象，是因为服务行业，尤其是新兴现代服务业存在诸多问题，其中包括高门槛、管理不规范和出现垄断现象，还有对外开放、市场化和专业化程度低以及小规模、不高效等问题。除此之外，强调优先发展工业过于片面，是因为没有重视在服务业基础设施方面的付出，存在不合理的投资结构，因此在一定程度上服务业的发展受到制约。体制的改革与创新在服务业领域是必须持续关注的问题。应在现有政策的基础上，通过细化服务业发展政策，协调产业发展关系，以推动产业结构调整和优化升级。郭东海（2012）认为国家发展生产性服务业的产业政策的提出是基于生产性服务业的发展及对其理论认识不断加深，总体上，我国生产性服务业产业政策的演进大致经历了五个阶段。同时，我国现行的生产性服务业产业政策存在：缺少完整的产业规划和配套政策实施细则；结构性政策引导力度不足；货币政策、财政政策对生产性服务业支持的缺失；全局性的经济社会发展政策中的某些政策，在一定程度上抑制了生产服务业发展；政策体制不完善制约生产性服务业的发展等问题。

在对生活性服务政策演变研究上，俞华和路红艳（2014）认为现有生活性服务政策过于零散；系统性政策欠缺，部分政策陈旧过时，已不适应行业发展需要；行业税费依然过重、过多，企业负担较重；行业法规标准尚不健全，难以保障合法权益。应尽快清理国家级滞后政策，推动地方政府落实中央现行政策，制定完善生活性服务业促进政策，加强生活性服务业法律标准体系建设。

关于现代服务业政策变迁的研究上，严海伟（2008）对当时现代服务业政策进行总结，利用规制理论对发展现代服务业的产业规制进行研究，建议应当为现代服务业创设一个良好的市场秩序，放松经济性规制，加强行业标准的制订，引导和规范现代服务业健康发展，以促进现代服务业发展。

3. 服务业政策国际比较研究

由于国情、体制以及经济发展水平的差异，不同国家和地区的服务业发展政策与战略也不相同。近年来我国虽然陆续出台了一系列促进服务业发展的政策措施，但在我国体制改革不断深入、经济高速发展的现阶段，服务业发展还相对滞后，与发达的国家仍有很大差距，因此可以在许多方面借鉴国外的服务业政策，使我国的服务业政策体系更加合理，从而推动我国服务业进步。

在对于税收政策机制的经验借鉴上，李平（2007）在研究美国服务业财税政策的基础上，对当时我国服务业财税政策方面存在的问题作出分析，他指出为促进我国服务业的发展，应当优化财政支出结构，大力发展公共服务事业；完善地方税体系，保障地方政府发展服务业的资金来源；深化税制改革，促进我国服务业健康发展。蒋琳（2011）通过对美国现代服务业税制和税收政策的比较分析与借鉴，提出促进我国现代服务业发展的税收政策取向，即现代服务业的税负要适度降低，利用各种税收优惠政策"组合拳"促进现代服务业发展，利用税收的杠杆作用改造和完善传统服务业；现代服务业集群化发展要利用税收政策推动，促进现代服务业风险投资基金、担保发展基金的健康发展，并鼓励非营利性科研机构的发展。安体富和刘翔（2011）通过比较国际与国内的服务业政策，认为许多新兴经济体政府和发达国家为推动本国现代服务业发展制定的税收政策在内的一系列政策措施值得借鉴。我国政府配合积极财政政策的实施，进行结构性减税，但服务业受益较少。税收优惠政策要满足我国经济结构调整和大力发展现代服务业要求，可从扩大增值税的征税范围、调整营业税税率、完善企业所得税和服务贸易出口免征营业税等方面减轻服务业的整体税负入手，以促进我国现代服务业的发展。

关于生产性服务业政策的国外经验，毕斗斗（2008）通过研究30年来亚洲新兴工业化国家和地区的生产性服务业的发展政策的着力点及经验，指出中国生产性服务业发展的基本政策取向在于：政府要重视知识密集型生产性服务业的知识溢出效应对于推动产业升级的作用；要着力创造适合生产性服务业发展的制度环境，增大市场竞争范围；尽量放松和减少对生产性服务业行政管制的内容和范围，推进垄断性生产性服务业市场化改革。路红艳（2010）通过分析发达国家在制造经济向服务经济转型的过程中，制定和出台鼓励、扶持生产性服务业发展的经验和政策，有助于我国生产性服务业的发展，在一定程度上具有借鉴和启迪意义。

除税收政策机制的经验借鉴研究之外,熊小奇(2007)通过分析发达国家科技中介服务机构发展模式及政策,认为发达国家科技中介服务业发展模式虽然不同,但在扶持政策上有共同特点:制定政策法规,鼓励和规范科技中介服务业的发展;加大金融支持的力度,培育市场供给和需求能力;积极推进科技中介服务的网络化。冯锋、高娟和詹正茂(2008)认为制定和实施创新政策之后,可以在一定程度上处理服务业创新方面存在的问题,推动服务业的发展和国民经济的增长是国外经验的最好概括。学习国外值得借鉴的经验,在此基础上,需要与我国现代服务业发展的现实相结合,在中国,服务业在创新政策方面需要把为现代服务业的发展提供良好的创新环境作为着眼点,内容包含:制度环境、财政环境、人才环境、技术环境等,现代服务业在创新方面的发展障碍需要被消除,目的是现代服务业的发展和创新得以推动,促进服务业的规模壮大。刘平(2011)认为应该前瞻性地在许多方面借鉴日本的经验,促进生产性服务业和生活性服务业同步发展;缩小城郊差距,率先考虑提高生产率和竞争力问题;实施服务业企业第三方认证制度;实施奖励、表彰制度;成立专门机构和研究机构;全方位扶持中小企业。

四、政策量化研究

政策测量进行的同时,应该与传统社会科学的专业理论相结合,自然科学提供的专业测量算法和测量理论也不能缺乏。进行政策的测量,目的是发现目前政策存在的问题并进行科学的分析,然后提出解决方法。除此之外,为了对政策进行量的比较,采用数字化的测量语言,政策对比和改进的相关工作会更加容易。根据威廉·配第(William Petty,1676)提出的政策量化的观点,在英国当时的社会政策基础上,同时将统计学与政策量化的实践相结合,威廉·配第在对当时的政策进行量化分析时使用了多种统计学计算方法,最终的研究成果被载入到威廉·配第的《政治算术》中。在此之后,政策测量取得重大突破,是因为比利时数学家凯特勒应用数学中的概率知识解释随机社会政治现象。初期的政策测量,就已经与量化分析的数学手段不可分离。制定政策并且实施需要将其精细化，其中应该使用量化手段，政策的量化分析需要与自然科学学科相结合，数学、统计学和运筹学等学科的运用是最为基础的。

从政策量化这样一个新的角度来研究政策文本，国内外学者均进行了广泛深入的研究，利贝卡普（Libecap，1978）将研究视角投向关于矿产权的政策，以法规政策的翔实程度为打分指标，政策法规内容越翔实，则分数越高；如果某项法规仅仅是对过去法规的重复，则不计分。通过这样的一种方法对政策法规进行量化，并进行了下一步的政策效力的分析。不同政策措施之间的协同对于经济发展的影响不同。芈凌云和杨洁（2017）对节能减排政策进行了量化研究，发现强制性的措施对节能的效果没有偏温和型的政策措施的效果好。张永安和马昱（2017）从中关村这样一个很小的地域视角对政策进行了量化分析，发现国家级和市级的政策所关注的重点不同，国家级政策主要关注的是技术等能够让行业持续健康发展的政策，而市级政策的重点是为企业解决经营上的困难，特别是资金上的困难。

五、政策协同性研究

政策的制定者通常都是政府，由于不同的产业政策对产业发展的影响路径和机制存在差异，其效果也就存在异质性，因此针对某一产业的各种产业政策如何实现同方向的共同促进，即具有协同性，将是政府政策制定过程中所要考虑的重点问题（李晟婷等，2020）。

当前，国内外很多学者从不同的角度对政策协同的内涵进行了阐释，学者马尔福德（Mulford，1982）认为其包含两层意思：第一层是两个部门共同创造新的政策；第二层是两个部门共同使用已经出台的政策来应对同样的环境变化。在此基础上，很多学者都提出，政策协同既包括同一政府部门内部上下级之间的政策协同，也包括不同政府部门之间的政策协同，以及政府部门与社会部门之间的政策协同（Meijers & Stead，2004；周志忍和蒋敏娟，2010）。我国学者郑佳（2010）从政策颁布主体的角度指出，政策颁布的主体本身存在政策目标，有着相同政策目标的部门会联合起来发布政策，这样不仅节约了成本，而且还提升了政策实施的效果。

此外，国内外的很多学者围绕着政策协同性的评估和应用问题展开大量的实证研究。赫尔佐格（Herzog，2006）从国际的视角研究政策的协同问题，不同的政府部门存在共同的政策目标，那么不同国家也会存在相同的政策目标，这就涉及国家与国家之间的政策协同，特别是在全球化日益深入的当下，各国之间存在广泛的共同利益，当然就存在广泛的政策目标，进而产生了不同国家政府之间的政策协同性问题。彭纪生等（2008）以创新政策为例，利用扩展的柯布—道格拉斯生产函数研究政策协同和技术绩效之间的关系，给出了政策量化标准的具体操作手册；张国兴（2014）等从政策力度、政策措施和政策目标三个维度对政策进行了测量，分析政策的协同与演变；李玲和李伟（2020）则基于政策协同理论，度量1978—2018年乡村教师队伍建设政策，评价政策的历时协同、部门协同和措施协同情况。

六、政策有效性研究

政府政策作为一种公共政策工具，其有效性评价实际上是对政策实施效果的评价，考察政策是否科学合理并真正达到预期目标（王宏起等，2013）。

关于政府政策在产业经济的发展过程的有效性问题，很多学者都展开了大量分析和讨论，但是现有的相关研究仍然存在很多争议，也经常得到相互矛盾的结论。学者佩尔茨曼（Peltzman，1976）提出，市场机制本身能够实现经济资源优化配置，而政府的介入则会干预自发的市场机制，进而降低市场配置效率。随后，很多学者的实证分析也都发现，政府的税收优惠、贷款补贴等产业扶植政策虽然可以促进产业产出的增长，但对产业生产率（Lee Jong - Wha，1996；舒锐，2013）和企业竞争力都没有产生显著的积极影响（Martin，2009）。然而，也有很多学者提出了不同意见，著名经济学家斯蒂格利茨（Stiglitz，1996）认为，在市场机制不完善时实施正确的产业政策可以弥补"市场失灵"，东亚很多国家的经济迅速发展正式得益于产业政策的正确引导与实施。南亮进（2008）则指出，政府采用产业政策积极推动产业结构调整和升级，有利于落后产业发挥"后发优势"。

为了对产业政策的有效性进行评估，国内外的很多学者针对不同的国家，从不同角度开发出了多种产业政策有效性的测度方法。学者梅尔萨里奥等（Mellssa Liew et al.，2007）从政策实施时间的角度构建了时间计划模型，对具体产业政策的最优时间规划进行评估。学者阿吉翁等（Aghion et al.，2009）基于科学、技术和系统三个方面，构造产业政策动态模拟模型，对高技术产业政策实施效果进行了评估。此外，我国学者刘希宋等（2005）运用层次分析法（Analytic Hierarchy Process，AHP），分别从产业结构、产业组织、产业布局和产业技术四个方面，对我国支柱产业的政策有效性进行评价。宁凌等（2011）运用数据包络分析（Data Envelopment Analysis，DEA）的方法，对高技术产业政策实施绩效有效性进行了评价。严飞（2012）采用模糊层次分析法评价了产业集群政策的有效性。邱兆林（2015）基于要素投入倾斜度测量了工业行业产业政策偏度，并运用回归模型实证分析了产业政策偏度对产业规模和产出增长率的影响作用。

七、现有研究成果的综合述评

总体而言，现有研究成果从服务业的概念及分类、服务业与经济发展的关系、服务业发展现状、服务业相关对策、服务业政策演变、服务业政策国际比较、政策协同、政策有效和政策量化等方面进行了全面深入的研究，内容非常丰富，在研究方法、研究结论和研究视角等方面都各有特色，形成本书研究的重要基础。从以上国内外分析得出：传统的政策研究集中于逻辑分析层面上，关于政策评价大体上停留在定性阶段；通过专家评议法获得这类政策的研究，也就是对政策的重要性和价值需要通过某领域的专业人士来评定，这是一种典型的权威式政策评定制度，存在缺点，即专家意见不可避免的过于主观，数量统计分析比较困难，基于此，专家意见不能与客观资料的分析画上等号。在政策的定量研究中，大部分是研究政策实施的结果；主要运用的方法是统计分析法和对比分析法，选取政策指标在统计分析方法中基本上都是把政策结果与政策本身等同，但基于相关实证研究进展之上，在政策量化研究中这类指标使用不多，原因在于这类指标可能与一些未能观察的因素有关。在政策量化研究的文献中，尽管对服务业发展政策的量化研究不多，但这些文献的政策量化研究方法为本书的研究带来了启示。

目前已有很多学者从不同角度对政策协同的必要性和政策有效性进行了研究，但很少涉及服务业发展政策协同性和政策有效性的专门研究，服务业发展被我国政府逐渐重视，对不同服务业发展政策措施间的协同以及政策有效性如何协调处理，是我国政府在将来制定和实施服务业发展政策过程中所面临的挑战之一。已有研究成果对本书的研究，虽然带来了启示和借鉴的意义，但也有不足之处，因为在这些成果中几乎没有针对中国服务业政策有效性和发展政策协同性的专业性分析，更为不足的是对中国服务业发展政策中不同政策间的政策措施协同、政策措施与目标协同的协同状况及有效性、政策目标协同等问题的研究没有涉及，对服务业发展政策进行量化研究从政策本身出发不够重视。基于对服务业发展的多领域性和复杂性进行考虑，在一定程度上决定了服务业发展政策超越了现有的政策领域边界和单个部门的职责范围，与单一政策措施相比，多种宏观调控工具的协同与组合，可以更好地实现既定目标，因此中国政府需要使不同的服务业发展政策措施相结合，协同作用，通过政策措施协同来推动服务业发展，提高政策的有效性。因此，有必要从政策本身出发来对中国服务业发展政策的演变路径、政策对服务业发展和经济增长的有效性及政策的协同性等问题进行专题研究，以便在更多细节上为中国服务业发展政策的制定提供理论依据。

近年来，中国服务业的国内外形势都发生了巨大变化，出现了一系列新情况、新问题、新挑战和新矛盾。在当今形势下服务业已经成为中国最大产业，极大程度促进了经济发展。服务业领域不断涌现新的模式。例如，基于大数据、云计算、物联网的服务应用和创新日益活跃；众多新业态迅猛发展，有助于支撑转型升级制造业；新的服务模式涌现，其中包含生态旅游、远程教育、休闲养老等，在一定程度上拓宽了购物途径，消费者的关注点发生变化，服务消费占比增加。多年以来中国重点改革经济结构，有助于中国经济发展。服务业给经济发展注入了活力，极大程度推动了中国经济持续健康发展。但不可忽视的是中国服务业发展还存在诸多不足之处。包含：服务不规范，服务质量水平总体不高，服务贸易中侵犯消费者合法权益的事件屡见不鲜，中国服务业在服务国际贸易中竞争力不强，服务业的增加值比重和就业人口比重与国际水平相比存在较大差距，区域发展失衡等。以上新情况、新问题、新矛盾、新挑战以及中央提出的新要求，都需要我们重新审视服务业发展问题，重新反思中国执行多年的服务业发展政策问题，重新审视国际经验教训，进一步研究服务业政策的有效性和政策协同性问题，而这正是本书的主要研究任务。

第四节　研究内容和研究思路

本书主要研究内容可以概括为理论基础与现状分析、中国服务业发展政策的演变、中国服务业政策的协同性研究、中国服务业政策的有效性研究，典型案例分析、结论与政策建议六大部分。

1. 理论基础与现状分析

包括第一章到第四章，旨在为整个研究开展奠定基础。①服务业及产业政策的研究现状和相关理论基础。②中国服务业整体及各子行业发展现状及相关政策。③服务业发展政策的国际比较研究。

其中，第一章为绪论，包括研究背景与研究意义、文献综述、研究内容与研究思路、研究方法、创新之处和不足之处。第二章主要是本书研究涉及的相关基本理论、服务业分类和基本概念界定。第三章为现状分析。

主要分析中国服务业的发展背景与新趋势、服务业各个子行业生活性服务业、生产性服务业和社会性服务业的发展现状等。第四章为服务业发展政策的国际比较，站在欧盟、美国、日本国际比较的视角对中国服务业发展实践进行相对定位。从国内和国际两个方面着手，理解中国服务业的实践发展情况是整个项目的工作基础。

2. 中国服务业发展政策的演变

包括第五章和第六章。考虑到服务业政策与服务业本身的范围变化和类型变化密切相关，更与服务业在实际经济中的地位密切相关，因此本部分内容首先分析服务业概念的变化过程、分类结构的变化过程以及其在整个国民经济中的地位演变过程，然后再分析服务业政策的演变。

第五章分析了服务业与服务业政策的内涵变化、中国服务业的总体统计分类政策、中国服务业发展政策演变历史的总体梳理、服务业发展政策演变与社会主要矛盾认识变化和服务业发展政策演变的主客观动因。第六章对服务业政策演变进行了统计分析，对不同时期服务业总体及服务业子行业生产性服务业、生活性服务业和社会性服务业政策的时序演变进行了统计分析，分析了服务业政策颁布数量的分布情况、各部门颁布政策的数量分布情况，并对服务业发展政策演变情况进行了总结及其新时代政策体系优化的思考。

3. 中国服务业政策的协同性研究

包括第七章。首先对中国服务业政策进行收集，制定政策措施量化的标准，构建政策措施协同度模型和协同有效性分析模型，然后分析服务业发展政策的部门协同和政策措施协同情况。

4. 中国服务业政策的有效性研究

包括第八章到第十章。第八章首先在构建服务业政策评价指标体系的基础上，对中国1997—2019年的服务业政策进行量化分析，得到历年的服务业政策效力以及分行业服务业（生产性服务业和生活性服务业）政策效力。然后通过建立服务业政策与经济系统的耦合模型，研究服务业政策与GDP增长、第三产业发展、产业结构高级化以及产业结构合理化的耦合关系，并基于协整理论和误差修正模型理论，对中国服务业政策的经济效应进行系统研究。最后从分行业的角度，一方面研究生产性服务业政策与制造业创新、制造业增长、制造业升级的耦合关系及其在各个方面的发展效应；另一方面研究生活性服务业政策与居民消费水平、城乡消费差距、居民生活水平的耦合关系及其在各方面的发展效应。

第九章以京津冀、长三角和泛珠三角区域的服务业为研究对象，在对区域服务业政策措施有效性理论分析的基础上，分别从政策的"决策与管理"和政策实施的结果两个方面评价服务业政策措施的有效性。在量化分析上，主要从经济效益角度测算与评价服务业政策措施效力对区域服务业经济增长与就业水平的影响作用与绩效水平。

第十章分析服务业及子行业（生产性服务业和生活性服务业）发展政策措施协同的有效性。

5. 典型案例分析

包括第十一章，对两个典型案例——北京文化创意产业政策及京津冀批发和零售业政策协同性与有效性。分析北京市文化创意产业政策的现状并对其政策效应进行评价，探索北京市文化创意产业政策发展方向，为进一步发展提出建议，同时为其他地区提供借鉴。以京津冀为例，分析京津冀批发和零售业发展政策的协同性与有效性。

6. 结论与政策建议

包括第十二章。给出本书的研究结论与政策建议，政策建议分为三个层次，分别是总体层面的政策建议、分行业的政策建议、分区域的政策建议以及其他建议。

本书的技术路线如图1-1所示。

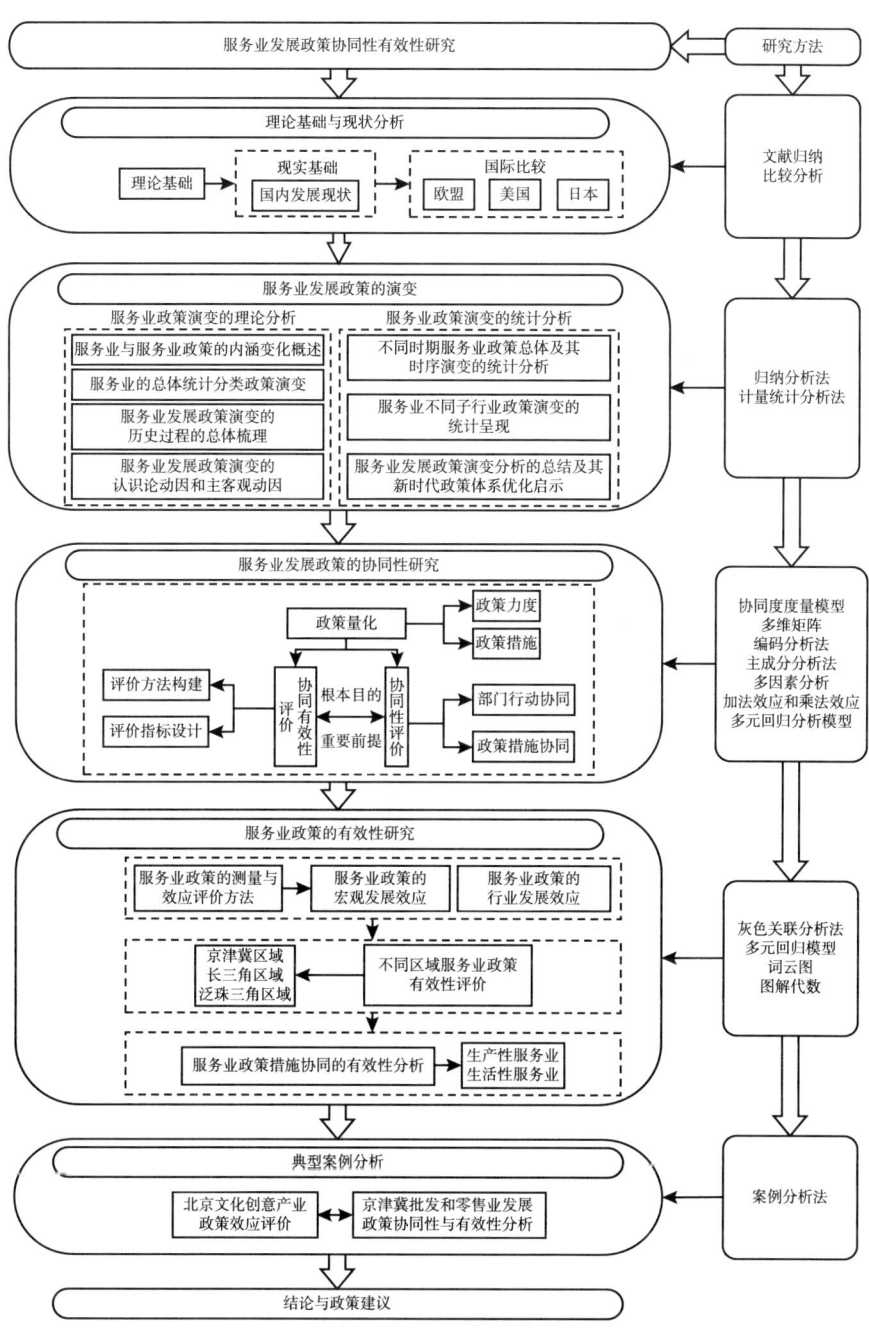

图 1-1　技术路线

第五节 研 究 方 法

本书主要探讨政策演变及政策的协同性和有效性。在研究过程中，本书采用多重研究方法进行系统的分析与讨论。

一、实 地 调 研 法

针对不同地区、不同行业、不同行为主体和不同利益群体用多种调研方法展开全方位调研。关于调研地点，选择北京和河北等地。关于调研对象，除学术界相关知名专家外，还包括政策制定部门（国家发展改革委法规司、政研室，商务部政研室、法条司、服贸司、电子商务司等）及其他各部委政策制定部门，财政部、科技部、工信部等相关政府部门及其地方机构。另外选取了两个典型行业——北京文化创意产业和京津冀批发和零售业进行调研分析。关于调研方法，综合使用问卷调查、座谈、深度访谈、专题研讨和主题会议等。

二、编 码 分 析 法

收集整理服务业发展政策，按照不同历史时间节点、不同子行业、不同区域和不同层级（国务院、各部委和地方政府）等类别构建多维矩阵数据库，对服务业发展政策进行编码，以找出中国政府在制定服务业发展政策的过程中使用的主要政策措施，为后续服务业政策力度和政策措施量化做好前期准备。

三、协 同 度 模 型 和 面 板 计 量 模 型

构建协同度模型，在对比量化数据加法效应和乘法效应的基础上，对

政策措施协同性进行度量。选择 1997—2019 年服务业增加值作为服务业发展的指标，作为政策措施协同因变量，以政策措施协同、上一年服务业增加值等为自变量，构建面板计量模型，运用 Stata 软件，分析服务业发展政策措施协同对服务业发展的影响，在中国服务业发展的政策协同中，行政措施和引导措施处于很重要的地位，故分别构建服务业发展政策各种措施与行政措施、引导措施之间的协同对服务业发展的影响。考虑到政策从实行到发挥效果存在时滞，在具体分析时将根据赤池信息准则（Akaike Information Criterion，AIC）和施瓦兹准则（Schwarz Criterion，SC）来确定自变量的滞后期数，在自变量的选择过程中，考虑到前一年服务业发展水平对当年服务业发展水平有影响，即前一年服务业发展水平一定程度上代表了所处年份服务业发展水平。其中服务业生产总值来自中国统计年鉴，协同数据来自政策量化结果。

四、经济系统耦合模型

首先，在构建服务业政策评价指标体系的基础上，对我国 1997—2019 年的服务业政策进行量化分析，得到历年的服务业政策效力（政策实施后所产生的效果）以及分行业服务业（生产性服务业和生活性服务业）政策效力。其次，通过建立服务业政策与经济系统的耦合模型，研究服务业政策与 GDP 增长、第三产业发展、产业结构高级化以及产业结构合理化的耦合关系，并基于协整理论和误差修正模型理论，对我国服务业政策的经济效应进行系统研究。再次，从分行业的角度，一方面研究生产性服务业政策与制造业创新、制造业增长、制造业升级的耦合关系及其在各个方面的发展效应；另一方面研究生活性服务业政策与居民消费水平、城乡消费差距、居民生活水平的耦合关系及其在各方面的发展效应。最后，基于图解代数理论建立，在系统论的框架下分别建立了"服务业政策—产业结构升级""生产性服务业政策—制造业升级"和"生活性服务业政策—居民消费升级"三个系统的系统化政策效应评价模型，分别研究各政策系统的"循环—反馈"效应。

五、多种量化分析法和计量模型的综合运用

基于计量经济学，将政策量化数据引入经典的柯布—道格拉斯生产函数，构建计量模型深入研究政策措施对各区域经济增长、就业吸纳、社会服务的绩效。对多个政策措施（引导措施、行政措施、财政税收措施、人事措施和金融措施等）进行量化，综合采用主成分分析法、多因素分析、灰色关联分析等相关方法，根据各种不同政策措施的详细程度、支持和执行力度等量化各政策措施。政策力度根据制定政策的部门级别制定量化标准，级别越高、分值越高；根据不同政策维度间的关系和结合紧密程度，在对比量化数据加法效应和乘法效应的基础上，对政策力度和政策措施进行度量。以京津冀、长三角和泛珠三角区域的服务业为研究对象，对我国不同发展时期服务业政策文件通过词云图和高频词显示；从政策的"决策与管理"方面评价服务业政策措施的有效性；在量化分析上，主要从经济效益角度测算与评价服务业政策措施效力对区域服务业经济增长与就业水平的影响与绩效水平。

第六节　创新之处

一、学术观点的创新

政策协同能够推动服务业发展。服务业的多层次和复杂性，在一定程度上决定了服务业发展政策使得目前的政策领域边界和单个部门的职责范围被超越。综合运用宏观调控手段，既定政策目标能够被更优的实现，因此需要政府把不同的服务业发展政策相结合，协同发挥作用，推动服务业发展。

二、研究方法与分析工具的创新

（1）运用多维矩阵和编码分析构建服务业发展政策数据库。使用编码分析法对服务业发展政策多维矩阵数据库的内容进行编码和分析。

（2）运用多种量化分析法对服务业发展政策进行量化。综合采用主成分分析法、多因素分析、加法效应和乘法效应等相关方法，对引导措施、行政措施、财政税收措施、人事措施和金融措施等政策措施进行量化。

（3）构建数理模型评价服务业发展政策的有效性和协同性。在评价服务业发展政策对服务业及各子行业增长绩效时，构建多元回归计量分析模型，运用 Stata 软件分析服务业发展政策措施协同对服务业发展的有效性。通过建立服务业政策与经济系统的耦合模型，研究服务业政策与 GDP 增长、服务业发展的耦合关系，并基于协整理论和误差修正模型理论，对中国服务业政策的经济效应进行系统研究。在评价服务业发展政策对各区域经济增长、就业吸纳、社会服务的绩效时，将政策协同度引入柯布—道格拉斯生产函数，构建计量评价模型，评价政策对服务业发展的有效性。

三、其他方面的创新

1. 分行业和分区域总结中国服务业发展政策的演进规律与趋势

以往的研究成果，偏重于对某一子行业或一地区政策的对象、内容、意义、效果或未来方向等方面进行探讨，且大多集中于逻辑分析层面上。本书立足于政策本身，从中央、部委和地方的不同层级和京津冀、长三角和珠三角区域的服务业政策、生产性、生活性和社会性不同行业类别的服务业政策两个视角，进行政策背景、发布机构、发布时间、政策类型、政策措施和政策目标等方面的梳理，总结中国服务业发展政策的演进规律和趋势。

2. 阐释了服务业政策演变的规律和主客观动因

本书研究了中国服务业发展政策选择与变迁的机理，通过梳理新中国成立以来中国对社会主要矛盾的认识和重大转变，厘清中国社会主要矛盾演变对服务业及其政策的影响，从而认识服务业发展政策演变的基本原因，准确把握新时代社会主要矛盾的转化下服务业政策如何服务于新时代的矛盾化解和国家发展战略需求，探索服务业政策演变的规律。从客观上阐明了服务业发展政策的变化，不仅来自收入提高和城市化引发的消费升级与技术进步对科技服务的需求等客观要求，也从主观上阐明了试图通过促进服务业发展政策变化来促进就业、拉动经济增长、促进产业间相互关联与支持、深化国家的人力资本水平、完善国家的对外开放体系和格局等。

3. 搭建了中国服务业发展政策的有效性评价体系

本书从政策力度、政策措施等维度确定量化标准，并评价中国服务业发展政策在区域经济增长、行业就业吸纳和社会普遍服务等方面的绩效。在中国服务业发展政策的协同性研究方面，构建政策协同性度量模型，实证分析服务业各子行业政策协同状况，同时分析中国服务业发展政策协同的有效性，推进了中国服务业发展政策的研究领域。

第七节　不足之处

一、服务业的范围界定不能涵盖新型业态

随着经济的发展和信息技术的广泛应用，新兴服务业不断涌现，服务业的多样性是导致服务业分类多样化的根本原因，再加上世界各国的经济发展水平差异显著，迄今为止尚没有适用于世界各国统一的服务业分类体

系。只有明确服务业的分类，才能进行服务业发展政策在不同服务行业的协同性有效性度量。本书认为服务业子行业可以考虑从生产者、消费者和政府三个经济主体的视角分为生产性服务业、生活性服务业和社会性服务业三大类。社会性服务业虽然包含范围较广，但是很多带有半行政半服务性的特点，多数子行业的产业经济性质并不是特别明显。因此子行业重点分析了生产性服务业、生活性服务业。另外一些新出现的服务业比如数字娱乐产业、新媒体资讯、粉丝经济等新兴服务业由于缺少统计数据，难以纳入研究范围。

二、服务业数据分析不全面

受数据收集限制，本书主要分析了生产性服务业、生活性服务业和部分社会性服务业的数据，其他服务业子行业的数据在统计年鉴中没有专门统计，不易收集，使得服务业的数据分析不够全面。

三、政策收集与筛选不完全

为了揭示改革开放以来中国服务业政策演变的规律，在服务业政策演变分析中收集了1978—2019年的服务业发展政策。考虑到协同性有效性的实证研究中很多非政策变量指标数据的可获得性，本书主要收集了1997—2019年的服务业发展政策。由于所选取的政策颁布年份跨度较大，而且服务业涵盖的领域比较复杂，所以政策的收集和筛选不能面面俱到，在后续研究中将继续收集筛选政策，完善数据库。

第二章　概念界定与理论基础

第一节　服务和服务业

一、服务和服务产业的概念

服务的概念具有复杂性，且本身涵盖广泛的内容，学科或行业背景不同的学者，对服务的解释和理解存在巨大的差异。因此关于服务的概念，目前还没有一个被广泛接受的定义。但基本上都认为服务是无形的，非实物的。

萨伊（Jean – Baptiste Say）1803 年指出无形产品（服务）同样是人类的劳动成果，是资本的产物。希尔（Hill P, 1977）这样定义，服务是指状态的变化，这种状态变化是另一经济主体的劳动结果。吴建华（1995）认为服务是以满足需求为目的，以商品作为载体的劳动，在商品售出的同时售出。服务可以增加产品的附加值，服务的过程是企业利润实现的一个过程。庄丽娟（2004）认为服务是不同经济主体之间通过使用权的让渡获得运动形态的使用价值，并使服务消费者获得消费利益或满足感。服务具有生产与消费的同步性，无形性和不可感知性，差异性和质量的不确定性，不可储存和无法运输性等特征。张程（2005）认为服务是非生产性的。

近代以来，西方经济学家才把服务和产品相提并论，从而诞生了服务产品的概念。到了现代，随着服务的商品化，服务产品的概念演生成服务商品的概念。陶纪明（2007）对服务内涵进行了新的界定：服务要求供求双方共同参与，具有典型的"过程化"特征，但并不一定要具有同时同地性；在满足消费者特定需求方面，服务与商品并没有什么差别，二者都是提供效用的一种手段，而消费者选择哪一种手段来满足自己的需要取决于成本比较和社会心理习惯等其他因素；服务的效用需要"事后检验"；服务范畴的外延或者说服务集合的边界是动态的，技术进步可以使得某些个性化服务的生产变得更加标准化和批量化，由此原本属于服务集合的某些元素在技术进步的作用下可能会逐渐演化为一种商品。孟旭和张树青（2009）认为在市场经济条件下，服务是生产者通过由人力、物力和环境所组成的结构系统，销售和实际生产及交付的，能被消费者购买和实际接受及消费的效用（即"功能和作用"）。冯俊、张运来和崔正（2011）从服务产生的根源出发，构建了包含服务行为—服务产品—服务组织—服务产业—服务社会的多层级概念体系，并基于这五个层次厘清了服务的特征。从服务多层次概念体系可以看出：服务行为是服务概念的核心；服务产品是以服务行为为主导的产品组合；服务组织是以经营服务产品为主的组织；服务产业是经营服务产品的服务组织的集合；服务社会是服务业对社会经济总量的贡献率以及所吸纳的就业人口比率均达到相当高的程度时的一个社会阶段。林红（2016）认为，服务是以非实物的形式有偿或无偿地为他人提供效用的一种行为。当服务成为一种产品时，服务的过程是增加附加值和实现组织盈利的过程，进而服务产品的概念可以拓展到服务组织、服务产业和服务社会的概念。

服务业的概念源于西方"第三产业"的概念，英国经济学家费希尔（Fisher）1935年在《安全与进步的冲突》一书中最先提出了"第三产业"的概念，且将"第三产业"用于对国民经济产业结构的划分，形成了三次产业分类法。"第三产业"在国民经济中指文化、娱乐、旅游、艺术、科学、教育和政府活动等提供非物质性产品为主的部门。此后服务业便被认为是第三产业的重要部分。科林·克拉克（Colin Clack，1957）在费希尔的基础上丰富了第三产业的内涵，他认为第三大部门是服务业，包括建筑业、运输业、通信业、商业、金融业、专业性服务与个人生活服务、政府行政、律师事务和服务军队等。朱立恩（1994）指出国际标准化组织关于服务业的国际标准 ISO 9004 - 2 中所述服务业包括交通与邮电、招待服务、维修、健康服务、公用事业、金融、贸易、行政管理、专业、采购、技术和科学共 12 项。黄少军（2000）指出第三产业和服务业只是关注的重点不同而已，第三产业是从就业角度描述经济结构的变动，而服务业则是从生产技术角度描述生产结构的变化。饶友玲（2005）认为服务业是指生产、提供各种服务的经济部门或企业的集合，就像农业和工业是生产、提供各种农业产品、工业产品的经济组织或企业的集合一样。王志明等（2009）概括了目前学术界对服务业概念界定的两种方法：一种是通过界定服务的内涵，把无形产品生产和经营的部门称为服务业；第二种是排他性界定，把不能归属为第一、第二产业的产业部门称为服务业。贺兴东（2013）认为从内涵的角度定义服务业为提供服务产品的销售、生产或分配的企业组成的产业；从外延的角度定义服务业为除第一、第二产业以外其他行业组成集合，即通常所说的第三产业。总而言之，关于服务业的概念，不外乎从服务的内涵和外延两个角度来界定。

二、服务业的分类

对整个服务业的分类研究包括以下两个方面。

1. 国外服务业分类

国外经济学家对服务业的分类由于其目的和标准不同，不同分类之间差异十分明显。目前国际上比较流行的标准分类方法主要有卡托茨亚分类法、辛格曼分类法、联合国标准产业分类法（1990 年版）和北美产业分类体系（1997 年）等。卡托茨亚（Katouzian，1970）依据不同经济发展阶段的特点，把服务业划分为新兴服务业、补充性服务业和传统服务业。这一分类方法认同了新兴服务业的独立主体地位，有助于研究经济发展与产业发展的关系。但该方法的细分类型不够，忽视了服务业与制造业在融合过程中所产生的新生部门。辛格曼（Singelmann，1978）根据服务的性质、功能特征，将服务业分为流通服务、生产者服务、社会服务和个人服务四类，这种分类同时也反映了经济发展过程中服务业内部结构的变化。联合国（International Standard Industrial Classification，ISIC，1990 年版）将服务业分为十一大类，包括商业及零售业，酒店旅游业，交通仓储、通信业，金融中介，房地产、租赁和经济活动，公共行政与国防，教育，医疗及相关社会服务，其他社会社区服务，家庭雇佣服务，国际及跨国组织。北美产业分类体系（North American Industry Classification System，NAICS）是由美国、加拿大、墨西哥于 1967 年制定的一种新的产业分类法，该种分类方法主要从服务的生产或供给角度，依据生产技术进行的分类，反映了 20 世纪 80 年代以来服务经济理论发展的最新研究成果。其结构变化主要表现在：第一，计算机和电子产品制造部门作为信息产业的硬件部门被列入制造业；原来的出版业则列入了新设置的信息业；服务业中的柔性生产被列入制造业。第二，独立建立了"信息业"。第三，原来的服务业细分为 11 个一级部门。

2. 国内服务业分类

李江帆（1990）以马克思主义政治经济学的研究方法为依据，指出第三产业生产的产品包括精神型服务产品和非精神型服务产品。其中，精神型服务产品有教育、科研、技术和文艺等服务；非精神型服务产品有医疗、交通、旅业、商业和通信等服务。方远平和毕斗斗（2008）对我国 1985 年、1994 年和 2002 年三次国民经济分类中关于服务业的分类及其变化进行了分析，据此指出，把西方服务业的四分法同我国 2002 年国民经济行业分类中 15 个服务业门类进行整合，这样就可以更客观、更科学地反映服务业本身的经济学特性，便于服务业的经济规律和空间布局模式的相关探究，通过该方式可以有效地推进服务业的国内外比较研究，还能够促进我国服务业地理学和服务业经济的发展。结合了国内外服务业的分类方法，他们提出了一种新的服务业分类法：第一类，生产性服务业，包括金融保险业和房地产业等。第二类，分配性服务业，包括交通运输服务业和物流服务业等。第三类，消费性服务业，包括旅馆住宿业、居民和个人服务业等。第四类，社会性服务业，包括医疗卫生服务业、社会保障福利业和教育服务业等。晁刚令（2010）提出上海服务业分类统计改革的目标思路、基本原则和具体政策建议，认为应当以服务业产出为依据来操作分类。柳成洋、曹俐莉和李涵（2008）按照"分类目的—分类原则—分类现状及问题—行业趋势及分类建议"的思路，认为在研究服务业分类时，要紧紧围绕生产性、分配性、消费性、社会性服务这样的分类原则进行，科学、客观地反映服务业本身的发展规律和特性。姚永玲和陈卓咏（2008）从服务业类型划分的依据出发，提出了针对北京目前阶段经济特征的四级划分方案。在二级分类中，提出了成熟型服务业、基于信息技术的新兴服务业和为提高科学文化素质的服务业的划分，突出了这几种行业对我国经济的引导作用。陈卓咏（2008）基于以现阶段的经济特点为核心的分类原则，包括分类标准的可操作性、对服务业独立主体地位给予足够的重视和全面动态的理解服务业，把服务业分为四级：一级分类包括三项，二级分类包括五项，三级和四级分类分别与统计年鉴相对应。阎小培（1999）依据西方学者辛格曼的服务业分类，在综合其他学者的分类基础上，在国内首次使用服务业四分法，即将服务业分为生产性服务业、分配性服务业、消费性服务业和社会性服务业。李春成与和金生（2008）试图将服务业分成五类：高技术性服务业，包括信息传输、计算机服务和软件业；高智力性服务业，包括租赁和商务服务业、房地产业等；高网络性服务业，包括交通运输、仓储和邮政业等；高关怀性服务业，包括住宿和餐饮业、其他服务业等；高关怀与高智力结合的服务业，包括教育、医疗卫生等。国家统计局 2013 年公布的《三次产业划分规定》中，明确了第三产业就是服务业，将服务业划分为十八个门类、四十九个大类。十八个门类的代码和名称为：A. 农、林、牧、渔服务业；B. 开采辅助活动；C. 金属制品、机械和设备修理业；F. 批发和零售业；G. 交通运输、仓储和邮政业；H. 住宿和餐饮业；I. 信息传输、软件和信息技术服务业；J. 金融业；K. 房地产业；L. 租赁和商务服务业；M. 科学研究和技术服务业；

N. 水利、环境和公共设施管理业；O. 居民服务、修理和其他服务业；P. 教育；Q. 卫生和社会工作；R. 文化、体育和娱乐业；S. 公共管理、社会保障和社会组织；T. 国际组织。

　　服务业分支行业的相关研究：研究者基于现代服务业、知识密集型服务业、科技服务业等服务业分支行业的定位，通常是在先辨析相关服务业分支行业的内涵基础上，探究相关服务业的分类依据，并提出分类方法。对现代服务业的分类上，徐国祥和常宁（2004）以我国第三产业分类标准为蓝本将现代服务业分为物流与速递业、信息传输、计算机服务和软件业、电子商务、金融保险业、租赁和商务服务业、科学研究技术服务业、远程教育八大类。该分类方法既能满足对现代服务业统计核算的需要，又能兼顾统计数据资源的共享。魏江、陶颜和王琳（2007）将知识密集型服务业划分为四大类十四子类。李晶和黄斌（2011）从当时我国社会发展需求角度提出科技服务业新的分类思路，即将科技服务业分为服务于创新的研发服务业、服务于生产的工业设计创意服务业、服务于创业的创业服务业、服务于社会的信息咨询服务业四类。曹莉萍、诸大建和易华（2011）按照产业发展过程将低碳服务业分成三个板块，分别为低碳服务理论的产生、低碳服务理念的传播和低碳服务的运用，三大板块下设六大一级产业分别为低碳技术、服务研究与发展，低碳教育、培训产业，低碳信息服务业，低碳综合管理服务业，低碳商务服务业，公共低碳管理服务业。孟潇、聂晓潞和纪若雷（2014）将现代服务业分为三类：第一类为消费性现代服务业，包括文化、体育和娱乐业、批发零售业、旅游业、教育、房地产业和居民服务业；第二类为生产性现代服务业，包括金融业、商务服务业、交通运输、仓储和邮政业、信息传输、计算机服务与软件业；第三类为现代社会服务业，包括水利、环境和公共设施管理业、科学研究、技术服务和地质勘查业。

　　迄今为止，尚没有适用于世界各国的统一的服务业分类体系。国内外学者主要从服务活动的功能与性质、不同阶段服务业的发展特点、服务生产与供给角度、服务产品使用的对象与提供者的特性等来进行分类，但大多数研究者主要依据性质与功能不同进行服务业分类。西方主流服务业四分法也是基于布朗宁和辛格曼分类基础上提出的。服务业的多样性是导致服务业分类多样化的根本原因。随着经济的发展和信息技术的广泛应用，新兴服务业不断涌现，服务业出现明显的多样化趋势，导致旧的分类法无法反映服务业的发展情况，服务业的分类只有通过不断修正，才能更好地反映服务业发展的实际情况。

三、本书服务业的分类

综上所述，对于服务业的分类截至目前世界各国还没有统一的分类标准。随着世界经济一体化，我国经济也在不断地与西方接轨，服务业的分类也应该与西方国家对接。我国学术界和政府也需要结合新时代发展的需要，在借鉴西方国家主流服务业分类的基础上，加强对我国服务业的分类研究。本书根据国内外学者关于服务业分类的探讨和当前国家统计局关于服务业的分类，尤其是参照阎小培（1999）关于服务业的分类（分为生产性服务业、分配性服务业、消费性服务业和社会性服务业），再结合目前统计资料的可获得性，本书将服务业分为生产性服务业、生活性服务业和社会性服务业。由于社会性服务业虽然范围比较广，但是很多带有半行政半服务性的特点，且很多子行业的产业经济性质不明显，因此重点研究生产性服务业和生活性服务业。

第二节　产　业　政　策

一、产业政策的概念

针对产业政策的研究一直是国内外学者讨论的热点话题，尤其是在2008年经济危机之后，各个国家都开始日益重视自身的产业发展和政策制定。目前，产业政策的定义主要来自狭义和广义两个方面。从狭义的角度来看，罗德里克（Rodrik，2009）认为，产业政策是指具有特定的产业导向，能够刺激特定经济活动和促进结构变化的政策；从广义的角度来看，小宫隆太郎（1988）对产业政策的界定主要来自两个方面，一方面是指政府针对不同产业间资源配置和基础设施建设方面的有关政策，另一方面是指政府在调整"产业内部结构"方面的政策。狭义和广义这两个角度对比而言，狭义的产业政策是对某种特定的产业而言的，而广义的产业政策是政府与市场之间的关系及其各自的功能定位（Noman & Stiglitz，2017）。国内学者更偏好广义的产业政策定义，例如韩乾和洪永淼（2014）将产业政策定义为：政府为达成某种经济和社会目标而对产业发展施加影响的政策的总和。

二、产业政策的特征

产业政策在制定过程中往往具有制定主体多元化和表现形式多样化的特点（项安波和张文魁，2013），除了正式的政策文件以外，还有诸如指南、目录和纲要等形式。总结当前的各种产业政策，其特征主要包括多层级性、直接经济干预、规模化导向和创新性导向等方面。

1. 多层级性

在产业政策的制定和执行过程中，都体现出了明显的多层级性。首先，在产业政策的制定过程中，中央政府与地方政府都可制定相关行业的政策，而且双方关注点并不一样（瞿宛文，2018）。在中央政府层面，产业政策是实现国家战略的有力工具，为关系国家发展前途的重要产业提供政策支持；在地方政府层面，产业政策偏重于具体政策的实施和反馈（邓仲良和张可云，2017）。其次，在产业政策的执行过程中，我国往往是多个部门共同参与，涉及行业相关部门与质量管理和金融等多个部门联合行动（江飞涛和李晓萍，2010）。

2. 直接经济干预

政府产业政策的制定往往涉及对微观经济进行直接干预。当前的产业政策几乎覆盖了所有行业，从政策制定和执行过程就反映出政府偏好直接干预微观经济运行，政府将详细地规划出某些行业的发展指标，甚至直接限制一些行业未来几年的产量或产能。除此之外，政府的直接干预也表现为政府对特定行业的产品和技术的选择，在产业指导目录中，可以看到绝大部分行业的政府所鼓励和限制类的产品清单（邱兆林，2015）。

3. 规模化导向

产业政策的一个核心目标就是重视和保护大企业的发展，主要措施有企业兼并重组，推动组建大型企业集等方式。通过规模化的发展，提高企业的生产和资本实力，促进企业的技术研发，进而提升产业的市场竞争力和市场占有率。

4. 创新性导向

产业技术政策是产业政策的一部分，是国家为推动产业发展，提高产业创新能力，引导产业技术进步而推出的一系列政策。目前，产业政策在技术创新方面主要包括技术引进吸收、产业科研投入、产业创新扶植政策和产业科研成果转化等多个方面（黎文靖和郑曼妮，2016；刘戒骄和张小筠，2018）。政府通过各种产业技术政策，引导产业的技术发展方向，鼓励和便利产业技术创新，提升企业创新活力（余明桂等，2016），促进科研成果的迅速产业转化，进而加快产业改造，提升产业的核心竞争力。

三、产业政策的类型

目前，国内外学者从不同角度将产业政策分为两类：一是按照政府与市场的关系，产业政策分为功能性产业政策和选择性产业政策（Lall，1994）。选择性产业政策是指政府主动补贴，扶持战略产业和新兴产业，以加快产业发展进程，重视政府干预的作用；而功能性产业政策是政府通过发挥其基础性作用，完善市场制度环境，弥补市场配置资源的不足，重视制度环境的作用（江飞涛和李晓萍，2018；林毅夫等，2018）。二是根据所涉及的产业数量和范围，分为水平型产业政策和垂直型产业政策（陈瑾玫，2011）。水平型产业政策涉及所有产业，如政府的税收优惠政策，即为满足审核条件的所有企业提供税收优惠，帮助其发展（郭玥，2018）；而垂直型产业政策只涉及某一类产业或是某些特定产业，如对战略产业提供财政补贴，加快发展速度（郭晓丹和宋维佳，2011）。

四、产业政策的作用

很多学者提出，产业政策的制定对地区和国家的产业发展具有非常重要的影响作用。郭晔和赖章福（2011）通过研究银行信贷和财政支出等数据，分析产业政策对地区产业结构调整的影响；宋凌云和王贤彬（2013）利用各省产业政策的重要指标，探讨其对行业生产率的影响；阿吉翁等（Aghion et al.，2015）将税收优惠、政府补贴、研发补贴作为产业政策的度量指标，分析其对工业行业生产率的影响；韩永辉等（2017）以地方法规和政府规章作为产业政策的两个指标，发现其对产业结构的优化升级有促进作用。

在现有的理论研究中，产业政策对产业结构的影响主要有两种作用机制。

一种是产业政策的结构合理化作用机制。因为市场不是万能的，市场存在信息不对称等问题，容易导致盲目投资和产能过剩（Hausmann & Rodrik，2003）；完全由市场配置资源，会使企业的资源利用效率低下，不能达成有效配置资源的目的（Rodrik，1996），因此需要政府部门在大量收集资料的基础上，针对市场存在的弊端，制定产业政策，弥补市场的信息不对称和不完全等问题，提高资源的利用效率，实现合理配置。

另一种是产业政策的结构高度化作用机制，合理的产业政策有助于提高创新效率（Hottenrott & Peters，2012）。产业创新需要具备必要的软性和硬性条件，例如专利保护政策、基金支持和人才培养等（Pack & Saggi，2006），而产业政策可以促进相关基础设施的建设，为科学研究提供财政支持，加快高新技术产业的发展。

第三节　产业政策的效果评估与评价

一、产业政策效果的主要影响因素

随着全球市场经济的不断发展、融合和竞争，产业政策也逐渐成为各个国家政府调控经济活动的重要手段（赵英和倪月菊，2012）。然而，不同产业政策的实施效果往往存在很大的差异，并受到政策实施的程度、产业发展阶段、市场化水平和企业性质等多方面影响。

1. 政策实施的程度

产业政策的政策力度和实施力度都会对政策效果产生显著影响。例如，就补贴这一产业政策而言，有学者指出补贴有一个"最优实施的空间"，持续增加补贴会降低企业对行业竞争压力的敏感性，可能出现产能过剩风险或者企业为了补贴而生产的情况（黄先海等，2015）。补贴的力度不同，企业生产率的提高也会存在差异，当补贴力度小于某一临界值时，会有效促进企业生产率的提高；随着补贴力度增大，这种促进作用逐渐降低，同时其抑制作用开始显现；而当补贴力度大于另一临界值时，便会明显地抑制企业生产率的提高。

2. 产业发展阶段

在产业初期起步阶段，政府的补贴会带来产业的盈利优势，但在产业扩张之后，政府补贴很难再起到有效鼓励企业进行更多研发投入的作用，最终导致同质化产能过剩（周亚虹等，2015）。

3. 市场化水平

市场化水平与产业政策对企业的正向作用有着紧密的联系，当市场化水平达到某一拐点值时，产业政策的正向作用将会明显增强（孙早和席建成，2016）。

4. 企业性质

在产业政策同样支持的条件下，国有企业能获取到更多的信贷资源，而银行信贷增量对企业业绩的正向贡献主要存在于民营企业中。长期性产业政策对企业经营业绩的积极作用在民营企业中表现更加明显；而短期产业调控政策对企业的经营业绩的消极效应在国有企业中表现更加明显（赵卿和曾海舰，2016）。

二、产业政策效果评估的内容

产业政策的效果评估是一个系统工程，涉及政府、产业和社会多个利益相关方，需要政策、时间和资金等多方面的投入，因此产业政策评估需要考察产业效果、政策效率、时间成本、社会成本和政策协同等多个方面。

1. 产业效果评估

产业效果评估，重点考察产业政策的实施对于扶持产业自身的影响效果，评估的重点放在产业发展规模方面，考察被扶持产业的产量状况、市场增长和市场占有率等内容。

2. 政策效率评估

产业政策的实施涉及大量的资源投入，因此在评估政策效果时，除了要考虑产业效果还需要考虑政策的效率问题。刘小鸽（2020）从效率的角度，利用实证分析方法检验了补贴政策对企业经营业绩的影响。与市场化的资金配置相比，政府补贴的效率相对较低。

3. 时间成本评估

目前已有的研究在进行产业政策实施效果评估时，经常忽视了观察期的长短。产业政策的效果与所选取的时期密切相关。可能会存在一些产业政策在短期内对企业经营发挥明显的促进作用，但其负面作用可能会随着时间的推移逐渐显现。因此，如果不将时间因素考虑进去，产业政策效果很难进行准确的评估。

4. 社会成本评估

产业政策效果是否有效，不能只关注产业自身实施的结果，而需要从社会成本的角度，全面考虑产业政策的实施对社会发展、社会文化、自然生态环境等影响作用。

5. 政策协同评估

现代的产业政策是一个多层级的系统策略，往往涉及不同的地方政府和行业主管部门。单一的产业政策效果的检验往往忽略了宏观政策的共生性，不能准确考察政策的效果。因此，产业政策的效果评估还需要考虑各个政策之间的协调效果（宣扬，2013）。

三、产业政策效果评估的方法

关于政策实施效果评估的方法目前还没有一个统一的定论，学者主要是从定性和定量两个角度进行产业政策的评估。定性分析评估法，是从产业政策本身的内在规定性上分析评估产业政策效果的一种方法。一般有同行评价、电话采访、面对面访谈和案例研究等。定性分析方法主要对产业政策的适应行性、技术可行性、与其他政策的协调性以及产业政策的社会效果等方面进行定性评估。定量分析法主要包括数据统计分析、计量经济和比较分析评估方法等（肖泽磊和韩顺法，2011）。在定量分析方法中较常用的是比较评估法，其重点在于分析和比较各产业政策的运用效果。产业政策的环境一定的条件下，主要通过政策成本、功能和成果的比较，对产业政策效果进行评估。

刘希宋等（2005）从产业结构政策、产业组织政策、产业技术政策和产业布局政策四个维度构建了产业政策评价指标体系，运用多级模糊层次综合评判方法对我国支柱产业的产业政策实施效果进行了定量化的效果评估。邱兆林（2016）通过实证回归的分析方法探究了要素倾斜度对工业行业产业政策效果的影响，研究指出研发投资斜度积极影响全要素生产率，而固定资产投资斜度则负向影响产业规模及产出增长率。宁凌等（2011）运用 DEA 分析法对广东省高技术产业政策实施效果的有效性进行了评价。研究认为，自主创新政策是影响广东省高技术产业发展的重要因素。

四、产业政策协同性评价

1. 政策协同性的概念与内涵

政策协同是指政府在制定政策的过程中为管理跨界问题，实现共同政策目标，推动各职能部门集体行动和互动，综合运用不同政策工具，整合各部门的政策，使共同政策实施达到整体一致状态的过程（王坤等，2020）。政策的制定者通常都是政府，由于不同的产业政策对产业发展的影响路径和机制存在差异，其协同效果也就存在异质性。因此，针对某一产业的各种产业政策如何实现同方向的共同促进，即具有协同性，将是政府政策制定过程中所要考虑的重点问题（李晟婷等，2020）。

当前，国内外很多学者围绕着政策协同性的内涵展开了大量讨论。马尔福德和罗杰斯（Mulford & Rogers，1982）提出政策协同是指两个以上的组织利用现有的决策规则或者创造新规则，一起去应对相似任务环境的一个过程。另外，有学者还指出政策协同是指在某项政策的制定过程中，针对一些跨界问题如何管理的措施，这些问题往往超越了单个职能部门的职责范围，也超出了现有政策领域的边界，所以要多元主体之间进行协同（Meijers & Stead et al.，2004）。彭纪生等（2008）对政策协同的定义，认为政策协同是政策的实施主体和政策的制定利用不同政策措施的相互协调，以此来实现不同的政策目标。郑佳（2010）认为政策协同是在一定的历史时期，政府或社会公共权威为了实现共同的目标而产生的政策系统中，政策要素、政策子系统之间互相协作、互相配合从而形成政策合力，构成不仅仅是单个微观子系统简单加起来的一个宏观系统功能等。不同学者提出的这些关于政策协同的概念，虽然在具体含义和关注点上有一些小的区别，但是它们的共同点都是在强调为了提升政策的公共价值，不同的政策要素间更加有效的跨界合作。

因此，政策协同具有以下内涵：首先，政策协同要求多个政策具有共同的政策目标，并进行同步动态推进（蔚超，2016）；其次，政策协同又对政策价值和目标等出现的碎片化进行统合，实现最少冗余、最低不一致和最轻缺失的理想状态，防止政策实施的整体解体和碎片化的内生能力（朱光喜，2015）；最后，政策协同超越了既有政策领域的边界和单个部门职责范围，表现为统筹不同职能主体、协同不同政策措施、实现政策目标和解决跨界领域问题的顶层制度设计（周英男等，2017）。

2. 政策协同的内容和方式

从政策协同的内容和方式来看，周志忍和蒋敏娟（2010）认为政策协同有横向协同、纵向协同和内外协同。其中，横向协同是指同一政府不同部门之间或同级政府之间协同；纵向协同是指上下级政府之间的协同；内外协同是指政府公共部门与非政府组织之间的协同。除此之外，赫尔佐格（2006）提出，在某些时候，为了共同应对一些国际问题，国家与国家之间的政策也需要协同；澳大利亚政府管理咨询会认为政策协同应该更关注政策制定、政策执行、项目管理以及公共服务提供中的协同。另外，学者还发现不同政策目标和不同政策措施之间也会有协同（仲为国等，2008）。冯锋和汪良兵（2010）指出中央和地方政府之间往往存在利益博弈，所以应该增强中央与地方政府之间的协同。瓦基利等（Vakili et al.，2012）指出增强政府与公益组织和行业自治组织等非政府组织之间的协同，能够有效地提高政策实施效果。卡利（Carley，2011）认为加强不同地方政府政策之间的协同对政策的顺利实施也非常重要。休斯等（Hughes et al.，2013）指出政策协同除了涉及多元行动主体、空间和时间等多种维度，还表现出不同的层次或深度，要增强政策制定与评估之间的协同。刘华和周莹（2012）、伊格莱西亚斯等（Iglesias et al.，2011）从国内政策协同必要性的角度指出加强国内政策的协同是很重要的。同时，波利特（Pollitt，2003）和巴雷尔等（Barrell et al.，2003）从国际政策协同必要性的角度提出不同政策协同的必要性存在明显差异。明德尔等（Mindell et al.，2010）、曹堂哲（2010）、索伦森等（Sorensen et al.，2011）、雷卡尔德（Recalde，2011）以及艾达（Ida，2013）和赫尔佐格（2006）等分别从如何促进政策协同、政策协同机制的构建、避免政策协同失败以及最佳政策协同程度等不同的角度对政策协同的实现问题进行了研究。费希尔等（Fisher et al.，2008）则研究了在单一政策和协同政策两种不同的情况下，能源气候政策对碳减排和可再生能源发展的影响，研究指出与单一政策相比，协同政策更有利于以较低的成本促进碳减排和可再生能源的发展。仲为国和彭纪生等（2008）通过分析研究发现不同的政策措施协同和政策目标协同对经济和技术绩效的影响呈现明显的差异。卡利（2011）通过研究分析发现，目前美国各州洲际政策的协同程度较低，还有很大的提升空间。迈尔（Maier，2014）通过对美国国家海洋政策和欧盟海洋战略框架指令的制定程序及实施效果研究，发现两国政府各部门之间积极协同会使两种政策更加有效的实施。赵锦（2016）通过理论与实证相结合的方法，运用协同治理理论等学术资源和实证分析，提出应当综合实施政策，促进有效型领导、加强各个部门之间的沟通以及协同治理等建议。王洛忠和张艺君（2017）使用内容维度、结构维度与过程维度三维分析构建了政治协同的框架，运用此框架分析了我国新能源汽车产业政策协同过程中存在的问题和如何进行优化，他们指出政府应当合理定位政府角色，培养协同政策的文化，转变治理理念。另外，政府还需要科学合理地制定政策目标，理性地选择政策工具，这样才能有效地发挥新能源汽车产业政策的协同效应。

3. 产业政策协同性的评估与应用

近些年来，越来越多的学者都开始关注产业发展政策的协同性问题，并展开大量的实证研究，主要集中于节能减排、环境治理、数据保护、财政金融产业和区域经济创新发展等领域。

赫尔佐格（2006）从国际的视角研究政策的协同问题，不同的政府部门存在共同的政策目标，那么国际不同国家也会存在相同的政策目标。这就涉及国家与国家之间的政策协同，特别是在全球化日益深入的当下，各国之间存在广泛的共同利益，因而存在广泛的政策目标，进而产生了不同国家政府之间的政策协同性问题。彭纪生等（2008）以创新政策为例，利用扩展的柯布—道格拉斯生产函数研究政策协同和技术绩效之间的关系，给出了政策量化标准的具体操作手册。张国兴等（2014）以节能减排政策为例，从政策力度、政策措施和政策目标三个维度对政策进行了测量，分析政策的协同与演变。钱立华等（2020）则分析了绿色经济与数字经济的相互促进作用，并提出绿色经济与数字经济的协同效应，将能够最大化其对疫情后经济复苏的推动作用。李博和韩增林（2013）通过对辽宁沿海经济的分析，探究了区域装备制造业与生产性服务业互动协同发展的政策措施，并指出产业政策是政府通过各种行政举措在其中起着引导和激励作用。江飞涛等（2016）以及王雅琴（2020）则探讨了财政政策、货币政策与产业政策的协同性对宏观经济发展的促进作用。李丽等（2021）针对农产品流通的发展政策，通过量化分析，总结了政策协同性对支持农产品流通，提高农产品流通效率和保障市场供应的政策有效性的影响作用。阳镇（2021）等以上市公司为研究样本，实证分析了产业政策协同性对企业创新绩效的影响，并发现当中央和地方的产业政策具有协同性时，将会对企业创新绩效产生显著的正向促进效应。

五、产业政策有效性评价

1. 政策有效性的内涵

关于政策有效性的内涵，豪斯（House，1980）认为其本质上是一种政治活动，除了提供服务以外，更多的是关于分配社会基本财货的一项活动。而作为一种公共政策工具，其有效性评价实际上是对政策实施效果的评价，考察政策是否科学合理并真正达到预期目标（王宏起等，2013）。

关于产业政策在产业经济发展过程中的有效性问题，很多学者都展开了大量分析和讨论，但现有的相关研究仍然存在很多争议，也经常得到相互矛盾的结论。佩尔茨曼（1976）提出，市场机制本身能够实现经济资源优化配置，而政府的介入则会干预自发的市场机制，反而降低市场配置效率。随后，很多学者的实证分析也发现，政府的税收优惠、贷款补贴等产业扶持政策虽然可以促进产业产出的增长，但对产业生产率（Lee Jong – Wha，1996；舒锐，2013）和企业竞争力都没有产生显著的积极影响（Martin，2009）。然而，也有很多学者提出了不同意见，著名经济学家斯蒂格利茨（Stiglitz，1996）认为，在市场机制不完善时实施正确的产业政策可以弥补"市场失灵"，东亚很多国家的经济迅速发展正式得益于产业政策的正确引导与实施。南亮进（2008）则指出，政府采用产业政策积极推动产业结构调整和升级，有利于落后产业发挥"后发优势"。

2. 产业政策有效性的评价

产业政策有效性评价是一项复杂的系统工程，涉及多方面的内容，包括政策布局合理性评价、政策工具科学性评价、政策柔性评价和政策实施评价等多个方面（王宏起等，2013）。

在产业政策有效性评估的内容方面，学者奥拉亚（Olaya，2005）指出对产业政策进行评价时应当关注其对环境造成的影响和可持续性，即应该关注内部效应。波伊斯特（Poister，1978）将政策评估分为技术效率和经济效率两类。尼尔·史密斯（Neale Smith，2012）以北美国家的视角阐述了公共部门政策评估优先级设置和资源分配设置，以此为基础介绍了不同评价方法对医疗行业的影响。我国学者匡跃辉（2005）则指出，产业政策应当从效应、效益、效率和生产力等指标出发进行科技政策的评价，同时可以采用自我评定、同行评议、抽样分析、对比分析和成本效益分析等评估方法。陈丽君（2020）指出，政策有效性可从客观的政策绩效评估与主观的政策成效感知两个向度予以评价。客观政策绩效评估是指对政策实施后的实际效果的客观评价，而主观政策成效感知则是指政策受众对政策是否执行到位以及政策执行效果的主观评价。赵晶晶（2012）进一步从政策的不同效果标准角度阐述了区域产业政策的有效性。

而在产业政策有效性的评估方法方面，为了对产业政策的有效性进行评估，国内外的很多学者针对不同的国家，从不同角度开发出了多种不同的产业政策有效性的测度方法。梅尔萨里奥等（Mellssa Liew et al.，2007）从政策实施时间的角度构建了时间计划模型，对具体产业政策的最优时间规划进行评估。阿吉翁等（Aghion et al.，2009）基于科学、技术和系统三个方面，构造产业政策动态模拟模型，对高技术产业政策实施效果进行了评估。此外，我国学者刘希宋等（2005）运用层次分析法（Analytic Hierarchy Process，AHP），分别从产业结构、产业组织、产业布局和产业技术四个方面，对我国支柱产业的政策有效性进行评价。宁凌等（2011）运用数据包络分析（Data Envelopment Analysis，DEA）的方法，对高技术产业政策实施绩效有效性进行了评价。严飞（2012）采用模糊层次分析法评价了产业集群政策的有效性。邱兆林（2015）基于要素投入倾斜度测量了工业行业产业政策偏度，并运用回归模型实证分析了产业政策偏度对产业规模和产出增长率的影响作用。

第四节　本章小结

随着世界经济一体化的发展，我国经济也在不断地与西方接轨，服务业的分类也应该与西方国家对接。我国学术界和政府也需要结合新时代发展的需要，在借鉴西方国家主流服务业分类的基础上，加强对我国服务业的分类研究。本书根据国内外学者关于服务业分类的探讨和当前国家统计局关于服务业的分类，将服务业分为生产性服务业、生活性服务业和社会性服务业。

对产业政策而言，其内涵则包括狭义和广义两个方面。从狭义的角度来看，产业政策是指具有特定的产业导向，能够刺激特定经济活动和促进结构变化的政策；从广义的角度来看，一方面产业政策包括政府针对不同产业间资源配置和基础设施建设方面的有关政策，另一方面也包括政府在调整"产业内部结构"方面的政策。产业政策在制定过程中往往具有制定主体多元化和表现形式多样化的特点，其特征主要包括多层级性、直接经济干预、规模化导向和引导产业创新等方面。产业政策的制定对地区和国家的产业发展具有非常重要的作用。

产业政策的效果评估是一个系统工程，涉及政府、产业、社会多个利益相关方，需要政策、时间、资金等多方面的投入，因此产业政策评估需要考察产业效果、政策效率、时间成本、社会成本、政策协同等多个方面。

关于产业政策的协同性，虽然不同学者在政策协同的具体含义和关注点上略有差异，但他们的共同点都是在强调为了提升政策的公共价值，不同的政策要素间要更加有效的跨界合作。而关于产业政策的有效性，不同学者也从不同的角度进行了评价，但总体往往都包含政策效应、效益和效率这三个核心方面。

第三章 服务业及各子行业发展现状与相关政策分析

第一节 服务业发展的背景

改革开放四十多年来，中国的服务业随着经济的发展及人民收入的增加呈现平稳发展的态势。人们在追求物质生活的同时更加享受精神生活，国家发展改革委的一则数据表明，2018 年上半年，我国服务业增加值近2.3 万亿元，同比增长 7.6%。但总体来讲，我国的服务业起步较晚，并且受限于资金、管理经验不足以及服务业人才的短缺，发展水平仍然不高。服务业较为粗放的发展模式并不能使中高端的形态形成规模。此外，服务企业的创新驱动意识仍然不强，与建立高质量的服务经济之间还有很大的差距。目前，国家提出了供给侧结构改革战略，驱动服务业不断改革创新，寻找新的发展机遇，创造新的发展态势和竞争优势。在这一进程中，服务企业应积极拥抱互联网技术，顺应时代发展的潮流，打造"互联网＋服务业"的新经济形式，为我国的服务业注入新的活力。

一、"互联网＋"时代服务业企业改革

传统服务企业在经济和信息技术日益发展的今天仍然采用过去的经营模式，显现出了一系列发展问题。首先，传统服务公司的覆盖范围和服务

时间有限。在过去，传统的服务公司大多依托于实体店进行服务商品的交易。实体店有固定的营业地点和时间，所以大多在特定的营业时间内为特定商圈的顾客服务。其次，传统服务公司的运营成本也很高。一般来说，城市商业区较为繁华，人流量较多，且非常吸引到中高端的客户，所以传统实体服务店大多汇聚于此。再次，实体店的租金、管理费用和运营成本等各项成本费用较高，导致传统服务公司在价格方面处于竞争劣势。最后，传统服务公司缺乏有关客户需求的信息。"不是我们不买，而是我们不喜欢"，这是现代客户真实的内心独白。客户为自己喜欢的产品买单，这是无可厚非，谁赢得了客户的青睐，谁就抢占了先机。传统的服务业正是缺乏"以客户为导向"的意识，在产品的设计和营销方面未能打动客户，最终影响了客户的购买行为。正是因为传统的服务业的发展模式存在诸多问题，所以企业应该更加重视改革创新，结合"互联网＋"的新经济形式，加快传统服务企业的转型升级。

在互联网时代，不仅客户可以在线上线下多个渠道进行信息搜索，企业也可以通过互联网的各平台触达客户，缩短与客户的距离。现阶段，服务企业正在将各种互联网交易平台的信息传递优势作为企业发展的信息优势，具体地，主要体现在以下三个方面。

首先，"互联网＋"加快了信息传播的速度。如今，我们已经告别了利用报纸和期刊进行信息传播、信息严重滞后的时代。服务企业利用互联网技术，保证了信息的时效性，还可以在多个平台展示产品信息和促销信息等，也使得客户作出更加明智的购买决策。

其次，"互联网＋"有利于营销信息的多样化。信息形式、信息内容以及沟通方式多样化等会直接服务企业的营销效果。与以往的营销信息和营销手段相比，"互联网＋"不仅可以使信息呈现方式多样化（图片、文字和视频等），而且还可以实现流量平台（微博、抖音、微信公众平台以及小程序等）的信息传播。

最后，"互联网＋"有利于服务公司增加曝光率。酒香也怕巷子深，产品曝光率直接影响服务企业的发展，随着移动互联网的发展，服务公司产品的曝光率进一步增加（泥川，2017）。

二、供给侧改革背景下服务业的发展

2015 年 10 月 29 日，中共中央在国民经济和社会发展第十三个五年计划（即"十三五"规划）的第五次会议提案中表示：我们要继续坚持创新的发展道路，不仅要提高发展的质量，更要注重发展的效益，构建新的、健康的产业体系，引领我国经济的高质量发展。与此同时，会议提案还对我国服务业的发展给出了一系列的指导建议：促进现代服务业的发展，放宽市场准入的条件，着力提升服务业的发展质量和效益。此外，生产性服务业的发展应向专业化的中高端方向转变，推动生产性服务业向精细化和高品质的延伸，加快建设现代服务业高地。

在"十三五"期间，我国的工业化逐渐趋于稳定增长，意味着我国步入后工业化时期。在这样的背景下，我国正在着力于服务业的建设，主导产业由制造业向服务业（特别是生产性服务业）为支柱产业的转型。根据西方发达国家的发展经验，随着国家进入服务经济时代，对外贸易结构也会从传统的商品贸易迅速转变为服务贸易。可以预见，新一轮深化改革的重点将会放在服务业和服务贸易的稳定健康发展上。而供给侧结构性改革的首要任务就是服务业市场的有序、平稳、逐步的开放（王思语和林桂军，2017）。

供给侧结构性改革注重从投入到生产和资本要素的一系列改革，旨在提高社会供给的整体质量和生产效率，从而减少市场供应资源的扭曲。中国的供给侧改革始于供求关系，强调长期资源配置的优化，提高社会产业供给质量，在此基础上，供需双方应相互配合。

在供给侧结构性改革的背景下，服务业是非常重要的发展领域。数据显示，2018 年全年，第三产业的增加值占国内生产总值的比重为 52.2%，比 2017 年提高了 0.3 个百分点，对国内生产总值增长的贡献率为 59.7%，比 2017 年提高了 0.1 个百分点。以上数据表明，我国已经进入了"服务经济"时代。但是，一个国家的服务业是否能健康有序的发展取决于国家的服务业体系是否完善、服务业生产力的发展水平以及服务贸易对外的开放程度。国际层面上，近年来，全球的服务贸易对贸易总额的贡献率平均水平为 18.6%，而我国的平均水平为 10.6%，低于全球的平均水平。世界投入产出表预测，我国从 1996—2010 年，生产性服务业的平均生产率为 2.22%，消费性以及公共性服务业的生产率为 1.67%，均低于经济合作与发展组织（Organization for Economic Co-operation and Development, OECD）国家的三分之一。国内层面上，中国服务业市场存在"双向封闭"的现象。从国内市场来看，民营资本和中小企业存在"难以进入"的现象，支持性改革政策不到位；从外部来看，我国的服务业政策在外资准入水平上具有较高的行政壁垒，导致优质外资企业无法进入国内市场参与竞争。进而，国内企业无法从中实现"学习效应"，以致国内服务业市场活力不足，产业竞争力弱。由此，我国的服务业应该改进上述不足，积极采取对内改革和对外开放的政策，进一步推动服务业向价值链的中高端前进。

第二节 服务业发展的新趋势

一、服务业和制造业融合趋势

在传统意义上，制造业指的是生产有形产品（比如工业品与生活消费品）的行业，而服务业则是提供无形的服务或者从事服务产品的生产部门或者企业，但这并不意味着制造业和服务业是相互独立的两个产业，随着制造业的转型升级以及服务业的发展，制造业与服务业的高度融合成为大势所趋。现如今，制造业在生产和销售产品的同时，更加注重个性化的设计以及售后服务。服务业也开始设计一些标准化的产品。我们能从以下几个方面中体会到制造业与服务业融合的趋势。

首先，一些服务行业的运营方式与制造业大致相同。比如房地产、咨询、信息服务、科技开发和教育培训等服务中心，同制造业一样，他们需要固定的场所，投入办公设备、服务器等支持性的设备。与此同时，他们还可以设计标准化的产品（比如教育培训行业相关学科的课程等），以及个性化的服务产品（比如数据产品）。除此之外，一些服务企业开始生产、销售实物产品，比如阿里巴巴的"天猫精灵"，百度的人工智能产品"小度"等。

其次，许多制造业借鉴服务业的活动形式。第一，制造业除了制造和装配的过程，还有许多与服务相关的环节嵌入企业经营的各个过程中，比如创新服务、法律服务和金融服务等上层支撑性的工作。这些活动能够使制造业更加平稳的发展，提高制造业的生产效率，把控产品生产、配送、销售的各个环节，使产品从研发到售后更加有序地进行。第二，我国制造业的竞争越来越激烈，很多制造企业为了增加自身的竞争优势，在生产标准化产品的同时，越发重视消费者个性化的需求，落实"以客户为中心"的经营理念，在线上线下多个渠道举办有吸引力的活动，提升顾客的体验，例如电脑销售公司同时提供专业术语的解析、售后服务等。

最后，服务投入在制造产品附加值中的比例越来越高。随着全球价值链（Global Value Chains，GVCs）的建立，制造企业为了实现规模经济，降低成本，其生产过程变得更加专业化和分散化。许多生产活动和服务活动都是外包的。在服务外包中，不仅包括研发、物流、金融等现代服务业，还包括清洁服务等传统服务业，此外，在外包的模式下，又催生了服务中介。据经合组织的报告，在这些成员国国家中，服务型附加值在制造业产品附加值中占到了三分之一。其中，在出口贸易中，服务部门生产了制造业产品附加值的 30% ~ 40%。根据全球价值链的微笑曲线，研究发现，在理念创新、产品的研发的上游阶段以及品牌战略、市场占有和售后服务的下游阶段是附加值最高的阶段。

二、服务业和新技术融合趋势

传统的服务业需要固定的营业场所，比如传统的餐饮和金融服务等，而在信息技术不断发展的背景下，这些传统的服务行业完全可以借助互联网平台实现线上下单，线下配送的服务，脱离了固定的营业场所，增加了经营的范围。其次，传统服务业是劳动密集型的产业，鲍莫尔（Baumol，1967）认为传统服务业最基本的生产要素是劳动。中等收入和高等收入的国家在这一理论的指导下，导致"鲍莫尔病"长期存在，限制了服务业的发展，使得服务业的生产效率十分低下，即使服务业在国内生产总值的比例越来越高。时间证明，我国"互联网＋"的新经济形式，能够治疗长期存在的"鲍莫尔病"，甚至有可能改变发展中国家追赶发达国家的模式（即先完成工业化然后再发展服务业的传统模式）。

服务业的特征和性质随着信息技术的进步以及商业模式的转变发生了巨大的变化。服务业已经从传统服务业转向无形的、高科技的、可以跨境贸易的现代服务业。在发达国家，服务业所占的比重越来越高，已经成为主导产业，其中知识密集型服务业已经成为主要的经济增长点。因此，公司竞争优势打造、国家劳动生产率的提高乃至经济增长的关键是服务业的创新发展。在现代服务业中知识发挥着非常重要的作用，同时又指导企业的创新活动。丰富的知识使服务企业在进行数据的处理与分析和产品的设计上更加流畅。同时，知识能促进服务企业进行创新。服务业的创新是全方位和多层次的创新，与互联网技术的融合，不仅体现在研发和通信等技术的创新，也巧妙地借鉴了互联网的思维模式，组织结构和商业模式同样在不断创新。大量的知识和优质的人才投身到服务业的创新活动中，创造了新的商业模式和服务活动。而其他的服务企业可以通过该企业的集群效应模仿和学习这些创新活动。服务业以其独特而快速的方式完成了先前认为只在制造业才具备的规模经济和溢出效应。相比于制造业，服务业所需的空间小而且也不会出现产品运输的拥堵问题（申丹虹等，2018）。

三、服务业和电子商务融合趋势

随着互联网，尤其是移动互联网的广泛应用，电子商务平台已经成为生活购物不可或缺的一部分，这也为传统服务业的转型升级提供了新的思路。服务业可以借助电子商务平台进行数字化的存储和传输，使我们足不出户便可以享受便捷的服务，例如线上办理通信业务和银行业务等。传统的服务业也可以依托通信技术和数字化技术，使原来不能运输的变得可以运输，进一步，为线上业务的开展奠定了基础。例如线上教育，可以借助学习平台与教师进行实时的互动，还可以通过互联网及时快速地传输学习资料等。电子商务和物流的兴起，使多渠道融合成为可能。例如传统的就餐模式被认为是必须到餐馆进行就餐或者外带，现在外卖业务的实现，使得线上下单、线下配送变成了一种新的运营模式。如今，电子商务已经嵌入消费者的方方面面，网络交易额不断提高。因此，服务业更应该与电子商务深度融合，以促进服务业向中高端延伸。

现代服务业依托通信技术和数字化技术，生产效率大大提升，也呈现出高速增长的趋势。同时，服务业与电子商务的深度融合降低了服务的成本。例如，咨询服务，可以通过电话或者视讯进行咨询，大大降低了成本。再例如共享经济的兴起，也是服务业与互联网融合的产物，不仅节约了资源，而且还使我们的生活更加便捷和高效。

四、服务业和全球化融合趋势

传统的服务业被认为是不可运输的，不能进行跨境贸易，但随着通信技术、数字化技术的应用以及贸易自由化的发展，使服务跨境贸易变成可能。服务业与国际化相结合的趋势是显而易见的，特别是中国等新兴市场经济国家中产阶级的快速崛起，他们对健康、教育和旅游等服务需求急剧增加，在这一情形下，发达国家也开始进军新兴市场。服务贸易有四种提供形式：跨境交付、境外消费、外商直接投资和自然人流动，最主要的提供方式是外商直接投资。其次，最典型的中介活动是中介服务的国际化，80%的服务出口需要中介机构进行。

服务贸易既是拉动国家经济的增长的力量，也是一个国家竞争力的重要组成部分。服务业能够出口的前提是一个国家的服务业有比较优势。按照服务贸易额占 GDP 的比重来衡量，2016 年服务贸易额占 GDP 的比重前五的国家依次是：英国、德国、法国、美国和中国，英国的占比最高，达到 20.4%。

企业产业转移的方式随着经济全球化及信息技术的发展发生了巨大的变化，由原来的外商直接投资转变成了外包的形式，以降低成本和提高生产效率。服务外包主要由商业流程外包和信息技术外包组成，信息技术外包的年均增长率为 7%，商业流程外包的年均增长率为 10%，且商业流程外包的市场份额逐年增加。发达国家是主要的外包国家，发展中国家主要承接外包服务，其中亚洲、北美洲和欧洲最主要的外包中心分别是印度、墨西哥和爱尔兰等国家，我国也在承接更多的外包服务。

第三节　生活性服务业发展现状与相关政策

一、生活性服务业

1. 生活性服务业内涵

哈伯德（Hubbard，1982）和其他人在研究如何对服务行业进行分类时提出了生活性服务业。根据对这一概念的不同研究重点，生活性服务业的内涵被大致分为以下三种。

第一种是侧重于服务对象的研究。服务对象是居民。生活服务业的目的是为居民提供全面的服务产品，提供无形产品是它的特点，居民支付一定费用来获得所需的服务（耿莉萍，2006，2007）。服务对象是消费者。在此基础上服务对象又被进行了补充，生活服务业不仅服务于居民，还服务于政府，满足最终消费需求（郭世英等，2010）。

第二种是侧重于生活服务业和生产过程之间的关系。基于生活性服务业是生产消费者购买的用于生活服务的产品，可以满足消费者对服务产品的最终需求的行业的前提。产生两种相反的结论：一种是生活性服务业的劳动是不会创造劳动价值的，其服务过程与生产过程无关（谭晓军，2008）；另一种是生活性服务业和生产性行业一样是可以创造劳动价值的，属于生产过程的范畴（杨衍江，2010）。

第三种是侧重于其来源。生活性服务业来源于中国的城镇化，为消费者提供最终的生活服务，并且会受到多种社会因素的影响，例如人类生活方式的优化、人口的流动、社会经济结构的改变，这些变化都对生活服务业产生深远的影响（俞梅珍，2002；郑吉昌，2005）。

总结上述生活性服务业的不同内涵，发现生活性服务业的本质是满足最终需求，其提供的服务不仅适用于居民，也适用于政府；其来源和发展受到其他相关产业及城镇化发展等方面的综合影响。因此，生活性服务业是直接向个人、居民、政府等消费者提供物质和精神消费品和服务的行业，目的是满足消费者生活的各种需求。

2. 生活性服务业分类

根据学者对生活性服务业各行业的不同划分方法将其分为两种类型。第一种分类方法是从行业出发，把生活性服务业大致划分为以下六个方面，见表 3 - 1。

表 3 - 1　　　　　　　　　　生活性服务行业分类

行业分类	具体门类
文化、体育与教育培训服务	教育培训业、体育产业、文化产业
房地产业与建筑装潢业	房屋建筑、建筑材料、装潢装饰材料
租赁和维修服务	租赁和维修服务
零售业	汽车零售、服装零售、百货商场、折扣商店、电子用品商店、食品批发、家具零售、连锁超市、网上零售、专业商店
旅游和娱乐服务	酒店宾馆业、餐饮业、旅游业与休闲娱乐业
社区服务业	社区卫生、家政服务、社区保安、养老托幼、食品配送、修理服务和废旧物品回收等

资料来源：陈秋玲，李怀勇等．中国服务产业研究［M］．北京：经济管理出版社，2010．

第二种分类方法来自 2012 年 12 月 1 日国务院印发的《服务业发展"十二五"规划》，更加细分为如表 3 - 2 所示的九个行业。

表 3 - 2　　　　服务业"十二五"规划的生活性服务业分类

行业分类	具体门类
商贸服务业	大型百货店、综合超市、购物中心、批发市场、便利店、中小超市、社区菜店、住宿和餐饮业等
文化产业	文化创意、移动多媒体、数字出版、动漫游戏、演艺业、广播影视、图书、报刊、数字出版等
旅游业	休闲度假旅游和生态、文化、红色、乡村、森林、湿地、草原、海洋等专项旅游工业；科技、会展、红色旅游发展、海南国际旅游岛建设等
健康服务业	医疗、商业健康保险、中医医疗保健服务业、健康体检行业等
法律服务业	律师、公证、法律服务机构等
家庭服务业	家政、养老、社区照料和病患陪护服务
体育产业	体育健身休闲业、体育竞赛表演业、体育用品、体育中介
养老服务业	专业化的养老服务机构、社区照料服务、推进日间照料中心、托老所、老年之家、互助式养老中心
房地产业	物业管理、房地产开发经营、房地产中介服务、其他房地产业

注：此表中行业分类不涵盖全部。

在此分类基础上，结合《国务院关于加快发展生产性服务业促进产业结构调整升级的指导意见》，国家统计局制定了《生活性服务业统计分类（2019）》，将生活性服务业分类范围进一步扩展至十二大领域：居民和家庭服务、健康服务、养老服务、旅游游览和娱乐服务、体育服务、文化服务、居民零售和互联网销售服务、居民出行服务、住宿餐饮服务、教育培训服务、居民住房服务、其他生活性服务等（见表 3 - 3）。此次统计分类以面向居民的服务活动为分类的主要依据，其小类类别均为向居民提供消费、保障的服务，以及与居民消费息息相关的服务。

表3－3 生活性服务业统计分类

行业分类	具体门类
居民和家庭服务	居民服务、居民用品及设备修理服务、其他居民和家庭服务
健康服务	医疗卫生服务、其他健康服务
养老服务	提供住宿的养老服务、不提供住宿的养老服务、其他养老服务
旅游游览和娱乐服务	旅游游览服务、旅游娱乐服务、旅游综合服务
体育服务	体育竞赛表演活动、电子竞技体育活动、体育健身休闲服务、其他健身休闲活动、体育场地设施服务、其他体育服务
文化服务	新闻出版服务、广播影视服务、居民广播电视传输服务、文化艺术服务、数字文化服务、其他文化服务
居民零售和互联网销售服务	居民零售服务、互联网销售服务
居民出行服务	居民远途出行服务、居民城市出行服务
住宿餐饮服务	住宿服务、餐饮服务
教育培训服务	正规教育服务、培训服务、其他教育服务
居民住房服务	居民房地产经营开发服务、居民物业管理服务、房屋中介服务、房屋租赁服务、长期公寓租赁服务、其他居民住房服务
其他生活性服务	居民法律服务、居民金融服务、居民电信服务、居民互联网服务、物流快递服务、生活性市场和商业综合体管理服务、文化及日用品出租服务、其他未列明生活性服务

二、生活性服务业的发展现状

1. 生活性服务业当前现状

互联网等相关技术的快速发展，促进了生活性服务业的发展和创新，主要特点体现在以下几个方面。

（1）生活性服务行业规模扩大。第四次全国经济普查结果显示，与人民群众对美好生活追求密切相关的生活性服务业蓬勃发展，市场主体大量增加，从业人员大幅增长，经营规模显著提升。其中，2018年末，文化、体育和娱乐业企业法人单位 50.7 万个，比 2013 年末增长 192.5%，在第三产业中的占比为 3.5%，从业人员 336.4 万人，比 2013 年末 72.9%，年末资产总计 3.4 万亿元，营业收入 1.1 万亿元，比 2013 年分别增长 126.0% 和 121.4%；居民服务、修理和其他服务业企业法人单位 47.9 万个，增长 173.8%，占比为 3.3%，从业人员 414.8 万人，比 2013 年末增长 55.4%，年末资产总计 1.0 万亿元，营业收入 0.7 万亿元，比 2013 年分别增长 30.6% 和 83.9%。

（2）产业结构调整加快。地级以上中心城市家政服务业和大众化餐饮在商务主管部门的资金支持下得到优化发展，搭建各种公益性家政服务网络平台，各类主食加工中心和标准化固定门店式早餐网点。另外，物流配送系统不断优化升级、电子商务等现代流通方式越来越多地被应用到居民生活中，信息化技术被广泛地运用，生活服务业的行业结构不断优化升级，服务业态和质量不断改善，服务功能和水平逐步提升。

（3）消费范围扩大和服务质量提高。据国家统计局统计显示，我国生活服务业在 2018 年前三个季度的收入占比高达 52.6%。其中，餐饮业一直持续增长，总收入达到 29763 亿元，同比增长了 9.8%；文化影视业增长速度最快，在全国电影票房收入方面同比增长 14.9%；旅游业收入也不断增加，例如在中秋节期间，全国实现旅游收入共 435 亿元，接待的国内游客数量为 9790 万人次，仅北京市景区收入就同比增长 11.5%。

（4）其他服务行业发展水平逐渐改进。企业发展趋向于大众化、连锁化和现代化，各种服务网点包括洗染、沐浴、美发美容、人像摄影和家电维护等布局逐步优化，服务领域不断扩充。

（5）衍生出更多新的服务模式和产业。近年来，我国大数据、云计算和物联网等新技术应用发展迅速、日益成熟，促进和发展了包括生态旅游、休闲养老、远程教育和智慧社区等多种新的服务模式的产生。电子商务在传统服务业的基础上拓宽了服务业的消费渠道，购买渠道更加多样和方便。服务业在 2016 年新登记注册的企业中占比高达 80.7%，其中包括很多微型服务企业。

（6）服务政策逐步出台，政策体系初步建立。生活性服务业的发展和进步对于满足人们基本生活需要，提升居民生活品质具有重要作用。国家和政府自"十二五"期间开始逐步加大对生活性服务业的关注，出台了一系列生活性服务业的规划纲要、意见办法和通知文件。众多部门参与生活性服务业政策的制定和颁布。国家发展改革委和财政部充分发挥部门协同的核心作用，各个部门之间相互协作，共同探讨，服务业发展政策措施之间的协同性不断加强。目前引导性政策相对较多，在措施协同之间占据重要地位，而财政措施、行政措施、人事措施和其他措施政策之间的协同性也呈上升趋势。生活性服务业的发展得到了政府的重视和政策的支持，为实现服务业的发展目标，促进整个服务行业的发展和进步积聚了力量。

2. 生活性服务业存在的问题

（1）供需矛盾严重。随着居民收入水平的提高，人们开始追求更高的生活质量，这使得消费结构逐渐发生了变化，消费规模出现增长。与此同时，人们对食品、服装等的消费比重逐年下降，这意味着商品消费的重要性有所减小，填补这一空缺的正是人们对服务消费的支出。服务消费需求渐增，但有效供给却不足。相对于需求而言，养老、家政等生活服务业服务供给严重少于需求，相对于城市地区来讲，农村生活服务存在供给短板，许多生活服务没有惠及偏远农村。从服务质量来讲，仍然存在有安全隐患的消费现象。除了基本生活服务的供需矛盾，个性化生活服务的需求也面临难以满足的局面。

（2）标准化程度偏低，强制性不高。现阶段，已制定或出台的有关生活性服务业的行业标准有100多项，但多为推荐性行业标准、社会影响力小以及政策执行力度较低等问题，还需要国家进一步出台相关的法规标准。首先，由于国内生活性服务业起步较晚，有关行业标准化的意识尚且不足够；其次，新兴生活性服务领域标准缺乏，新兴服务行业不断涌现，旧的生活性服务出现了新的需求和新的渠道，与之匹配的标准体系建设落后；最后，生活性服务标准数量和质量较低，尤其是行业及市场通用的服务质量评价、诚信等重要标准数量及质量偏低（胡慧庆等，2016）。

（3）人口老龄化问题抑制发展。人口老龄化是当今社会关注的一个热点话题，但与之相对应的养老服务业发展状况却不容乐观，现阶段的养老服务业还存在养老机构有限、设施供给不足和管理规则混乱等问题。我国还远未形成"以家庭养老为基础、社区养老为依托、机构养老为支撑"的服务体系，这会导致大众有更多的储蓄动机，进而降低当前消费水平，使生活性服务业乃至总体服务业的很难得到稳定发展（吴飞飞和唐保庆，2018）。

（4）体制机制不完善。生活性服务业普遍存在发展缓慢和结构失衡等问题，主要原因在于现有机制体制的限制。例如一些生活性服务严格限制和执行准入标准、相关监督机制不健全、相关法律体系缺乏和对外开放水平较低等。另外，生活性服务业的发展需要商务部、国家发展改革委、人社部和卫生部等众多政府管理部门的共同努力，因此会导致政出多门和政策不协调等现象的出现，进而影响相应政策的实施以及推进（高宝华，2017）。

（5）企业规模小承担的税费重。目前，生活性服务业中小企业占90%以上，大多数的小型企业和个体工商户市场化组织化程度不高，承受动态环境以及行业风险的能力弱，很难发展成为具有强竞争力的大型企业。另外，居民生活服务企业面临税负负担重的问题，增值税、所得税等税费和各项相关费用严重占用企业资金，使得企业缺乏更多的资金支持自身的发展。

（6）政策有效性和政策之间协同性需要进一步提高。目前，我国生活性服务业政策的有效性相对较弱。虽然政策的制定及颁布参与部门较多，但是政策的积极性和整体效率较低，政策的作用力仍然主要依靠数量的增多来实现。此外政策措施制定过程的把控，以及各个政策的效力有待改善。而且，现有生活性服务业政策的类型等级相对较低，大多都是通知、引导类政策，政策地位和力度较差，不利于长期性、系统性和战略性目标的实现。

另外，生活性服务业涉及多个领域，具有明显的复杂性。现阶段，生活性服务业的政策主要是针对某一行业或地区的行业性或区域性政策，宏观系统政策相对较少。

三、生活性服务业的相关政策

随着改革开放进程的推进，居民生活性服务业快速发展变化，相关企业活力不断增强，涌现了大量的新兴业态，更好地满足了人们的需求，也增强了其在经济社会发展进程中的地位。生活性服务业直接影响人们的衣食住行，有效地推进了经济的增长，扩大了需求，促进了居民就业，惠及了广大居民。因此，生活性服务业发展方式的转变、结构的调整和组织制度的创新等都需要迅速推进，同时要注重提高生活性服务业的服务质量和服务水平，不断提高人民对生活性服务的满意度。

城市化进程迅速演进、老龄化现象的不断加剧、日益显著的家庭小型化趋势以及越来越多样化的居民需求等都带来了巨大的市场需求，但与此相冲突的是，相关商业布局并不合理、农村地区支持设施缺乏、商家提供与居民需求供求不对等。基于以上问题，生活性服务业成为"十二五"期间的国家重点发展方向。《中华人民共和国国民经济和社会发展第十二个五年规划纲要》明确规定，为满足居民日益多样的消费需求，我们必须丰富产品品类，扩大供应并保证和提高产品以及服务的质量。规划纲要指出，"十二五"期间要不断优化商贸服务业，优化大型商业的网点结构与布局，并大力支持和发展社区商业；同时，农村地区也鼓励和支持诸如连锁企业、物流体系、电子商务等新兴方式的开发以及推进，农村服务网点等得到进一步的发展以及改造升级，大型超市对接农村合作组织以及农产品批发市场和农贸市场的改造升级等进程也得到了进一步的推进；同时，政府将着力支持和推行家政、养老和病患陪护等相关服务，以家庭为单位，以社区为依托，以保证生活性服务惠及广大居民。

2015 年 11 月 19 日，国务院办公厅印发《关于加快发展生活性服务业促进消费结构升级的指导意见》（以下简称《指导意见》）。其中明确，今后一个时期，国家将重点发展带动作用强的、贴近人民生活并且人民迫切需要的服务，主要包含健康、养老、旅游、文化、住宿餐饮、教育培训等诸多方面，以此推动生存型和物质型的生活消费方式转变为发展型和服务型消费方式。《指导意见》是第一份有关生活性服务业全面系统的政策性文件，针对现阶段生活性服务业规模、服务质量和服务效率等问题，给出了相应的方针政策，这对促进生活性服务业发展起到关键性作用。另外，《指导意见》还提出了一系列的政策措施，主要包括激发相关企业活力、完善体制建设、强化政策扶持等，以保证生活性服务业能够不断迅速发展。

在用地规划保障政策中，国家明确指出保障生活服务类企业规划用地，对生活性服务业设施建设用地、各地政府应该在考虑相关计划的基础之上予以充分考虑和优先安排。同时，在健康、养老、家庭等重要方面要继续加大用地政策的落实力度。在市场准入与审批程序上，2007 年 3 月 19 日，国务院下发《关于加快发展服务业的若干意见》指出"依据企业的相关实际情况，降低市场准入和工商登记门槛，对于连锁型服务企业可由总部统一办理登记和审批手续，免去复杂的办理手续。"《指导意见》则强调改革现行行政审批制度，优化审批流程，取消不合理审批程序，也将加强事后监督管理以及反馈优化机制。另外，还强调取消商业性和群众性体育赛事审批程序，不断探索适应生活性服务业特点的相关机制，并建立合理的市场推出机制。

为促进生活性服务业中的中小企业健康持续发展，国家出台一系列融资与贷款渠道，为企业发展保障充足的资金来源。《指导意见》明确指出对符合条件的生活性服务业企业的上市融资和债券发行国家予以大力支持，并鼓励金融机构拓宽相关的贷款抵质押种类和范围，扩大融资担保机构的影响力，研究开发有效的保险产品保护机制；根据现实情况，优化相关"营改增"税收政策方案，设置合理的增值税税率。这些方案的顺利开展以及实施，有效地减轻了生活性服务业的税收负担。同时，在研发创新、节能减排、绿色环保等方面，国家对生活性服务业也提出了相应的政策方案。

除此之外，国家还根据企业吸收就业人员的数量对企业实行相应的补贴或所得税优惠。（俞华和路红艳，2014）。在财政支持上，国家主要通过进行股权投资、产业基金等方式支持其发展。在公共体育设施上，政府依据相关的规定对向社会开放的免费或低收费的设施给予一定的财政补贴。同时，国家还进一步推进政府购买服务，通过国家的财政补贴，拓展市场的需求。

另外，还从发展环境、市场化服务供给和国际化发展水平三个方面深化改革开放，破除阻碍生活性服务业发展的行政垄断和行业垄断等壁垒，优化简化各种流程制度，提升服务机构及行业协会的市场化和专业化水平，推进文化、健康和养老等生活性服务领域有序开放，提高外商投资便利化程度；共同管理和改善消费环境，形成企业自治、行业自律、政府监管和社会监督的多元共治模式；不断提高适应消费结构升级的能力，加大对社会投资的指导力度，使城市老旧生活设施得到改善提升，使农村生活性设施短板得到改善，提高生活性基础设施的自动化、智能化和连通性；以质量管理、信用、监督和检测体系为核心，保证质量水平，完善质量体系；生活性服务业有关主管部门要制定相应领域的生活性服务业发展规划，扩大专业人才的培养，对现有从业人员加强专业技能培训考核；进一步推进和完善有关生活性服务业的法律法规，推动文化产业促进法的研究制定，并开展服务业质量管理立法研究。

2018 年 9 月，中共中央、国务院颁布实施了《关于完善促进消费体制机制进一步激发居民消费潜力的若干意见》（以下简称《意见》），强调我国将进一步调整消费结构，提高服务消费占比，逐渐降低恩格尔系数。服务型消费蕴含巨大潜力，一旦得到发展，将带来经济的持续增长，所以《意见》明确提出，继续提升服务消费质量，扩大服务消费范围，重点涵盖信息消费、文化旅游、体育消费、健康养老家政消费和教育培训托幼消费等领域。同时，为解决供给不足的短板，商务部也明确表示将大幅减少市场准入限制，逐步扩大教育、文化和医疗等生活性服务业领域外资准入，以减少因准入标准限制引起的资金流失，保证生活性服务业吸引更多的投资。

生活性服务业的发展与进步，要紧抓政策这一个关键点，提高政策的质量，增强政策的有效性，保障政策的执行能够落地生根。在政策制定的过程中需要将不同的政策措施、制定主体和执行主体协同和组合起来，以此来增强政策的协同性和有效性，推动生活性服务业的发展。同时，要赋予生活性服务业主管部门更多经济和行政权力，增加法律、国家层面纲要和条例，增强政策力度，提高服务业政策部门协同的有效性，综合考虑各种政策措施之间的运用，特别是金融措施与引导措施、人事措施与行政措施的协同发力。各项政策措施紧密配合，共同推进服务业发展。

总而言之，生活性服务业政策需要制定合理的生活性服务业专门战略规划，出台符合现实需求的政策文件，明确各个行业法规和相关服务标准，优化服务政策组合，调整政策的着力点和发力点。同时，各级政府要均衡行业政策数量，加大政策的实施力度。各个部门注重联合协同，转变政府职能，提高行政效率，加大政府监管，平衡行业发展，提升服务业政策对产业结构合理化的调整和促进作用，实现更大程度上的绩效，创造更多的福利。除此之外，生活服务业政策还要对标国际市场，打破服务业政策在外资准入水平上的行政壁垒，鼓励优质外资企业进入国内市场参与竞争。对内改革，对外开放，以促进服务业向价值链中高端前进，建立与国际接轨的生活性服务业政策和标准体系。

第四节　生产性服务业发展现状与相关政策

一、生产性服务业

1. 生产性服务业内涵

关于生产性服务业的内涵，1966 年美国经济学家格林菲尔德（Greenfield）在研究服务业及其分类时，最早提出了生产性服务业（Producer Services）的概念。布朗宁和辛格曼（Browning & Singlemann，1975）在对服务业进行功能性分类时，也提出了生产性服务业概念。哈伯德等（Hubbard et al.，1982）、丹尼尔斯（Daniels，1985）等认为服务业可分为生产性服务业和消费性服务业，他们认为生产性服务业的专业领域是消费性服务业以外的服务领域，并将货物储存与分配、办公清洁和安全服务也包括在内。格鲁伯和沃克（Grubel & Walker，1989）认为生产性服务业不是直接用来消费，也不是直接可以产生效用的，它是一种中间投入而非最终产出，扮演着一个中间连接的重要角色，用来生产其他产品或服务。同时，他们还进一步指出，这些生产者大部分使用人力资本和知识资本作为主要的投入，因而他们的产出包含大量的人力资本和知识资本的服务，生产性服务能够促进生产专业化，扩大资本和知识密集型生产，从而提高劳动与其他生产要素的生产率。汉森（Hansen，1990，1994）指出生产性服务业作为货物生产或其他服务的投入而发挥着中间功能，其定义包括上游的活动（如研发）和下游的活动（如销售）。美国商务部又进一步将这种中间功能的形态分为两类：一类是"联合生产性服务业"，总部与外国生产性服务业子公司之间的交易（占生产性服务业总量的10%）；另一类是"独立的生产性服务业"，生产性服务业直接与国外厂商、私人企业和国外政府的合作（占生产性服务业总量的90%）。

国内学者顾乃华（2006）指出企业集合体能很好地描述生产性服务业。吕政等（2006）认为生产性服务业建立在企业外包活动的基础上，而且这种生产和发展还体现出一定的专业化分工，这种分工集中体现为成本优势。钟韵和闫小培（2005）指出，生产性服务是一种中介服务，为生产、商务活动和政府管理提供而非直接向消费性服务的个体使用者提供的服务，它不直接参与生产或者物质转化，但又是任何工业生产环节中不可缺少的活动，其产出具有实质价值。甄峰等（2001）认为向其他产业提供服务的行业，如会计、咨询和研发等都是生产性服务业的一部分。闫小培（1998）指出生产性服务业涵盖了以金融保险业为代表的一系列"中间投入"产业。

总结上述生产性服务业的不同内涵，发现生产性服务业是一种中间需求性服务业（而非最终需求），即作为其他产品或服务生产的中间投入的服务，并具有专业化程度高、知识密集的特点。

2. 生产性服务业分类

目前国内外学者和机构对生产性服务业所包含的各行业的不同划分尚未形成一致意见，现将不同主体的划分方法列在表3-4中。

表3-4   生产性服务业行业分类

划分主体	具体门类
Browning & Singlemann（1975）	金融、保险、法律工商服务，经纪等专门性服务
Howells & Green（1986）	保险、银行、金融和其他商业服务业，职业和科学服务（如会计、法律服务、研究与开发等）
香港贸易发展局	专业服务、信息与中介服务、金融保险服务以及贸易相关服务

此外，我国政府在《国民经济和社会发展第十一个五年规划纲要》中将生产性服务业分为交通运输业、现代物流业、金融服务业、信息服务业和商务服务业。

二、生产性服务业的发展现状

1. 生产性服务业当前现状

里德尔（Riddle，1986）认为生产性服务业是一种过程产业，能够有效地促进其他相关产业的各种业务的推广，对促进商品生产具有很好的作用。关于生产性服务产业与其他类型产业发展之间的关系和发展现状，许多学者做了相关研究，主要有以下几个方面。

（1）生产性服务业在农业领域发展中的地位和作用。朱丽莉和李光泗（2018）认为生产性服务业在现代农业发展中处于核心地位，在农业现代化进程中发挥重要作用；但也存在一系列问题：注入发展结构不合理、发展环境不优以及与农业发展分离等。刘强等（2017）指出在诸如水稻这样以农业为主体的，发展水平较高的生产性服务类型中，其发展有产前、产中、产后三个环节：产前和产后环节主要是指农资供应与加工销售；产中主要是指服务发展，其中产中水平高于产前产后水平。由此可知，对以农业为主体的生产性服务而言，可以拓展产中环节，大力提升效率，促进整体水平的提高，实现三个环节的综合提升。郝爱民（2011）认为，生产性服务业可以有效实现农业部门的重整、提升产量。李启平（2009）指出，生产性服务业与农业的协调发展是解决"三农"问题有效途径。韩坚和尹国俊（2006）认为，通过增加生产性服务投入的比例，可以加快农业的发展。通过比较中国、美国和日本在农业生产性服务方面的投资，可以得出中国农业生产效率受到生产性服务投入较低的影响。

（2）生产性服务业在制造业发展中的地位和作用。朱玉佩（2018）认为，生产性服务业发展对高端制造业增长的影响是非线性的，也就是说，扩大生产性服务业的投入对制造业产出有很大的贡献，且随着生产性服务业投入不断增加，制造业产出增长率会呈现降低的态势，要采取措施让两者协调发展。高觉民和李晓慧（2011）认为制造业的增长与生产性服务业的发展相辅相成且互相影响。冯泰文（2009）以中国制造业中28个细分对象为研究目标，研究生产性服务业提升制造业效率的机理，其研究结果指出生产性服务业的发展促进了制造业效率的提高。胡晓鹏和李庆科（2009）探讨了生产性服务业与制造业之间存在的共生关系，并揭示了这种共生关系的基本特征、引起差异的原因以及若干结论性判断。顾乃华等（2006）指出不同地区、行业的制造业的进步有赖于生产性服务业的提高而得以发展。郑才林（2008）认为生产性服务能够直接推动产业集群的经济增长效率。钟韵等（2003）认为生产性服务业有较大的发展潜力，在不同经济发展水平的地区及不同城市的经济发展中均占有重要地位。

（3）生产性服务行业在区域整体产业转型升级中地位和作用。根据国家统计年鉴等网站数据，江苏、湖北和四川三个省份的相关数据反映出生产性服务业的以下发展现状。

江苏是中国第一个提出生产性服务业的省份，于2016年就已积极开展生产性服务业工作，2018年上半年，南京市软件和信息服务、金融和科技服务、文旅健康、现代物流与高端商务商贸四大服务业主导产业实现营业收入 12700 亿元，软件和信息服务业收入同比上升 14.3% 左右，软件业务收入同比上升 12.5%，规模继续排名全省第一。

湖北省黄石市作为国内工业行业的标杆，其生产性服务业的发展也较为突出，2016 年，黄石市实现了生产性服务业增加值 278.22 亿元，相较于 2012 年增加了 2.2%，占生产总值的 18.8%。此外，据统计黄石市提供生产性服务的单位高达 39777 家，相较于 2012 年增长 192.0%，生产性服务业平均每年增加 23.9%，比第三产业高出 5.7%，比制造业高出 12.4%。在固定资产投资中，黄石市生产性服务业为 246.47 亿元，占全社会比例由 2012 年的 8.6% 增加到 2016 年的 16.0%，相较于 2012 年增长 2.8 倍。在就业人员方面，生产性服务业提供了 3.49 万个工作机会，全行业占比 11.4%，在 2012 年的基础上提高了 20%。尽管如此，生产性服务业在黄石市的数量依旧偏低，仅为 16.0%，不到制造业的一半。

四川省是我国西部地区生产性服务业发展最为领先的省份，2019 年，四川省规模以上生产性服务业企业 3699 户，营业收入 4421.89 亿元，同比增长 14.53%，开展服务型制造的企业比例达 34.3%，位列全国第四，西部第一。2020 年，在成都市先进生产性服务业发展大会上，成都市政府明确提出，将打造面向全球、服务全国、引领区域的服务新高地，加快建设国家生产性服务业标杆城市。

2. 生产性服务业存在的问题

（1）市场准入门槛高，供给能力受到制约。由于体制、政策的限制，生产性服务业的市场准入门槛普遍高于工业，市场化程度低，一些行业对非国有经济和外资也没有完全开放。此外，所有制结构单一，造成服务业部门资源流入不足，弱化了竞争机制在产业发展中配置资源的基础性作用。这些因素最终导致服务业创新不足，企业经营效率低下，供给能力的扩张受到制约。

（2）工业生产方式落后，生产性服务需求不足。我国工业领域的发展现状仍为劳动密集型产业和产品占主导地位，很多企业仍然使用传统的生产模式，依靠成本和价格优势开展竞争，产业升级速度较慢，对生产性服务需求不大。工业企业产业链过于侧重实体产品的生产，物质材料消耗占产品成本比重较大，外包项目主要以产品生产为主，外包服务不多且涉及面窄，与产品制造相关的金融、市场销售、人力资源和外购信息技术等占全部支出的比重偏小。

（3）工业布局相对分散，城市化相对滞后，生产性服务业尚未形成有效集聚。服务业的内部结构与城市规模结构有较高的相关性。我国城市化进程相对滞后和工业布局相对分散弱化了对生产性服务的中间需求，导致生产性服务业面临资源分布相对分散、业态种类较少和集聚程度偏低等问题。制造业链条上的技术研发、人员培训、经营管理、会计服务、法律咨询和信息服务等关键环节，得不到相关支撑服务体系的协作与配合，大量本应通过外包方式完成的服务活动不得不在工业企业内部消化完成。

（4）缺乏有效的区域分工和协作机制。随着中心城市在区域范围内集聚，资金、人才、技术和信息等产业要素能力的大幅提升，区域产业结构的同构化基础不断被瓦解，建立基于比较优势和产业链区别定位之上的区域分工体系越来越具有经济性和现实意义。但是，作为各城市互设壁垒、低效率同质化竞争的制度基础。由于缺乏有效的区域分工，重复建设、结构雷同，不可避免地要降低服务业增长的集约化程度，牺牲增长效率。

三、生产性服务业的相关政策

在分工和专业化机制的作用下，生产性服务从工业内部独立出来，通过外包方式演变为专门的产业形态，这既是我国工业发展水平提高的必然趋势，也是走新型工业化道路的重要环节。但目前服务业领域的发展缺乏政策支持，例如：服务业用水、用电和用地政策与工业政策的巨大反差。此外，某些服务业领域仅仅依靠国有企业和外资，不能充分调动全社会的资金力量，尤其是民间资本的积极介入，必然会为生产性服务业的健康发展埋下隐患。

第五节　本章小结

我国服务业起步较晚，受限于资金、管理经验不足以及服务业人才的短缺，发展水平仍然不高。传统服务企业的创新驱动意识仍然不强，与建立高质量的服务经济之间还有很大的差距。在互联网时代，"互联网＋"加快了信息传播的速度，有利于营销信息的多样化和增加服务公司的曝光率，加快了传统服务企业的转型升级。国家提出了供给侧结构改革战略，在这一进程中，服务企业积极拥抱互联网技术，顺应时代发展的潮流，打造"互联网＋服务业"的新经济形式，为我国的服务业注入新的活力。我国服务业发展呈现出与制造业、新技术、电子商务、全球化相融合的新趋势。

当前我国服务业市场存在"双向封闭"的现象，致使国内服务业市场活力不足，产业竞争力弱。从国内市场来看，民营资本和中小企业存在"难以进入"的现象，支持性改革政策不到位；从国际市场来看，我国服务业政策在外资准入水平上具有较高的行政壁垒，导致优质外资企业无法进入国内市场参与竞争。因此，我国服务业应该积极采取对内改革和对外开放的政策，进一步推动服务业向价值链的中高端前进。

从服务业的各个子行业来看，具有以下发展现状。

（1）生活性服务业。生活性服务业规模不断扩大、产业结构调整加快、消费范围扩大、服务质量提高，随着我国大数据、云计算、物联网等新技术应用的迅速发展，生活性服务业衍生出更多包括生态旅游、休闲养老、远程教育、智慧社区等新的服务模式和产业。但生活性服务业也存在供需矛盾突出、标准化程度偏低、人口老龄化问题抑制发展、体制机制不完善和企业规模小承担的税费重等问题。近年来，国家出台了一系列政策措施支持生活性服务业发展，例如继续提升服务消费质量，扩大服务消费范围，重点涵盖信息消费、文化旅游、体育消费、健康养老家政消费、教育培训等领域。同时，为解决供给不足的短板，商务部也明确表示将大幅降低市场准入限制，逐步扩大教育、文化和医疗等生活性服务业领域外资准入，以减少因准入标准限制引起的资金流失，保证生活性服务业吸引更多的投资。

（2）生产性服务业。生产性服务业在现代农业发展中处于核心地位，在农业现代化进程中发挥重要作用。对高端制造业增长的影响是非线性的，扩大生产性服务业的投入对制造业产出有很大的贡献。但生产性服务业市场准入门槛高，供给能力受到制约，且工业生产方式相对落后，工业布局相对分散，城市化相对滞后，所以生产性服务业尚未形成有效集聚，缺乏有效的区域分工和协作机制。生产性服务业发展缺乏政策性支持，服务业用水、用电和用地政策与工业政策形成巨大反差。某些服务业领域仅仅依靠国有企业和外资，不充分调动全社会的资金力量，尤其是民间资本的积极介入，必然会对生产性服务业的健康发展埋下隐患。

第四章　服务业发展政策的国际比较研究

第一节　欧盟服务业的发展现状与政策特征

一、欧盟服务业的发展现状

1. 欧盟服务业的发展阶段和行业分类

（1）欧盟服务业的发展阶段。服务是以活劳动满足他人需求并且获得回报的生产活动，是一种具有价值和使用价值的特殊商品（韩岳峰，2010）。服务业也是特定阶段的产物，是为生活和生产供给服务的行业，是非实质形态的经济物品。根据各国通用的国民经济核算体系，一个国家的国民生产总值或国民收入所计量的就是在特定时期所生产或提供的商品和服务的总增加值。在工业革命以前，服务业大致可以分为商业、交通运输业、旅游业和少量的文教卫生事业等；在工业革命之后，服务业大体分为生活类或消费类和生产性服务业。欧洲国家的服务业发展起源于英国的第一次工业革命时期，与那时的纺织业、采矿业、冶炼业等核心产业齐步发展的是生产性服务业，其中支持性的产业是金融和运输业。到19世纪，资本主义自由竞争期间，由于世界商品市场的范围不断增加和产业分工不断深化，服务业开始成为脱离于生产制造业以外的独立产业，但这一时期的服务业和工业、农业等相关部门制造了行业以外的独立产业。

自 20 世纪 60 年代以来，全球呈现出工业型经济向服务型经济的转变的趋势，服务业在经济和就业中的地位逐渐加重（徐伟金，2009）。1957年，科林·克拉克以"服务型行业"的概念来替代"第三产业"，并确切将工业产业结构划分为农业、工业和服务业三个部门。第三产业是 20 世纪 30 年代英国著名的经济学家费希尔根据社会发展阶段和资金流向等标准划分出来的。第一产业为人们供应满足其最低层次需要的产品。第二产业满足人们较高一步层次的需求；第三产业来满足人们除物质以外的别的更高层次的需求，例如追求生活方面便利的需求，追求生活中娱乐的需求和其他的精神需求等（张奇，2011）。

虽然科林·克拉克以"服务型行业"的概念代替了"第三产业"，但两者还是有区别的。首先，在划分标准上，第三产业的划分是以第一产业和第二产业为标准，除第一产业和第二产业以外的经济产业活动被称为第三产业。而服务业的区分是有严格的定义标尺的，明确界定了生产和提供各种类型服务的产业才是服务型产业。其次，第一产业、第二产业和第三产业是一层一层需求增加提升的关系，即第二产业依赖与第一产业，而第三产业又依赖于第一产业和第二产业。不过，服务产业与其他产业是相互协调的关系，例如，现代服务业较强的外溢效应可以带来制造业的转型升级，特别是欧盟这种在制造业上具有较强技术优势的地区，现代服务业在制造业的转型升级中可以发挥巨大作用。

欧盟是工业革命的发源地，在工业产业的生产和工业产品的打造方面具有雄厚的技术背景和优势。不过，近年来包括中国在内的新型工业化国家在制造业上已经逐渐占据一席之地。虽然欧盟在高端服务业方面还是遥遥领先，但是欧盟一些国家在传统制造业上的地位逐渐下降，对国民经济和就业率的贡献减少（湛军，2015）。相反，欧盟的现代服务业正逐渐崛起，据欧洲统计局介绍，欧盟自 20 世纪下半叶来已经出现了转向服务经济的长期趋势。2017 年，其服务业所吸纳的就业人数已经达到了欧盟总就业的 74%，2000 年该比例为 66%。而同期欧盟工业就业人数占比则从

26%下降到了22%，农业就业人数从8%下降到了4%。欧盟成员国中，荷兰、英国、比利时、马耳他、法国、丹麦、塞浦路斯和卢森堡的服务业就业人数均占到了总就业人数的80%甚至以上。

总结欧盟服务业的发展，大体可以分成以下两个阶段。

第一阶段：基础式发展阶段。20世纪60年代，国际社会出现从工业产业向服务产业转变的趋向，70年代以来欧盟服务业开始迅速发展。据统计，1980—1992年欧盟服务业在国内生产总值中的份额从57%上升到64%，服务业就业人员从650万增至8000万，占欧盟总就业人数的63%，而欧盟制造业的就业人数却从4700万减少至4000万（戴芷华，1996）。到1997年欧盟地区15个国家的服务业的出产规格到达了5000多亿美元，占GDP的65%，其中服务业规模最大的三个国家分别是德国、法国和英国（于璇，2011）。

第二阶段：创新式发展阶段。进入21世纪后，欧盟地区加快了一体化的进程，各成员国之间合作更加紧密，欧盟经济也因服务业的发展得到了巨大提升。2004年，欧盟创造了高达6.75万亿美元的服务贸易增加值，占全球增加值总量的24%；到2005年，欧盟的服务商业贸易已占到国际服务贸易总数的46%。同时，服务业创新也开始得到重视，欧盟各成员国制定了创新政策、创新制度和创新环境来提升服务业的创新效率，优化创新内容（王志强和赵中建，2010）。根据李杨（2015）等的研究，在这一阶段，欧盟采取了以下措施推进服务业的发展。

首先，欧盟构建了充分一体化的内部服务市场，2006年颁布的《关于内部市场服务业指令的第2006/123/EC号欧洲议会和理事会指令》，被认为是近年来首要的法律事项，旨在逐步消除成员国之间的贸易壁垒和非良性竞争；建立规范化的服务业市场与体系，进一步提升欧盟地区产业经济的市场活力，是市场一体化迈出的关键一步，对欧盟服务业创新具有重要且关键的意义。另外，欧盟在服务业创新政策上保护服务企业的知识产权。由于无形性等特点，服务业中的知识产权异于制造业，对知识产权的保护是创新的关键所在。欧盟意识到服务业知识产权的重要性，于2009年成立专家组，对保护中小企业的知识产权提出政策建议。

其次，欧盟扩充与深化企业"知识库"。将教育与服务企业创新结合，分析创新能力需求，改进相关教育方向，创建有利于服务企业创新的外部条件，并提供有利于服务企业创新的经济平台。

最后，欧盟培育各国的创新需求，鼓励政府相关成员消费的创新偏好，并制定了"政府采购指令""政府采购中的创新型解决方案指引"来为促进服务企业创新提供环境。

（2）欧盟服务业的行业分类。20世纪90年代，国际上出现了传统服务业和知识密集型服务业的划分。传统类型的服务业是指餐饮、交通和运输等类型的服务业，是知识含量比较低的服务业。而知识密集型服务业是指以技术或专利为主并为制造产业的发展进行服务的产业行业，是具有技术相关的背景的，主要包含两大类：一类是针对传统企业所提供的专业技术服务（如广告促销、会计、法律等）；另一类是以新技术开发为基础，并由高新技术促进产生的新兴知识密集型服务业（如软件设计及信息通信相关的服务行业）（张奇，2011）。因此，知识密集型服务业在分类上可以包含金融保险、不动产业、中介、咨询、法律、市场研究、规划设计、科技、税收、管理、广告等新兴的产业（张奇，2011）。

随着现代服务业逐渐取代传统服务业，可以分成生产性服务业和消费性服务业两大部分（黄繁华，2002）。其中，生产性服务业是被其他类型的商品和服务的生产者当成中间环节投放的服务，其最主要的特征是将大部分的资本和知识加入商品与服务中的生产过程中，是现在产业成长保持核心优势的来源。而消费性服务业则是直接面对消费者各种需求的服务业，比如餐饮、教育等（湛军，2015）。

对现代服务业的属性，有学者提出，现代服务业除了具备和传统类型服务业一样的特征外，还具备一些特殊属性。例如，现代服务业是第三产业的繁衍，是传统类型服务业持续进展和变化的规律性趋向；现代服务业相对于传统服务业强调了信息技术的优势和运用；现代服务业不仅包含新型的服务业，也包含变化和提升后的传统类型的服务业，其根本是服务业的现代化（王志明，2009）。

2. 欧盟服务业的发展及构成特征

欧盟地区的服务业中，比较传统的且具有竞争力的部门包含建筑、交通、保险、金融、商业服务和专业的技术服务等，其中保险和金融业在一直保持稳定增长劲头；稍具劣势的部门包含许可费、通信和娱乐文化部门。随着互联网技术的发展，自 2010 年以来，信息服务业开始逐渐壮大，并逐渐成为欧盟服务业发展的主要推动力（张奇，2011）。近年来，现代的服务业在欧盟地区扮演着越发重要的角色。根据第七次欧共体创新政策调研的结果表示：欧盟总产出中超过一半由服务业实现，欧盟地区经济增长的 2/3 是因为服务业才实现了的（Eurostat Commission，2013）。欧盟通过推进一系列新的政策和指令提升了市场活力，消除了服务业发展壁垒，为现代服务业的发展作出了重要贡献。欧盟将现代服务业大体划分为四大种类型：贸易与旅游、运输与通信、金融服务和社会服务业。其中，金融和通信产业是现代服务业中的佼佼者，并在发展过程中形成了产业聚集的趋势。

总而言之，欧盟服务业的发展呈现出以下特征。

（1）农业和工业的占比逐渐下滑，服务业的占比逐渐提升（分行业分析发展现状）。

（2）欧盟从传统的建筑和交通等优势部门转变到电脑与信息服务部门，传统优势部门中只有金融和保险在强劲发展。

（3）服务贸易迅猛发展。

（4）中小企业是发展主体。

（5）向高端服务产业、知识密集型服务业等现代服务业发展。

3. 欧盟服务业的创新特点及影响因素

积极创新是服务行业成长的重要动力。欧盟服务业创新呈现的总体特点是：服务业的创新是因为知识经济的成长；欧盟对服务业创新的研究，一方面是基于技术创新的研究，另一方面是基于组织方式创新的研究；在产品、工艺、营销和组织方面，欧盟服务业创新主要集中在营销和组织方面。

其中，影响欧盟服务业创新的主要因素有以下几点。

（1）开放性与国家整体实力强是欧盟服务业创新的主要动力。

（2）较高的人员素质是欧盟服务业创新的保障。

（3）政府对服务业创新的大力支持。

（4）积极的服务创新政策，例如促进服务市场的一体化（一系列政策的制定）和保护知识产权。

（5）服务需求改变，促进服务业产业结构升级。

（6）公众政策、政府管制、制度环境和社会文化等会影响欧盟服务业的创新与发展。

4. 欧盟服务业发展存在的问题

虽然欧盟服务业的发展有较雄厚的历史基础和较强的发展动力，但是当前欧盟服务业发展中仍然存在一些问题。首先，在全球经济下行的形势下，服务业在创造就业机会和拉动经济增长中的作用没有得到充分发挥。其次，人力资本与技术研发的投入仍有欠缺。最后，在部分欧盟国家中，依然存在国家干预程度较高的问题。

二、欧盟服务业的政策特征

通过对欧盟服务业发展政策的梳理归纳，可以看出开放协同和创新导向是欧盟服务业政策的总体特征，具体表现在以下几个方面。

1. 充分一体化的开放政策

与世界平均开放度水平相比，欧盟国家经济政策，包括服务业发展政策的整体开放度要高出很多。为了消除成员国之间的贸易壁垒，构建一体化的欧盟内部服务市场，欧盟颁布了一系列区域性政策，促进区域性服务业的协同发展。2006 年 12 月欧盟颁布《关于内部市场服务业指令的第2006/123/EC 号欧洲议会和理事会指令》，要求欧盟各成员国确保其服务市场的自由准入和非歧视待遇，同时规定欧盟各成员国应在 2009 年 12 月前完成符合指令所需的国内立法及行政规定。

此外，欧盟还出台政策，要求其成员国在一些关键的服务领域相互承认专业资格认证，以促进劳动力在成员国之间的自由流动。这些举措也进一步促进了知识密集型商业服务企业的发展和国际化进程。

2. 促进行业间的协同发展

欧盟服务业紧密连接服务部门和技术部门，基于服务业比较开放的创造性的发展方式，和以客户为中心的特点，建立相应的政策方针和基于这些特征的创新驱动机制。欧盟立足于本区域的实质状况，将服务部门和技术部门紧密连接起来，创造出了创意共享的空间。并将服务部门和科研部门紧密连接、将技术部门和科研部门进行紧密的联系、将服务的生产者和接受者紧密连接，来收集客户的意见和建议，以使服务的创造者更好地进行创新，从而将服务的客户转变成服务设计的主体。

3. 服务业数据的开放共享

在大部分国家，公共部门的数据一般情况是不向公众开放，2011 年欧盟确定了较为开放的数据战略，将服务业部门的数据向公众开放，有效激发了公众和私人之间交界处的创造力，为私人部门参与服务业行业分析和政策制定提供了有力的支撑。对其他国家而言，学习欧盟将公众数据向公众开放，提供平台和数据支持，也是促进服务业发展的有效路径。

4. 支持服务业创新升级

欧盟的服务业政策对服务创新的强调和支持，有效促进了现代服务业的优化升级。通过完善服务业的知识产权保护，扩充服务企业的知识和技术支持，培育"创新友好型"服务需求等举措，欧盟的服务业发展政策充分体现了对服务创新和产业升级的重视，进而促进现代服务产业的不断优化。

第二节　美国服务业的发展现状与政策特征

一、美国服务业的发展现状

1. 美国服务业的发展阶段与行业构成

（1）美国服务业的发展阶段。生产力水平提升带来的不仅是物质层次的消费需求提高，也使得人们开始认识并增加对服务消费的需求。随着社会经济的发展，人们开始要求社会供给更加正规化的服务产出和服务质量，这样的需求大大加快了服务业从原有的农业和工业中分离出来的速度，服务业也开始转向专业化和社会化。到了资本主义大范围生产方式成熟后，服务业的第二大领域也就是生产类服务业开始迅猛成长，并且在服务业内也形成了相对独立的生产类服务业部门。也是在这一时期，生产类服务部门的地位比消费类服务业部门的还高，开始位列服务业的核心位置和支配位置。资本主义生产方式下的三次技术革命对运输、产品产出与分配过程具有复杂影响，同时也促使服务进出口随着货物进出口由国内区域向外扩展到其他区域，并开始形成服务业的国际进出口买卖。

美国很早就开始发展服务业，总体来看，以 20 世纪中期为转折点。美国的服务业发展进程大致可分为以下两个阶段。

第一个阶段为 19 世纪初到 20 世纪中期（张蕊和张天旗，2011）。在该阶段，美国服务业以稳定的增速持续增长，服务业在国民经济总量和就业构成总量中的占比都达到了一半以上。

第二阶段是 20 世纪中期以后。在该阶段，美国的服务行业增速开始迅猛增长。1960—2010 年，美国农业和工业的总量产出比率逐渐下滑，但是，服务业在美国国民经济 GDP 中的比重在逐渐增加。美国服务行业的 GDP 从 1960 年开始占 GDP 总数的 58%，在服务行业就业的总人数占所有行业中总就业人口数的 62.3%；2010 年美国服务行业的 GDP 占所有行业 GDP 总量的 80%，在服务行业就业的总人数占所有行业就业总人数比例超过 90%。

从美国服务业的发展历程来看，美国服务行业的发展速度逐渐增强，服务行业在社会中产生的经济比重不断增加。20 世纪 60 年代以来，美国服务业 GDP 产值逐渐增加，到 2010 年左右就提高了 30 个百分点；在服务业就业的人数也从总就业人数的 60% 实现了 30 个百分点的提升。美国的服务行业部门具备了超出农业部门和工业部门的相对优势，成为美国经济增速迅速提升的支柱型产业；美国服务业的各部门表现出较好的成长趋向。无论是传统的餐饮、零售等服务业还是信息金融等现代服务业，其在 GDP 中的比重和就业人数都在稳步增长，表现出良好的发展趋势；现代服务业在国民经济中占据主要位置，尤其是以信息技术开发、金融投资、商业服务为主导的现代服务业逐渐走入大众视野，并且不断扩张，在美国经济发展中发挥重要作用；政府同样在美国服务业发展历程中扮演着重要角色。

依据政府对服务行业的管制，美国服务业的政策变化也可以分成以下两个阶段。

第一阶段：20 世纪 30 年代至 60 年代。在该阶段，美国政府干预服务业较多，重视基本设施情况的完善、完善服务业的社会服务体系、鼓励高新技术的成长。为服务业的发展创造机会。

第二阶段：20 世纪 70 年代以后。政府对服务行业减少约束，提升了服务业的自身动力，例如设立专门机构和法律增强核心优势。同时设立很多的咨询机构为服务业的成长提供协助；美国政府制订专门的战略计划，促进优势服务业部门和其他部门的协同发展；美国还关注对服务行业重点部门的扶持和高标准人才的培养。此外，为了保持美国服务业的核心优势，美国根据国家状况和竞争力对服务出口重点产业部门进行调整，并根据市场要求对人力资本的培养进行投资和教育。

（2）美国服务业的行业构成。卡托茨亚（Katouzian，1970）以服务的社会能力为权衡基准，将服务业划分为辅助性服务业（城市化和制造业生产的辅助部门，包括金融、运输、商业等）、新兴服务业（由精英阶层垄断消费逐渐走向群众化消费的服务品，包括医疗、教育、休闲娱乐等）和传统服务业（传统的劳动密集型服务业，主要有家庭服务业）。布朗宁和辛格曼（1975）、辛格曼（1978）、埃尔弗林（Elfring，1989）以服务的经济能力、服务的主要使用客体（企业或私人）和服务的主要提供方式（市场化或非市场化）为权衡标准，将服务业分成生产性服务业、分配（流通）服务业、社会服务业以及私人（消费）服务业。

美国的产业划分标准是国际上最具影响力的产业分类体系之一。从20世纪30年代末到1997年，美国一直是以预算管理办公室开发和维护的标准产业分类体系（Standard Industrial Classification，SIC）作为产业分类的标准（袁勤俭，2005）。1938—1939年开始公开的《标准产业分类体系》，随着技术能力的加强和产业环境的改变进行了很多轮的修改，1987年进行了一次终极的修订，把第三产业划分为6个部分，分别为：①交通运输、电力、天然气和公共卫生服务业（含水、热、电力、天然气和冷气供应，废弃物回收处理）；②批发业；③零售业；④金融、保险和房地产业；⑤服务业；⑥公共管理。

SIC也有一定的弊端，例如，它与很多国际使用的产业划分系统是无法进行比较的，分析人员很难在不同国家范围内对产业的特征、趋向和成长进行对比。北美自由贸易协议（North American Free Trade Agreement，NAFFA）的颁布让美国再次思考开发一个新的划分体系，使其与其他北美贸易协议签署国之间的数据更含有可比性。为了适合行业成长和各国可对比的需求，1997年，美国联邦预算管理办公室宣布用新的《北美产业分类体系》代替《标准产业分类体系》。在《北美产业分类体系》中，服务业包括18个门类，64个大类，见表4-1。

表 4 - 1　　　　　**1997 年《北美产业分类体系》中的服务业分类**

门类	大类	类别名称
22		公用事业
	221	公用事业（含电力生产、传输和配送、天然气配送、水、污水系统，蒸汽和制冷供应）
42		批发业
	421	批发贸易、耐用品
	422	批发贸易、非耐用品
44－45		零售业
	441	机动车及其配件经销商
	442	室内装饰和家具店
	443	电子设备和电器店
	444	建筑材料、园林设备供应商
	445	食品和饮料店
	446	健康和个人护理中心
	447	汽油站
	448	服装和服装配饰店
	451	运动品、玩具、书籍和音乐店
	452	百货店
	453	其他零售店
	454	无店面零售
48－49		运输和仓储业
	481	航空运输业
	482	铁路运输业
	483	水上运输业
	484	卡车货运
	485	公共交通和地面客运
	486	管道运输
	487	旅游观光运输
	488	运输辅助业
	491	邮政服务

续表

门类	大类	类别名称
48 – 49	492	邮递员和分发员
	493	仓储业
51		信息业
	511	出版业
	512	动画和唱片业
	513	广播和通信业
	514	信息服务和数据处理服务
52		金融和保险业
	521	货币中心 – 中央银行
	522	信用中介及相关活动
	523	证券、贸易合同及其他金融投资等相关活动
	524	保险公司及相关活动
	525	基金、信托和其他金融工具
53		房地产和租赁业
	531	房地产
	532	租赁和出租服务
	533	非金融无形资产出租人（版权作品除外）
54		专业、科学和技术服务
	541	专业、科学和技术服务［包括法律服务、会计、税款准备、记账、工资服务，建筑、工程及相关服务（含地球物理测绘和绘图服务），专业设计服务，计算机系统设计（包括软件开发）及相关服务，管理、科学和技术咨询服务，科学研究和发展服务，广告和相关服务，其他专业、科学和技术服务等］
55		公司和企业管理
	551	公司和企业管理
56		行政管理及支持、废物管理及治理服务
	561	办公管理及支持服务（包括办公管理服务、设备支持服务、就业服务、商业支持服务、旅行安排和预订服务、调查和安全服务、建筑大楼和住宅物业服务、其他支持服务）
	562	废物管理及治理服务（包括废物收集、废物处理和处置、修复和其他废物管理服务）

续表

门类	大类	类别名称
61		教育服务
	611	教育服务
62		卫生保健和社会救助
	621	门诊医疗服务
	622	医院
	623	护理和社区医疗服务设施
	624	社会救助
71		艺术、休闲和娱乐业
	711	表演艺术、体育比赛及相关产业
	712	博物馆、历史古迹及相关产业
	713	娱乐、博彩和休闲产业
72		住宿和餐饮服务业
	721	住宿
	722	餐饮服务业
81		其他服务业（公共管理除外）
	811	修理和维护
	812	个人护理和洗衣服务
	813	宗教、慈善、社团和其他类似组织
	814	私人家政
92		公共管理
	921	行政、立法和一般政府管理
	922	司法、社会治安和安全保障
	923	人力资源项目管理
	924	环境质量项目管理
	925	房屋项目、城市规划和社区发展
	926	经济项目管理
	927	空间研究和技术
	928	国家安全和国际事务

资料来源：根据相关资料整理所得。

2. 美国服务业的发展特征

随着时间的变迁，服务业已经逐渐变成美国经济增速加快的重要贡献者。根据美国经济分析局资料显示，从20世纪中期到21世纪初，在半个世纪的时间里，美国经济的发展趋势是：农业和工业的占比逐渐下滑，而服务业的占比则在逐渐增长。据统计，1950年服务业占国民经济的比率为57.6%，而到2005年已增长至78.7%，增长了20多个百分点（陈凯，2008）。20世纪以来的半个多世纪中，美国服务业增速在快速增加的同时，内部经济增加值结构也在经历着改变。其中，内部流通服务业的增加最为缓慢，一度下降十几个百分点，在21世纪初成为美国服务业中占比最低的服务业部门；生产性服务业在四个服务业部门中增速最为客观，到21世纪初，生产性服务业所占比例已经接近整个服务行业的50%，由此可见，美国服务业迅速增加的主导原因是生产性服务业所带来的；私人服务业和社会服务业的比重在不断波动，并最终稳定在一定值的周围（Katouzian，1970），私人和社会对服务业的贡献远远比不上生产性服务业。陈凯（2008）为金融保险、房地产和商务服务业等生产性服务业成为美国服务业中增长最快的服务业部门给出了合理解释。首先，在20世纪初，自有资本逐渐向垄断资本演变，合股公司和跨国公司兴起，急需大量的扩展资金，金融业成为筹集资本和调节社会资源分配的重要手段。金融业可以筹集大量的闲置资本，根据货币需求在各部门和各地区、单位之间形成主要的分配机制，加强企业的信用束缚，增强企业的竞争力，打破市场之间的封闭和分割，以促进统一市场的形成。另外，金融服务业具有发现价格的能力、提供流动性的能力和减少收集成本的能力，是当今市场经济成长的必须要求；房地产业不光是为人们提供最低的生活需要的主导的产业，同样也是企业中间服务投入的主要组成结构，生产、办公地点的建造和租用是企业运行顺畅的前提条件。随着发达国家经济组成部分的逐渐提升优化，房地产产业同样也是其经济的主要的增加点。研发、融资、保险、物流、法律、会计、培训、广告、设计、咨询等商务服务业的逐渐成长对市场的有效高速运行具有重要意义，更深层次地降低成本，从产业相关的方面去观察，生产性服务业与生产制造业之间的关系甚为密切。

进入 21 世纪后，美国的产业结构仍然延续 20 世纪 80 年代以来的变化，第一、二产业的比重逐渐减少，第三产业的比重不断上升。2000—2005 年，美国的农、林、牧、副、渔、猎等产业在每年的 GDP 占比中一直至少保持在 0.95%，在 2003 年和 2004 年表现尤为突出，连续两年超过 1%，但在 2005 年时跌破 1%，下降到 0.954%。与此同时，美国第二产业的比重在 GDP 中呈平稳的下滑趋势。就美国制造业而言，其占比从 2000 年的 14.528% 连续滑落到 2005 年的 11.985%。但同一时期，服务业的发展则呈现出与第二产业的滑落完全不同的趋势。例如，美国私营服务业的占比逐渐上升，从 2000 年的 66.546% 一直提高到 2005 年的 68.167%。

总结美国的服务业发展现状，主要有以下几个特点。

（1）流通性服务业所占的比率下滑，生产性服务业成为支柱性产业。

（2）注重知识密集型等高技术服务业的发展。

（3）高技术现代服务业的发展主要向大城市聚集，并开始向发展中国家转移。

（4）互联网的普及率、高技术服务业从业人数、高技术制造业出口额、高技术服务业固定资产投资、居民消费水平、专利申请数等会影响美国高技术服务业的发展。

（5）美国在服务贸易上居于世界领先地位，影响美国服务贸易发展的因素有技术和政府的作用、国内服务市场的迅猛发展以及服务贸易促进体制的发展等。

二、美国服务业的政策特征

1. 进行经济政策的宏观调控

众所周知，美国是经济高速发展的国家，拥有充沛的资源和完善的市场调节体系，相对于其他国家，美国对市场的干预较小，美国政府对服务业市场的干预，表现为大规模的经济的宏观调控，即通过一系列的措施方针，将服务业的运行付出代价降低，并在服务进出口的管理中，有力保障了美国方面的利益，这为美国服务业的发展具有不可估量的作用。例如，通过宣传、设立法律来为美国服务业的发展创建稳定的环境。

2. 推动生产性服务业与制造业的协同发展

制造业是生产性服务业发展的前提和基础，生产性服务业是制造业升级和效率提高的重要源泉。随着制造业与生产性服务业间相互融合程度的不断深化，两产业间的互动日渐频繁。仅是 1987—1994 年，美国制造业对生产性服务业的使用需求就增加了一倍。美国也出台了一系列政策促进生产性服务业与制造业的协同发展。

3. 有力推进基础理论创新和理论结晶的传承

对创新的支持和知识产权的保护也是美国服务业发展政策的重要特征。为了促进服务业的创新发展，美国相关部门成立了国家科技委员会，并制订了很多与服务业创新创造相关的计划，利用一切可以利用的资源来促进服务业创新。同时加大了对基础设施投资的力度，增加对知识成果保护的意识，以此来增加对服务业的创新成果。同时，加强制造业与服务业的联系，推动知识密集型服务业发展。

4. 培养顺应时代要求的劳动力和高科技人才队伍

站在美国服务业创新和为国家未来谋发展的角度上，美国政府大力发展快速培育顺应时代需求的劳动力队伍，为美国服务业创新储备人才，为美国经济的高质量增长创建保障。美国政府高度重视教育，在冷战时期，美国在教育方面的支出，在当年美国的整体支出中紧紧排在国防和国际关系的后面，这体现了美国对人才的重视和培养。高素质的劳动力不仅是服务业发展的基础，也是服务业为其他产业提供技术支持的源泉。

第三节　日本服务业的发展现状与政策特征

　　基于配第—克拉克理论，当一个国家的经济发展与国民的人均收入水平逐渐提高时，该国农业在国民经济中的相对比重会呈下降的趋势；相反，其制造业的比重则会明显提升。随着经济的进一步推进与发展，该国的服务业所占的相对比重会随之而逐步提升。纵观日本服务业的服务内容，理论界与实践界将其划分为广义层面和狭义层面的服务业。广义层面的服务业一般指经济结构中的"第三产业"，而狭义层面的服务业则更多为服务对象导向，例如市场中的消费者、接受服务的工商企业以及社会整体。

　　综合研究日本的产业发展规律不难得出，日本目前具备高度服务化特征的经济结构转变，这是完成工业化发展后逐渐确立起来的。对日本服务业发展现状的深度剖析，力图发现日本服务业与其他产业的协同性以及服务业发展与政策制定的协同性与有效性，这为我国服务业政策制定的协同性与有效性提供一定的借鉴。

　　剖析服务业与其他产业的协同性，首先需要明确服务业所包含的行业种类。联合国标准产业分类（SIC）将服务业划分为生产性、消费性、流通性和社会性服务业四种基本类型。自 2000 年以来，服务业的飞速发展使得其逐步成为国家的核心生产力。美国 80% 的 GDP 源于服务业，日本的服务业产值也稳定在 GDP 的 70% 以上。第一次石油危机后，日本经济由劳动密集型向知识密集型转变，从 1970—1998 年，服务业的产业收入由 47.3% 增长到 61.67%。由此可见，以服务业为代表的第三产业真正主导着日本经济的发展。

　　日本服务业的整体对外投资量从 1980 年开始逐渐超过了制造业的对外投资量。1970—1990 年，日本大力发展汽车工业、机械生产为代表的制造业，1990 年以后逐渐开始发展服务业，对外投资的主要行业包括电脑软件程序、动画片以及高技术信息等。进入 21 世纪，通过三次产业结构的调整，大大提高了第三产业的比例，并且降低农业的占有率。在这段时期内，日本主要以运输通信以及保险金融等行业为主体来促进第三产业的发展，具有网络化、集群化的显著特征。日本本国企业输出设计思路与设计方案，制造方面外包给了国外企业，这样可以对生产方面的成本进行高效率的控制。除此之外，日本的制造业产业链环节中，在日本进行科学研发与思路设计，具体操作工程外包给了国外的制造商，制造业的技术输出模式已经十分成熟。因此，日本服务业的对外投资也一定程度上模仿了成熟的制造业对外投资模式。日本在发展服务业的过程中，并非单独割裂服务业与制造业的界限，相反从政策支持、行业协作等角度促进日本服务业与成熟制造业的协同性整合，进一步保障了日本服务业的迅速发展。

一、日本服务业的发展现状

日本交通物流行业的发展与其基础设施完备相互促进。日本的铁路交通出发与到达时间可以精确到具体分钟，公交车的到达时间也会印刷在公交站牌上，如果没有特别堵车等情况出现，到达时间也非常准确。同时，日本的铁路网络覆盖十分密集，换乘体系也非常人性化。21 世纪初期，日本铁路密度达 530.69 千米/万平方千米，空运物流量占全世界空运物流量的 6.37%，为 893761 万吨。日本的服务贸易占比居高不下，整体运输的贸易逆差并未对其造成巨大影响。其中，生产性服务贸易出口总额及结构的调整、进口总额及结构的变化均得益于日本政府基于服务业发展的政策调整，从而有效确立了日本生产性服务业贸易的竞争优势。运输业的对外贸易总量占服务贸易总量的百分比由 1999 年的 30.42% 上升到 2006 年的 32.4%。因此，可以得出结论，在日本整体的服务贸易中，其运输行业占据重要地位。

日本在制造业和服务业领域都以知识密集型产业发展为主，日本企业都在研发环节投入了大量的精力。21 世纪初期，日本的研发资金投入占GDP 的 3.15%，远高于当时世界平均水准的 2.29%。那么研发资金的来源主要都包括哪些呢？首先是产业内部，占比接近四分之三，而政府对研发资金的追加占比也近五分之一。日本基于其所拥有的专利展开的服务贸易比重也在不断升高，已经由 1999 年的 10.23% 提高到 2007 年的 14.3%。提到日本的服务业不得不提日本的信息产业。该产业已经成为整个日本经济发展的重要助推力量。1993—1996 年，信息产业年均增长率达到 6.42%。信息产业的飞速发展对日本整体经济的发展功不可没，同时也带动了其他相关产业的协同发展。

日本服务业的发展可以说是得益于多方面的协同效应与联动效应。具体可以概括为两个方面：一方面是日本国内是否重视产业建设，另一方面是日本的服务业推动着对外投资与对外贸易的稳步发展。信息产业和金融产业均为知识密集型产业，它们进一步推动了日本经济的稳步飞速发展。日本经济的发展必然不能离开其服务业的发展，日本政府出台多项法律法规确保服务业得以发展，并且在发展的过程中得到应有的保障。同时，针对重点领域，日本政府与行业提出的战略规划，具体可以概括为政府主导、整体战略、设立监管，有助于重点扶持具体对象。法律法规与战略规划的落地，离不开专门监管机构的设立。政府层面有针对性的政策调整，重点扶持，体现出政策的协同性，从而保障了日本服务业的迅速发展。此外，拓宽国内消费市场，针对特定目标人群研发相关产品，会进一步助力产业的发展。与此同时，日本本国的各大财团也十分重视技术投资，通过研发高水平技术，进一步促进了服务业的联动机制，使得日本服务业的发展快速提升。

通过以上研究，可以总结出日本在发展服务业的过程中，政府主导是重要因素。政府立足出台相关政策，加强服务业各种政策以及措施之间的有效协同，提高政策制定的系统性与整体性规范，为日本服务业的发展保驾护航。因此，我们详细剖析日本服务业发展的政策特征，探寻日本服务业相关政策的协同性与有效性，为我国服务业的发展提供一定借鉴。

二、日本服务业的政策特征

1. 完善的法律体系与合理的战略规划

纵观日本的法律体系与战略规划的协同性特征，其始终遵循先有法律体系，后有具体行动的做事模式。因此，日本在发展相关产业过程中，均会制定详细且周密的法律法规来规范产业的发展路径，确保产业发展战略规划的有效性，从而可以快速推进产业的发展进程。20世纪50年代末，日本政府为促进电子产业发展，出台了《电子工业振兴临时措施法》。20世纪70年代，又进一步出台了《信息处理振兴事业协会法》《特定电子工业及特定机械工业临时措施法》《特定机械信息产业振兴临时措施法》等多项法律。有了法律的指引与示范效应，产业的发展就显得更加规范。

此外，日本在推动看似相近的产业发展时，会根据具体情况细分战略规划，在不同时期推动不同的产业发展。20世纪90年代中期，日本政府推出五个具体规划，目的是推动信息产业的发展，而在当时并未触及信息技术（Information Technolgy，IT）业的发展规划。日本IT业的发展战略规划在21世纪初才逐步推出。其中的《IT基本法》等相关法律，表明日本政府希望无论是硬件的研发，还是整体网络环境的建设，都要实现软件业的服务化。日本在发展产业时重视战略规划，形成了协同联动效应的发展方式。协同联动效应的发展模式也进一步确保了产业发展路径的有效性与科学性。

2. 银行及政府的资金支持

日本的"大手银行"，即规模庞大的商业银行，会提供信贷业务。同时，日本政府下发的财政专项拨款支撑着日本不同行业的发展资金诉求。而且日本的大手银行信贷业务以及日本政府下发的财政专项拨款数额可观，各行业可以通过其所获得的资金培训行业精英、完善行业基础设施储备，而这又可以进一步使得产业得以飞速稳固的发展。以日本的信息产业发展为例，20世纪末期的日本政府财政资金十分紧缺，但其对信息产业的资金支持仍在不断增加。高额的科研经费应用在日本的信息产业技术研发方面，以及信息产业基础设施建设方面，这使得日本的信息产业得到了迅猛的发展。资金的使用聚焦于具备核心竞争力的关键技术与关键业务，保障了政府政策与服务业的相关产业发展的协同与有效。

3. 协同有效的产业监管

日本的政府行为以及其行业协会的大力支持，使得日本各产业部门的监管得到了最大限度的保障。日本政府设立产业发展推进部，该部门作为监管日本产业发展的职能机构，可以通过行政命令对日本产业实施有效的监管，对问题行业的监管也更加具有针对性。日本的行业协会可以从行业的内生格局展开协调工作。日本政府的监管行为可以从宏观方面进行合理调控，针对相关政策的制定与实施，对产业的发展提供强有力的保障。日本的行业协会在解决具体微观层面的劳动纠纷、知识管理与知识交流的方面发挥了重要的作用。在聚集众多行业的服务业范畴内，日本政府和行业协会对日本信息产业以及 IT 业的发展给予了巨大的支持。20 世纪 70 年代初，日本政府设立了"信息处理振兴课"，并且创了了众多行业协会。90 年代中叶，日本政府为了振兴陷入低迷状态的信息产业，设置了"高度信息通信社会推进对策本部"，并且由时任首相担任部长。上述举措均进一步证明了产业的发展离不开产业监管，而政府和行业协会的大力支持是产业监管得以有效运行的坚实基础，监管的有效性保障了服务业稳步发展。

4. 服务业和制造业关联化

服务业与其他产业协同发展可以衍生出产业间的协同效应。日本在发展不同产业时，重视产业与产业之间的关联度，通过产业发展的协同效应促进各产业的全面发展。产业之间所产生的联动机制，为日本本国的产业关联提供了基础。一个明显的例子就是日本的通信业推动信息产业稳步向前发展，进而信息服务业又进一步带动了信息设备制造相关产业的发展。此外，军事工业技术的民用化使得日本的服务业具有了竞争优势。先进的军事工业技术被发明出来之后，马上开发相关消费市场，将发明出来的军事工业技术运用在消费市场中，可以最大限度地占据市场份额，扩大消费范围，培育强有力的竞争优势。

5. 对外服务贸易中知识密集与技术密集协同性

在对外服务贸易中，日本政府支持其知识密集型与技术密集型产业的协同发展，具体表现为通过将专利输出到海外，使得日本在整体行业中占据主导的地位。具体的制造环境由海外的工厂进行，这也从侧面反映出日本服务业的整体发展是远高于世界平均水平的。

6. 垄断财团确保日本服务业有效发展

日本的垄断财团对日本服务业的迅猛发展提供了坚强的后盾。日本经济社会中的大手银行将资金支持给垄断财团，而中小企业与大手企业的双赢合作，使得中小企业的业务更加固定，大手企业的供应商也相对稳定。大财团对产业的垄断使得日本整体的产业知识技术发展更加迅速。例如，20 世纪 50 年代初，东芝集团推出了全世界范围内的首台笔记本计算机，其市场份额为五分之一，而背后支持东芝集团的是日本的大商业银行——住友银行。

第四节 本 章 小 结

进入移动互联时代的中国，服务业正奔跑在飞速发展的道路上。对比我国与其他发达国家在服务业发展上的差距，从而有针对性地加快发展我国现代服务业。接下来，针对日本、欧洲等发达国家的服务业发展政策的制定与实施进行比较，以获得启示。

一、欧盟服务业发展政策的启示

欧盟服务业政策系统的建设，体现在其服务市场的协同开放，政策的创新导向和对相关技术的知识产权强有力的保护等方面，值得进一步学习与借鉴。

首先，广泛的开放政策是增加服务业活力的动力来源。与世界开放度平均水平对比，欧盟国家的服务业发展政策的整体开放度要高出很多，不仅体现在成员国内部消除贸易壁垒，促进劳动力流动上，也体现在欧盟国家与其他国家的开放合作上。对中国而言，政策支持区域性的服务贸易与合作，进而在全球范围内开拓市场，开放世界范围内的服务业协同发展，是促进中国服务业走出去的重要解决路径。

其次，开放式创新的指引促使服务业政策的更新。欧盟认为，由于市场失灵以及系统性失灵的出现，导致了服务优化与服务创新出现了壁垒。这其中市场失灵的意思是阻挡服务创新的风险性以及不稳定性，包含了市场竞争的不完全以及对知识产权的保护还十分不力等因素。因此，我国政府需要重新规制关于服务创新方面的一些新的政策作为指引。系统性失灵就意味着在全部服务创新系统内，创新的效率出现了问题，其中包含了系统的结构性、系统中管理方面的缺陷、人力资源结构的不合理等一些体系性问题。

再次，政策支持从服务业创新逐步延伸到服务创新。服务业创新要求在服务产业内部形成创新过程与创新机制，而服务创新则是研究服务活动方面的新思路、新战略。在欧盟范围内针对服务的创新政策越来越关注产业之间的服务内容与服务过程。2012 年之前，欧盟在召开委员会大会的时候，都是用服务业创新作为大会的主题关键词，而 2012 年之后，会议的主题关键词由服务业创新变为服务创新。他们明确提出：在经济社会的整体发展中，服务创新始终都存在并且被呼唤，无论是传统的制造还是现代服务，服务创新几乎涉及所有的产业。原因在于，服务活动不只属于服务业本身，因为其更加凸显服务的过程属性与其在其他产业中的重要地位。由此可以看出，随着商业模式的改变，由以产品为导向的制造经济到以顾客为导向的服务经济的转变，在政策支持上，也需要让服务企业的产业链条向制造业拓展，共同为顾客提供相关的产品与服务。

最后，通过创新网络以及服务业集群来促进服务创新的进程。创新网络和服务业集群实则属于产业集群的研究领域，产业集群可以为创新发展提供核心竞争力。在现在的商业环境中，服务性的企业只通过开发内部知识来获取创新已经不能取得竞争优势。因此，对服务业而言，我们更多地呼吁开放式创新或者颠覆式创新的创新模式：通过外部知识来丰富自身的能力与素质，从而形成真正意义上的核心竞争力。部分欧盟成员国已经着手运用区域性集群项目来加快创新的步伐，这其中所包括的项目主要针对具体服务产业的政策。近年来，欧洲创新项目资助的"欧洲集群瞭望台"负责向政策制定者、研究者及企业发布关于欧洲集群、政策和项目的信息，以及这些集群组织的综合数据库和映射图。这些成功的经验都可以成为我国服务业发展的借鉴。

二、美国服务业发展政策的启示

通过对美国服务业政策系统的总结，不难看出，美国在宏观调控、政策支持、理论体系构建和人才培养方面的经验丰富，成果显著，值得中国服务业政策制定借鉴学习。

首先，正确发挥政策的宏观调控作用。政府的宏观调控手段在服务业发展中发挥着重要作用，尤其是在调控过程中政府可以有效地建立起行业管控的政策框架，有利于促进服务业的发展和提升。

在经济新常态的形式下，服务业决定整个国民经济的增速，在提高消费、扩大内需方面发挥着重要的作用，而服务业水平的提高对其他产业效率和竞争力的提高也有重要的引领作用。在政策制定和推行的过程中，要加强部门之间的配合。以美国的银行业为例，美国采取在联邦注册和在州注册的双重体制，为避免联邦和州的金融管理制度的冲突，以及促进各职能部门之间的统筹协调，提高管理效率，美国国会于 1970 年设立联邦金融检查委员会，统一全国金融管理原则、监管方法和稽核标准。在当今信息化的背景下，为服务业建立信息共享、协调合作的机制，对政策的执行和落地有重要意义。

其次，积极推进产业间的协同发展、共生融合。服务业的发展离不开其他产业的支持，同时，服务业，尤其是生产性服务业是制造业发展的有力支撑。以制造业为代表的第二产业和以服务业为代表的第三产业有机融合是产业协同发展的关键。目前，中国制造业与生产性服务业各子行业的互动关联水平仍存在较大差异，部分行业已渗透到双方产业内部，展现出较强的关联性；部分行业在产业融合和升级中的作用还未能有效发挥，致使产业间关联性较低，有待于进一步提升和发展。政府应立足于长远，科学规划制造业和服务业的产业布局，加强两产业间的产业关联。同时还要积极培育发展新兴知识密集型生产性服务业，大力发展金融服务、现代物流、信息服务、科技服务等现代生产性服务业，尤其重点关注与制造业产业关联度最低的信息传输业，建立产业间互动信息平台，加强信息共享与交流，形成制造业与服务业互动发展的网络体系。

再次，重视法规制度建设。与货物贸易相比，服务贸易具有无形性、不可感知性等特点，所以在发展过程中更需要有严格的法律法规来配套规范服务贸易的发展。例如，在涉及培育和保护国内服务业的政策时，应当有严格的法律依据。随着市场开放程度的提高和国际化进程的推进，我国应当积极地为服务贸易发展争取公平的、有利于国际经济发展的贸易环境，主动参与服务贸易双边及多边谈判，在国际规则制定和竞争力比较中，与国际市场进一步接轨。再者，为使我国服务贸易真正实现制度化和规范化，应当积极为规范服务市场准入原则、服务贸易的投资、税收、优惠条件等方面献计献策。使我国服务贸易真正实现制度化和规范化，为中国的服务业企业参与国际市场竞争保驾护航，做到知己知彼，百战不殆。

最后，进一步推进服务业的人才培养与引进。当前市场竞争的关键在于人才的竞争，尤其是高端技术性人才的竞争。美国政府通过大力投入教育支出等措施，快速培育顺应时代的劳动力队伍，为美国服务业创新储备了大批人才，为经济的高速增长提供了保障。现代服务业的快速发展需要大量具有扎实理论基础和技术能力的创新型人才，中国应当进一步增加人才培养投入，促进重点行业服务业人才的分层分类培养；深化发展，在国际化进程中推进高新技术人才的培养和引进，通过这些举措为服务业创新升级提供人才支撑。

以上这些措施，都对我国服务业政策的发展提供了宝贵的经验，我们应该确定目标并深入研究，稳步推进政策的实施，使我国服务业能够健康有序地发展并尽快实现与国际市场融合。

三、日本服务业发展政策的启示

我们综合论述了日本服务业发展的成功经验，其中不难看出现代服务业的发展需要依靠多个层面的力量协同作用，才能够确保现代服务业稳步发展的有效性。整合日本服务业发展的历程，可以看出，流动性需求、工业化程度、居民消费水平以及政策与资金支持是其协同发展的主要因素。其中，尤其以政策和资金支持作为最主要的影响因素。政府可以为服务业提供资金支持，同时政府通过相关法律法规使得对产业监管的有效性尤为凸显。坚持发展知识密集型产业，输出知识而获取竞争优势，从而带动整个服务业的稳步发展。在服务业起初发展的阶段，垄断集团的坚实影响力必不可少。这些成功的日本服务业发展经验，对我国现代服务业发展具有重要的借鉴作用。

第一，从政策的协同性和有效性角度可以得出，我国政府需要针对服务业发展给出合理的战略规划。政府导向的战略规划可以保证服务业在发展的过程中具备硬实力和软实力。战略规划应该拉长战线，目标放远，一旦实现则逐步优化。对整个产业所面临的基础设施以及整体硬件完善给出规划愿景，政府需要在服务业发展的各个环节有针对性地提出政策导向支持，规范服务业稳步发展。

第二，政府对服务业的具体研发环节所必需的资金，需要给予强有力的支持。而资金的使用应该着眼于具有核心竞争力的关键技术。还要认识到针对行业发展所需要的资金投入数额是巨大的，而且由于研发环节的时间比较长，因此短期内研发资金投入的效果并不明显，但从长远角度考虑，技术研发资金投入的收益是比较大的。核心技术可以带来产业的迅猛发展，同时也可以辐射到其他相关产业中，从而形成外溢机制带动其他相关产业共同发展。由于企业追求盈利，因此不会长期投入研发资金，而政府的长期研发资金支持为产业的持续研发提供了强有力的保障。政府还可以出台相关协同政策，指引各相关金融机构投放资金，协同促进服务业发展。

第三，以制造业为代表的第二产业和以服务业为代表的第三产业有机融合协同发展是关键。结合日本的经验，在第三产业比重逐渐上升的当下，制造业作为国家经济发展的坚实基础，其地位仍然不可动摇。然而，单纯地发展制造业或者一味地发展服务业，其带来的收益都是一维的，没有形成协同创新机制。将服务业协同融合到制造业之中，发展服务业的同时要兼顾制造业的优化路径，是中国经济未来的发展方向。从服务型制造到如今的数字经济促进经济双循环发展就很好地诠释了制造业与服务业的有机结合。如今，5G 网络时代已经到来，我们一定要以优质的通信覆盖网作为基础，对相关产品提出新的需求，促进了服务业飞速发展。

第四，我们需要让行业协会的促进作用发挥到极致。因为只有通过政府和行业协会的一致促进，才能够让服务业整体稳步向前发展。二者通过宏观层面与微观层面的促进与协调效应，有机融合在一起，能更加有力地促进行业的振兴与长久发展。日本的经验告诉我们，振兴信息产业的成功就有赖于政府与行业协会的共同作用，这也体现出了服务业的发展得益于政策制定与行业协会监管的协同性与有效性。

第五，结合日本在大手企业中大力发展服务业的经验，发展服务业要从大型企业入手，大型企业的发展带动中小企业的共同发展。服务业的知识密集程度非常高，因此对科技研发的要求也十分显著。政府的资金支持是一方面，同时更加充足的资金被投入研发环节，并且重视资金的使用效率是另一方面，这样可以在一定程度上消除由于垄断所造成的服务业发展效率不高的现象。

第五章　服务业发展政策演变的
理论与历史分析

对任何国家而言，产业都是国家力量和民生福祉的基础。产业的总体结构、发展规模和发展质量，是从物质技术基础上应对和化解社会矛盾，从而承载并决定着国家的社会生产力水平和国民的民生幸福水平。为此，从历史演变的视角，客观认识国情国力和外部环境的变化，正确判断不同时期的社会主要矛盾及其变化，适时确定和调整社会经济发展战略，从各方面采取各种引导、激励、支撑和规范性的发展政策，以优化产业结构、提升产业发展质量，不断做大做强做优产业，也是化解社会主要矛盾、推动社会经济进步和普遍提升民生幸福水平的基本着力点。

随着社会经济的发展，作为既直接服务于社会生产，又直接服务于民生消费、并且与人民生活最为密切相关的行业，服务业的发展在满足各个时期生产生活需求、化解各个时期社会主要矛盾中所扮演的作用越来越关键和重大。而这一作用的发挥情况，又有赖于国家的服务业发展政策是否能实事求是地及时回应社会主要矛盾的变化，并作出及时的调整。当然，服务业本身的发展与服务业政策之间，是相互影响相互推动的。服务业政策固然是影响服务业本身发展状况的基础因素，而服务业本身的发展水平，尤其是与人民对社会经济发展现实期望之间的落差，也会形成对服务业相关政策的重大需求。因此，服务业政策的调整演变过程，既可能体现为对服务业发展现实本身发展需求的被动回应，也可能体现为基于一定政策目标对服务业相关领域的主动引导。因此，政策与现实之间既可能存在政策滞后于发展现实而导致的自然演变诉求，也有政策先导于现实而形成的理性建构式演变诉求。

新中国成立以来，我国服务业经过了几十年的发展，走完了发达国家在百年内走过的历程。无论是重大成就，还是各方面的问题和不足，这种缩微式的大范围快速发展变化，既是国家经济发展、社会文化变迁、知识与技术进步等的自然结果，也是国家通过制定和实施服务业相关发展政策主动推动的结果。可以说，我国服务业的发展是自然历史过程和政策人为过程联合作用的结果，并在这种联合作用下不断演进。这些过程中，有些可能因为适应新形势、满足新要求而极大地促进了服务业的发展，有些则可能因为作出了错误的判断，阻碍服务业的正常发展，这也就使得服务业在发展过程中出现波浪式发展。当前，随着社会经济发展迈向全面小康和高质量发展的新阶段，对服务业的需求会在均衡性、充分性上大规模提升，服务业政策在这一过程中将扮演更加重要的作用。

本章在阐述服务业含义与范围演变的基础上，结合服务业在产值和就业吸纳等方面的历史演变，考察服务业政策在不同时期的目标变迁。然后，基于我们所收集形成的我国1978—2019年发布的服务业发展相关政策数据，分析呈现了有关政策的背景、发布机构、发布时间、政策类型、政策措施和政策目标等，以及各个不同时期的特征和演变过程，还有总体演变的内在动因逻辑。再从大类划分的生产性服务业、生活性服务以及社会性服务业三个子类的政策数据分析的基础上，总结自改革开放以来中国服务业发展政策的总体演变过程中的规律、经验和教训。最后，根据新时代的要求和服务业发展的现状与问题，以及结合诸如新冠肺炎疫情等冲击的影响，提出适应新时代主要矛盾变化、支撑并推进服务业高质量发展的政策体系的相关思考建议。

服务业本身的发展与服务业发展政策之间相互影响、相互推动的。服务业政策与服务业本身的范围变化和类型变化密切相关，更与服务业在实际经济中的地位密切相关，服务业概念的演变，会推动一些新的服务业形态的出现，从而引起新的服务业政策。因此，在分析政策演变之前，首先必须把握这一概念的变化过程、其分类结构的变化过程以及其在整个国民经济中的地位演变过程。

第一节　服务业与服务业政策的内涵变化概述

要深入理解和把握服务业政策及其演变，首先要理解不同时期服务业的内涵变化。服务业相关发展政策，除少数总体性政策之外，大都是分类实施的。而对服务业的不同分类，则主要受经济理论上有关服务业的概念与范围变化的密切影响，这主要是基于服务业概念的不断演变和发展。服务业概念内涵的变化，既有理论上对服务业性质和功能定位上的变化的原因，也有对现实中的一些新的服务业形态出现以及产业关系变动的回应。一般而言，服务业概念的变动会从根本上影响服务业的类型划分，进而引起相关服务业政策的调整。因此，在分析政策演变之前，首先必须把握服务业概念、服务业政策概念等的变化过程。

一、服务业内涵演变

目前，多数情况下，服务业与第三产业被认为是同一对象的不同表达，即除了农业和工业之外的其他产业。不过，自从这一术语在20世纪被作为一个完整的经济学概念提出以来后，其内涵与外延范围随着现实的发展发生了较大的演变。在我国学术界，对服务业的概念界定主要分为两种视角（王志明等，2009）：一种视角是，通过一般性地界定服务的内涵，把无形产品生产和经营的部门称为服务业；另一种视角则是采取排他性界定，把凡是不归为第一、第二产业的产业部门，均称为服务业。可见，不同用语强调的只是观察产业特点视角有所差异而非产业性质和范围本身的差异，服务业往往侧重于从产业对生产与生活的服务性质的角度来强调相关产业的内涵特征，而第三产业则侧重于从排他性的外延角度，从区别于传统工农业对应的第一、第二产业的排他角度来概括产业的外延特征。

在具体的政策实践上，自1985年我国国家统计局正式建立第三产业的统计、在三次产业分类中首次将各种服务业都划归第三产业以来。我国"第三产业"和"服务业"两个概念内涵也大致相同,同时被使用。尽管有部分学者认为前述论述中的服务业应该排除政府部门和公检法部分。不过通观最近几年中央正式文件和政府部门相关报告文件,"服务业"概念的使用日益在政策文件中被更普遍采用,而第三产业则是在统计体系中为了与第一、第二产业相对照而使用。

二、服务业发展政策的内涵与范围

就一般含义而言,政策是指国家机关和社会政治团体等,为了实现自身所代表阶层的利益诉求、公共意志,以政权结合的权威形式,通过标准化的方法,所规定的在一定时期内应该达到的目标、完成的明确任务、遵循的行动准则、实行的方式方法、采取的一般步骤和具体措施等。政策都具有一定的时间性,即是一定时间内的历史条件和国情条件下认识的产物;具有相应的时效性,是在这种历史条件和国情下有效推行的行动准则,超过这一时期和历史条件与国情条件,政策的有效性就需要重新审视和调整,这也是政策演变的认识时效根源问题。

具体到服务业发展政策,则主要是指国家各级政府基于一定的理念、围绕一定的服务业发展目标,所制定的一系列法律法规和具体政策的总称。在我国,由于独特的政治经济体制选择,政府介入经济过程的深度和广度都很大,方式也非常多样,这就使得我国的服务业发展政策更加多元、更加普遍。

在我国,具体的服务业发展政策范围非常广泛,根据采取的政策手段的主要特征,本书将服务业发展政策大致划分为以下几类。

1. 财税政策

产业发展的财税政策是国家运用行政权力参与经济收入和支出流量的运动,从而促使产业发展满足政策目标。与其他产业的财税政策类似,服务业发展财税政策的基本实现形式有税收减免、政府投资或政府购买、转移支付等几种基本形式。这些政策不仅对服务业的均衡发展起着自动稳定器的作用，更是从资金和利益激励的角度，形成了服务业企业供给的正负激励。例如政府在财政预算、财政补贴、财政补助、财政贴息和奖励等方面给予服务业的一些不同程度的支持，同时，提出了财政补助、财政补贴、财政投入和奖励的额度或相关支持办法；在税收上给予各种优惠，明确提出了税收优惠的相关目录、优惠额度，或者制定了具体的优惠办法等；加大政府采购力度，制定了政府采购的产品目录或标准额度等。

2. 人事政策

产业发展的水平尽管与投入产业的各种生产要素的质量和数量有关，但是这些要素效率的发挥归根结底，取决于产业从业人员的规模、能力和工作激励等。因此，在不同时期，通过人事政策来对服务业进行调规、引导、支撑和促进，是非常普遍的做法。在我国经济快速发展、产业转型升级不断加速的背景下，社会上对高素质人才的需求日益旺盛，国家不断通过引进人才计划以及自主培养措施等，来完成人力资源和人力资本队伍建设工作。因此，服务业的发展离不开对人才的培养激励等，例如最大限度地表彰优秀，并制定完善的表彰措施；努力培养和培训相关人才和人力资源，提高社会保障的程度，制定推动人才和人力资源发展的相关政策和制度；制定对服务业发展过程中各种人力资源的绩效考评措施和落实办法，并将考核结果与职务任免和升职等挂钩，以此提升服务业相关从业人员的规模、素质和积极性等，促进服务业快速发展等。

3. 产业政策

为大力引导和支持服务业及其相关企业的发展，不同时期，政府经常会基于一定的动因，在某些关系战略发展的新兴产业方向上，制定有关产业的调整和转型升级指导目录。例如，制定较为具体的产品和消费推荐目录、推进和落实相关产业发展的示范工程或试点工程建设；产品生产和研发技术推广目录和引导体系政策等。尤其对服务业而言，因为其在国民经济发展中的重要性越来越突出，很多有重大技术与战略价值的行业都属于服务业范畴，因此，服务业方面的产业规范导引政策就更为普遍。这些服务业产业政策，有些是针对其中的一些子产业的，例如教育业、金融和保险业、人力资本与人力资源服务业、医药卫生业等；有些则是针对整个服务业的，例如发展现代服务业规划、第三产业分类和调整纲要之类等。

4. 金融政策

一个国家或地区的服务业发展及其状况如何，与该国或该地区实行的金融和保险政策关系极大。从某种意义上讲，金融和保险政策可以决定服务业是兴旺繁荣还是停滞不前。例如在救灾、农村服务信贷等各方面给予一定的信贷优惠，同时制定出有关的支持办法或者支撑机制；夯实和完善能够促进服务业良性发展的相关信贷政策，研究和制定信贷监管相关办法等。金融服务还具有一个特殊性，一方面，作为一种配置金融资源单位总体性政策，涉及所有其他行业的发展；另一方面，金融和保险本身又属于服务业，对行业自身的发展，将其归为金融产业政策。

5. 价格政策

服务业，说到底是一种服务，有些服务是免费的，还有更多的服务则是以支付一定价格为服务前提获得的。但是，鉴于有些服务业对生产与生活的基础性和公共性，市场机制存在较明显的市场失灵，服务业价格机制如何运行，就变得非常重要。例如，教育是一种基础性的民生服务，不同阶段不同类型的教育，采取的是不同的收费政策；医疗卫生服务也同样如此，甚至金融、电讯等服务，由于带有一定的普遍服务要求。因此，对相关产业价格的制定，都存在一定的政府价格干预政策。

6. 行政政策

在我国，由于政府行政主导作用在各个领域都比较强大，鉴于行政政策与早期的计划经济天然具有内在的相通一致性，因此，也一直是政府贯彻自身社会经济发展意图非常基本的政策手段。政府为调控服务业发展，制定了各种服务管理的具体行政措施，例如提出了奖惩的具体数额；在改革开放后，为大力鼓励服务业发展，开始不断下放审批权限，列出一些具体的权限列表；确立需要强制执行的相关准入标准、条件和门槛等；专门筹建新的专门机构来制定一系列政策，以促进服务业发展。

7. 其他经济政策

其他经济政策主要是从财务、计量、服务质量等方面对服务业发展进行引导和规范的一些规定。例如，调整价格和相关费用来促进服务业转型发展的办法或方案；研究制定和实施相关服务费用和价格的具体核算方法；制定了指导服务业收费的标准或实施办法；制定了服务业企业的固定资产折旧、成本和费用等相关会计核算中的具体处理方法等。

三、服务业发展政策文件的具体形式

服务业发展政策的形式是多样的，根据本书所建立的政策数据库，发现自改革开放以来我国服务业发展政策多是以规划与纲要、指导意见、办法、通知等具体形式发布的。以下对服务业这些主要政策形式进行简要分析说明。

1. 规划与纲要

作为社会主义国家，对经济发展的政策介入比较全面，介入的主要方式之一就是制订各种计划或者说规划与纲要。在整个国家层次，我国发布了"十四个"五年计划/规划，这些重大规划中，都会涉及对服务业的要求。同时，对服务业的不同子部门的具体发展，国家也有专门的规划，有些是关系全局的，也有些是专门筹划某个领域某个具体行业的，尤其那些与我国经济发展重大指导思想和行动纲领的五年规划相适应的服务业五年规划，其影响力更大。例如，就全国性的政策而言，国务院发布的《服务业发展"十二五"规划》、国家发展改革委 2017 年发布的《服务业创新发展大纲（2017—2025 年）》、商务部发布的《居民生活服务业发展"十三五"规划》、科技部发布的《"十三五"现代服务业科技创新专项规划》等。

2. 指导意见

指导意见是指上级机关或有关主管部门阐述和说明开展某项工作的基本思想、原则和要求，并对工作进行原则性指导的意见。例如 2016 年 9 月 25 日，国务院关于加快推进"互联网＋政务服务"工作的指导意见发布；2016 年 10 月 21 日，人力资源和社会保障部关于加快推进公共就业服务信息化建设和应用工作的指导意见；2017 年 2 月 24 日，教育部办公厅关于做好中小学生课后服务工作的指导意见等，为服务业各分支行业的具体发展指明了方向。

3. 办法

办法是一个法规名词，是有关机关或部门根据党和国家的方针、政策及有关法规、规定，就某一方面的工作或问题专门提出要求和具体做法的文件。而根据办法的内容以及性质的不同，办法可分为实施文件办法和工作管理办法两种。例如 2016 年 1 月 1 日国家旅游局发布的《关于旅游不文明行为记录管理暂行办法》；2016 年 7 月 14 日交通运输部、工信部等七部委发布的《网络预约出租汽车经营服务管理暂行办法》等，这些办法的发布为服务业的发展提供了较好的管理。

4. 通知

通知是向特定对象告知或转达有关事项或文件，让对象知道或执行的公文，一般适用于批转下级机关公文，转发上级机关和不相隶属机关的公文等。而在我国服务业发展政策的颁布中，有很多都是以通知的形式告知，比如 2017 年 7 月 4 日，国家食品药品监督管理总局办公厅关于进一步加强餐饮服务单位食用油食品安全监督管理的通知；2017 年 8 月 4 日，农业部办公厅关于印发《在贫困地区开展农技推广服务特聘计划试点实施方案》的通知等。

除此之外，服务业发展政策也可以根据发布主体不同分为中央和地方政策。本书主要依据"全球法规网"上的政策法律文件等对服务业发展政策进行梳理汇总，并主要从国家级层面进行研究，从中发现服务业发展政策的演变规律，从而不仅填补国内服务业发展政策研究方面的空缺，更是为推动服务业的发展，提出符合世情、国情、行情的服务业发展和就业政策建议，使服务业相关政策得到更好的落实。

四、服务业发展政策演变的研究综述

关于我国服务业发展政策历史演变的研究，由于所涉范围广、领域多、政策类型多而杂等，一直缺乏明确而系统的总体性的专门梳理。相关的一些研究，往往是结合服务业发展的总体态势或者局部问题，比较简单地涉及了一些政策历史的变化问题。

关于现代服务业政策变迁的研究上：凌永辉和刘志彪等（2018）分别结合改革开放 40 年服务业的发展轨迹和经验的角度，夏杰长和姚战琪等（2018）从我国服务业对外开放 40 年历程的角度，简要论述了服务业政策在改革开放进程中的简要变迁。朱平芳等（2019）在总结新中国成立 70 年以来我国服务业的发展与改革历程的基础上，也对服务业政策的总体演变做了简要归纳。高泽敏（2019）结合新时代我国服务业发展的新基础、新目标，提出了促进服务业转型升级的一些政策方向建议。李丽等（2020）基于 1996—2019 年政策数据库进行打分量化分析，也附带简要分析了服务业政策总固体演变的一些基本特征。

从具体产业分类的角度，郭东海（2012）从生产性服务业产业政策的角度，将我国生产性服务业产业政策的演进总体上归结为五个阶段：新中国成立到改革开放前的不重视、改革开放到 1992 年的开始重视、1992—2005 年开始逐步提出服务业产业政策、2006—2010 年首次提出生产性服务业及其政策具体化以及 2010 年之后"十二五"规划的新要求。并指出了这种发展主要是基于生产性服务业的发展现状变化以及相应的经济理论认识深化的结果；探讨了我国现行的生产性服务业产业政策存在缺少完整的产业规划与配套政策实施细则、结构性政策引导力度不足、货币政策、财政政策对生产性服务业支持的缺失、全局性的经济社会发展政策

中某些政策等在一定程度上抑制了生产服务业发展、政策体制不完善制约
生产性服务业的发展等问题。

具体到政策类型方面，国内学者关于中国服务业发展政策的研究主要
集中于税收机制政策对服务业或对服务业分支行业扶持方面。例如黄朝
晓、唐婧妮和王结玉（2010）认为发展服务业离不开政府的税收政策扶
持，为了促进服务业的发展，优化产业结构，建议从服务业税收政策角度
着手调整和完善。此外，也有学者从其他一些角度研究服务业的发展政
策，如胡祖才（2017）结合服务业创新发展，提出了一些支撑性的政策
建议。

总体上看，学术界对服务业政策演变的研究，相关资料不多，而且主
要停留在简单的阶段划分之上，对推动政策演变的各种动因分析、过程分
析和行业与发布部门分析等更是缺乏比较具体而详细的研究，需要进一步
展开。

第二节　服务业的总体统计分类政策演变

理论上的分类，落实到现实中，就会形成国家的产业统计分类政策，
但又与理论上的分类不完全一致。因为政策现实中的分类，既有理论依赖
性，更有历史继承性，还有很多统计操作层面的权衡考量等问题需要处
理。为更好地反映我国三次产业的发展情况，满足国民经济核算、服务业
统计及其他统计调查对三次产业划分的需求，改革开放以来国家统计局对
服务业进行不断调整划分，这种调整划分对服务业相关政策带来很大的影
响。以下将依次从不同时期我国产业分类的总体角度，来梳理服务业分类
的政策变化。

必须强调的是，对服务业分类的政策是一个体系，除了总体性的三次
产业层次上的划分之外，在不同时期，针对一些重点子行业，国家又分别
出台了子行业的一些分类标准，例如对生产性服务业、生活性服务业、高
科技服务业、健康服务业等。以下主要梳理总体性的分类政策。

一、统计体系中首次正式提出第三产业划分问题

在以往的经济统计中，我国都是统计工业和农业，缺乏对服务业的明确统计，部分实质为服务业的部门被放在工业或者农业的统计口径中，并没有独立出来，这种模式显然不利于凸显第三产业的重要性，在1984年国家首次制定的《国家行业分类》标准中，都没有第三产业的明确位置。但随着改革开放的推进，对第三产业的重要性日益得到认识，对其经济贡献和结构等的统计自然而然提上日程。1985年，为了适应建立国民生产总值统计的需要，国家统计局向国务院提出了《关于建立第三产业统计的报告》，首次规定了我国三次产业的划分范围。

第一产业：农业（包括林业、牧业、渔业等）。

第二产业：工业（包括采掘业、制造业，自来水、电力、蒸汽、热水、煤气）和建筑业。

第三产业：除上述第一、二产业以外的其他各产业。

鉴于第三产业所包括的具体行业多、范围广，根据我国的实际情况，该报告又对第三产业做了进一步划分，分为两大部门和四个层次。两大部门是流通部门和服务部门。四个层次是：第一层次是流通部门，包括交通运输业、物资供销和仓储业、商业饮食业和邮电通信业等；第二层次是为生产和生活服务的部门，包括金融业、保险业、房地产管理业、公用事业、居民服务业、旅游业、咨询信息服务业、各类技术服务业以及地质普查业等。第三层次是为提高科学文化水平和居民素质服务的部门，包括教育、文化、广播电视业，科学研究事业，卫生、体育和社会福利事业等；第四层次是为社会公共需要服务的部门，包括国家机关、党政机关、社会团体，以及军队和警察等。

二、第二次统计划分调整

2003年，我国在2002年修订的《国民经济行业分类》国家标准的基

础上，对原三次产业的划分范围进行了调整，制定了新的《三次产业划分规定》，国家统计局印发了《国家统计局关于印发〈三次产业划分规定〉的通知》。重新划分后的三次产业：第一产业是指农、林、牧、渔业；第二产业是指采矿业，制造业，电力、燃气及水的生产和供应业，建筑业；第三产业是指除第一、二产业以外的其他行业。

第二次划分规定与第一次划分相比，主要有两大变化：一是根据经济活动性质，将农、林、牧、渔服务业从原第三产业划归第一产业；二是不再对第三产业划分层次。这里，将农、林、牧、渔服务业从原第三产业划归第一产业，是考虑到这些产业是围绕农、林、牧、渔业产前产后的相关服务活动，是农、林、牧、渔业生产活动中不可或缺的，其生产性强于服务性。此外，由于《国民经济行业分类》已于2002年进行了修订，使得第一产业与第二产业，或第二产业与第三产业之间也有一些细微调整。如原三次产业划分中将"木材及竹材采运业"划为第二产业，由于新的行业分类已将其划入林业，因此在新的三次产业划分中，"木材及竹材采运业"从第二产业调入第一产业。

三、第三次统计划分调整

2012年，根据国家质检总局和国家标准化管理委员会新颁布的《国民经济行业分类》（GB/T 4754—2011），国家统计局再次对2003年《三次产业划分规定》进行了修订。调整后的三次产业范围为：第一产业依然是指农、林、牧、渔业（但此次调整下，已经不再包括前一次调整中已经被调整到第一产业的农、林、牧、渔相关服务业，这次将这些与农、林、牧、渔有关，但侧重服务的产业再次划归为第三产业）；第二产业则指的是采矿业（但不包括开采辅助活动，这被纳入服务业），制造业（但不包括金属制品、机械和设备等的修理服务业），水电气和热力等的生产和供应业，以及建筑业等。除此之外，其余的产业都列入第三产业，也就是服务业。

随着目录的变化以及实践的发展，此次调整之后，第三产业的范围更广了，具体包括如下：批发和零售业，交通运输、仓储和邮政业，信息传输、软件和信息技术服务业，金融业，房地产业，租赁和商务服务业，瞄准农、林、牧、渔中的农、林、牧、渔相关服务业，采矿业中的开采辅助活动，制造业中的金属制品、机械和设备修理业，住宿和餐饮业，居民服务、修理和其他服务业，教育，卫生和社会工作，文化、体育和娱乐业，科学研究和技术服务业，水利、环境和公共设施管理业，公共管理、社会保障和社会组织，国际组织等。

四、第四次统计划分调整

2018 年 3 月 23 日，国家统计局再次印发关于修订《三次产业划分规定（2012）》的通知，根据《国民经济行业分类》（GB/T 4754—2017），对《三次产业划分规定（2012）》中行业类别划分再次进行了相应的调整。其中，涉及第三产业也就是服务业的调整状况较多，有些是细节名称性的调整以及由此在子类划分上的部分调整，还有就是新增一些新涌现的子类，具体而言；将"农、林、牧、渔服务业"名称调整为"农、林、牧、渔专业及辅助性活动"；将"开采辅助活动"名称调整为"开采专业及辅助性活动"；将"装卸搬运和运输代理业"名称调整为"多式联运和运输代理业"，将 2011 年版的《国民经济行业分类》5810 调出这一类；"仓储业"名称调整为"装卸搬运和仓储业"，并将 2011 年版的《国民经济行业分类》5810 调整到这一类下；将 2011 年版的《国民经济行业分类》7090 "房地产业"部分内容调出这一类，新增大类"土地管理业"，并将 2011 年版的《国民经济行业分类》7090 部分内容调整到这一类下；"广播、电视、电影和影视录音制作业"名称调整为"广播、电视、电影和录音制作业"；"基层群众自治组织"名称调整为"基层群众自治组织及其他组织"。

鉴于服务业分类的不断变化，而服务业发展又是在这些分类下不断推进的，因此，本书研究中关于服务业分类的部分，在历史梳理中，一方面尊重各个时期的特点分类，另一方面，最终的依据，则沿用最新的《国民经济行业分类》（GB/T 4754—2017），主要分析门类中的 A ~ T 部分，具体见表 5 – 1。

表 5 – 1   三次产业分类

三次产业分类	门类	大类	类别名称
第三产业（服务业）	A	05	农、林、牧、渔专业及辅助性活动
	B	11	开采专业及辅助性活动
	C	43	金属制品、机械和设备修理业
	F		批发和零售业
		51	批发业
		52	零售业
	G		交通运输、仓储和邮政业
		53	铁路运输业
		54	道路运输业
		55	水上运输业
		56	航空运输业
		57	管道运输业
		58	多式联运和运输代理业
		59	装卸搬运和仓储业
		60	邮政业
	H		住宿和餐饮业
		61	住宿业
		62	餐饮业
	I		信息传输、软件和信息技术服务业
		63	电信、广播电视和卫星传输服务
		64	互联网和相关服务
		65	软件和信息技术服务业
	J		金融业
		66	货币金融服务
		67	资本市场服务
		68	保险业
		69	其他金融业
	K		房地产业

三次产业分类	门类	大类	类别名称
第三产业 （服务业）		70	房地产业
	L		租赁和商务服务业
		71	租赁业
		72	商务服务业
	M		科学研究和技术服务业
		73	研究和试验发展
		74	专业技术服务业
		75	科技推广和应用服务业
	N		水利、环境和公共设施管理业
		76	水利管理业
		77	生态保护和环境治理业
		78	公共设施管理业
		79	土地管理业
	O		居民服务、修理和其他服务业
		80	居民服务业
		81	机动车、电子产品和日用产品修理业
		82	其他服务业
	P		教育
		83	教育
	Q		卫生和社会工作
		84	卫生
		85	社会工作
	R		文化、体育和娱乐业
		86	新闻和出版业
		87	广播、电视、电影和录音制作业
		88	文化艺术业
		89	体育
		90	娱乐业

续表

三次产业分类	门类	大类	类别名称
	S		公共管理、社会保障和社会组织
		91	中国共产党机关
		92	国家机构
第三产业 （服务业）		93	人民政协、民主党派
		94	社会保障
		95	群众团体、社会团体和其他成员组织
		96	基层群众自治组织及其他组织
	T		国际组织
		97	国际组织

第三节　服务业发展政策演变历史过程的总体梳理

一、新中国成立初期到1979年中国服务业发展政策的总体缺失

新中国成立初期，百废待兴。在革命炮火中新生的社会主义新中国，亟待确立新社会的制度基础和物质基础，因此，经过短暂的三年恢复时期后，国家的工作重心先是在全国范围内推动社会主义改造，然后就是推动赶超战略下的工业化尤其是重工业化。由于受主导的政治经济思想的影响，认为服务部门不创造财富，属于非生产部门，其比重提高是资本主义的腐朽性和寄生性特点，不符合社会主义的发展要求。于是，服务业作为主要提供无形产品的第三产业，与当时主导强调的工农业相比，基本没有政策地位，资源投入大规模受阻，核算经济产出也是核算工农业总产值。一些是生产和生活必需的基本公共服务，例如水电气，教育、卫生、通信、金融，以及交通运输、建筑以及商贸流通等，虽然有所发展，但主要

不是从产业经济的角度去看待，而是从必要的公共服务角度；也并没有服务部门作为独立的产业去进行专门统计，总体上国内当时没有发展服务业的观念，在经济核算上也就没有服务业或者说第三产业的独立地位。从战略思想上看，这一时期，在工农业已有一定发展开始提出现代化目标的时候，也没有及时把第三产业的发展列入国家经济发展战略，例如，在此期间突出强调的"四个现代化"，对我国后续发展理念和方向都有重大影响，但从产业的角度，只是将工业现代化和农业现代化列入了现代化的目标，而忽视了服务业的现代化问题。

从后来的追溯性统计来看，新中国成立初期到1979年，经济发展上服务业占比严重偏低，甚至产值占比还出现下降，与世界经济发展基本趋势规律明显相悖。从新中国成立初期国内经济基本恢复后的1952年，到改革开放后的1980年，近30年间，国家的三次产业GDP总体结构，由50.7∶21.0∶28.3演变为了30.4∶49.0∶20.6，服务业增加值占比不仅没有上升，反而下降了7.7个百分点。从就业结构来看，由83.5∶7.4∶9.1变为68.7∶18.3∶13.0，服务业所吸纳的劳动就业比重，也只是增加了3.9个百分点。而且，由于对相关的必要服务长期实行低价格政策，导致公众形成了一种近乎免费的公共品消费观念，不仅大幅挫伤服务业供给者的积极性，也为后续的服务业正常市场化发展带来了消费心理上的阻力。

二、第三产业进入国家政策议程的酝酿过程

1. 进入政策议程前的酝酿与反复

1978年，十一届三中全会的召开，开启了社会经济的正常发展过程。由此，开始正视一些生产生活需求的满足，注意到服务业比重过低已经严重影响到生产尤其是居民生活的基本问题；第三部门、第三部类等服务业相关概念，逐渐进入了国家机关一些经济结构研究小组提交的调研报告；有关经济结构的表述由以往专注于农业、轻工业和重工业的"农轻重"，调整为"农轻重"和服务业。

同时，为了使整个社会了解第三产业在保障和提升人民生活水平、降低商品积压化解企业库存、广开门路化解就业困境，尤其是当时"上山下乡"青年回城高峰引发的大规模就业压力方面的作用，国内新闻媒体也开始有意识地宣传第三产业。例如，1981 年上半年，《世界经济导报》刊载一些文章，较为系统地介绍第三产业的相关问题：第三产业概念的源与流、类型划分、发展动因、功能作用、发展趋势，以及中国第三产业发展现状与前景等。

不过，由于当时主流思想依然没有从传统的僵化政治经济思维中走出来，1981 年下半年，关于第三产业的社会思潮主要方向又开始扭转，第三产业和服务业的发展又受到批判。例如，认为它"不三不四、莫名其妙、非驴非马"，是"渗透着资本主义本质的概念"，一些新闻媒体也开始大量发文贬斥第三产业，第三产业的发展苗头重新被掐灭，转入低谷。

2. 大力发展第三产业的政策指导思想的初步确立

1984 年，中央领导层思想日益解放，关于第三产业发展的思潮得到了高层的体制化支持，再次开始朝支持的方向扭转，大力发展第三产业的政策方针得到了党中央和国务院的重视。时任中共中央总书记胡耀邦同志引用广东的经验，强调指出：应该放手发展第三产业，包括鼓励个体户经营第三产业，认为广东的经验表明，第三产业投资少、见效快，是短时间内搞活经济、打开新局面的好抓手，非常有必要大力发展。

时任国务院总理也代表国务院，对调整政策大力发展第三产业的重要性和方向做了更为全面的论述和表态强调：第三产业的迅速发展，体现的是社会生产力水平提高、社会生产的专业化程度、社会化程度提高的必然趋势，而且也是其必要条件。实际上，一个国家的经济效益和效率，与第三产业的发展程度是有非常密切的关系。大力发展"第三产业"，就是要允许和推动各式各样的服务业得到发展提升，不仅包括生活服务行业，也包括生产服务行业。而且，任何城市的发展，都离不开第三产业的发展，因此，需要将提高第三产业在国民经济中的比重，作为一个重要任务来抓，大城市尤其应该如此。要注意的是，第三产业的服务对象是整个经济，而不仅仅只为区域性的城市服务。同时，发展第三产业的思路，不能继续像以往那样，将第三产业只是视作福利事业去发展，这样缺乏可持续性，只会逐渐萎缩。而应该按照产业发展的逻辑，协同国家、集体和个人的力量，共同参与推动服务业的发展。

三、第三产业发展政策正式进入国家政策体系

要使第三产业真正得到大力发展，就需要从政策上真正重视起来，改变以往在第三产业发展方面存在的一些限制性规定和支持不足的政策状况，使第三产业的发展能够名正言顺地开展起来和大规模推进下去。

1. 第三产业正式进入国家统计政策体系和产业分类体系

国家首先从统计体系和国家高层级政策上给予第三产业明确的地位，逐步形成一套第三产业统计制度，当然，为确立统计体系，必然先要建立起相应的产业分类体系标准。为此，1985 年 4 月，国务院同意并批转了国家统计局《关于建立第三产业统计的报告》，由此，正式开始实施由国家计委、国家经委、国家统计局和国家标准局等几大部委联合颁发的《国民经济行业分类和代码》国家标准。其中，参照当时国际上通行的做法，首次对三次产业进行了分类，这对我国第三产业发展有着突出意义：第一次将第三产业纳入了我国的产业分类体系，从而明确了第三产业的独立地位和内部结构。该标准在规定了第一产业（包括农业、林业、牧业、渔业等）和第二产业（工业、采掘业、制造业，自来水、电力、蒸气、热水、煤气相关产业和建筑业）之外的产业，都概括为第三产业。

2003 年、2012 年和 2017 年，根据新的发展形势先后对我国产业分类体系进行了三次重新划分。

2. 第三产业正式进入国家五年计划等高层级政策文件

在我国，无论是过去的计划经济体制下，还是现在的市场经济体制下，各个时期的"五年"规划都代表着一定时期内国家总体发展的最高

级别战略文件。响应国务院领导关于第三产业"应当在'七五'计划中占一定的地位"的表述，1985 年，《中共中央关于制定国民经济和社会发展第七个五年计划的建议》中，正式将"加快发展为生产和生活服务的第三产业，逐步改变第三产业同第一、二产业比例不相协调的状况"列入为我国经济建设战略布局中的"第四条方针"。由此，第三产业首次进入国家最高的战略政策体系之中。

上述文件中，进一步明确阐发了第三产业的重要性和发展方向："第三产业的兴起和发达是社会分工进一步发展和劳动生产率不断提高的必然趋势，是现代化经济的一个重要特征。长期以来，我国第三产业严重落后，交通不畅，信息不灵，产前产后的服务以及商业、金融、技术咨询等事业都很不发达，造成资金使用效益差，生产效率低，并且使群众生活十分不便。必须加快第三产业的发展，提高它在整个国民经济中的比重，这既是形成新的经济发展格局的一项战略措施，也是发展商品经济的一项重大改革"。1986 年 4 月，《中华人民共和国国民经济和社会发展第七个五年计划》正式通过，大力发展为生产和生活服务的第三产业正式成为我国重大发展战略规划中的关键内容。进而，第三产业内部各部门各层次的服务业相关发展政策开始陆续出台，无论是产业发展还是政策发布，服务业都进入第一个小高峰时期，相关政策分布参见后文的政策文本统计分析。此后，每个五年计划，都会对服务业的发展展开全面的论述和规划，各部门也根据总体规划对各服务业子部门的要求，形成自己的行业和部门规划，一个较为完整的服务业发展政策体系的轮廓开始逐渐形成。

四、加快发展第三产业重大战略决策的正式提出

20 世纪 80 年代中后期服务业发展的小高峰，主要是相对于以往被抑制的状态而言，从绝对水平来看，还有待于进一步加快发展。同时，由于80 年代末 90 年代初国家总体出现了经济过热以及政治风波引发的逆向调整问题，服务业连同整个总体经济一样，又陷入到了短暂的发展低谷。随着 1991 年邓小平南方谈话相关精神的宣传，以及 1992 年我国开始明确市

场化改革方向，要通过建立社会主义市场经济体制，来进一步加快国家社会经济的改革开放和发展步伐，服务业再次迎来了快速发展的政策红利期。在"八五"计划以及十四大关于建立社会主义市场经济体制的决议的基础上，1992年6月16日，中共中央、国务院做出《关于加快发展第三产业的决定》（以下简称《决定》），第三产业发展的战略意义被提高到了一个更加全新的高度。《决定》从生产力提升和社会进步的必然要求出发，为改革开放在更广的领域向纵深发展创造更好的条件、调整三次产业占比以优化国民经济总体结构、缓解经济生活中深层次生产生活需求与供给之间的矛盾、促进经济更快更好发展、缓解我国日益严峻的就业压力的主要出路、适应人民群众日益增长的物质和文化生活的需要、促进社会主义物质文明和精神文明建设等方面，全面分析并提升了加快发展第三产业的重大战略意义。为此，提出"为了抓住当前有利时机，加快改革开放步伐，集中精力把经济建设搞上去，按照国民经济和社会发展十年规划和第八个五年计划的要求，必须使第三产业有一个全面、快速的发展"。同时要求"全党和各级政府高度重视第三产业。各级党政领导干部要统一思想，转变观念，开阔思路，发挥创造性，动员广大干部群众，为实现加快发展第三产业这一重大战略任务而努力奋斗"。

《决定》总结并提出了加快发展第三产业的具体目标、发展重点，并列举出了13条主要的政策措施：充分调动国家、集体、个人三者的各方积极性；依靠深化改革、扩大开放加快发展第三产业的步伐；以产业化为方向，建立充满活力的第三产业自我发展机制；以社会化为方向，积极推动有条件的机关和企事业单位将内部服务对外开放；鼓励第三产业企业跨部门、跨行业、跨地区兼并应关停并转的工业企业；积极鼓励行政人员从机关分离出来，从事服务行业；推进劳动人事的制度改革，赋予第三产业企业用工自主权；遵循价值规律，改革价格体系，解决第三产业长期存在的价值补偿不足问题；鼓励扩大国际化经营；利用金融和税收等经济手段扶持第三产业发展；简化审批手续，改变第三产业开业难状况；加强第三产业法制建设；加强第三产业的规划和管理。

可以说，从国家最高行政层级作出的《决定》，事实上成为我国服务业产业发展政策史上的重要里程碑性的文件，堪称是第三产业发展政策历史上最重要的战略性文件之一，它在大幅提高第三产业政策地位的同时，也提出了较为系统的政策引导和规范体系，推动我国第三产业走向了规模化、市场化、社会化良性发展的轨道，也构成了此后第三产业或服务业发展政策扩展和调整的基础。

五、加快现代服务业发展政策的体系化

1. 首次以服务业名义替代第三产业的服务业政策

第三产业进入了国家最高规划体系，获得了合法的政策地位和独立的产业地位，这是第三产业走上健康发展之路的基础性条件。不过，以往还主要是从第三产业的角度来调整过去的限制性政策，还没有真正着眼于产业的本质属性。服务业与第三产业的关系，虽然两者强调的是一个东西，但是着眼点不同：第三产业是从与第一、二产业的相对角度而言的，并没有突出其本质，而服务业的概念，则更为明确地抓住了产业的本质，也就更便于揭示产业发展的目标和功能定位，从而有利于揭示政策的方向和着力点。

从服务的角度看，随着改革发展的不断深入，服务业被赋予的服务功能不断增加，但服务业发展的起点和基础又不高，因此，对服务业主观需求的快速提升和客观发展速度的不足之间的现实矛盾还是日益加剧，并作为重要因素一直制约着产业结构优化和国民经济发展。为了加速改变服务业持续存在的供给不足、结构落后、质量不高、竞争力不足等问题，适应快速变化的生产生活需求和承担更多的功能，2001 年，国务院批转了国家发展计划委员会关于《"十五"期间加快发展服务业若干政策措施的意见》（以下简称《意见》），首次以服务业而不再是第三产业名义，对服务业的总体发展意义和政策措施体系进行了综合阐述。

《意见》强调："我国已经进入经济结构战略性调整的重要时期，必须充分认识新阶段、新形势、新体制下加快发展服务业的重要意义。加快

发展服务业，是国民经济持续快速健康发展的重要保障，是提高国际竞争力和国民经济整体素质的有力措施，是缓解就业压力的主要途径，也是提高人民生活水平的迫切需要。服务业的兴旺发达是现代化的一个重要特征，加快发展服务业，对推进社会主义现代化具有深远的战略意义。"在进一步提升服务业加快发展的战略意义的基础上，进一步阐发了服务业加快发展的方向和原则："以市场化、产业化和社会化为方向，增加供给、优化结构、拓宽领域、扩大就业。要进一步解放思想，更新观念，真正把服务业作为产业对待。要有步骤地扩大开放，在主要依靠市场机制的基础上，通过政策引导，加大工作力度和资金投入，促进全国服务业发展再上一个新台阶。"《意见》提出了"十五"期间的政策目标，以及一系列的政策建议：从优化服务业行业结构、扩大服务业就业规模、加快企业改革和重组、放宽服务业市场准入、有步骤地扩大对外开放、推进部分服务领域的产业化、促进后勤服务的社会化、鼓励中心城市"退二进一"、加快服务业人才培养、多渠道增加服务业投入、扩大城乡居民服务消费、加强服务业的组织领导 12 个方面，涉及 37 条具体的政策建议。

2. 现代服务业观念提出与加快发展现代服务业的政策初步体系化

2007 年 3 月，基于国家"十一五"规划纲要确定的服务业发展总体方向和基本思路，《国务院关于加快发展服务业的若干意见》再次发布。该文件在 2001 年的基础上，根据新形势，进一步提出了现代服务业的思想和发展方向，并强调了加快服务业发展、推进服务业的体系化、提高服务业在三次产业结构中的比重、推动服务业成为国民经济主导产业。推进服务业的现代化具有新的总体战略意义："服务业的发展水平是衡量现代社会经济发达程度的重要标志……是推进经济结构调整、加快转变经济增长方式的必由之路，是有效缓解能源资源短缺的瓶颈制约、提高资源利用效率的迫切需要，是适应对外开放新形势、实现综合国力整体跃升的有效途径……也是解决民生问题、促进社会和谐、全面建设小康社会的内在要求"。同时，鉴于当时我国服务业初步发展中存在的大量问题，例如一些地方依然将重点放在工业化尤其还是重工业化之上，而对服务业发展的重视程度非常不足，国家整体上的服务业供给不足、结构也不合理、服务发展水平低、竞争力弱、对整个国民经济发展的贡献率大为不足等问题，以及服务业与当时的经济形势和社会发展要求严重不相适应的总体状况，文件指出："必须从贯彻落实科学发展观和构建社会主义和谐社会战略思想的高度，把加快发展服务业作为一项重大而长期的战略任务抓紧抓好。"

为了提升我国服务业发展的规模、质量和对时代发展的适应性，该《国务院关于加快发展服务业的若干意见》确立了今后一个时期服务业发展的总体要求、基本原则和具体政策。

从总体要求看，《国务院关于加快发展服务业的若干意见》强调加快发展服务业要"全面贯彻落实科学发展观和构建社会主义和谐社会的重要战略思想，将发展服务业作为加快推进产业结构调整、转变经济增长方式、提高国民经济整体素质、实现全面协调可持续发展的重要途径"。从基本原则看，《国务院关于加快发展服务业的若干意见》提出了要"坚持以人为本、普惠公平，进一步完善覆盖城乡、功能合理的公共服务体系和机制，不断提高公共服务的供给能力和水平；坚持市场化、产业化、社会化的方向，促进服务业拓宽领域、增强功能、优化结构；坚持统筹协调、分类指导，发挥比较优势，合理规划布局，构建充满活力、特色明显、优势互补的服务业发展格局；坚持创新发展，扩大对外开放，吸收发达国家的先进经验、技术和管理方式，提高服务业国际竞争力，实现服务业又好又快发展"。

《国务院关于加快发展服务业的若干意见》由此确立了"十一五"时期服务业的一些具体发展数字目标，以及到 2020 年基本实现经济结构向以服务经济为主的转变，服务业增加值占国内生产总值的比重超过 50%，服务业结构显著优化，就业容量显著增加，公共服务均等化程度显著提高，市场竞争力显著增强，总体发展水平基本与全面建设小康社会的要求相适应的中远期目标。

从具体的政策大方向看，提出了以下七大方面的政策。

（1）大力优化服务业发展结构，尤其是将重点瞄准现代服务业，并大力规范和提升传统服务业。在生产服务业方面，促进现代制造业与服务业有机融合、互动发展。在生活服务业方面，要大力发展面向人民生活的各种服务业。总体看，要积极拓展各种新型的服务领域，不断引导和培育服务业的新增长点。同时，要大力培育服务业的市场主体，优化服务业的组织结构等。

（2）科学调整城市的服务业发展布局。应该在实现普遍服务和满足基本需求的前提下，依托比较优势和区域经济发展的实际，科学合理规划，努力推动形成充满活力、适应市场、各具特色、优势互补的服务业发展新格局。对于广大服务业聚集而成的城市而言，应该充分发挥人才、物流、信息、资金等相对集中的资源优势，加快结构调整步伐，提高服务业的质量和水平。各地要按照国家规划、城镇化发展趋势和工业布局，因地制宜地引导发展交通、信息、研发、设计、商务服务等辐射集聚效应强的服务行业，从整个国家的角度，则应该依托城市群、中心城市，培育形成主体功能突出的国家和区域服务业中心。同时，要打破部门行政分割和各地区自行其是的封闭式发展，在充分发挥市场机制作用的前提下，鼓励部门之间、地区之间、区域之间展开全方位、多形式、多渠道的合作，发挥组合优势，促进服务业的整体资源整合，深化整个服务业的分工合作体系。

（3）要积极发展面向农村的服务业。要从贯彻落实统筹城乡发展基本方略的高度，从繁荣农村经济、增加农民收入和提高农民生活水平的角度，大力发展面向农村的服务业，以此为发展现代农业、推进社会主义新农村建设大目标服务。要围绕农业生产的产前、产中和产后服务，加快构建和完善以生产销售服务、科技服务、信息服务和金融服务为主体的农村社会化服务体系。同时，基于农村基础设施和公共服务落后的情况，加快发展农村生活服务业。

（4）提高我国服务业的对外开放水平。要将服务业发展与对外开放这一基本点结合起来，在处理好服务业对外开放与培育壮大国内产业的关系的基础上，形成服务业对外开放新格局，提升服务业对外开放总水平。要按照加入世贸组织服务贸易领域开放的各项承诺，鼓励外商投资服务业，提高利用外资的质量和水平，要以国际外包为重点大力发展服务贸易作为转变外贸增长方式的重要内容。要完善服务业吸收外资法律法规，通过引入国外先进经验和完善企业治理结构，培育一批具有国际竞争力的服务企业，同时，维护国家金融业抗风险能力。

（5）加快推进服务领域改革。按照国有经济布局战略性调整的要求，瞄准重要公共产品和服务领域布局服务业国有资本。实施政企分开、政事分开、事企分开、营利性与非营利性机构分开。建立公开、平等、规范的服务业准入制度。鼓励社会资金进入服务业，并大力发展非公有制的服务企业，以此提高非公经济在整个服务业中的比重。

（6）加大投入和政策扶持力度。根据国家产业政策的总体现状和相关规划，完善和细化服务业发展的综合指导目录，并从财税、信贷、土地和价格等各方面进一步促进和完善服务业发展的政策体系，以及相关的服务业投融资渠道。

（7）持续改善服务业发展的大环境。加快推进服务业标准化，建立健全服务业标准体系，扩大服务标准覆盖范围。积极营造有利于扩大服务消费的社会氛围。规范服务市场秩序，建立公开、平等、规范的行业监管制度，建立有利于自主创新的知识产权法规体系和人才服务体系等。

鉴于加快发展服务业的紧迫性、艰巨和长期性，既需要坚持发挥市场在服务业资源配置中的基础性作用，又要强化政府的宏观调控和政策引导。为此，加强对服务业发展工作的组织领导，就显得尤为重要，为此，2007年5月，国务院专门成立了高层级、多部门协同的全国服务业发展领导小组，以国务院副总理为组长，国家发展改革委主任和国务院副秘书长为副组长，相关部委副部长等作为成员的高层级领导小组，指导和协调国家服务业改革发展中的各种重大问题，制定能够促进服务业快速发展、良性发展的方针和政策，协调落实涉及全局的各种重大战略任务。

由上可见，进入"十五"和"十一五"时期之后，服务业的发展已经与国家五年规划紧密地绑定，获得了较高的政策地位和关注，推动服务业在这一期间迅速壮大，接近第二产业，最终在2012年左右超越第二产业成长为国内第一大产业。而从吸纳就业的数量看，从2011年起服务业成为第一大就业吸纳产业。

3. 相关专项规划等政策文件的密集出台与服务业发展政策的体系化

虽然从"七五""八五"开始，国家五年规划就开始提及第三产业，而在"九五""十五"和"十一五"期间，服务业已经与国家五年规划有了深入关联，逐渐成为其中的重要部分。2012 年 10 月，国家发展改革委根据国家《"十二五"规划纲要》中所提出的"把推动服务业大发展作为产业结构优化升级的战略重点""营造有利于服务业发展的政策和体制环境"，以及党的十八大报告进一步强调的要"推动服务业特别是现代服务业发展壮大"等一系列任务和要求，制定了我国的《服务业发展"十二五"规划》（以下简称《规划》），并由国务院于 2013 年 1 月正式全面印发，该规划是我国第一部专门的服务业发展专项规划，成为我国编制服务业各种具体专项规划（或者指导意见）以及地方服务业发展规划的重要依据。由此，服务业发展有了专门的指南和蓝图。

《规划》为服务业发展确立了新的指导思想："围绕科学发展主题和加快转变经济发展方式主线，适应中国特色新型工业化、信息化、城镇化、农业现代化同步发展的要求，进一步解放思想，深化改革，扩大开放，将推动服务业大发展作为调整经济结构的重要突破口，以市场化、产业化、社会化、国际化为方向，加快发展生产性服务业，大力发展生活性服务业，营造有利于服务业发展的良好环境，全力推动服务业发展提速、比重提高、水平提升，为增强我国产业核心竞争力和提高人民群众生活质量奠定坚实基础"。《规划》同时提出了"六个结合"的推动服务业大发展的基本原则，具体为：要与促进国家经济结构调整、产业结构优化升级相结合；要与扩大国内需求、改善人民群众生活相结合；要与扩大就业、提高劳动者素质相结合；要与推进城镇化相结合；要将推动服务业全面发展与重点突破相结合；要将深化服务业改革与扩大服务业开放相结合等。

《规划》基于我国国民经济发展"十二五"总体规划中对服务业发展的相关规划和要求，同时综合考虑"十二五"期间我国服务业发展的总体条件、主要趋势和所面临的各种挑战，分别从提高服务业比重、提升服务业水平、推进服务业改革开放、提高服务业吸纳就业能力四个方面，提出了衡量服务业大发展的量化指标和定性发展目标。所确立的总体要求是：立足我国的产业基础，着力发挥比较优势，突出重点，以市场需求为导向，引导资源要素的合理集聚，从而构建起结构优化、水平先进、开放共赢、优势互补的服务业发展大格局。《规划》尤其强调了扩大对外开放、提高服务业对外开放水平、加快服务业体制机制改革、强化政策支持力度以释放发展潜能等各方面的政策相关要求，并着重强调了生产性服务业、生活性服务业、农村服务业和海洋服务业这四大方面的发展重点。同时，还从深化服务业改革、创新政策支持两大方面的任务出发，以及从服务业创新、服务业人才开发、服务业标准、知识产权服务、服务业统计等基础工作着手，明确了相关原则要求和各专栏性的基本改革任务，以及相关的领导和组织保障措施等。

以上述《规划》为起点和基础，此后，各个地方、各个服务业部门均纷纷出台了一系列相关子规划和实施指导意见等服务业发展纲要性文件，例如2014年9月国务院又专门印发了《国务院关于加快发展生产性服务业促进产业结构调整升级的指导意见》；2015年11月，国务院又通过了《加快发展生活性服务业促进消费结构升级的指导意见》和《关于积极发挥新消费引领作用加快培育形成新供给新动力的指导意见》等，还有其他一系列相关的家庭、养老、健康、文化创意等生活性服务业发展指导意见；2016年印发的《居民生活服务业发展"十三五"规划》《商务发展第十三个五年规划纲要》《国内贸易流通"十三五"发展规划》等。可见，中国服务业规模已经庞大，进入需要转型提速的新阶段；服务业发展政策已经发展到了总体规模大、覆盖广泛、结构体系丰富的阶段。

六、服务业政策进入服务业创新发展、高质量发展导向的新阶段

服务业政策实现了体系化，不意味着服务业政策已经没有改善的余地。因为发展基础、外部条件及发展目标会发生新的变化。当前，随着我国经济发展到了新阶段、新时代，社会主要矛盾定位进行了新的调整，创

新发展模式、推动高质量发展成为整个社会的共识。因此，无论是从服务业自身发展的角度，还是从服务业所承担的支撑生产生活高质量转型的角度，超越传统的规模增进主导，提高发展的质量和均衡性，都可以说成为新时期服务业发展的主旋律。

为使服务业发展适应国家进入新常态下创新发展和高质量发展的总体要求，2016 年 9 月，国家发展改革委通过了《"十三五"国家服务业综合改革试点实施意见》；2017 年 1 月，进一步制定了《服务业创新发展大纲（2017—2025）》；2017 年 4 月国家发布《"十三五"现代服务业科技创新专项规划》等；2019 年 10 月，国家发展改革委联合国家市场监管总局，又专门印发了一个关于如何推进服务业高质量发展的《关于新时代服务业高质量发展的指导意见》。这些政策文件的相继发布标志着，我国的服务业政策，已经进入推动服务业朝创新性、高质量发展的新阶段。

正如《"十三五"国家服务业综合改革试点实施意见》所提出并强调的，新常态下，服务业发展政策的改革深化，尤其应该准确把握好我国服务业发展中的几大新任务和新要求。例如：一是将发展服务业定位为国家经济总体发展新动能培育过程中的关键抓手，充分挖掘服务业发展的内在潜力，全面补齐服务业发展的短板，由此推动服务业实现创新性发展；二是要结合此阶段供给侧结构性改革这一国家转型发展的重大主题，将发展服务业作为推进国家供给侧结构性改革的重要内容和重要领域，并着力消除那些与体制机制相关的阻力和障碍性的因素；三是要立足于全球化开放条件下国与国之间的各种产业合作关系和合作形式，提升我国服务业领域的开放水平和开放质量；四是将大力发展服务业作为全面改善民生、促进就业的重要途径，满足人民消费升级尤其是服务消费升级的需要，大力提升服务业吸纳就业和提高就业质量的综合能力，为满足人民日益增长的美好需要营造良好的环境。

尤其是《服务业创新发展大纲（2017—2025 年）》，其地位类似于整个服务业的"十三五"规划，但其覆盖时间期限又兼顾了"十四五"的部分时期，这种跨越传统五年规划的兼顾性表明，服务业创新性发展政策，是有着更长远的规划性和引领性要求的政策。它基于世界服务业发展的总体趋势，尤其是以新一代信息、人工智能等技术不断突破为代表的新一轮科技革命，支撑着服务业网络化、智慧化和平台化，这将引发服务业大规模创新升级。服务业在国家产业升级中的作用更加重要，已经成为支撑发展的主要动能、价值创造的重要源泉和国际竞争的主战场。因此，在综合考察服务业的当前发展基础与未来创新发展和均衡布局要求的基础上，围绕着大力推动生产性服务业向价值链高端专业化延伸、生活性服务业向便利精细和高品质方向转变的要求，来打造中国服务新品牌、建设服务业强国。所以，《服务业创新发展大纲（2017—2025 年)》提出了一系列意图引领我国服务业未来创新发展新格局的政策体系。

为了推进这一政策体系的有效落实，结合党的十九大基本精神和《中共中央、国务院关于推动高质量发展的意见》的总体要求，2019 年10 月，国家发展改革委联合市场监管总局，又专门印发了一个关于如何推进服务业高质量发展的《关于新时代服务业高质量发展的指导意见》（以下简称《指导意见》)。《指导意见》提出了坚持以人为本，优化供给；市场导向，品牌引领；创新驱动，跨界融合；深化改革，扩大开放的四大基本原则以及到 2025 年服务业高质量发展的总体目标：到 2025 年，服务业增加值规模不断扩大，占 GDP 比重稳步提升，吸纳就业能力持续加强。服务业标准化、规模化、品牌化、网络化和智能化水平显著提升，生产性服务业效率和专业化水平显著提高，生活性服务业满足人民消费新需求能力显著增强，现代服务业和先进制造业深度融合，公共服务领域改革不断深入。服务业发展环境进一步改善，对外开放领域和范围进一步扩大，支撑经济发展、民生改善、社会进步的功能进一步增强，功能突出、错位发展、网络健全的服务业高质量发展新格局初步形成。

《指导意见》强调，在推动新时代服务业高质量发展中，应该着重做好 10 个方面的政策工作，具体包括：推动服务创新、深化产业融合、拓展服务消费、优化空间布局、提升就业能力、建设服务标准、塑造服务品牌、改进公共服务、健全质量监管、扩大对外开放。并从进一步优化营商环境、加大融资支持、强化人才支撑、保障用地需求、落实财税和价格政策、建立健全统计制度这六个方面，提出了具体的政策保障措施，以期不断提升新时代服务业发展质量、效益和水平。

这两大最新文件的主旨，标志着我国服务业进入创新性、高质量发展阶段，而服务业发展政策的根本目标就是为这一发展阶段提供引导。相关分析，在后文关于当前政策再思考的部分会继续展开讨论。

第四节　服务业发展政策演变与社会主要矛盾认识变化

一、对社会主要矛盾的定位变化是不同阶段服务业政策演变的认识论基础

社会主要矛盾运动，是社会经济发展的基本推动力，也是推动一个国家或者一个经济体的产业及其政策演变的基本动力。就我国而言，政府主管部门对各种政策的制定有着更大的影响力，相关部门在制定各种具体政策时，自然会受到不同时期国家政治经济文化形势的不同影响，对基本矛盾的认识存在不同的看法，这是非常自然的，这种差异，必然会反映到产业政策上来。

对服务业而言，由于其直接服务于生产和消费的双重功能，既关系社会生产过程的可持续性，更关系国民生活的美好程度。因此，社会主要矛盾及其变化，会对服务业的发展逐渐提出更快更高的要求，尤其当整个社会发展已经走出了低水平发展陷阱、步入高质量发展的新时代，对高质量服务的需求会进一步大规模涌现并升级，所以高质量发展就更加需要有高质量的服务业支撑。基于此，如果能够客观地正视这种主要矛盾转换，就会自然形成与之相配套的服务业政策需求，来协调、引导和支撑服务业发展的相关供给；反之，如果由于某些时期社会主要矛盾的把握偏离了实际，受到非经济因素的过多干扰，就会导致矛盾认识与现实需求之间形成

较大偏差，进而导致服务业政策偏离实际需要。

新中国成立以来，我国对社会主要矛盾的认识，先后经历了多次重大转变。这些转变，直接或者间接地影响着不同时期服务业政策的基调和演变方向。因此，厘清我国社会主要矛盾演变对服务业及其政策的影响，不仅有助于认识服务业发展政策演变的基本原因，也有利于更加准确地把握新时代社会主要矛盾的转化下服务业政策如何服务于新时代的矛盾化解和国家发展战略需求。

二、新中国成立初期社会主要矛盾认识变化与服务业政策的空白地位

首次明确地定位我国社会的主要矛盾，是新中国成立之后基于马克思理论作出的新论断。1949 年新中国成立伊始，到 1953 年土地改革完成之前，这一时期对当时社会主要矛盾的定位是：人民大众同帝国主义、封建主义和国民党残余势力之间的矛盾。针对这一矛盾，当时拟定的根本任务是稳固新民主主义革命成果，并通过土地改革、镇压反革命等举措来解决。而关于第三产业或者说服务业发展这种纯经济结构的具体政策问题，还提不到主要政策议程上来，在此时，第三产业的发展仅仅只是作为一个国内形势基本稳定恢复后的自然产物，处于自发恢复中。

对主要矛盾认识的第一次变化，是在 1953—1956 年。当时，随着土地改革的完成，国家对新时期的社会主要矛盾进行了重新定位，认为工人阶级和资产阶级之间、社会主义道路和资本主义道路之间的矛盾，已上升为主要社会矛盾。为此，这一矛盾之下，国家的主要目标是通过社会主义改造来奠定社会主义基本经济制度基础。基于这一主要矛盾认识，服务业的供给者，则多数被视为资本主义工商业经营者。虽然出于国计民生的考虑此时的服务业有一定的存在理由，但是也存在不利于社会主义制度基础的一面。因此，此时的服务业处于被限制、被改造之列，难以得到有利的发展空间和政策支持。

主要矛盾定位的第二次认识变化，发生在 1956 年社会主义改造基

本完成、社会主义制度基础得到基本确立之后。此时，阶级矛盾、道路之争已经同各国生产关系的改造而告一段落，国家的工作重心开始调整到集中力量发展生产力这一方面上来。对此，在总结三大改造和社会主义建设经验的基础上，1956 年 9 月，党的八大召开，并对我国社会主要矛盾和新时期的主要任务，作出了新定位新判断："我国社会主要矛盾，已经是人民对于建立先进的工业国的要求同落后的农业国的现实之间的矛盾、人民对于经济文化迅速发展的需要同当前经济文化不能满足人民需要的状况之间的矛盾。"而为解决这一矛盾，当时的主要任务"就是要集中力量来解决这个矛盾，把我国尽快地从落后的农业国变为先进的工业国"。由此，集中资源和力量，推动工业化尤其是"大炼钢"运动所代表的重工业化，成为这一时期国家最重要的战略性产业发展政策。而与工业化紧迫目标相比，明确地通过正常推动来发展服务业的政策自然难以提上日程。

对社会主要矛盾定位的第三次变化，发生在 1962 年之后尤其是"文革"时期。当时，由于社会主义建设经验的不足，加上复杂的国际国内形势，激进的"左"倾占了上风，对社会主要矛盾的认识，偏离了党的八大确立的定位，被重新错误定位为了阶级矛盾。由此，阶级斗争再次成为这一时期的主要任务，整个国家的工作重心也再次偏离了经济发展的主题，服务业的主动发展和推动更是无从谈起，依然处于夹缝之中，不清不白、勉为其难地自我演化，只能以底线式存在的方式维系着最基本需求。

三、改革开放后社会主要矛盾变化与服务业政策体系的逐步确立

1978 年十一届三中全会的召开，拉开了我国改革开放和社会主义现代化建设的新序幕。而对我国社会主要矛盾的重新认识，开始了更为实事求是的逐步转变，也由此带动了包括产业政策在内的经济发展思想的真正实事求是的转变。这一时期和平与发展取代革命与战争，成为新的国际发

展主题。1981 年 6 月召开的十一届六中全会通过《关于建国以来党的若干历史问题的决议》，充分肯定了党的八大对我国社会主要矛盾的正确定位和论断，并做了更进一步的明确表述："我国所要解决的主要矛盾，是人民日益增长的物质文化需要同落后的社会生产之间的矛盾"。并强调这个主要矛盾贯穿我国社会主义初级阶段的整个过程和社会生活的各个方面。对新时期社会主要矛盾的这种客观定位，符合我国社会主义初级阶段的客观实际，也符合和平与发展的世界发展主题，引导国家将工作重点转移到了以经济建设为中心、大力发展社会生产力，并在此基础上逐步改善人民的物质文化生活、推进社会主义现代化建设上来，成为改革开放和社会主义现代化进程中制定各项路线、方针、政策的重要依据。此后，无论是 1982 年党的十二大、1987 年党的十三大都正式重申了主要矛盾定位，1992 年党的十四大一直到 2012 年党的十八大，也都基本沿用了这一社会主要矛盾的定位，并在此基础上建构和完善各种经济政策，包括产业发展相关政策。

而鉴于服务业的生产和生活双重服务性，发展生产力、满足人民不断增长的物质文化需求，无论是从生产需求的角度，还是从生活需求的角度，都必然首先指向被长期忽视的服务业。客观看来，社会主要矛盾的化解，首当其冲地对发展服务业提出全新的要求。而鉴于政府政策在经济发展中的长期主导作用，因此，被长期抑制的服务业的新发展诉求必然会形成对服务业发展政策的重大诉求。所以，在此期间，服务业的地位和服务业发展政策的发布频率开始大规模提高。例如，1985 年国家统计局宣布正式开始建立第三产业统计，1992 年国家正式强调要开展第三产业的发展规划等。这一时期，服务业政策从多个维度、多个领域不断涌现出来，服务业的规模和影响也就不断壮大。

四、新时代主要矛盾的最新认识与服务业政策的高质量导向要求

对社会主要矛盾定位的最新变化，是 2017 年习近平总书记在党的

十九大上所作出的全新战略性表述。经过改革开放 40 年，我国社会财富的积累和生产力发展取得了巨大成就，全面短缺已经过去，结构性过剩和发展不平衡问题成为更受关注的普遍现实，过去的人民日益增长的物质文化需要同落后的社会生产之间的矛盾已经基本化解。根据新的发展形势和新的时代特征，"中国特色社会主义进入新时代，我国社会主要矛盾已经转化为人民日益增长的美好生活需要和不平衡不充分的发展之间的矛盾"。这一表述，结合了新时代特征和新的发展形势，继承并发展了十一届六中全会以来我国社会主要矛盾的认识论定位，为新时期的发展目标和相关政策制定确立了新的出发点，将成为评价和优化调整今后我国各方面政策的认识论基础。

根据基本的经济逻辑，收入水平提高所带动的人民日益增长的美好生活需要，反映的是人民对经济社会发展及产业需求升级的要求，这首先指向高质量的生活服务需求和社会服务需求，进而引申出对高质量的生产服务业的需求，这都直接要求产业尤其是服务业进行大规模的升级。当然，产业升级只是高质量发展的一个方面，鉴于中国发展的不平衡不充分性，尤其是区域发展的不平衡性，服务业尤其是公共服务业的区域差距和城乡差距更是巨大，因此，服务业高质量发展还意味着要瞄准不平衡不充分之处，大力推动服务业的均衡和充分发展。

因此，党的十九大在重新校准新时期社会主要矛盾定位的基础上，提出了富强、民主、文明、和谐、美丽的社会主义现代化强国的总体建设框架，这无疑对服务业的高质量发展提出了普遍要求。由此，服务业政策应该围绕新的主要矛盾定位进行完善，瞄准如何服务于全面提升我国物质文明、政治文明、精神文明、社会文明、生态文明五个文明建设的需要，着力于更普遍、更均衡、更充分地推进我国服务业的高质量发展。

总结新中国成立 70 多年发展过程中对社会主要矛盾认识的历史演变和服务业相关政策变化的关系，可以得出一个基本的判断：适时地正确认识和准确把握社会主要矛盾及其变化，是各个时期把握时代发展脉搏、科学定位工作中心和根本任务的认识论前提，唯有如此，才有可能从政策观念上实现主要矛盾和根本任务的有机结合，并进而从客观实践上提出有效解决主要矛盾的改革思路和政策安排，推进经济社会全面协调可持续发展。单就服务业而言，服务业的发展水平以及服务业的发展政策演进，受社会主要矛盾认识论的影响，更加直接也更加持久，政策基调由严格限制到自发发展，再到鼓励发展、大规模促进。因此，当前随着社会主要矛盾认识的重新定位，服务业政策也应该沿着高质量发展的多个维度，进行改革调整和深入完善。

第五节　服务业发展政策演变的主客观动因

服务业作为服务于社会生产和生活的双重服务性产业，其发展演变自然首先是响应社会经济发展水平提高下生产和生活提出的主客观要求。同时，由于服务业的基础性作用，在特定的时期，政府也会基于一定的目标，主动地通过政策调整推动服务业发展来达到相应的社会经济发展目标。总体来看，服务业发展政策的变化，不仅来自收入提高与城市化引发的消费升级和技术进步对科技服务的需求等客观要求，也来自主观上试图通过促进服务业发展来促进就业、拉动经济增长、促进产业间相互关联与支持、深化国家的人力资本水平、完善国家的对外开放体系和格局等。

一、收入增长与城市化加速下的消费升级对服务业政策的客观诉求

20 世纪 40 年代，英国经济学克拉克基于前古典经济学家威廉·配第的研究，提出了著名的"配第—克拉克定理"，该定理认为：随着国家经济发展和人均收入水平的提高，三大产业中，国民收入和劳动力的相对比重会不断发生变化，首先是第一产业的比重逐渐下降；然后第二产业的比重上升，在经济进一步深入发展下，第三产业的比重也将开始上升。该结

论显然得到了多数国家和地区发展的佐证，不断提高的生活水平以及不断深入的全球化，是现代服务业发展的重要推动因素。此外，城市化也是有效促进服务业发展的客观动因。对中上等收入国家和工业化国家的城市人口比重与服务业占 GDP 的比重的研究表明，两者之间存在显著的正相关性。此外，城市化程度等与服务业就业份额和服务业就业规模都具有显著的正相关（毕然和王英，2014；谢宁，2016）。

实际上，服务业发展和经济与城市化的发展相互推动、互为因果。

（1）经济发展和城市化可以推进服务业发展。首先，经济发展和城市化进程带来的经济集聚效应和人口密集特征，为服务业的发展奠定了物质与人口基础。服务行业所生产的产品特点对人口、生产要素等具有一定要求，只有达到一定规模才能支撑起服务业的运作和发展。因此，服务业对集聚特征的这种内在需求，使得经济发展和城市化成为服务业发展的前提和基础。其次，服务产品往往是非实物性，始终与市场交换相联系，经济发展和城市化也为服务行业发展提供了市场。而且，经济发展和城市化推进，影响并改变了居民的整体生活方式和消费结构，促进了新的服务行业产生，推动了服务业发展。

（2）服务业的发展可以促进经济增长和城市化进程加快。首先，服务业借助城市基础设施，提高对人才、资源等吸引力，而这些需求的增加又为城市的发展找到了一大新的增长动力点，推动着城市化和经济发展水平的进一步提升。其次，服务业的发展促进经济发展，例如高质量教育提高了经济产出；发达的金融业降低了资本运作中的成本；设施的完善降低了商品运输成本等，从而激发了城市的外部经济效应，促进了经济发展。再如交通运输、金融业的发展促进了经济向周边地带的扩散，通过对一部分区域产生作用，然后再借此扩展，从而对整体经济的发展产生影响，这也加快了城市化进一步向周边扩散的速度。

尤其对于我国而言，工业化和现代化进程中同时伴随着大规模的城市化，这使得服务业发展政策演变的客观动因就更为明显。改革开放之前人口主要集中在农村，而我国人均耕地规模又不高，传统农业经济效益极低，难以为所承载的超大规模农业人口提供足够的生存发展资料。因此，经济发展的过程伴随着的是人口的大规模非农化和城市化，尤其是改革开放以来，这种非农化和城镇化速度迅速提升，累计有几个亿的人口离开农村进入城镇生活，对服务业的需求远远大于基本上自给自足的农村。所以，这客观上形成了巨大的服务需求，而早期的城市服务业基础又非常薄弱，因此，为了给主动给或被动进入城镇的大量人口提供基本的服务，必须通过政策性的手段，促进服务业快速发展。

二、拉动经济增长的主观需要与服务业政策演变的主观增长动因

服务业发展具有的增长效应和产业关联效应等，一方面，是服务业本身的增长直接拉动总体增长；另一方面，服务业的发展为其他产业尤其是第二产业的增长提供人力资本、技术知识以及投资品支撑。鉴于增长在我国经济起飞时期的重要性，尤其是在政府政策议程中的极端重要性，所以在各个时期，尤其是改革开放后，通过政策改革释放服务业发展红利，是我国在推动经济增长过程中的一个非常重要的手段。而从服务业政策自身的角度，这就意味着服务业政策的演变，是解放和发展服务业来促进经济增长的主观动因。

1. 服务业产值占比的历史演变

从历史上看，服务业在我国经济增长中的作用，在不同时期有着巨大的差异。如图 5-1 和表 5-2 所示，服务业（第三产业）占 GDP 的比重，在新中国成立以来有了非常大的变化，这种变化不是单向的，而是经过了波动。首先是新中国成立初期到 20 世纪 60 年代初期，占比一直为 30% 左右；从 60 年代中后期开始，占比开始下降，一直到 80 年代初期维持 23% 左右；80 年代中后期开始逐步提高，恢复到新中国成立初期的 30% 左右；进入 90 年代开始加速提高，并在 2012 年超过第二产业成为 GDP 中占比最大的行业，到 2015 年，占比已经超过 50%，2019 年，已经达到 53.90%。

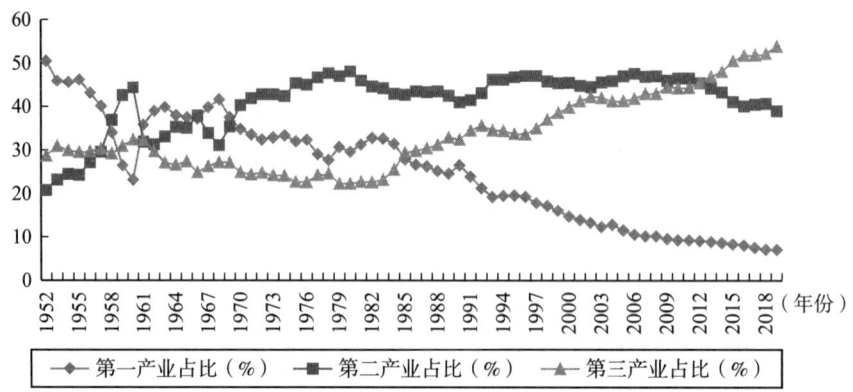

图 5-1   1952—2019 年三次产业占 GDP 的比重

表 5-2   1952—2019 年三次产业占 GDP 的比重（按当年价格）

年份	合计	第一产业占比/（%）	第二产业占比/（%）	第三产业占比/（%）
1952	100	50.50	20.80	28.70
1953	100	45.90	23.20	30.90
1954	100	45.60	24.50	29.90
1955	100	46.20	24.30	29.50
1956	100	43.10	27.20	29.70
1957	100	40.10	29.60	30.30
1958	100	34.00	36.90	29.20
1959	100	26.50	42.60	30.90
1960	100	23.20	44.40	32.40
1961	100	35.80	31.90	32.30
1962	100	39.00	31.30	29.70
1963	100	39.90	33.10	27.10
1964	100	38.00	35.30	26.60
1965	100	37.50	35.10	27.40
1966	100	37.20	37.90	24.90
1967	100	39.80	33.90	26.30
1968	100	41.60	31.10	27.20
1969	100	37.50	35.40	27.10

续表

年份	合计	第一产业占比/（%）	第二产业占比/（%）	第三产业占比/（%）
1970	100	34. 80	40. 30	24. 90
1971	100	33. 60	41. 90	24. 40
1972	100	32. 40	42. 80	24. 80
1973	100	32. 90	42. 80	24. 20
1974	100	33. 40	42. 40	24. 10
1975	100	32. 00	45. 40	22. 70
1976	100	32. 40	45. 00	22. 60
1977	100	29. 00	46. 70	24. 30
1978	100	27. 70	47. 70	24. 60
1979	100	30. 70	47. 00	22. 30
1980	100	29. 60	48. 10	22. 30
1981	100	31. 30	46. 00	22. 70
1982	100	32. 80	44. 60	22. 60
1983	100	32. 60	44. 20	23. 20
1984	100	31. 50	42. 90	25. 50
1985	100	27. 90	42. 70	29. 40
1986	100	26. 60	43. 50	29. 80
1987	100	26. 30	43. 30	30. 40
1988	100	25. 20	43. 50	31. 20
1989	100	24. 60	42. 50	32. 90
1990	100	26. 60	41. 00	32. 40
1991	100	24. 00	41. 50	34. 50
1992	100	21. 30	43. 10	35. 60
1993	100	19. 30	46. 20	34. 50
1994	100	19. 50	46. 20	34. 40
1995	100	19. 60	46. 80	33. 70
1996	100	19. 30	47. 10	33. 60
1997	100	17. 90	47. 10	35. 00

年份	合计	第一产业占比/（%）	第二产业占比/（%）	第三产业占比/（%）
1998	100	17.20	45.80	37.00
1999	100	16.10	45.40	38.60
2000	100	14.70	45.50	39.80
2001	100	14.00	44.80	41.20
2002	100	13.30	44.50	42.20
2003	100	12.30	45.60	42.00
2004	100	12.90	45.90	41.20
2005	100	11.60	47.00	41.30
2006	100	10.60	47.60	41.80
2007	100	10.20	46.90	42.90
2008	100	10.20	47.00	42.90
2009	100	9.60	46.00	44.40
2010	100	9.30	46.50	44.20
2011	100	9.20	46.50	44.30
2012	100	9.10	45.40	45.50
2013	100	8.90	44.20	46.90
2014	100	8.70	43.30	48.00
2015	100	8.40	41.10	50.50
2016	100	8.10	40.10	51.80
2017	100	7.60	40.50	51.90
2018	100	7.20	40.70	52.20
2019	100	7.10	39.00	53.90

资料来源：根据国家统计局官网数据整理，2018 年之前的数据来自《中国统计年鉴 2019》；2019 年的数据根据最新的《中华人民共和国 2019 年国民经济和社会发展统计公报》做了更新，该公报根据第四次全国经济普查数据，对近五年的数据做了微调，但由于该公报还只是初步数据，因此，这里仍然以《中国统计年鉴 2019》数据为准。

2. 服务业对 GDP 增长率贡献的历史演变

如表 5 - 3 所示，按更具有可比性的不变价格计算的服务业（第三产业）对 GDP 增长率的拉动作用，在新中国成立以来尤其是改革开放以后，发生了非常大的变化。这种变化不是单向的，而是经过了较大的波动，对 GDP 增长的贡献率逐步提升。在 2000 年前，贡献率为 30% 左右，随后达到 40% 多，在 2015 年其贡献率已经超过了 50%，成为拉动经济增长的最主要动力。

表 5 - 3　　　　　　　　1978—2019 年三次产业对 GDP 贡献

年份	GDP 增长率/（%）	第一产业对 GDP 增长的拉动/（%）	第二产业对 GDP 增长的拉动/（%）	第三产业对 GDP 增长的拉动/（%）	第一产业对 GDP 增长的贡献率/（%）	第二产业对 GDP 增长的贡献率/（%）	第三产业对 GDP 增长的贡献率/（%）
1978	11.70	1.10	7.20	3.30	9.40	61.50	28.20
1979	7.60	1.60	4.10	1.90	21.10	53.90	25.00
1980	7.80	-0.40	6.70	1.50	-5.10	85.90	19.20
1981	5.10	2.10	0.90	2.10	41.20	17.60	41.20
1982	9.00	3.50	2.60	2.90	38.90	28.90	32.20
1983	10.80	2.60	4.70	3.50	24.10	43.50	32.40
1984	15.20	3.90	6.50	4.80	25.70	42.80	31.60
1985	13.40	0.50	8.20	4.70	3.70	61.20	35.10
1986	8.90	0.90	4.80	3.30	10.10	53.90	37.10
1987	11.70	1.20	6.40	4.10	10.30	54.70	35.00
1988	11.20	0.60	6.90	3.70	5.40	61.60	33.00
1989	4.20	0.70	1.80	1.70	16.70	42.90	40.50
1990	3.90	1.60	1.60	0.80	41.00	41.00	20.50
1991	9.30	0.60	5.70	3.00	6.50	61.30	32.30
1992	14.20	1.20	9.00	4.10	8.50	63.40	28.90
1993	13.90	1.10	8.90	3.90	7.90	64.00	28.10
1994	13.00	0.80	8.60	3.60	6.20	66.20	27.70
1995	11.00	1.00	6.90	3.10	9.10	62.70	28.20
1996	9.90	0.90	6.20	2.80	9.10	62.60	28.30
1997	9.20	0.60	5.50	3.20	6.50	59.80	34.80

续表

年份	GDP 增长率/(%)	第一产业对 GDP 增长的拉动/(%)	第二产业对 GDP 增长的拉动/(%)	第三产业对 GDP 增长的拉动/(%)	第一产业对 GDP 增长的贡献率/(%)	第二产业对 GDP 增长的贡献率/(%)	第三产业对 GDP 增长的贡献率/(%)
1998	7.80	0.60	4.70	2.60	7.70	60.30	33.30
1999	7.70	0.40	4.40	2.90	5.20	57.10	37.70
2000	8.50	0.40	5.10	3.10	4.70	60.00	36.50
2001	8.30	0.40	3.90	4.10	4.80	47.00	49.40
2002	9.10	0.40	4.50	4.20	4.40	49.50	46.20
2003	10.00	0.30	5.80	3.90	3.00	58.00	39.00
2004	10.10	0.70	5.20	4.10	6.90	51.50	40.60
2005	11.40	0.60	5.80	5.00	5.30	50.90	43.90
2006	12.70	0.60	6.30	5.80	4.70	49.60	45.70
2007	14.20	0.40	7.10	6.70	2.80	50.00	47.20
2008	9.70	0.50	4.70	4.50	5.20	48.50	46.40
2009	9.40	0.40	4.90	4.10	4.30	52.10	43.60
2010	10.60	0.40	6.10	4.20	3.80	57.50	39.60
2011	9.60	0.40	5.00	4.20	4.20	52.10	43.80
2012	7.90	0.40	3.90	3.50	5.10	49.40	44.30
2013	7.80	0.30	3.80	3.70	3.80	48.70	47.40
2014	7.30	0.30	3.50	3.50	4.10	47.90	47.90
2015	7.00	0.30	2.90	3.80	4.30	42.00	53.70
2016	6.80	0.30	2.60	3.90	4.50	38.80	58.20
2017	6.90	0.30	2.50	4.10	4.40	35.30	58.80
2018	6.70	0.30	2.40	4.00	4.50	36.40	59.10
2019	6.10	—	—	—	—	—	—

资料来源：根据国家统计局《中国统计年鉴 2019》数据整理。2019 年的数据由于公布没有提供更详细的细分，暂缺。

从表 5-3 可以看出，无论是占 GDP 的比重，还是对 GDP 增长率中的贡献，服务业的作用都是越来越大。而这种作用的逐渐加大，反过来也意味着，经济增长对服务业的依赖大幅提高，为了促进增长，就必须要大力促进服务业的可持续发展。由此，通过政策调整来不断释放服务业的发展潜力，从而不断提升其对整体经济增长的拉动作用，进而使其在服务业政策变动中的主观动因作用越来越突出。

从进一步的计量比较发现，例如，王明雁（2015）以 1978—2012 年中国服务业发展和经济增长的相关 31 个省级面板数据为依据的实证分析表明：中国服务业对经济增长的贡献作用，依然落后于全球经济服务化的趋势，这意味着，通过政策推动服务业发展，进而推动经济增长，依然有较大的动力空间。

三、推动就业的主观需要与服务业政策的主观就业动因

20 世纪 30 年代，英国经济学家费希尔 1935 年在《进步和安全的冲突》中基于统计基础指出，第三产业正在成为潜在经济"增长点"，就业依次从第一产业向第二、三产业转移。这一理论完善了服务业对就业的促进和推动作用的研究。20 世纪 60 年代，西蒙·库兹涅茨基于实证研究发现：工业化的发展推动了就业比重在第一产业中下降，在第二、三产业中上升，其中，上升份额很大程度上弥补了下降份额，该发现被称为服务业的就业效应。钱纳里等在研究中通过更近研究时间段和扩大研究范围发现：在工业化及结构变动过程中，劳动力资源配置模式主要表现为劳动力由农业向劳动密集型的第三产业（服务业）转移。这一发现进一步证明了库兹涅茨的理论。20 世纪 80 年代，美国经济学家维克托·R. 富克斯在《服务经济学》中提出，劳动力主要流入服务业，使得服务业就业人数普遍增加，就业增长率超过平均增长率。从投入产出效果看，每投资 100 万元可提供的就业岗位，重工业是 400 个，轻工业是 700 个，第三产业是 1000 个，说明以服务业为主的第三产业吸纳就业的能力极大（蔡昉，2016）。此外，国内还有许多研究者在研究服务业的就业效应时也都一致认为服务业的发展可以带动就业的增加，对就业有较大拉动作用。

同时，根据奥肯定律，失业率的增加将使经济增长率下降，失业率下降又将使经济增长率提高。潘东波（2016）发现从就业增长对服务业发展影响来看，服务业就业每增加1%，服务业GDP则增加3.4697%，服务业就业对服务业GDP影响很显著。当前我国经济增速放缓，新增就业岗位减少；供给侧结构性改革导致失业增加。在当前经济背景下，根据服务业与就业的关系以及奥肯定律所说明的失业率的增加将使经济增长率下降的观点，因此，就业动因在服务业发展中占据重要地位，发展服务业能更好地拉动就业。

实际上，从我国的情况看，20世纪80年代初，各城市开始有意识地发展服务业，基本原因之一就是通过对以往限制性服务业政策的松动，来开拓广泛的就业门路，解决上千万的"上山下乡"返城青年的就业安置这一棘手而紧迫的问题。此后，在改革推进过程中亦是如此，由于多重就业问题叠加，中国面临严峻的失业或者说待业问题。一是城镇中因为工业结构调整下大量劳动力下岗急需再就业；二是农村转移劳动力开始大规模增加，迫切需要新的大规模的就业吸纳器。由于工业的资本有机构成越来越高，对于改革开放初期缺乏资本的我国而言，通过大规模的资本投入发展工业来吸纳就业的难度越来越大，而当时的劳动密集型第三产业多数无需很高的资本密度来发展。例如，餐饮、商贸等，因此，大力放开和发展这类服务业成为当时一个自然而然的选择。尤其在我国经济转型的条件下，随着农业就业人口减少，以及工业结构优化和产业升级造成的劳动力需求下降，都决定了我国农业和工业的剩余劳动力和新增的劳动力只能被迫进入服务业中，因此，国家在服务业发展上的最重要功能期待，可能是解决就业问题上的目标越来越大，甚至可能超越了增长。例如，在最近几年的关于服务业发展的规划文件，2019年10月发布的《关于新时代服务业高质量发展的指导意见》，依然在不断强调发展服务业提升就业能力、解决就业矛盾的目标任务。

从我国服务业就业贡献的历史演变看，服务业对国民经济的贡献，尤其体现在对就业的吸纳方面。其就业吸纳作用也呈现非常大的变动，但总体趋势是越来越大，已经成为吸纳就业最多的行业。新中国成立初期一直到改革开放之前，服务业就业占比除极少数年份外，都为9% ~ 10%，改革开放以后开始不断攀升，1993年超过20%，2004年超过30%，2014年超过40%，在2018年已经达到了46%以上（见图5-2和表5-4），成为解决就业问题最重要的行业。

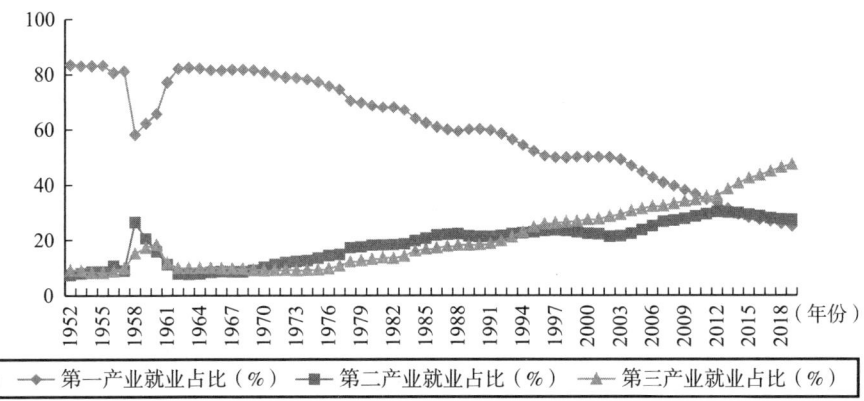

图5-2　1952—2018年三次产业就业占比

表5-4　　　　　　　　　1952—2018年三次产业就业占比

年份	就业人员/万人	第一产业就业人员/万人	第二产业就业人员/万人	第三产业就业人员/万人	第一产业就业占比/(%)	第二产业就业占比/(%)	第三产业就业占比/(%)
1952	20729.00	17317.00	1531.00	1881.00	83.50	7.40	9.10
1953	21364.00	17747.00	1715.00	1902.00	83.10	8.00	8.90
1954	21832.00	18151.00	1882.00	1799.00	83.10	8.60	8.20
1955	22328.00	18592.00	1913.00	1823.00	83.30	8.60	8.20
1956	23018.00	18544.00	2468.00	2006.00	80.60	10.70	8.70
1957	23771.00	19309.00	2142.00	2320.00	81.20	9.00	9.80
1958	26600.00	15490.00	7076.00	4034.00	58.20	26.60	15.20
1959	26173.00	16271.00	5402.00	4500.00	62.20	20.60	17.20
1960	25880.00	17016.00	4112.00	4752.00	65.70	15.90	18.40
1961	25590.00	19747.00	2856.00	2987.00	77.20	11.20	11.70

续表

年份	就业人员/万人	第一产业就业人员/万人	第二产业就业人员/万人	第三产业就业人员/万人	第一产业就业占比/（%）	第二产业就业占比/（%）	第三产业就业占比/（%）
1962	25910.00	21276.00	2059.00	2575.00	82.10	7.90	9.90
1963	26640.00	21966.00	2038.00	2636.00	82.50	7.70	9.90
1964	27736.00	22801.00	2183.00	2752.00	82.20	7.90	9.90
1965	28670.00	23396.00	2408.00	2866.00	81.60	8.40	10.00
1966	29805.00	24297.00	2600.00	2908.00	81.50	8.70	9.80
1967	30814.00	25165.00	2661.00	2988.00	81.70	8.60	9.70
1968	31915.00	26063.00	2743.00	3109.00	81.70	8.60	9.70
1969	33225.00	27117.00	3030.00	3078.00	81.60	9.10	9.30
1970	34432.00	27811.00	3518.00	3103.00	80.80	10.20	9.00
1971	35620.00	28397.00	3990.00	3233.00	79.70	11.20	9.10
1972	35854.00	28283.00	4276.00	3295.00	78.90	11.90	9.20
1973	36652.00	28857.00	4492.00	3303.00	78.70	12.30	9.00
1974	37369.00	29218.00	4712.00	3439.00	78.20	12.60	9.20
1975	38168.00	29456.00	5152.00	3560.00	77.20	13.50	9.30
1976	38834.00	29443.00	5611.00	3780.00	75.80	14.40	9.70
1977	39377.00	29340.00	5831.00	4206.00	74.50	14.80	10.70
1978	40152.00	28318.00	6945.00	4890.00	70.50	17.30	12.20
1979	41024.00	28634.00	7214.00	5177.00	69.80	17.60	12.60
1980	42361.00	29122.00	7707.00	5532.00	68.70	18.20	13.10
1981	43725.00	29777.00	8003.00	5945.00	68.10	18.30	13.60
1982	45295.00	30859.00	8346.00	6090.00	68.10	18.40	13.40
1983	46436.00	31151.00	8679.00	6606.00	67.10	18.70	14.20
1984	48197.00	30868.00	9590.00	7739.00	64.00	19.90	16.10
1985	49873.00	31130.00	10384.00	8359.00	62.40	20.80	16.80
1986	51282.00	31254.00	11216.00	8811.00	60.90	21.90	17.20
1987	52783.00	31663.00	11726.00	9395.00	60.00	22.20	17.80
1988	54334.00	32249.00	12152.00	9933.00	59.40	22.40	18.30

年份	就业人员 /万人	第一产业 就业人员 /万人	第二产业 就业人员 /万人	第三产业 就业人员 /万人	第一产业 就业占比 /（%）	第二产业 就业占比 /（%）	第三产业 就业占比 /（%）
1989	55329.00	33225.00	11976.00	10129.00	60.00	21.60	18.30
1990	64749.00	38914.10	13856.30	11978.60	60.10	21.40	18.50
1991	65491.00	39098.10	14015.10	12377.80	59.70	21.40	18.90
1992	66152.00	38698.90	14355.00	13098.10	58.50	21.70	19.80
1993	66808.00	37679.70	14965.00	14163.30	56.40	22.40	21.20
1994	67455.00	36628.10	15312.30	15514.70	54.30	22.70	23.00
1995	68065.00	35529.90	15655.00	16880.10	52.20	23.00	24.80
1996	68950.00	34819.80	16203.30	17927.00	50.50	23.50	26.00
1997	69820.00	34840.20	16547.30	18432.50	49.90	23.70	26.40
1998	70637.00	35177.20	16599.70	18860.10	49.80	23.50	26.70
1999	71394.00	35768.40	16420.60	19205.00	50.10	23.00	26.90
2000	72085.00	36042.50	16219.10	19823.40	50.00	22.50	27.50
2001	72797.00	36398.50	16233.70	20164.80	50.00	22.30	27.70
2002	73280.00	36640.00	15681.90	20958.10	50.00	21.40	28.60
2003	73736.00	36204.40	15927.00	21604.60	49.10	21.60	29.30
2004	74264.00	34829.80	16709.40	22724.80	46.90	22.50	30.60
2005	74647.00	33441.90	17766.00	23439.20	44.80	23.80	31.40
2006	74978.00	31940.60	18894.50	24142.90	42.60	25.20	32.20
2007	75321.00	30731.00	20186.00	24404.00	40.80	26.80	32.40
2008	75564.00	29923.30	20553.40	25087.20	39.60	27.20	33.20
2009	75828.00	28890.50	21080.20	25857.30	38.10	27.80	34.10
2010	76105.00	27930.50	21842.10	26332.30	36.70	28.70	34.60
2011	76420.00	26594.20	22543.90	27281.90	34.80	29.50	35.70
2012	76704.00	25773.00	23241.00	27690.00	33.60	30.30	36.10
2013	76977.00	24171.00	23170.00	29636.00	31.40	30.10	38.50
2014	77253.00	22790.00	23099.00	31364.00	29.50	29.90	40.60
2015	77451.00	21919.00	22693.00	32839.00	28.30	29.30	42.40

续表

年份	就业人员 /万人	第一产业就业人员 /万人	第二产业就业人员 /万人	第三产业就业人员 /万人	第一产业就业占比 /（%）	第二产业就业占比 /（%）	第三产业就业占比 /（%）
2016	77603.00	21496.00	22350.00	33757.00	27.70	28.80	43.50
2017	77640.00	20944.00	21824.00	34872.00	27.00	28.10	44.90
2018	77586.00	20257.70	21390.50	35937.80	26.10	27.60	46.30

资料来源：根据国家统计局《中国统计年鉴2019》数据整理。2019年的数据由于公布没有提供更详细的细分，暂缺。

作为对比，如图5-3所示，将就业占比与产值占比图形放在一起，可以更直观地观察其变化。第三产业产值占比和就业占比总体趋势是一致的，都是在经过20世纪60年代的非正常短暂波动之后，开始持续提升，不过波动速度不同。总体而言，首先产值占比一直高于就业占比，表明第三产业的就业吸纳潜力还有较大空间；其次，就业占比提升的速度更快，两者的差距已由早期的近20个百分点，下降到只有6个百分点的差距。就业占比的快速提升，主要是吸纳第一产业的转移人口。而在1998年后和2012年后的两次重要结构调整期，则同时吸纳了大量的第二产业结构调整引起的就业分流。

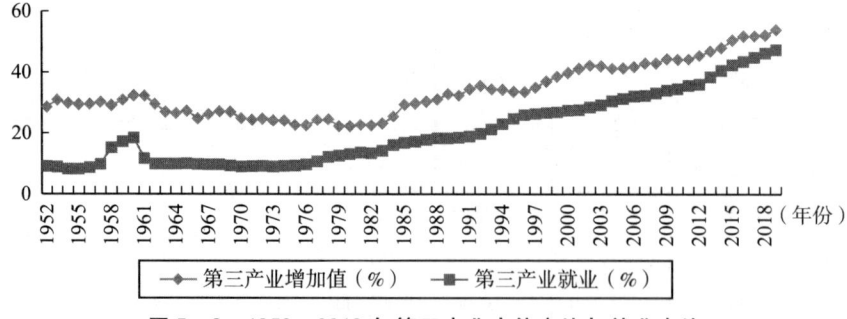

图5-3　1952—2019年第三产业产值占比与就业占比

四、新知识新技术进步对服务业政策变动的客观诉求

社会的经济可持续增长和进步有赖于全要素生产率的提高，而全要素生产率提高的核心动力来自技术进步的支持，技术进步本身的动力，有很大一部分来自服务业尤其是教育服务、资源服务与科技服务业的支撑，所以，服务业的发展自身也得益于新知识新技术的创新。因此，两者之间存在明显的双向关系。首先，以信息和通信技术为代表的高新技术很容易在服务业中得到推广和应用，而一旦信息和通信技术与服务部门融合，就会极大地促进服务部门的发展；其次，科技进步能大力帮助服务企业改进服务理念，优化服务模式、增加新的服务形式和内容。最后，科技进步也推动服务产品质量的提高，严格标准化服务流程、同时提高服务企业应变能力等。尤其当前数字和智能科技产业的发展，移动互联网在我国迅速兴起，随后高端化的网络技术和数字化智能化的技术成为推动我国经济转型的一把钥匙。不管是从发展的速度还是从发展的结构看，服务业无疑已经成为我国经济朝向高质量发展的重要引颈。我国现代服务业已经依靠科技走出一条高质量的发展道路。

在今后的一段很长的时间内，我国经济转型发展的强大动力将来自以数字和智能科技为基础的现代化服务业。相关理论研究也证实了这一点，例如：谢少锋（2017）指出随着互联网、大数据、云计算、人工智能等为代表的新一代信息技术的创新发展，对信息化和软件服务业的持续健康发展起了重要推动作用；申冬冬、张志彬和李桂（2018）在关于湖南服务业开放发展的研究中认为在全国服务业开放发展的总战略下，创新在湖南省服务业开放发展的过程中发挥着重要的支撑作用；寇天龙（2017）认为，随着"互联网＋"的强势兴起，新一轮的产业转型升级进而整个经济发展速度的明显提升，经济发达地区，例如东部沿海地区，其城市中心城区不但产业比重不断向第三产业转变，而且第三产业自身也在逐步从传统转向现代服务业；韩冰（2016）在研究中国科技服务业集聚效应时指出，以技术和知识服务为关键特征的科技服务业，当前已成为世界经济中极为重要

和活跃的战略性的新兴产业，在我国经济中也正在上升为支柱产业。

新知识新技术的进步，提升了服务业的质量和效益，自然也在一定程度上将推动服务业发展政策的演变。鉴于此，2017 年国家发展改革委印发《服务业创新发展大纲（2017—2025 年）》，明确指出：新一轮科技革命将引发服务业创新升级，因此，服务业政策更应该适应这一新的形式和要求，进行优化升级。

五、产业间关联优化与服务业政策发展的产业结构优化动因

产业间的关联强调产业间以各种投入品和产出品为连接纽带的技术经济联系。从产业之间的关联这一方面来观察，现代化的社会中，第一、二、三产业彼此间存在依赖、制约、因果的辩证关系。自 1978 年改革开放以来，我国第三产业逐渐崭露头角并蓬勃发展起来，其在国家三次产业中的比重呈提升趋势，也反映了产业结构的高级化程度，以及国家整体经济发展水平的高低。而服务业作为对生产和生活均大规模涵盖的产业领域，其变化必然使得其他产业的发展呈现出新的特点。

按照社会生产活动历史发展的顺序，映射出社会生产结构与需求之间的相互关系，这为研究国民经济提供了重要的材料，同时第三产业对第一、二产业发挥着独特的作用。例如：软件产业的迅速发展应用于第一、二产业，大幅度地提高了产业的工作效率；娱乐产业给人们提供了放松的场所，丰富了人们的精神生活。第三产业的迅速发展提高了工农生产的专业化和生产的社会化，优化了工农的产业生产结构，提高了服务水平，提高了就业率，促进了市场逐渐走向成熟。因此，服务业政策的改变大大提升了企业关联和支持度，促进了服务业的进一步发展。

六、国家人力资本深化要求与服务业发展政策演变的人力资本动因

在服务业的子行业中，教育、科技、文化、体育、卫生与培训等，都是

直接形成劳动力人力资本水平的基础性服务。其投入水平和发展效率如何，直接关系国家的人力资本水平和质量，从而间接影响到国家的经济发展和社会人文水平。早期，我国的经济发展主要依赖于粗放的资源投入，其副作用已经日益明显，因此，国家开始不断倡导集约型发展，当前更强调要高质量发展。而集约发展和高质量发展的背后，都是科技进步及人力资本的支撑，因此，对人力资本形成过程中的各种服务业投入额的需要大幅提升。依靠工业规模促进经济效益的时代已经结束，人口所带来的红利优势已经失去，外向的低价竞争模式也已经受到严重的挑战，这一系列的状况使经济被迫转型，不得不依靠提高劳动素质和科技的进步来保持我国经济的快速发展。旧的生产要素包括劳动力所带来的规模效益是逐渐减少的，因此可持续经济的增长必须依靠新的增长要素，例如：教育、知识、制度、创意、信息等，服务业的现代化要把提升人力资本作为目标。在服务业逐渐代替工业化成为经济发展的主导力量中，为了防止经济转型期问题的恶化，我国采取了适应系统的政策措施，重视服务业和人力资源的创造力量。经济结构转变后服务业不断提升的过程不仅是服务业在三大产业中比重不断提升的过程，而且是提升基于"人"的现代化服务业的比重的过程。现代化的信息金融和科教文卫体等服务的发展过程中产生了很多新的增长点，提升了人力资本。

近年来，我国已经开始将人力资源与人力资本服务视为重点支持发展的新兴行业，这本身也意味着，现代服务业政策的人力资本发展动因更加明显起来。

七、提升服务业国际竞争力与服务业发展政策的开放动因

在我国的发展史上，开放是与改革并举的两大基本发展动力。以开放促发展，以开放促竞争，一直是我国改革开放以来的基本国策。但是，与商品主要通过流通实现国际贸易不同，服务贸易由于服务供给比较明显的属地特性，因而多数服务的国际贸易程度远不如商品贸易深入，进而导致我国服务业的竞争性在国际上一直不高。我国作为世界贸易大国，贸易进出口总额长期居于世界首位，其中，商品的出口主要是工业品，服务业出

口贸易发展较为缓慢、服务进口规模则较大。服务贸易发展滞后一直是我国对外开放的一个突出短板。虽然近年来我国服务贸易保持着较好的发展势头，但是服务业贸易逆差总体上依然在持续扩大。表5-5是《中国统计年鉴2019》中2000年以后的服务业贸易差额数据，可以发现一个非常明显的趋势：在2009年前后，我国的服务业进出口贸易差额发生了非常大的变化，2009年之前，总体上是基本平衡的，2005年前略有逆差，2005—2008年则略有盈余；但到了2009年，逆差呈不断增大趋势，而且增速非常快，到2018年已经达到了2582亿美元的巨大差额。

表5-5　　　　　　　　2000—2018年服务业贸易差额数据

年份	服务贸易差额/亿美元
2000	-11.3
2001	-1
2002	-3
2003	-39.8
2004	-2.2
2005	3.4
2006	21.4
2007	51.9
2008	43.7
2009	-153.5
2010	-150.6
2011	-468
2012	-797.3
2013	-1236
2014	-2137.4
2015	-2169.2
2016	-2425.7
2017	-2395
2018	-2582

资料来源：《中国统计年鉴2019》。

究其原因，是因为我国经济已经进入了以服务业为主体的时代，生产生活上对服务的需求不断加大，尤其是对优质的服务。而我国作为传统制造业大国，服务业自身没有及时适应经济全球化下服务业发展的趋势和标准要求进行及时的转型升级、提质增效，这就导致国内的服务业供给无法满足对优质服务的需求，因此，导致服务业贸易逆差不断加大。如何推进国际化一直是我国服务业转型升级的重要方向。通过政策手段促进服务业向国际化方向发展，促使我国的服务业企事业单位，主动抓住服务业国际化、全球化发展的新趋势和新机遇，积极融入全球产业分工体系，形成服务业由数量型向质量型转变，由被动接受国际分工到主动参与国际分工的新格局，不断提升服务业的国际竞争力，促进服务贸易的出口，优化服务的进口，这也成为各个时期服务业政策变动的一个重要动因。

在当前全球价值链深度延展，国际贸易相关规则持续重构的大环境下，必须深度融入全球的服务业分工专业化体系之中，树立服务业全球化思维，明确我国服务业在新一轮全球产业分工中的新定位，推动服务业从国际分工体系的加入者转变为国际经济关系调整治理的积极参与者，推动我国服务产业迈向价值链中高端。在有效引导国外资本投向我国国内相关服务业的同时，也要倒逼国内的服务部门和相关产业的企业加快转型升级，提高各自的国际竞争力，进而提高整个服务业发展的质量和效率，由此带动我国服务企业更好地走出去，推动服务业双向开放。正是这种对开放效率的认识，推动服务业扩大开放、提升开放水平成为我国新一轮对外开放的重点之一。特别是近年来，随着国家"一带一路"倡议的推进，拓展与先进发达国家及地区的创新合作，深化与沿线国家的服务贸易合作，加强和优化全球服务市场资源布局，对标国际先进水平，积极探索服务业在更高层次、更广领域、更大范围参与全球服务贸易竞争与合作的新模式，为中国制造"走出去"提供服务支持，塑造中国服务品牌，成为当前服务业创新发展、高质量发展的重要诉求之一。尤其是近年来的一些高层级政策文件中，非常突出服务业的开放目标，强调打造中国服务品牌。

第六节 本章小结

由于服务业性质和功能定位上的变化和新的服务业形态的不断涌现以及产业关系变动使得服务业的内涵不断发生变化。而服务业概念的变动会从根本上影响服务业的类型划分，进而引起相关服务业政策的调整。

我国"第三产业"和"服务业"两个概念内涵也大致相同，被同时使用。"服务业"概念的使用在政策文件中被更普遍地采用，而第三产业则是在统计体系中为了与第一、二产业相对照而采用。服务业发展政策主要是指国家各级政府基于一定的理念、围绕一定的服务业发展目标，所制定的一系列法律法规和具体政策的总称。服务业发展政策主要包括财税政策、人事政策、产业政策、金融政策、价格政策、行政政策和其他经济政策等，且大多是以法律、规划纲要、指导意见、办法、通知等具体形式发布。

服务业发展政策的变化的主要原因，既有收入增长和城市化引发的消费升级和技术进步对科技服务的需要等客观要求，也有主观上通过服务业发展从而推动就业、拉动经济增长、促进产业间相互关联与支持、深化国家的人力资本水平、提升国家对外开放体系和格局等的要求。

第六章　服务业政策演变的统计分析

服务业是新常态下我国经济增长的新动力。1978 年至今，国务院出台了大量服务业相关政策，随着这些政策的大力实施，我国的服务业在促进经济发展、推动产业结构优化升级、满足人民群众物质文化生活需要、扩大内需、解决劳动就业、提升国际竞争力和综合国力等方面发挥了不可替代的作用。

根据 2019 年最新《国民经济行业分类》，服务业可以分为生产性服务业、生活性服务业和社会性服务业三大类。

根据《生产性服务业分类（2019）》，其中的生产性服务业包括：为生产活动提供的研发设计与其他技术服务，货物运输、通用航空生产、仓储和邮政快递服务，信息服务，金融服务，节能与环保服务，生产性租赁服务，商务服务，人力资源管理与职业教育培训服务，批发与贸易经纪代理服务，生产性支持服务。

根据《生活性服务业统计分类（2019）》，生活性服务业是满足居民最终消费需求的服务活动，其范围包括了十二大领域，具体为：居民和家庭服务，健康服务，养老服务，旅游游览和娱乐服务，体育服务，文化服务，居民零售和互联网销售服务，居民出行服务，住宿餐饮服务，教育培训服务，居民住房服务，其他生活性服务。

社会性服务业，包括水利，环境和公共设施管理业，卫生和社会工作，社会保障和社会组织等。

不少学者已经对我国服务业进行了研究，内容涉及服务业发展轨迹、发展逻辑、战略转变以及政策建议等方面。不过有关服务业政策的统计分析数据并不完善，因此，本书对 1978—2019 年国务院、财政部、交通运输部等国家部门颁布的服务业政策进行搜集整理，政策文件来源于全球法规网、中国知网、国家发展改革委官网等。最终收集到了 1978—2019 年中国国家层面（不包括各省区市）颁布的各种与服务业发展有关政策，第一次形成了较为系统的政策数据库，作为本书分析的基础。通过对政策库中这些政策进行分类梳理和呈现，再结合各个时期国家经济发展环境特征，分阶段、分行业地分类探讨改革开放以来中国服务业发展政策的演变过程及其趋势特征。

第一节　不同时期服务业政策总体及其时序演变的统计分析

一、总体政策数量的年份分布分析

由表 6−1 和图 6−1、图 6−2 可以看出，服务业政策在 2000 年之前发布数量较少，2000 年之后服务业政策发布数量大幅增加，对应第三产业增加值可以发现，产业结构的升级调整，使服务业成为经济发展的主体，对国民经济有极大的拉动作用。

表 6−1　　　　　　　　　政策数量的年份分布情况　　　　　　　　单位：条

年份	1978	1979	1980	1981	1982	1983	1984	1985	1986	1987	1988	1989	1990	1991	1992	1993	1994	1995	1996	1997	1998
政策数量	3	10	11	10	17	18	27	25	37	38	5	9	8	8	13	7	9	5	7	12	13

年份	1999	2000	2001	2002	2003	2004	2005	2006	2007	2008	2009	2010	2011	2012	2013	2014	2015	2016	2017	2018	2019
政策数量	20	23	32	35	42	60	62	73	80	90	110	115	158	124	121	107	125	162	107	110	90

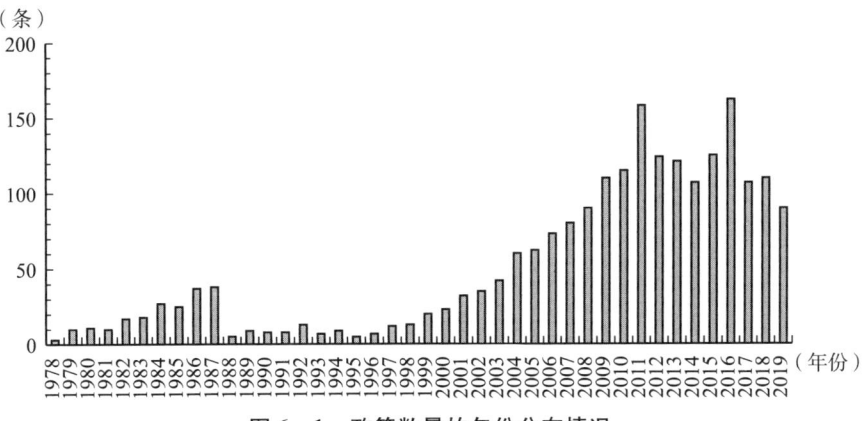

图 6-1　政策数量的年份分布情况

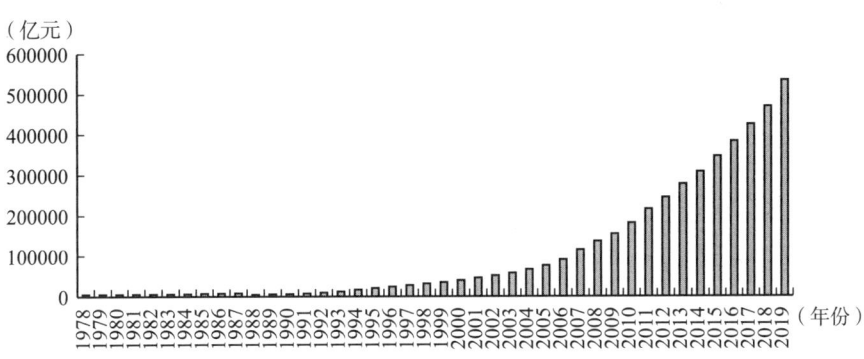

图 6-2　第三产业增加值

二、各年的政策类型分布

本书将现代服务业可以分为生产性服务业、生活性服务业和社会性服务业。根据三大子服务业的涵盖内容，表 6-2 和图 6-3 总结了不同年份各类服务业政策的发布数量分布情况，可以看出，基本上每年有关生产性服务业的政策最多，其次是生活性服务业政策，社会性服务业政策最少。由此体现出目前服务业发展不均衡，生活性服务业有效供给可能不足，社会保障、公共服务业可能难以满足公众需求。

表 6 - 2 　　　　　　　　　　不同年份政策类型的政策数量分布情况 　　　　　　　单位：条

年份	政策类型			年份	政策类型		
	生产性	生活性	社会性		生产性	生活性	社会性
1978	1	2	2	1999	11	5	5
1979	2	7	1	2000	16	4	3
1980	1	5	5	2001	18	9	5
1981	5	4	1	2002	20	5	10
1982	6	8	3	2003	23	10	9
1983	6	8	4	2004	30	11	19
1984	13	8	6	2005	30	20	12
1985	7	11	7	2006	38	20	15
1986	19	13	5	2007	64	9	7
1987	11	13	14	2008	73	11	6
1988	1	4	3	2009	69	20	21
1989	5	2	2	2010	42	47	26
1990	4	2	2	2011	79	57	22
1991	4	2	2	2012	45	66	13
1992	8	4	5	2013	42	47	32
1993	4	3	3	2014	63	16	28
1994	5	3	4	2015	45	55	25
1995	2	3	3	2016	101	34	27
1996	8	3	5	2017	63	27	17
1997	11	4	5	2018	65	32	13
1998	10	1	9	2019	46	32	12

　　如图 6 - 4 所示，改革开放以来，国家出台了大量促进生产性服务业发展的政策，以"五年"为单位，生产性服务业发展政策数量占服务业政策总量比重，都是最大的，"七五"和"八五"期间，三者还比较均匀，而从"九五"开始，生产性服务业发展政策的占比就开始迅速增加，除了"十二五"期间占比相对有所下降外，其他期间占比都在上升。这

种政策数量比重结构的变化，有其内在的产业发展逻辑。生产性服务业已成为我国现阶段产业结构调整升级的主要动力。实际上，得益于科技革命，信息技术、物联网、大数据以及人工智能技术的迅速强势地发展，金融业、信息服务、现代物流业、商务服务业以及高技术服务业等专业化程度较强的现代服务业比传统服务业拥有更高的劳动生产率，正极大地改变生产方式和消费、支付等生活方式，极大地提升了服务业发展的广度和深度。此外，由于我国工业产能过剩，环境污染问题，供给侧改革持续推进，生产性服务业与制造业融合发展已是产业调整升级的趋势，是经济工作的战略重点。为了推进制造业高质量发展，保持制造业中高速增长，要更加注重处理好发展制造业与发展服务业的关系，推动工业化与信息化深度融合，推进制造业服务化的发展。生产性服务业在促进经济稳定增长和高质量发展上具有更加重要的地位和作用，而且，其所涵盖的范围越来越广泛，因此，生产性服务业政策的比重自然会越来越占据主导。

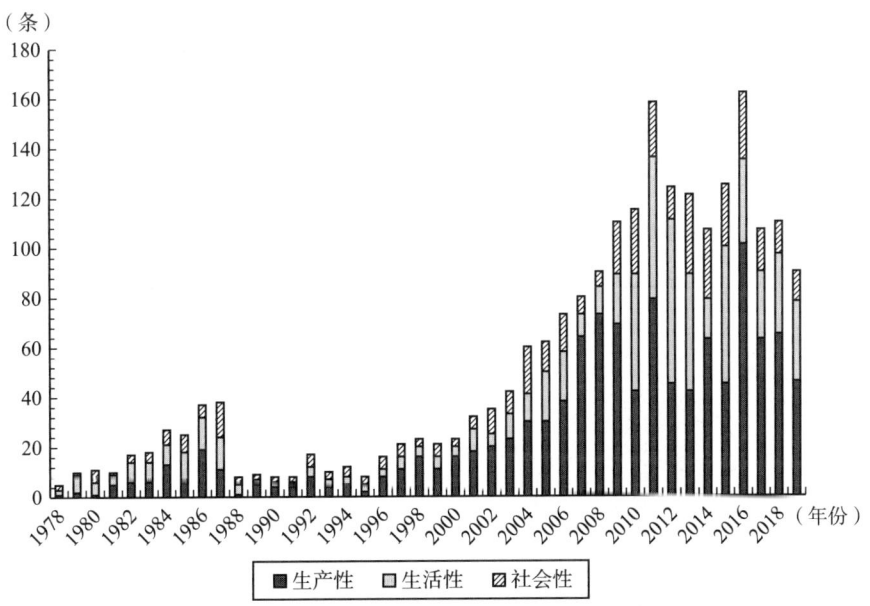

图 6－3　不同年份政策类型的政策数量分布情况

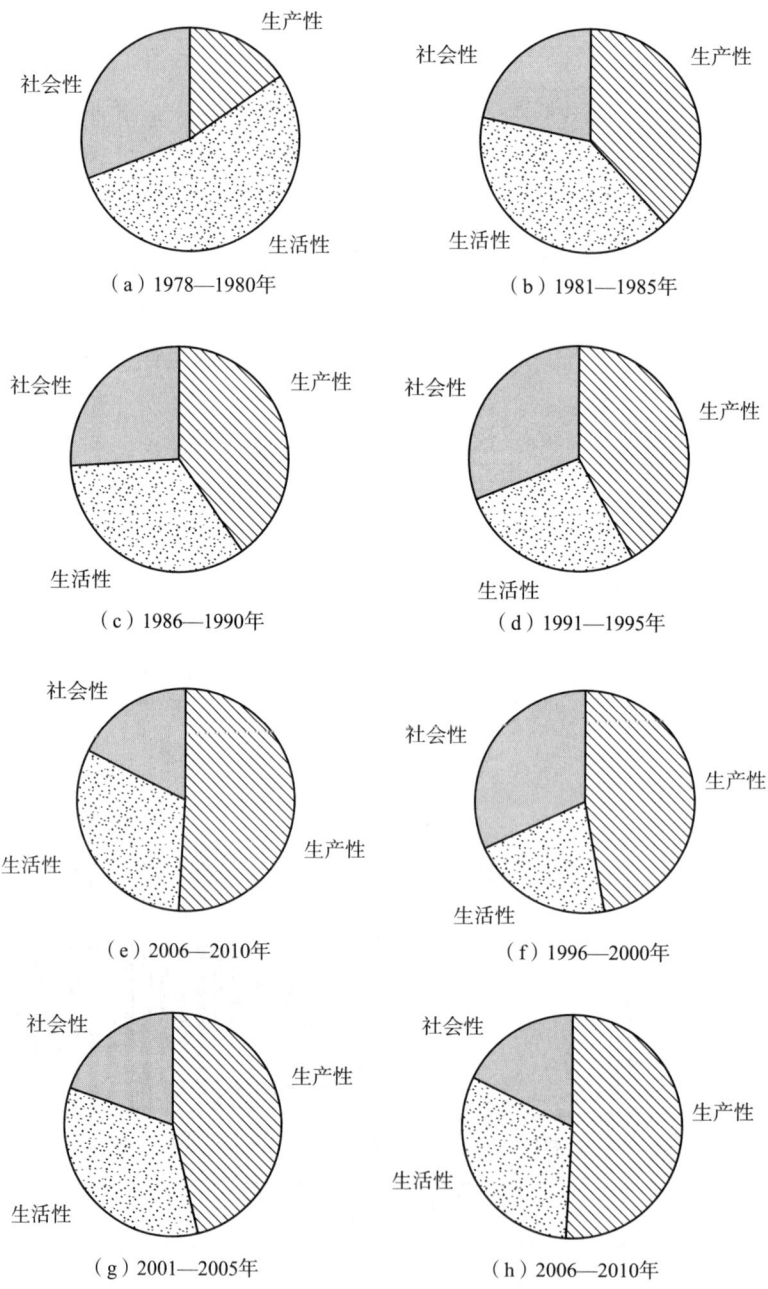

（a）1978—1980年

（b）1981—1985年

（c）1986—1990年

（d）1991—1995年

（e）2006—2010年

（f）1996—2000年

（g）2001—2005年

（h）2006—2010年

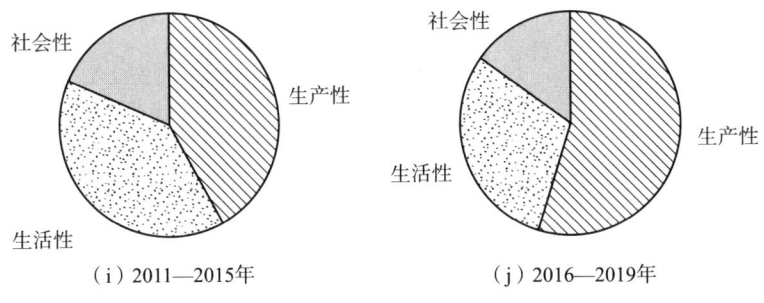

图 6 - 4　不同政策类型的政策数量分布情况

从图 6 - 4 中还可以看出，服务业政策总量中，生活性服务业发展政策数量所占据的比重稍次于生产性服务业政策数量的比重。对应的产业发展现实就是：生活性服务业在不断地从领域、规模和结构等多方面的大发展，从最初以批发和零售业等行业为主的单一门类，发展到如今行业门类覆盖居民生活的各方面。当然，在满足人民日益增长的美好生活需要方面，例如在满足高端家政、老年生活质量提高等高品质消费要求方面的能力还有待提高。在推进产业结构调整升级的过程中，要重视服务业对就业人口的吸纳，逐渐使服务业成为就业容量最大的产业，而大力发展批发和零售业、教育等就业容量大的生活性服务业是扩大社会就业的重要渠道。大力发展文化、体育和娱乐业，旅游等生活性服务业，丰富人民精神生活，是国民收入水平提高、消费结构转型升级以及构建小康社会的必然要求。

发展社会服务是解决人民日益增长的美好生活需要与发展不平衡不充分之间矛盾的重要方法，也是推动各项服务业发展的重要保障。从图 6 - 4 中可以看出，对社会性服务业，相关的发展政策发布远不及生产性和生活性服务业，反映出社会保障、公共服务可能难以满足公众需求。原因在于公共管理、社会保障、卫生和社会工作等劳动密集型行业吸纳就业能力较强，但其劳动生产率与金融业、信息技术等知识密集型行业相比较低，而知识、技术密集型生产性服务业吸纳低端就业人员容量有限，例如扩大就业等社会服务政策可能与生产性服务业发展相互制约。社会性服务业对国民经济增长的贡献率较少，政策多数覆盖卫生和社会工作、教育等满足居民基本生活需求的行业。社会服务大多具有公共品性质，社会资金相对短缺，尤其是水利、垃圾处理、污水处理和公共设施建设与管理等环境服务行业，公共品性质较强，投资建设资金主要来自政府，政府是公共服务的主要提供者，社会组织的功能结构和服务能力低，很难提供专业化服务和高质量的社会服务产品。

三、服务业发展政策颁布部门分布

对1978—2019年政策发布的部门进行分析，得到表6-3，可以发现，国务院、国家发展改革委、国家旅游局和商务部以及财政部和国家税务总局，是发布相关政策最多的部门。

表6-3　　　　　　　　各部门颁布服务业政策数量情况　　　　　　　单位：条

发布部门	财政部	国家税务总局	交通运输部	工信部	科技部	司法部	海关总署	国家发展改革委	商务部	国资委	银保监会	证监会
数量	228	109	139	63	21	71	23	113	115	6	63	24
发布部门	国家版权局	中共中央宣传部	中国人民银行	住房和城乡建设部	卫计委	国家食品药品监督管理局	国家中医药管理局	国土资源部	环境保护部	教育部	人力资源和社会保障部	卫生部
数量	5	14	20	25	28	45	44	19	23	90	61	85
发布部门	国家新闻出版广电总局	国家体育总局	地质部	国家旅游局	国家质量监督检验检疫总局	中国民用航空总局	公安部	文化和旅游部	劳动部	国家安全生产监督管理总局	国家工商行政管理局	国家标准化管理委员会
数量	20	22	2	145	25	12	28	41	41	16	60	13
发布部门	最高人民法院	国家经济委员会	民政部	国家卫生健康委员会	农业部	中华全国供销合作总社	外经贸部	国家统计局	国家互联网信息办公室	国家教育委员会	国家外汇管理局	国务院
数量	6	12	32	6	59	12	15	7	18	12	13	130

注：由于近年来国家的机构改革，表中所列有些机构已经撤销或者合并改名到其他部门。为了保持分析的历史性，此处所列单位都是机构改革前的名称，余同，不再标注。

四、各"五年"期间服务业发展政策的行业分布

1978—1987 年，服务业政策侧重交通运输业、房地产业；1988—1997 年，服务业侧重公共服务、仓储和邮政业等；1998—2007 年，服务业政策侧重商务服务、金融、软件和信息技术等；2008—2019 年，服务业迅速发展，服务业政策侧重金融、软件和信息技术、商务服务、餐饮旅游、公共服务等，此时，跨境电商、物联网、互联网金融、众包、大数据、共享经济等新兴服务业，成为拉动服务业增长主要引擎。

第二节　服务业不同子行业政策演变的统计呈现

一、生产性服务业政策演变的统计呈现

在此整理了从 1978—2019 年有关生产性服务业的政策数据，根据各行业的政策数量以及发布部门进行对比，从而分析各个行业在近 30 年的发展趋势。

1. 生产性服务业及其政策概论

目前，中国虽然成为世界第二大经济体，但是产业结构不合理，产业层次较低等问题依然困扰着经济发展。推进产业结构调整和优化升级，打造中国产业升级版，是应对全球经济困局，切实转变经济发展方式，适应经济新常态的关键举措，要实现这一宏伟的目标，必须找准突破口和落实好抓手。在产业升级这一结构调整的重要环节中，生产性服务业的作用更加不可替代，近年来中国服务业规模不断增大，在国民经济中的份额已经超过 50%，其中生产性服务业比重接近 1/3。生产性服务业的增加值占GDP 的比重更是达到 21.7%。大力发展生产性服务业，可以驱动传统产

业转型升级和提升工业服务化水平,是中国参与国际价值链分工、提升工业生产效率、推动产业结构优化升级的必然选择。

在此我们依据1978—2019年的有关政策数据,首先宏观地对各行业的政策数量以及发布部门进行对比,选取10年为一个节点,从而体现各个行业在近40多年的发展趋势。继而在微观层面上分析近40多年各个行业的发展趋势,主要选取了交通运输业、软件和信息技术服务业、金融和保险服务业、电子商务服务业这四个行业进行重点分析,以发现我国生产性服务业发展中存在的问题,并提出解决建议,进而完善生产性服务业法律法规体系,提高生产性服务业发展质量和发展水平。

2. 不同时期生产性服务业政策数量对比

在不同时期生产性服务业的政策数量逐渐上升,但是在1988—1997年增速缓慢,原因可能是这时我国经济结构正处于第一产业转型为第二产业的阶段,所以政策对服务业倾斜力度不够。在1998—2007年,个别行业,比如软件和信息技术服务业政策数量涨幅较大,其他行业的政策数量仍没有较明显增加。政策数量的主要增加集中在2008—2017年,这恰好也是我国从第二产业向第三产业过渡的关键时期,说明这段时间政策对于生产性服务业倾斜力度较大。

3. 生产性服务业各行业政策数量对比

生产性服务业各行业政策数量对比见表6-4。

表6-4　　　　　　　生产性服务业各行业政策数量对比　　　　　单位:条

行业	1978—1987年	1988—1997年	1998—2007年	2008—2019年
交通运输业	32	9	15	115
金融保险服务业	11	5	25	113
软件和信息技术服务业（包括互联网）	1	2	54	119
仓储邮政业	8	3	2	32

续表

行业	1978—1987 年	1988—1997 年	1998—2007 年	2008—2019 年
商务服务业	5	24	25	109
知识产权和科学技术业	3	0	12	33
生产性支持服务业	0	0	3	64
人力资源培训	3	0	4	9
其他（开采及辅助工作、司法服务等）	6	10	45	41

由于有些行业政策数量较少。所以归为其他类别，主要有开采及辅助工作、节能环保、其他生产性服务等。统计的时间跨度是 10 年左右，因为 10 年跨度的政策数量积累可以比较明显地反映出各行业的发展趋势。

1978—1987 年，交通运输业的政策占据了主要的部分，其次是金融保险服务业、仓储邮政业。而软件和信息技术业服务业、人力资源培训、知识产权和科学技术方面的政策占比较少。这也体现了我国这一时期从第一产业向第二和第三产业转型的过程。从总体来看，这一时期生产性服务业的政策非常少，说明此阶段我国第三产业才刚刚起步。

1988—1997 年商务服务业的政策占据了主要的部分，交通运输业和仓储邮政业的政策数量占比有所下降，其他政策占比变化不明显。这主要是因为改革开放以后，政府越来越重视对外贸易，在政策上有所倾斜。此时是第一产业向第二产业转型的一个阶段，第三产业发展依然比较缓慢。从总体来看，1988—1997 年生产性服务业政策数量没有太多变化。

1998—2007 年，软件和信息技术服务业的政策数量有了一个质的飞跃，占据了第一位的比重；交通运输业的政策数量占比进一步下降，被金融保险服务业的政策数量超越，仓储邮政业的政策数量占比下降至最低；知识产权和科学技术业的政策数量有了明显的增加。这段时间政府已经开始注重经济发展从第二产业向第三产业进行转移，重视高新技术产业和互联网产业的发展，逐渐与第三次科技革命接轨，融入世界科技发展的大潮。总体来看，生产性服务业的政策数量有了很大的提升，说明国家对生产性服务业的发展越来越予以重视。

2008—2019 年，软件和信息服务业的政策数量依旧占据第一的位置，与金融保险服务业、商务服务业的政策数量牢牢地占据着前三的位置；仓储邮政业的政策数量占比又一次下降，而且大多政策集中于现代物流服务业，说明传统的邮政和仓储行业服务业已经逐渐退出了历史的舞台；知识产权和科学技术业的政策数量又有了明显增加，这可以看出国家对生产性服务业的政策根据市场的发展作出调整，对一些新兴的生产性服务业给予了许多支持和规范。从总体来看，2008—2019 年是生产性服务业政策数量大幅度增加的十年，相应地，国家对生产性服务业的重视程度也提高到了一个新的高度。

4. 生产性服务业各部门政策数量对比

生产性服务业各部门政策数量对比见表 6 - 5。

表 6 - 5　　　　　　　生产性服务业各部门政策数量对比　　　　　　单位：条

部门	1978—1987 年	1988—1997 年	1998—2007 年	2008—2019 年
交通部和交通运输部	21	3	9	106
财政部和中国人民银行	32	18	56	142
国家发展改革委和发计委	0	3	31	79
工业和信息化部、信息产业部	2	3	31	69
国家税务总局	3	6	20	80
国家工商行政管理局	1	4	13	42
国务院和国务院办公厅	4	1	27	98
商务部和对外贸易合作部	1	4	39	71
农业部	0	2	8	49
劳动和社会保障部、人力资源和社会保障部	0	4	14	23
科技部和知识产权局	0	0	7	25
其他部门	9	10	22	97

由于发布生产性服务业政策的大小部门多达上千种,所以在此处总结部门的依据有两点:小部门归入大部门;将负责同种行业的部门归为一类。从总的数量变化上来看,各部门发布的政策数量逐年递增。其中,财政部和中国人民银行发布的政策数量是最多的,说明国家对金融服务业一直非常重视;最少的是科技部和知识产权局,可以看出我国的政策力度对科技和知识产权服务业方面的支持还不够,但从近几年的政策数量增长率上来看,科技和知识产权服务业已经引起了政府的重视;人力资源管理与培训服务业方面的政策数量也较少,但相关部门已经开始了重视。

5. 一些代表性的生产性服务业子部门政策分布趋势

(1)交通运输业发展政策与服务业发展现状。

①交通运输业发展现状。交通运输业是生产性服务业中的重要组成部分,目前正处于快速扩张状态。从结构来看,铁路交通运输和公路交通运输的比重几乎平分秋色,占全部交通运输业比重的80%左右;从交通运输业的发展质量来看,等级公路和等级航道运输里程的占比还比较低;从交通运输发展的效益来看,铁路旅客运输和航空旅客运输的比重太低,公路货物运输和旅客运输的比重太大,而公路货物运输与旅客运输的等级公路比重不高。可见,我国目前的交通运输业发展的综合质量和综合效益还有待提高,必须从财税体制改革,科技创新和政府职能转变等方面促进交通运输业的产业升级。我国交通运输业作为其他产业的中间投入使用率不断提高,通过降低功能性产品的运输周期以及提高功能性产品的使用效能来促进相关产业升级也是其重要方向。

②交通运输业各行业政策数量变化趋势。利用折线图可以更好地看出政策数量的变化趋势,在此要强调,此处仅选取了五大类主要的交通运输方式,其他小类没有统计。从图6-5可以看出铁路运输业、航空运输业的政策数量增幅较大,联系到高铁的发展和飞机航线的增加,也可以看出政府在这两项中固定资产投资整体呈上升趋势;管道运输业和水上运输业的政策数量增幅比较缓慢;道路运输业政策数量不降反升。

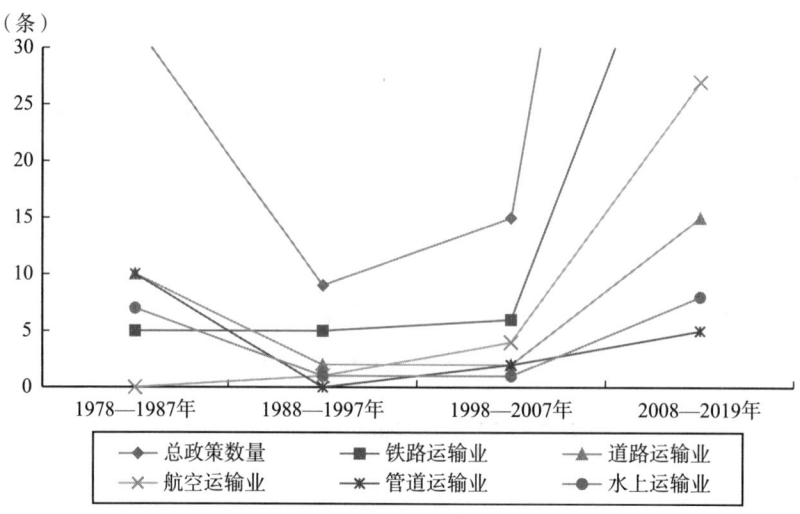

图 6 – 5 1978—2019 年交通运输业各行业政策数量变化趋势

③政策变化背后的交通运输业各行业就业人员数变化趋势。图 6 – 6 展示的是交通运输业就业人员的变化趋势，可以看出水上运输业和道路运输业的就业人数逐渐下降，航空运输业就业人数逐渐上升，管道运输业就业人数基本没有变化，这也基本反映了随着经济发展和收入水平的提高以及高铁项目的推进，居民对航空运输服务和铁路运输服务的需求增加，从而带动了航空运输服务业和铁路运输服务业就业人数的增加。

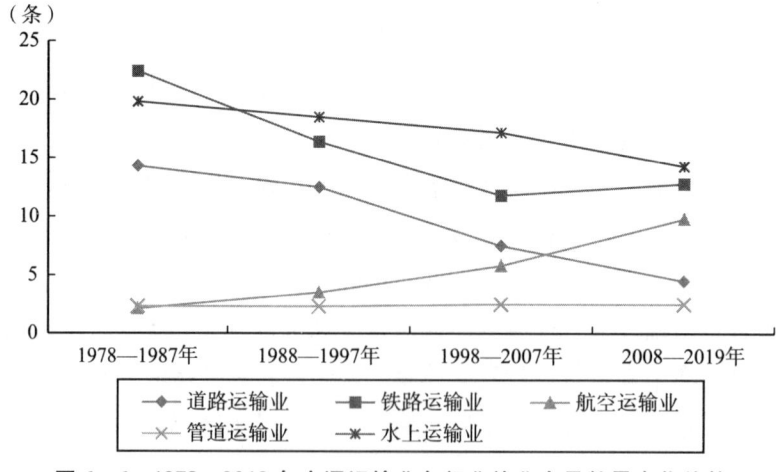

图 6 – 6 1978—2019 年交通运输业各行业就业人员数量变化趋势

（2）软件和信息技术服务业发展政策与服务业发展现状。

软件和信息技术服务业，是指有效地利用计算机资源而从事计算机程序编制、信息系统开发和集成及相关服务的产业。从上述定义可以发现，该行业同时包含了产品和服务两种行业产出形态。随着信息和网络技术的快速演进与提升，软件和信息技术服务业中的产品与服务边界更加模糊，呈现出彼此交融、互为产品又互为服务的融合发展状态；新业务、新产品、新模式等层出不穷，交叉领域、融合产品等成为该行业发展最具活力的领域。尤其是近年来，我国软件和信息产业发展迅猛，产业规模不断扩大，产业结构不断优化，企业创新能力稳步提升，软件和信息产业在社会发展中的地位更加突出，具体有以下几点表现。

①产业总体保持快速增长，在近年来外部经济环境并不友好的情况下，软件和信息产业依然能够保持高增长，截至 2019 年，我国规模以上的软件企业已经达 3.3 万家，营业收入突破 3 万亿元，增加值超过 1 万亿元，占服务业总体比重达到 4%。

②产业的服务化趋势日益明显，在国家整体信息化进程加速过程中，信息系统集成数据处理和存储、信息技术咨询、IC 设计等信息技术服务业的营业收入增长非常快速，仅上述三项软件技术服务收入之和就已占软件产业总收入的一半以上。显示出我国软件业结构正在得到优化升级，整个产业体系向着软件产品和软件服务双头并进、均衡发展的态势良性演进。

③产业的区域集聚化发展趋势突出，尤其是北、上、深、广等一线城市，以其独有的市场规模优势、人力资源、产业技术基础优势等，对各类软件企业和各位软件与信息企业相关人才，都形成了巨大的吸引力。在这些地方，各主体之间更容易实现优势互补，有效降低了软件企业在研发、制造以及商务等方面的生产成本，区域性全产业链竞争优势不断明显。

图 6-7 显示的是从 1978 年开始，每十年的软件和信息技术服务业政策数量变化趋势，可以很明显地看出软件和信息技术服务业的政策数量在逐渐上升，而且是大幅上升。这说明随着互联网所引领的第三次科技革命的深入，政府对软件和信息技术服务业越来越重视，政策的支持和规范也使得我国软件产业规模迅速扩大，在整个国民经济中的地位和作用日益突

出，成为我国战略新兴产业的重要组成部分。由此，在相关服务业政策对软件产业的促进作用之下，相关发展政策的数量也自然呈现出类似态势，为了体现政策发展与产业发展之间的关联性，图 6 - 8 也呈现了软件与信息技术服务业产业规模的变化。

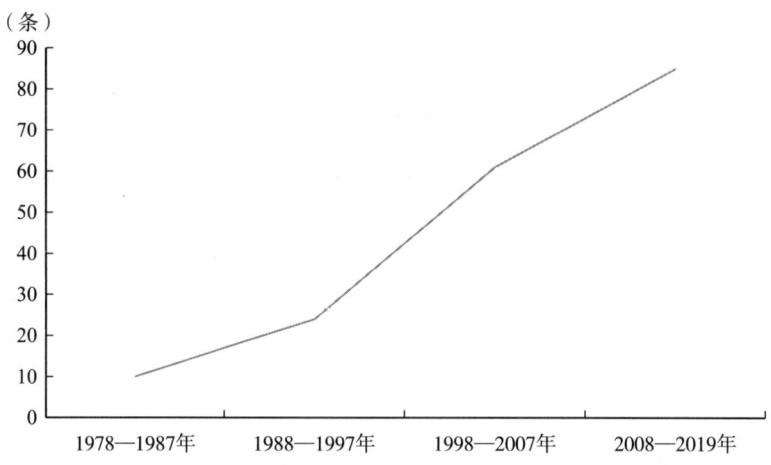

图 6 - 7　1978—2019 年软件和信息技术服务业政策数量变化趋势

由图 6 - 8 可知，软件产业规模在 2000 年以后都得到了迅猛增长，自 2008 年以来更是一直保持了 25% 以上的增长率，在 2011 年甚至达到了 38%，可以看出政策对产业发展的推动作用是十分重要的。

（3）金融和保险服务业政策与发展现状。

金融服务业作为主要提供资金融通的产业，一方面服务于企业生产所需资金融通等，另一方面对人民生活的服务价值也同样影响重大。因此，随着国家改革开放进程的加速，金融服务业的重要性快速上升，逐渐成为资源影响力最大、最受瞩目的行业之一，也是发展最为迅速、变化最为频繁的服务业。尤其当前，随着经济领域互联网化的广度和深度不断提高，传统金融行业与互联网金融同步发展，特别是互联网金融的发展，对传统金融形成了巨大的"鲇鱼效应"推动传统金融加快升级和继续深化金融机制改革；以互联网信贷、互联网众筹为代表的互联网金融服务模式便利了实体经济的资金融通，特别是小微企业的融资，提高了小微企业活力，推动了创新型企业的发展。但同时，由于其在发展迅速的同时，政策规范没有及时跟上，导致过度扩张、产生了诸多风险和不规范交易，也给整个行业和国家经济与金融带来了风险隐患。因此，金融业的规模和服务质量，对整个国家的生产和生活影响依然在不断加大。相关金融服务政策数量的变化也非常频繁，如图 6－9 所示。

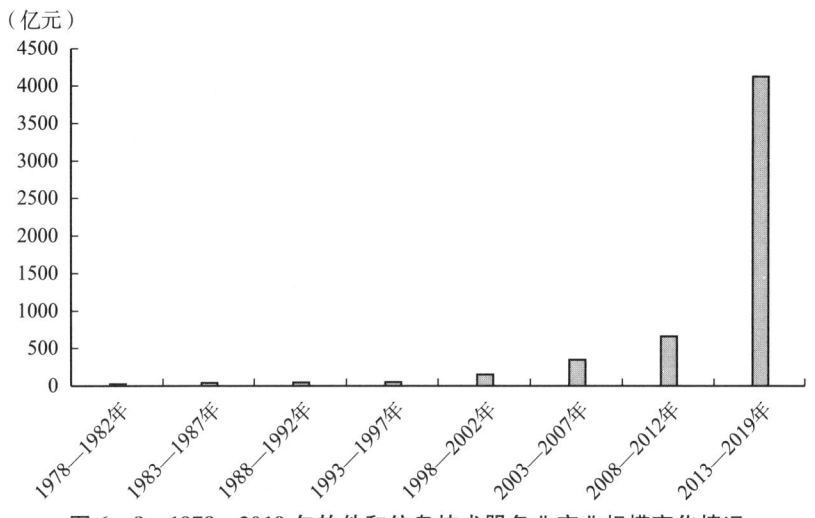

图 6－8　1978—2019 年软件和信息技术服务业产业规模变化情况

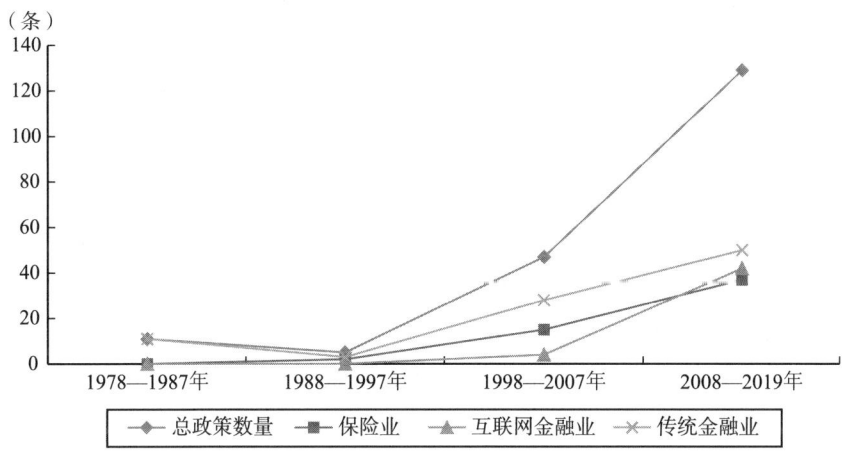

图 6－9　1978—2019 年金融和保险服务业政策数量变化趋势

图 6-9 中，金融服务业总政策数量在 2000 年以后大幅提升，说明政府对金融和保险行业越来越重视，可以看到互联网金融业 20 世纪之前在中国是一个空白，政策也没有任何倾向，此时中国的互联网金融还是发展萌芽期，只有一些民间组织在进行活动，还没有得到政府层面的认可。2008 年以后，P2P 在中国开始兴起，到 2014 年上半年，全国互联网 P2P 借贷平台已经超过 1000 家。随着 P2P 的火热潮，大量的非金融企业以不同的方式，纷纷进入互联网金融领域，特别是以阿里巴巴、百度、腾讯、京东商城、苏宁易购等为代表的互联网企业依托其巨量用户规模，迅速对传统金融机构形成竞争。但是，由于发展的不规范，信用的过度扩张，导致了巨大的风险隐患，因此，国家又不得不对 P2P 这类业务采取紧急刹车的做法，到 2020 年 11 月，全国实际运行的 P2P 网贷机构已基本上都趋于终止。可见，在这些新兴背景下，互联网金融业急需政府政策来进行规范和指导，互联网金融业的政策文件不断增加，可以看出政府对互联网金融越来越加以重视，但变化太快规范政策及时性有待提高。保险业的政策文件也在增加，主要是因为人们的保险意识不断加强，人们越来越重视对自己未来的保障。从总体来看，传统金融业、保险业、互联网金融业三部分的政策数量基本相同，按这种趋势，未来互联网金融的政策倾向比重会越来越大。

（4）电子商务服务业政策数量变化趋势发展现状。

电子商务的发展不仅改变了市场的供给模式，更改变了人们传统的消费方式，同时也改变了产业结构。因此，电子商务等所代表的商务服务业正在扮演越来越重要的角色，自 2000 年开始，电子商务在我国市场一直保持强大的发展动力。随着我国经济进入新常态，产业转型升级成为发展的一个重要方向，而电子商务对社会经济各个层面的渗透，使我国产业转型升级路径与历史上发达国家走过的道路有很大区别。电子商务服务通过实现供应商与需求方之间的信息快速交流，改善了传统商贸服务业中的信息不对称问题，改变了产业竞争模式，对企业的生产模式产生了巨大的影响，从而影响到供给结构，通过需求和供给两方面的作用，电子商务服务业成为产业转型的重要动力。

图 6-10 显示了我国电子商务服务业政策数量变化趋势，可以看出

1997 年之前在这一方面的政府政策还是空白的；1998 年后才出现了关于电子商务服务的相关政策，而中国的电子商务服务业早在 20 世纪 90 年代就开始发展了，可以说政策大大滞后于电子商务服务业的发展，造成了电子商务服务业在发展初期缓慢和不规范。该情况在 2008 年以后得到了好转，在政府政策的扶持和规范下，电子商务服务业得到了迅速发展，可以从图 6 – 11 所示的传统商务服务业和电子商务服务业政策数量变化的对比中观察到。

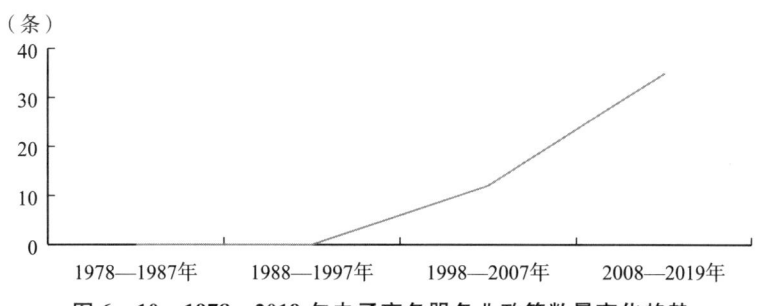

图 6 – 10　1978—2019 年电子商务服务业政策数量变化趋势

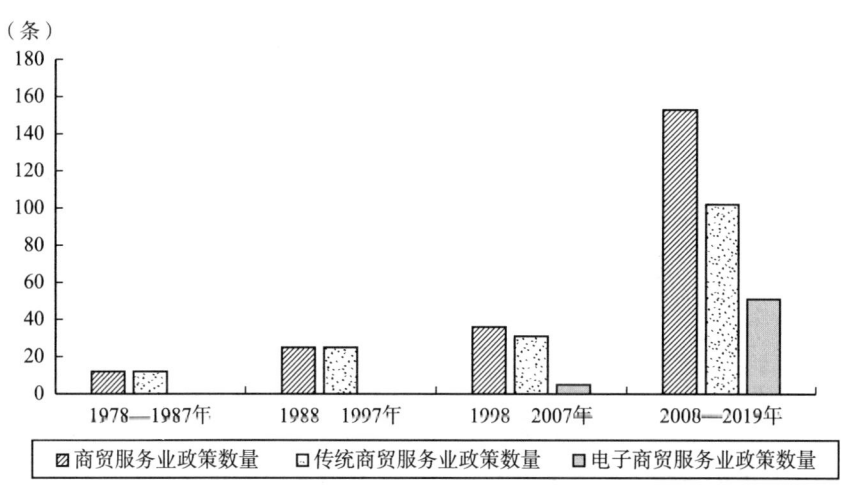

图 6 – 11　1978—2019 年传统商务服务业和电子商务服务业政策数量变化对比

图 6 – 11 显示了电子商务服务业和传统商务服务业的政策数量对比，

从总的数量上看，商务服务业的政策数量在逐渐增加，说明国家对商务服务业发展越来越重视；但传统商务服务业的政策数量倾向明显多于电子商务服务业，则说明政府对新兴的电子商务服务业还是重视程度不够，电子商务服务业政策对行业的发展依然有很大的滞后性。实际上，随着数字化趋势的不断加深，电子商务服务和数字化金融保险服务的趋势会进一步加剧，因此，提高政策的前瞻性，对于引导未来国家的数字化发展显得越来越重要。

而且，互联网金融本质上是金融的电子商务化，利用电子商务产生的海量数据，再运用大数据技术，不断地进行金融创新，从而为各行业的产业升级提供资金支持。同理，这些借助于电子商务技术或数据的新型金融手段，为产业转型提供了更多的金融支持；鉴于金融和保险尤其是金融服务是所有产业发展以及生活便利的关键基础之一，同时互联网金融或者说金融服务的数字化，将是未来金融服务业政策着力推动的一大方向。

6. 生产性服务业发展存在的问题及生产性服务业政策优化方向

（1）区域间生产性服务业发展不平衡。我国目前区域生产性服务业发展差距较大，且生产性服务业的发展具有明显的聚集性，所以我们对不同地区的生产性服务业发展要实行差别化的政策，不宜实行一刀切的政策。因此，从面向全国的生产服务业政策来看，应该在区域方法加大倾斜力度，帮助改造提升落后地区的生产性服务业；遵循服务业特别是生产性服务业在空间上的集聚发展规律；要进一步提升较发达地区的生产性服务业的集群发展，加快生产性服务业向一些中心性城市的集聚；提升中心城区的现代服务业（如互联网金融、电子商务服务业、软件和信息服务业等行业）对其他地区的辐射力，从而带动其他地区传统行业的发展。

（2）生产性服务业行业之间发展不平衡。我国生产性服务业行业之间的发展也十分不平衡，而且对新兴服务业的支持力度还不够，所以我们要对不同的服务业发展实行差别化政策，例如对金融业、软件和信息服务业、商务服务业这些与人均 GDP 和就业人数呈正相关的行业，我们要加大力度支持这些服务业的发展：在投资、税收等方面予以一些优惠政策，并加大对这些行业的基础设施和环境的投资力度，实施优先发展战略，但是对交通运输业、仓储和邮政类等基础行业，要结合当地的经济发展水平，实行适当的政策，不宜盲目和放任扩张。

（3）生产性服务业创新程度还不够。从以上分析可以看到，例如电子商务服务业和互联网金融服务业的政策滞后于行业的发展，这就阻碍了这些新兴行业创新的步伐。由于电子商业模式创新大多没有具体的产品载体，所以在创新成果出来以后往往难以得到知识产权的保护，且这种模仿成本非常低，因此，这会打击这些新兴行业的创新积极性。尽管这些行业的创新会给传统行业带来很大的冲击，但是我们不能因为潜在的风险就停滞不前，对这些行业的政策要逐步放开管理，鼓励金融创新、技术创新、商业模式创新。

（4）生产性服务业相关的法律法规依然还不完善。与其他行业相比，生产性服务业的相关法律法规并不完善。所以，一是要加快生产性服务业发展的相关法律法规建设，完善法律法规环境，使生产性服务业的发展有法可依；二是要加强对消费者的风险教育和权益保护，完善生产性服务业的市场投资机制和消费环境，对违法行为要予以严厉打击；三是要优化生产性服务业企业的营商环境，支持各类企业依法设立，合法经营。

实际上，关于生产性服务业政策的调整提升的思路，国务院早在2014年发布的《国务院关于加快发展生产性服务业促进产业结构调整升级的指导意见》（以下简称《指导意见》）中提出：生产性服务业涉及产业环节多，专业性强、创新活跃、产业融合度高、产业带动作用强等特点，已经成为全球产业竞争的一大战略制高点，但是在我国前一时期，与生活性服务业供给规模和供给质量相比，生产性服务业发展相对滞后、水平不高、结构不合理问题突出，亟待加快发展。为此，《指导意见》首先提出了调整的四大基本原则：坚持市场主导、坚持突出重点、坚持创新驱动、坚持集聚发展。同时，提出了关于生产性服务业发展方向的三大建议：鼓励广大企业瞄准价值链的高端创新性发展、推进农业生产和工业制造的真正现代化、加快生产制造与信息技术服务的有效融合。基于上述三大发展导向，还提出了生产性服务业重点发展的十一大任务，具体包括：

研发设计、第三方物流、融资租赁、信息技术服务、节能环保服务、检验检测认证、电子商务、商务咨询、服务外包、售后服务、人力资源服务和品牌建设。同时，还从政策支持和保障方面提出了一些相关建议，涉及深化改革开放、完善国家财税政策、强化金融服务创新、实施土地有效供给、健全价格机制、加强知识产权保护以及人才队伍建设、健全相关产业统计制度等基础性工作，这些政策着力点，有利于为生产性服务业发展创造良好的体制机制环境，更大限度地激发服务企业和个体活力。

二、生活性服务业政策演变的统计呈现

生活性服务业是构成现代服务业的重要组成部分，也是国民经济的重要组成部分，它直接向消费者提供物质和精神方面的消费品及相关服务，其产品、服务用于解决消费者生活中的各种需求。综合各位学者的不同观点，并基于本书研究数据的可操作性，本书所指的生活性服务业是指面向居民基本生活服务的行业，主要包括文化体育和娱乐业、批发零售业、餐饮业、旅游业、教育、房地产业和居民服务业等。生活性服务业在保障民生、增加就业、促进居民消费等方面发挥着重要作用。近年来，伴随我国经济和服务业的快速发展以及对保障民生问题的日益重视，国务院及各部委出台了一系列适用于鼓励、支持和规范生活性服务业发展的政策措施；国家每五年发布的"国民经济和社会发展规划"也对服务业的发展作出了引导和支持，这都为生活性服务业的发展营造了良好的政策环境。本书以国家发布的每五年发展计划或规划中对服务业发展的政策导向为基础，对1978—2019年国家出台的有关生活性服务业政策数据进行统计分析，总结归纳一些生活性服务业政策的演化趋势和演变规律，分析现行生活性服务业发展政策中可能存在的问题与不足，为未来生活性服务业政策的发展提供相关建议。

1. 不同时期发布的生活性服务业政策文件分布对比与分析

本次统计搜集了1978—2019年以来国家发布的生活性服务业政策

数据共 647 条，其中不同时期发布的生活性服务业政策数量统计情况见表 6 - 6。

表 6 - 6　　　　　　不同年份生活性服务业政策发布数量统计　　　　单位：条

年份	1978	1979	1980	1981	1982	1983	1984	1985	1986	1987	1988
数量	2	7	5	4	8	8	8	11	13	13	4
年份	1989	1990	1991	1992	1993	1994	1995	1996	1997	1998	1999
数量	2	2	2	4	3	3	3	3	4	1	5
年份	2000	2001	2002	2003	2004	2005	2006	2007	2008	2009	2010
数量	4	9	5	10	11	20	20	9	11	20	47
年份	2011	2012	2013	2014	2015	2016	2017	2018	2019		
数量	57	66	47	16	55	34	27	32	32		

由表 6 - 6 中数据可得 1978—2019 年生活性服务业政策发布数量统计直方图如图 6 - 12 所示。

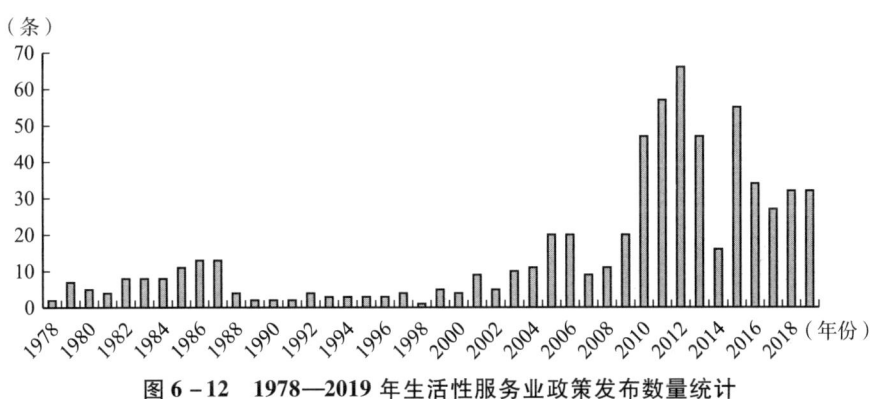

图 6 - 12　1978—2019 年生活性服务业政策发布数量统计

以每个五年为统计时间段，得到不同阶段生活性服务业政策发布数量统计情况见表 6 - 7。

由表 6 - 7 中数据可得不同时期生活性服务业政策发布数量统计直方图如图 6 - 13 所示。

表6-7　　　　以五年统计的各时期生活性服务业政策发布数量分布

年份	生活性服务业政策数量/条
1978—1980 年	14
1981—1985 年（"六五"计划时期）	39
1986—1990 年（"七五"计划时期）	34
1991—1995 年（"八五"计划时期）	15
1996—2000 年（"九五"计划时期）	17
2001—2005 年（"十五"计划时期）	55
2006—2010 年（"十一五"规划时期）	107
2011—2015 年（"十二五"规划时期）	241
2016—2019 年（"十三五"规划时期）	125

从图6-13可以很直观地看出，随着时间的推移，在不同时期生活性服务业的政策发布数量总体呈逐渐上升的趋势，但在1986—1990年（"七五"计划时期）生活性服务业政策发布数量并未出现明显增长；1991—1995年（"八五"计划时期）生活性服务业政策发布数量不增反降；从"九五"计划时期（1996—2000年）开始，生活性服务业政策发布数量明显增多。由于本书选取的数据截至2019年底，因此"十三五"规划时期（2016—2020年）生活性服务业政策发布数量统计不完全，但可以合理预测其发布数量仍然呈递增趋势。

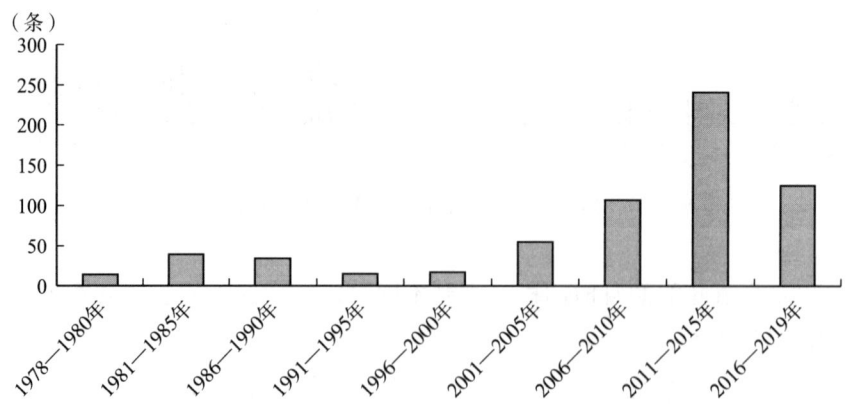

图6-13　不同时期生活性服务业政策发布数量

1986—1990 年（"七五"计划时期）和 1991—1995 年（"八五"计划时期）生活性服务业政策发布数量增长缓慢，有以下原因。一是从国家发展第七个五年计划的内容来看，"七五"计划的主要任务是努力保持社会总需求平衡，力争尽快奠定中国特色的新型社会主义经济体制，保持经济增长的持续稳定，在兼顾发展生产和提高经济效益的基础上持续改善民生。"七五"计划时期调整产业结构的方向和原则是在继续保持农业全面增长，促进轻工业和重工业稳定发展的前提下，着重改善他们各自的内部结构，并提出第一、第二和第三产业生产总值占比在"七五"计划期末即 1990 年比例分别达到 74.5% 和 25.5%。显而易见，"七五"计划时期经济发展的重点不在于第三产业，第三产业收入占 GDP 的比重也相对较小，该段时期生活性服务业政策发布数量较少也就是情理之中了。二是国家发展第八个五年（1991—1995 年）计划的主要任务中关于产业结构调整方面的内容为：重点加强农业、基础工业和基础设施，改组改造和提高加工工业，把发展电子工业放在突出位置，积极发展建筑业和服务业，促进整个产业结构的合理化，并逐步提高现代化水平。"八五"计划虽然提到积极发展服务业，但其发展重点仍是农业和工业，此时的服务业仍处于相对次要地位，国家出台的关于服务业发展的政策相对较少。三是由于在 1989 年一些国家对我国采取经济封锁政策，也间接导致了我国服务业发展处于低谷状态，生活性服务业政策数量也随之减少。

国家发展第九个五年（1996—2000 年）计划提出要大力促进产业结构的合理化，着力加强第一产业，调整和提高第二产业，积极发展第三产业。并且"九五"计划期间大力推广实施科教兴国战略，也进一步促进了生活性服务业的发展，使得"九五"计划期间生活性服务业政策数量呈现增长趋势。

国家发展第十个五年（2001—2005 年）计划把"坚持以结构调整作为主线"列为重要指导方针，提出我国已经进入必须通过结构调整才能促进经济发展的论点。并提出在"十五"计划期末，即 2005 年第一、二、三产业增加值占国内生产总值的比重分别为 13%、51% 和 36%。"十五"计划提出要发展服务业，提高供给能力和水平，发展面向生活消费的服务业，发展以居民住宅为重点的房地产业，加大旅游市场促销和新产品开发力度，推动旅游业成为国家新的经济增长点。此外，还提出鼓励社区服务业，进一步发展商业零售业和餐饮业，发展文化和体育业等。"十五"计划更加重视服务业的发展，在此阶段，服务业政策包括生活性服务业政策数量都有显著增加。

我国在"十五"计划时期已加入WTO并不断推进改革开放，我国的经济实力、综合国力和国际地位等都得到了显著提升，国民经济持续快速发展，城乡人民生活进一步改善，各项社会事业取得新进步，这都为我国服务业的良好发展奠定了基础。第十一个五年（2006—2010年）规划提出要推动服务业发展速度加快，提高服务业的总体比重和发展水平，制定和完善促进服务业发展的政策措施体系；在大城市，更要将发展服务业放在优先发展议程中，有条件的城市，应尽量有序形成服务经济为主的产业结构。由于"十五"计划期间国家经济、服务业的良好发展以及"十一五"规划对服务业发展的重视，"十一五"规划期间生活性服务业政策发布数量显著增长。

2006—2010年，我国综合国力得到了大幅提升，成功举办了北京奥运会和上海世博会，胜利完成了国家"十一五"规划的主要目标和任务，2010年国内生产总值达到39.8万亿元，我国跃居世界第二大经济体，我国国际地位和影响力显著提高。在"十一五"规划顺利完成的基础上，第十二个五年（2011—2015年）规划仍然把对经济结构的战略性调整作为加快经济发展方式的主攻方向，规划提出要发展战略性新兴产业，加快发展服务业，促进经济增长向依靠第一、二、三产业协同带动转变，服务业增加值占国内生产总值比重提高4个百分点的要求。"十二五"规划将推动服务业大发展作为国民经济中产业结构优化升级的战略重点，并要求应该为此营造出能够有利于服务业优化发展的政策和体制环境，不断提高服务业比重和水平。"十二五"规划是首个明确提出要大力发展生活性服务业的计划，并提出生活性服务业以优化发展商贸服务业、积极发展旅游业、鼓励发展家庭服务业、全面发展体育事业和体育产业四个方面为主要方向。"十二五"规划时期生活性服务业政策达241条，这与国家经济发展状况良好以及政府对服务业发展的重视有关。

第十三个五年（2016—2020 年）规划提出要加强推动服务业优质高效发展，开展加快发展现代服务业行动，扩大服务业对外开放，优化服务业发展环境，努力推动生产性服务业向专业化和价值链高端延伸、生活性服务业向精细和高品质转变。"十三五"规划时期，国务院为生活性服务业单独印发了《居民生活服务业发展"十三五"规划》，该阶段国家对生活性服务业发展的重视显而易见，我们有理由认为"十三五"时期生活性服务业政策数量仍然保持增长趋势。

2. 生活性服务业政策不同行业发布数量对比

根据 1978—2019 年搜集的生活性服务业政策数据，统计可得生活性服务业政策不同行业发布数量见表 6 – 8。

表 6 – 8　　　1978—2019 年生活性服务业政策不同行业发布数量

行业	文化体育和娱乐业	批发零售业	旅游业	教育	房地产业	居民服务业	餐饮
数量/条	96	26	220	88	35	130	52

根据表 6 – 8 可绘制生活性服务业政策不同行业发布数量所占比例分布饼图，如图 6 – 14 所示。

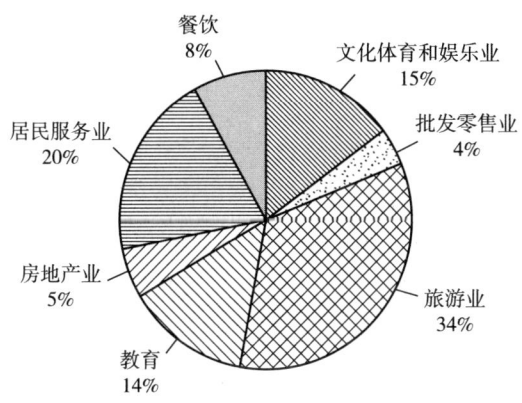

图 6 – 14　1978—2019 年生活性服务业政策不同行业发布数量占比

我们把所搜集的生活性服务业政策数据按每五年发布数据做出行业细分，见表6-9。

表6-9　　　1978—2019年每五年生活性服务业政策不同行业发布数量统计

单位：条

时间	文化体育和娱乐业	批发零售业	旅游业	教育	房地产业	居民服务业	餐饮
1978—1980年	1	0	1	7	0	1	0
1981—1985年	5	5	0	13	6	0	2
1986—1990年	4	3	2	9	6	3	3
1991—1995年	0	0	0	0	0	1	1
1996—2000年	3	1	6	3	2	2	1
2001　2005年	9	2	48	11	1	6	3
2006—2010年	17	8	40	9	11	24	15
2011—2015年	13	6	94	13	5	56	22
2016—2019年	44	1	29	23	4	37	5

根据表6-9可绘制每五年生活性服务业政策不同行业发布数量统计折线图如图6-15所示。

由图6-15可看出，在生活性服务业政策中，旅游业政策数量最多，且整体呈上升趋势，居民服务业、教育业等政策数量也呈较高速度增长（由于所搜集数据截至2019年底，缺少2020年政策数据，此处"十三五"规划中的2016—2019年数据趋势参考意义不大）。

从国家"七五"计划一直到"十三五"规划，每一个国家发展五年规划都强调大力发展旅游业，足以表现出国家对于旅游业发展的重视，因此，在生活性服务业政策中，旅游业政策数量相对较多。

从"九五"计划开始，国家实施科教兴国战略，促进科技、教育与经济紧密结合，重视教育及人才培养，因此，在生活性服务业政策中，教育行业政策数量较多。另外，随着经济的快速发展，人们对生活品质的要求也随之提高，其中最基本的餐饮业以及文化体育和娱乐业都得到了较快的发展，相对应的服务业政策数量也随之增多。

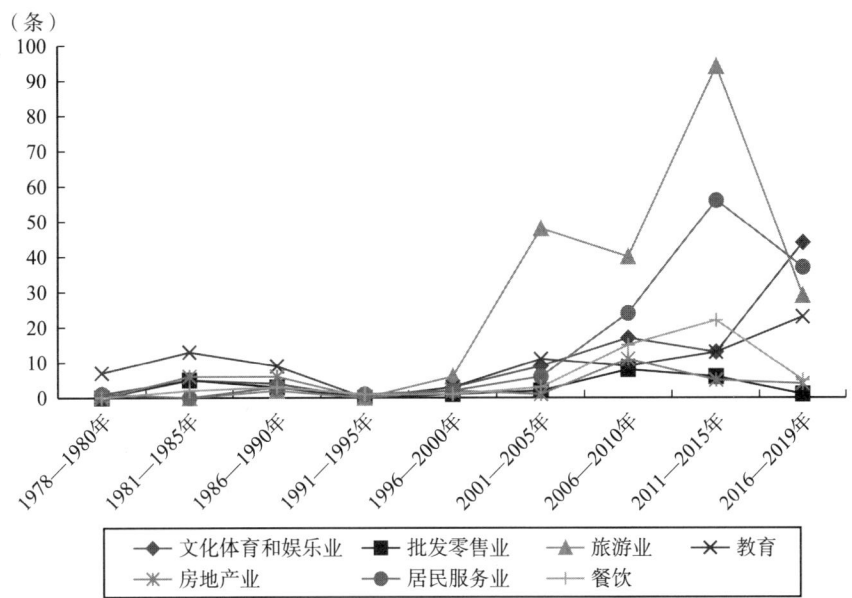

图6-15　每五年生活性服务业政策不同行业发布数量统计

国家"八五"计划时期的主要任务中，在产业结构调整方面，提出要积极发展建筑业和第三产业。这是国家发展的每五年计划中第一次明确把建筑业同房产业提到重要地位，并明确提出要积极开拓建筑市场，使之逐步成为重要支柱性产业。随着房地产行业逐步成为国家的重要支柱产业，房地产行业的政策发布数总量也相对较多。

3. 生活性服务业政策不同部门发布数量对比

所搜集的生活性服务业政策数据及发布部门情况统计，见表6-10。

表6-10　　　　生活性服务业政策不同部门发布数量统计　　　　单位：条

发布部门	国务院	财政部	民政部	商务部	公安部	教育部	司法部	文化部
数量	30	98	13	43	8	55	10	18
发布部门	工业和信息化部	外交部	科技部	农业部	建设部	卫生部	国土资源部	劳动人事部
数量	16	3	1	7	21	6	10	6

续表

发布部门	国家发展改革委	人力资源和社会保障部	住房和城乡建设部	国家新闻出版广电总局	国家旅游局	国家税务总局	国家体育总局	卫计委
数量	60	25	18	13	89	24	12	2
发布部门	国家发展计划委员会	海关总署	文物局	国家工商行政管理总局	国家教育委员会	国家食品药品监督管理局	国家环境保护局	中国国家标准化管理委员会
数量	11	3	11	19	10	21	1	4

由表 6 – 10 可绘制生活性服务业政策不同部门发布数量统计直方图如图 6 – 16 所示。

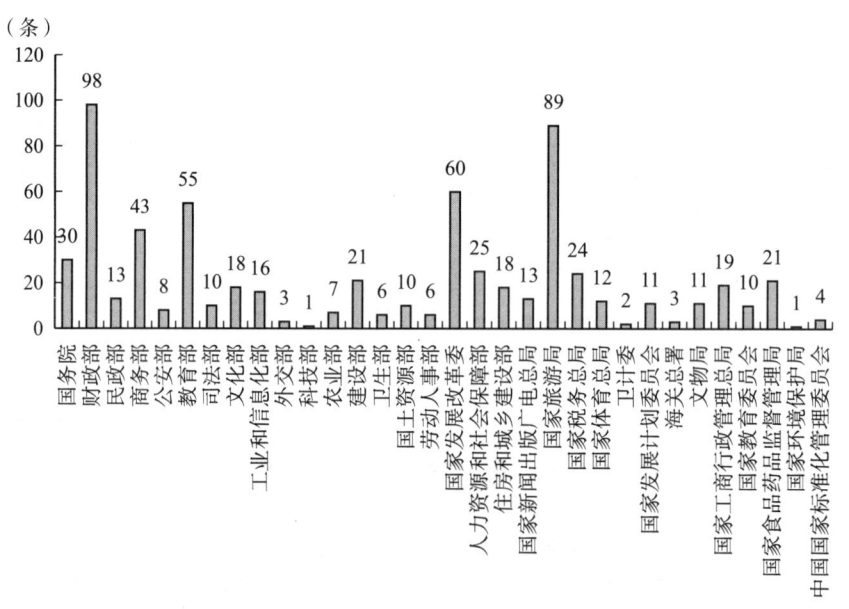

图 6 – 16　生活性服务业政策不同部门发布数量统计

由图 6 – 16 可知，生活性服务业政策发布数量最多的部门为国家旅游局，2018 年，文化部和国家旅游局职责整合，成立文化和旅游部，其职责范围涵盖文化业和旅游业，可以合理推测，今后文化和旅游部发布生活性服务业政策数量将会更多。另外，商务部、教育部、国家食品药品监督管理局等部门发布生活性服务业政策数量也较多，这与生活性服务业政策各行业发布数量分布情况基本一致。

4. 生活性服务业及其政策发展与演变的总结评析

（1）生活性服务业内部各子行业之间发展不平衡，各行业政策数量分布也不均。根据以上数据及分析可知，我国的生活性服务业中，旅游业发展迅速，旅游服务行业政策数量更是占了生活性服务业政策总量的37%；其他行业的政策发布数量占比偏低，生活性服务业政策数量各行业分布不均且生活性服务业各行业发展失衡。在重视旅游业发展的同时，同样应该提高对餐饮业、文化体育和娱乐业、批发零售业、教育、房地产业、居民服务业等行业的关注，促进生活性服务业行业整体的发展和进步。

（2）生活性服务业发展专门规划不足。从国家"六五"计划至"十二五"规划可以发现，国家的每五年发展规划中，生产性服务业发展经常会被作为单独计划列示出来，但生活性服务业的计划则很少会单独列出。当然，近年来，有关生活性服务业发展的专门规划也开始增多，例如，2015年国务院办公厅专门印发了《关于加快发展生活性服务业促进结构升级的指导意见》；2017年初商务部依据国家"十三五"规划等内容又制定了《居民生活服务业发展"十三五"规划》，该规划为促进居民生活服务业在"十三五"期间健康快速发展，充分发挥居民生活服务业在惠民生、促就业、调结构、稳增长等方面起了重要作用。但在"十二五"规划以前，生活性服务业发展专门规划明显少于生产性服务业发展专门规划。

（3）生活性服务业各行业法规不健全、标准不明确，服务质量有待提高。尽管我国已制定了大量的生活性服务行业法规和标准，但由于政策多为多部门联合发布，各地政策落实的程度相差较大，导致各地方政策、标准实施效果不佳。例如，近年来旅游行业虽然发展迅速，但也出现了大量欺诈、强迫购物等问题，虽然原因是多方面的，但是与我国旅游行业法规不健全有重要的关系。监管体系性不强、各类监管主体之间的权责划分不清、制度不健全，整个行业的政府监管效率不高、多头监管或者监管空白、监管手段落后、监管标准不清晰等问题长期存在，都不利于整个旅游服务业的健康高质量发展。

此外，在生活性服务业中，餐饮业是一大突出的产业，但其发展也是未能建立起有效的法规体系，行业严格的市场准入制度和监管措施缺位较多，导致餐饮市场秩序不规范，食品安全问题时有发生。相关餐饮服务政策应积极行动起来，提升餐饮行业服务质量，促进餐饮行业健康快速发展。另外，随着社会分工的深化，家政服务行业在近年来也逐渐兴起，但一直缺乏专门的行业规范，一些家政服务公司多只是将业务重点放在中介的层面，而对如何保障服务质量则缺乏明确要求和有效保障，难以保障雇主和家政服务人员双方的基本权益，这些都极大地限制了家政服务行业的健康发展。此外，居民服务业中的美容美发行业近年来的转型发展也较为迅速，但作为一个与人民日常生活密切相关的古老行业，长期以来都是在缺乏有效的服务技术规范的条件下运行的，很多企业或店面服务项目不规范，各种资质名称、技术名称、产品名称花样翻新，但相关标准却不透明，大大降低了服务质量，也损坏了消费者的信心和权益。还有，房地产业的发展也存在较大问题，房屋质量问题时常作为热点新闻进入人们的视野，物业管理服务过程中也存在不作为、乱收费、野蛮服务等问题。因此，政府应当采取相应的措施，完善相关法律建设，加强监管措施，明确相关服务标准，以促进房地产行业快速健康发展。

5. 关于完善我国生活性服务业政策的建议

（1）促进生活性服务业各行业平衡发展，各行业发布政策数量趋于平衡。由分析可知，1978—2019 年的生活性服务业政策中，旅游行业政策发布数量占到了生活性服务行业总政策数量的 34%，而其他行业的政策数量占比较低。其他相关部门应结合服务业发展规划以及相关行业发展、居民生活消费的需要，加大文化体育和娱乐业、批发零售业、餐饮业、教育、房地产业和居民服务业的政策实施和监控力度，促进各行业蓬勃健康发展，使得生活性服务业各行业在稳增长、调结构、惠民生、促就业等方面齐头并进，促进生活性服务行业整体向前发展。

（2）完善支持生活性服务行业协会发展的政策。生活性服务作为生活性服务业发展的主体，通过行业协会等自律和自治性的组织进行协调和规范，有利于降低政府管理责任和管理难以到位的问题。实际上，行业协会作为一种介于政府、企业之间的社会中介与行业自律组织，对一些不需要政府深度介入、市场化程度较高的行业（如生活性服务业）的规范运行能够起到重要作用。生活性服务业发展政策体系中，对相关行业协会组织的培育促进政策缺乏明确支持，且目前生活性服务业各行业发展都归不同政府部门管理，存在由多部门联合发布的生活性服务业促进政策，但却对行业自身的自律规范缺乏专门的培育促进政策，这导致生活性服务业各行业尽管多头监管但反而经常出现监管不到位和行业失序等问题。对此，应该明确行业协会在完善生活性服务业中的重要作用，并通过有效的服务业政策引导，推动行业协会走出行政色彩的老路，朝向专业化、职业化、服务化等现代中介方向转型发展。同时，要搭建起政府、行业协会与企业三者之间有效沟通的桥梁，尊重三者各自在行业发展中的作用，保证市场的基础性配置作用的同时，有效发挥政府的引导作用和企业的主观能动性与自律作用，促进生活性服务业良性转型发展。

（3）鼓励各级地方政府有效落实现有的生活性服务业政策。经过多方研究协商而形成的政策文本，只是政策的初级形式，如何使其顺利实施，才是体现其价值的基础，才能使其效应发挥出来。而生活性服务行业，很多带有比较明显的地方色彩，各行业主管部门和地方相关部门应该沟通协调，正确有效地打破行政体制制约和地方保护主义，促进政策的有效落实。例如，地方政府应加强对地方娱乐场所的监管，保障娱乐消费者的身心健康，维护娱乐行业健康优质发展；加强对当地旅游市场的管理，对旅游欺诈、强制消费行为频发的旅游企业，坚决加以严惩；应该转变行政性色彩过浓的管理模式，增强服务意识，减少或者取消餐饮、娱乐、美容美发等行业各种不合法不合理的行政事业性收费，并为生活性服务企业提供便利。实际上，只有地方政府相关部门积极协助各行业主管部门，才能使生活性服务业政策在无处不在的生活消费服务领域得到更好的落实。

（4）健全生活性服务业各行业法律法规体系，明确各行业服务标准。生活性服务业各行业相关部门应尽快更新已经过时的，不适合现阶段发展的滞后政策。同时，相关部门应从消费者需求出发，以人为本，吸取国际经验，加快制定完善生活性服务业法律法规和规范。除此之外，各部门应根据生活性服务业各行业的特点，加快研究制定和完善生活性服务业的有关标准体系。例如明确服务人员从业技术标准、强制性制定餐饮行业安全、环境标准等，以提高服务质量，保障消费者合法权益，促进生活性服务业的发展。

三、社会性服务业政策演变的统计呈现

相对于生活性和生产性服务业这两大最主要的服务业部门，社会性服务业虽然包含范围也较广，但是很多带有半行政半服务性的特点，多数子行业的产业经济性质并不是特别明显。

1. 历年社会性服务业政策数量对比

从图 6-17 可以发现，社会性服务业的政策，经历了几个高峰期，一是 20 世纪 80 年代中期的小高峰，二是 90 年代末，最近几年则是比较密集的高峰期。

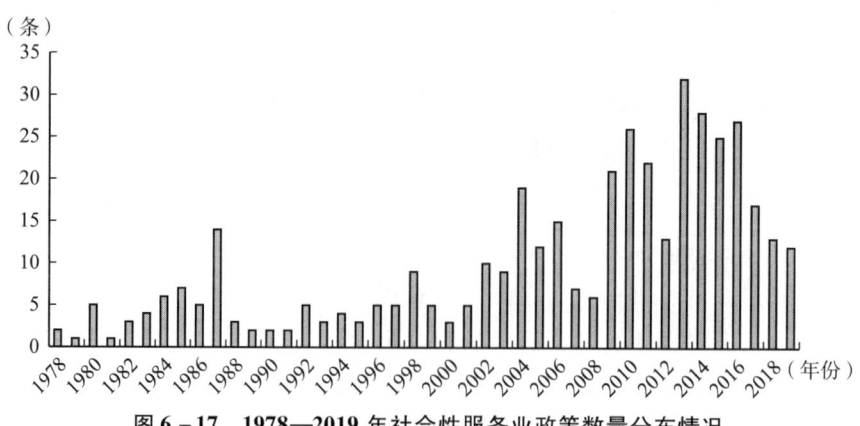

图 6-17　1978—2019 年社会性服务业政策数量分布情况

2. 社会性服务业发展政策颁布部门对比

由图 6 - 18 可以看出，从政策发布的部门看，卫生部、国家发展改革委和财政部发布的社会性服务业政策最多。

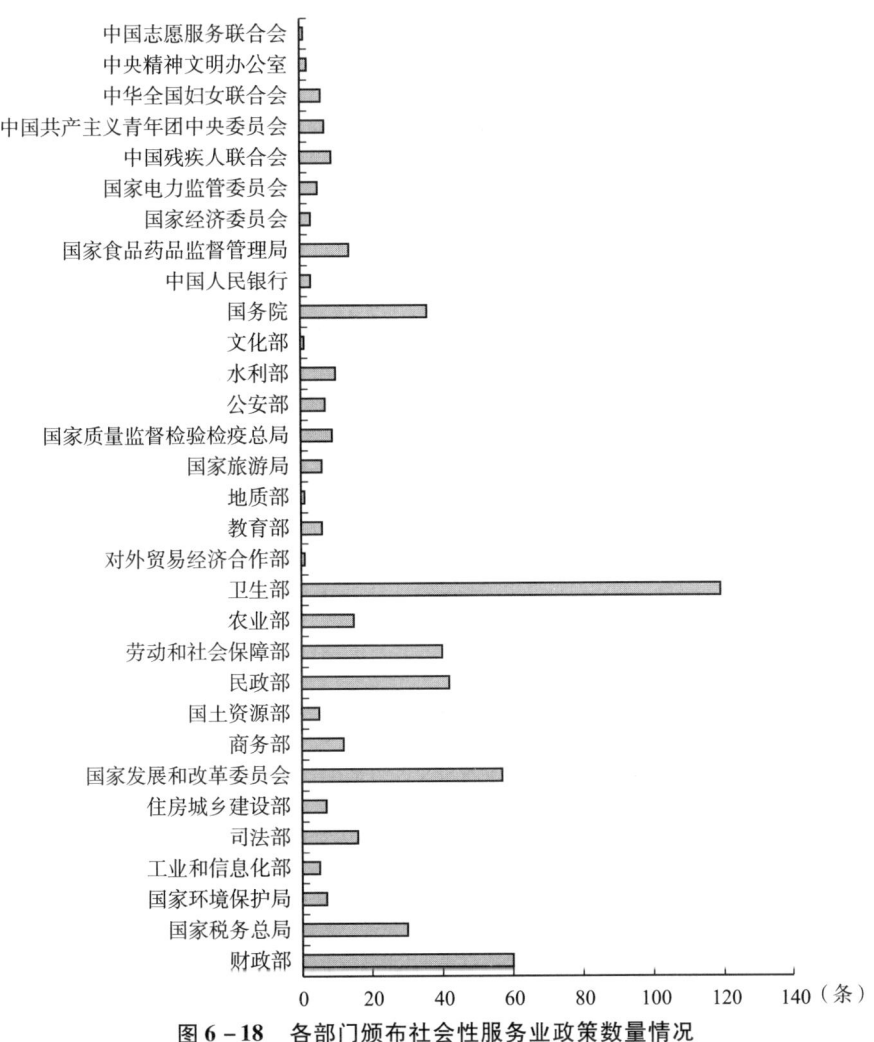

图 6 - 18　各部门颁布社会性服务业政策数量情况

3. 社会性服务业发展政策子行业分布

图 6 - 19 进一步展示了不同年份社会性服务业几大行业政策的分

布。可以发现，比较典型的是，近年来的医疗卫生服务政策一直较多，这也说明了随着社会的发展，医疗卫生服务需求加大，政策对此的回应也更为密集。

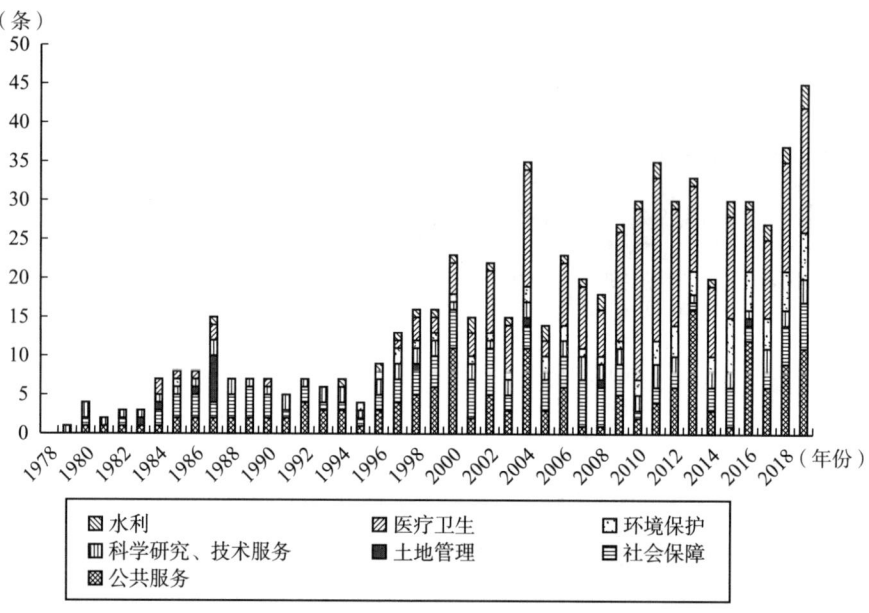

图 6 - 19　1978—2019 年各部门不同年份颁布社会性服务业政策数量情况

第三节　服务业发展政策演变分析总结及其新时代政策体系优化启示

一、服务业发展政策历史演变的分析小结

回顾新中国成立以来尤其是改革开放以来我国服务业发展及其相关政策的演变历史，首先可以发现，我国服务业发展相关政策形式多样，有法律、规划、发展纲要、通知、指导意见等；颁布政策的部门多样，从全国的角度看，国务院、国家发展改革委、财政部、中国人民银行、教育部、

商务部、国家旅游局、国家质检总局等部门都有大量参与；服务业发展政策涵盖的子行业范围广泛，涉及生产性服务业、生活性服务业和社会性服务业的诸多领域，以及交通运输、商贸流通、住宿和餐饮业、信息传输、软件和信息技术服务业、金融业、家政服务、教育文化、医疗卫生、文化等具体行业；服务业发展政策在阶段划分上，在改革开放之前，服务业发展政策总体上是缺乏明确地位的，改革开放以后，经历了从初始酝酿、正式进入国家最高文件、加快发展的重大战略决策的提出，再到现代服务业政策的体系化，最后到现在的倡导服务业创新发展、高质量发展约 6 个阶段。在这一历史过程中，服务业发展政策逐年增加，相关政府部门对服务业的扶持力度也日益加大。

服务业发展政策主要由财政部、国家旅游局、商务部、国家发展改革委、国家税务总局等部门颁布；其次是民政部、工业和信息化部、交通运输部、卫生部、教育部等部门。这点同时体现在服务业子行业的分布上。从具体政策文本的时间和行业分布演变看，本部分通过收集 1978—2019 年政府关于生产性和生活性服务业的政策数量，结合了交通运输业、软件和信息技术服务业、金融和保险服务业、电子商务服务业等重点子行业的情况，进行了政策分布分析。

生活性服务业发展政策数量占服务业政策总量比重，仅次于生产性服务业政策数量占比，其产业范围也从最初以批发和零售业等行业为主的单一门类发展到了当前覆盖居民生活的各方面，对于满足人民日益增长的美好生活需要的服务能力提高，但在那些高端家政、老年生活质量提高等高品质消费要求方面，产业服务能力还有待大幅改进。在支持国家和各区域推进产业结构优化调整和升级的过程中，生活性服务业也有利于稳定和扩大社会就业，对于缓解结构调整的就业冲击有给出重要的作用。而大力发展文化、体育和娱乐业、旅游等生活性服务业，对于丰富广大人民的义化和精神生活非常重要，对于适应国民收入水平提高、消费结构转型升级以及支撑全面小康建设，都具有基础性的作用。

而相比之下，有关社会性服务业发展的政策，远远滞后于生产性服务业和生活性服务业，这反映在产业的现实层面，就是我国的社会保障、公共服务在满足公众社会性需求方面差异较大。原因在于公共管理、社会保障、卫生和社会工作等劳动密集型服务的行业吸纳就业能力较强，但其劳动生产率较低，尤其与金融业、信息技术等知识密集型行业相比更是如此，而知识、技术密集型生产性服务业吸纳低人力资本的就业人员的容量有限，例如扩大就业等社会服务政策可能与生产性服务业发展相互制约。社会性服务业直接对国民经济增长的贡献率并不明显，各区域在发展社会性服务业方面也就存在着激励不足的问题。加之社会服务大多具有公共品性质，社会市场化的资金相对短缺，尤其是水利、环境、垃圾处理、污水处理和公共设施建设与管理等行业，公共品性质较强，投资建设资金主要来自政府，政府是公共服务的主要提供者，而社会性组织的功能结构和服务能力则偏低，没有有效的政策支持和引领，很难提供专业化服务和高质量的社会服务产品。

对服务业发展政策历史演变的总体梳理分析表明：相对于其他产业而言，服务业发展受国家政策的影响可能更大，而服务业发展政策受主导政治经济观念、主要社会发展目标以及社会主要矛盾定位等基本认识问题的影响又更大，并随着这些观念认识的变化而出现或快或慢、或大或小的变化。政策的变化，有时会滞后于经济发展的客观需要，从而表现为现有的服务业政策会阻碍服务业发展，尤其是在早期；也有时会具有先导作用，为服务业的健康发展理清障碍、提供资源和技术支持等。

早期的服务业相关政策，受当时主流的政治经济观念影响，认为物质化的财富以及物质化的生产才是社会经济发展的正确方向，而无形的服务业并不创造物质财富，服务消费多属于剥削阶级特有的行为，促进服务业发展也有悖于当时社会发展的主要目标——建立社会主义的物质基础并实现工业化赶超。因此，新中国成立一直到改革开放之前，政策总体上存在对服务业尤其是生活性服务业不主动支持甚至限制发展的基本态势，服务业在政策上较长期地处于无法律地位的边缘状态。但是，鉴于实践中一些生产和生活服务又是必不可少的，缺乏了会导致整个社会生产生活无法正常运转，比如水电气、交通运输、教育、医疗卫生、金融、通信等公共部门服务。因此，服务业改革开放前是被限制在维持最基本生活和生产运转所必需的最低范围内，谈不上服务业尤其是消费型服务业发展的政策支持问题，只要服从于推动工业化目标实现即可。

随着整个社会的政治化意识形态色彩逐渐淡化，社会关注的焦点真正对准落后的社会生产的客观现实，对社会主要矛盾的认识日益实事求是地回归到日常生产和生活实践的客观需要上来。由于服务业对生产和生活的不可或缺，服务业的发展就自然而然必须提到政策台面上来。鉴于以往服务业长期被政策性抑制，为此，需要首先调整服务业在政策中的法律地位，以为弥补服务业发展历史欠账开辟政策空间。而且，随着国家经济发展和人民收入水平的提高，服务业在人民生活中的地位逐渐提高，在国民经济中的功能定位也日益扩展和多元化，服务业发展政策的重要性由此日益明显。因此，社会主要矛盾定位变化反映到服务业领域，就集中表现为：生产生活对服务业的客观需要大幅提高，而服务业发展则大规模全方位滞后以及服务业相关法规政策的长期缺位和滞后于形势需要。考虑到我国传统体制下政府政策对经济发展的重大影响力，因此，对这种服务业需求和供给矛盾的化解，首先必须从服务业相关政策的角度进行全面调整。自此，服务业政策的影响、范围和进入政策议程的频次不断提高，先后建立了第三产业统计体系以及各种国家级、行业级、地方级等服务业发展规划、通知、纲要等政策；并不断根据新的形势和新的发展要求，调整体制机制之中一些没有及时跟上时代发展而逐渐由促进转为制约服务业发展的因素和环节。由此，整个社会的人力资源、财政资源、金融资源、技术资源以及土地等各种生产要素大规模流向服务业。服务业得以在改革开放进程中逐渐摆脱了改革开放前被政策性抑制的状态，开始不断壮大，体系不断丰富和完善，逐渐成长为我国经济产值占比最大、容纳劳动力就业最多的最大最庞杂的产业，被赋予的发展动因功能也日益多元。基于不同动因、推动不同功能目标定位的服务业发展相关政策纷纷出台，政策体系日益多层次多视角多元化。

总体来看，服务业的健康发展，是在政策观念上超越了过于意识形态化的考量，真正瞄准不断演变的生产和生活的客观真实需求，始终坚持市场主导与政府引导有效结合、坚持重点突破与统筹协调相结合、坚持保障基本和多元发展相结合、坚持创新驱动与夯实基础改善营商环境相结合、坚持提高内生发展能力与对外开放水平相结合等基本方针之下，不断与时俱进地优化服务业相关政策手段、通过分类指导提升服务业政策的针对性和激励相容性。同时，服务业发展政策演变的历史动因，有超越了单一的为不断升级的生产生活需求服务的这一纯粹服务业自身的产业使命，也有不断融入了新的功能定位。在发展进程中，服务业不仅要满足经济发展水平提高之下生产和生活对服务需求提高的直接要求，而且，服务业还被赋予了拉动增长、解决就业、支撑城市化进程、提升社会科技发展水平和人力资本水平等关键使命，因此，服务业的地位日益重要，服务业发展政策的诉求也日益多元。这种动因的多元性本身也意味着，对当前服务业发展政策的优化，要着眼于产业内和产业外的动因来加以综合考量。

二、中国服务业政策发展中存在的一些具体问题

1. 生产性服务业政策发展存在的问题

（1）区域间生产性服务业发展政策不平衡。目前我国区域间生产性服务业发展差距较大，且生产性服务业的发展具有明显的聚集性，为有效引导，对不同地区的生产性服务业发展要实行差别化的政策，不宜实行"一刀切"的政策。从面向全国的生产性服务业政策来看，应该在区域方面加大倾斜力度，在遵循生产性服务业的空间集聚发展规律的基础上，支持不发达地区大力改善和提升其生产性服务业发展的基础条件和政策条件；要进一步优化较发达地区的生产性服务业的集群发展，为加强规模经济性和带动效应，可适度加强鼓励生产性服务业向一些中心性城市的集聚，大力强化中心城区的现代服务业（如互联网金融，电子商务服务业，软件和信息服务业等行业）对其他地区的辐射力，带动其他地区相关行业的协调发展。

（2）生产性服务业行业之间发展政策不平衡。这主要表现在对新兴服务业的支持引领存在滞后性，且引导力度也不够，大量的政策还主要是

瞄准传统的服务业。为此，对于不同的服务业发展实行差别化政策，如对金融业、软件和信息服务业，商务服务业这些与人均 GDP 和就业人数呈高度正相关的服务业行业，我们要加大支持力度，在投资、税收等方面予以一些优惠政策，并加大对支撑这些行业大发展的基础设施和环境的投资力度，实施适度的生产性服务优先发展，而对交通运输业、仓储和邮政类等基础性行业，也不应放弃对其发展的引导，要结合当地的经济发展水平，实行适当的引导政策，使其不盲目扩张和放任自为。

（3）对生产性服务业创新的政策性引导不够。如前所述，诸如电子商务服务业和互联网金融服务业这些快速发展的服务业，其政策严重滞后于行业的现实发展，这产生多重后果，导致这些新兴行业创新的步伐和创新的方向一定程度上偏离了其服务对象本身，甚至部分地区部分领域出现盲目发展进而出现较大社会性风险隐患的状态。而且，由于电子商业模式、互联网金融等数字化服务的创新大多没有具体的产品载体，其创新成果出来后在知识产权保护方面存在困难，且对其模仿成本非常低，这必然会打击这些新兴行业的创新积极性，并导致这些对未来发展至关重要的服务业先天不足地限于过度竞争的境地。因此，尽管这些行业的创新会给传统行业带来很大的冲击，但是考虑到这些行业的战略性，不能因噎废食，由于担心潜在的风险就停滞不前，对这些行业的政策要逐步放开管理，鼓励金融创新、技术创新、商业模式创新，并将其创新方向引导到差别化深度发展上去。

（4）生产性服务业相关法律法规体系尚不完善。与其他各类行业相比，生产性服务业存在着规模大、影响深广、垄断程度较高等趋势，而相关产业发展的法律法规对其的引导和规制还远不完善。为此，一要加快生产性服务业发展的相关行业法律法规建设，完善法律，法规环境，使生产性服务业的发展有良好的法治化发展平台；二要完善生产性服务业的市场投资机制和竞争环境优化建设，对不正当竞争和违法行为要予以严厉打击；三要大力优化生产性服务业企业的营商环境和企业文化建设，促进各类企业增强社会责任意识，依法设立，合法经营。

2. 生活性服务业政策发展存在的问题

（1）生活性服务业政策内部发展不平衡，各子行业政策覆盖参差不齐。生活性服务业是直接面对民生的，对人民的生活质量保障有着直接而普遍的影响。但相关行业的发展很多还处于自发状态，缺乏足够的政策性引领，政策参与度极不平衡。比如，旅游业发展政策出台多、出台平台频率高，体现在旅游服务行业政策数量上，更是占到了目前生活性服务业政策总量的37%左右，而其他行业的政策发布数量和覆盖深度则存在不足。同时，生活性服务业政策的数量在各个子行业间的分布很不平衡，说明生活性服务业内部各子行业发展政策存在比较明显失衡的一面。因此，在继续重视对旅游业发展的引领规范的同时，也应相应提升对餐饮业、文化体育和娱乐业、批发零售业、教育、房地产业和居民服务业等行业的规范引领，以促进生活性服务业行业整体发展真正跟上人民日益提高的收入水平和生活品质提升的要求。

（2）对生活性服务业发展专门规划的重视不足。以往的国家"六五"计划至"十二五"规划中，国家的每五年发展计划中，生产性服务业发展经常会被作为单独计划而专门列示出来，但生活性服务业的发展规划则很少会单独列出。近年来，有关生活性服务业发展的专门规划也开始陆续增多，例如，2015年国务院办公厅专门印发了《关于加快发展生活性服务业促进结构升级的指导意见》，2017年初商务部依据国家"十三五"规划等内容又制定了《居民生活服务业发展"十三五"规划》等，但与生产性服务业发展专门规划相比，生活性服务业发展专门规划确实较少、覆盖也不高，需要大力提升。

（3）生活性服务业各行业法规不健全、标准不明确，服务质量有待提高。生活性服务业因为直接面对广大的分散行动的消费者，消费者在消费中往往处于更为严重的信息不对称且谈判能力不足的状态，需要更高密度的政策介入。因此，在加强消费者的风险教育和权益保护的同时，要对生活性服务业的发展标准和发展规范政策进行深度细化。

实际上，虽然我国确实制定了大量的生活性服务行业法规和标准，但由于生活性服务业分布广、门类细、服务标准个性化高，监管难以及时到位，很多地方的政策、标准实施效果难以保证。例如，作为政策密集度最高的旅游行业，法规依然不健全，监管体系性不够、各类监管主体之间长期存在权责不清，整个行业的政府监管效率不高、多头监管或监管空白、监管手段落后、监管标准不清等问题难以有效改善，导致旅游服务业中各种服务质量问题层出不穷，而直接面向广大消费者日常生活的餐饮业发展，也未能建立起有效的法规体系，行业严格的市场准入制度和监管措施缺位较多，导致餐饮市场秩序不规范，食品安全问题发生的频率较高。随着人们生活水平的提高和家庭人口结构的变化，家政服务行业的需求日渐增加，但一直缺乏专门的行业规范体系建设，一些家政服务公司大多只是将业务重点放在中介服务层面，而对于如何保障服务质量和供需双方的安全满意服务，则缺乏明确要求和有效保障，而整个家政服务行业的政策规范并不足，缺乏严格的市场准入机制以及服务标准与监管准则，难以有效保障雇主和家政服务人员双方的基本权益；居民服务业中的美容美发行业，作为一个与人民日常生活密切相关的传统行业，甚至长期以来都是在缺乏有效的服务技术规范和卫生安全保障的政策条件下自主运行的，很多企业或店面服务项目不规范，各种资质名称、技术名称、产品名称虽然不断改头换面但实质变化小、对消费者的误导性高，但相关标准却不透明，破坏了消费者的信心和消费安全权益；房地产业近十多年来发展迅猛，而且影响极大，但相关行业政策效果一直存在不如意的问题，房屋质量问题是各类争端中最为突出的问题，物业管理服务这些年逐渐起步，但不规范甚至不作为、乱收费等诸多问题频发，亟待加强产业政策措施，明确相关服务标准，完善相关法律法规，加强监管落实，以促进整个行业的健康有序发展、提升民众在住房消费方面的满意度。

三、新时代高质量导向的服务业发展政策体系评析

以上分析已经表明，我国的服务业发展政策体系已趋于丰富多元，但丰富多元不意味着已臻于完善而一劳永逸。因为内外形势和发展基础在变，发展目标、任务和功能定位也在调整升级，政策自然也应该进一步调整升级。当前，国家经济发展的最重要主题是整体进入创新驱动、高质量发展新阶段，而作为支撑整体经济转型升级的服务业，不仅自身因为是整

体经济的重要组成部分而同样面临创新驱动和高质量发展的新要求，而且由于其服务于日趋转型升级的生产和生活需求的双重服务功能，也决定了其面临着转型升级的使命。

当前，从整个服务业政策的角度看，最具有宏观统驭性、又最代表着今后一段时期国家总体服务业政策指导思想的，无疑是 2017 年 1 月发布的《服务业创新发展大纲（2017—2025）》以及 2019 年 10 月专门印发的《关于新时代服务业高质量发展的指导意见》。这两个政策文件的发布，标志着我国的服务业发展政策体系，整体上已经进入推动服务业朝向创新、高质量发展的新阶段。在新的阶段，服务业发展政策制定需考虑的相关形势背景、指导思想、政策目标、基本原则和具体政策体系等，两大文件已经从不同角度做出了详细的规划和阐述。两者都强调了在新常态下，服务业发展政策在新时期的改革深化，应该准确把握好服务业发展面临的几大新任务新要求：一是将发展服务业作为培育国家经济总体发展新动能的重要抓手，挖掘服务业发展的内在潜力，补齐发展的短板，推动服务业创新发展；二是结合国家供给侧结构性改革这一重大主题，将发展服务业作为推进供给侧结构性改革的重要内容，并消除各种相关的体制机制方面的阻力和障碍因素；三是要立足于国际间的产业合作关系，推动和提升服务业领域的开放水平和开放质量；四是将发展服务业作为贯彻以人为本、改善民生扩大就业的以人民为中心发展观的重要途径，以满足服务消费升级需求，提升服务业吸纳就业能力，营造良好消费环境等。

1.《服务业创新发展大纲（2017—2025）》中的最新政策体系评析

国务院《服务业创新发展大纲（2017—2025）》（以下简称《大纲》），兼顾了服务业的"十三五"和"十四五"两个五年，也就意味着这超越了传统的五年计划，是有着更长远的规划性和引领性的重大战略性政策文件。《大纲》首先突出强调了政策制定所面对的世界服务业发展三大趋势，一是以新一代信息、人工智能等技术不断突破为代表的新一轮科技革命，支撑着服务业网络化、智慧化和平台化，这将引发服务业大规模创新升级，服务业在国家产业升级中的作用更加突出，已经成为支撑发展的主要动能、价值创造的重要源泉和国际竞争的主战场；二是服务业投资贸易全球化，在深度拓展我国服务业发展空间的同时，也提升了我国服务业的国际竞争性；三是国际经贸规则重构，焦点转向服务领域，推动全球服务分工格局深度调整。然后，《大纲》总结了我国服务业发展的基础和条件，尤其是服务业已经成为就业吸纳、产值比重的最大产业，新业态、新模式不断涌现；国内的总体发展水平提升增大了服务需求、国家治理水平提升有利于释放服务业发展新动力和新活力，新型工业化、信息化、城镇化和农业现代化等极大地拓展了服务业发展广度和深度等有利因素；服务业发展依然面临着整体水平不高、产业创新能力和竞争力不强、质量和效益偏低，供给不能适应需求变化、生产性服务业发展明显滞后、生活性服务业供给不足，服务业总体占比仍然低于世界平均水平、整体上处于国际分工中低端环节、服务贸易逆差不断扩大等；服务业发展思想观念转变之后、体制机制束缚较多、统一开放公平竞争的市场环境尚不完善等问题。

在突出总结了世界服务业发展趋势、国内服务业现有发展基础的有利条件和不利因素之后，《大纲》判断，我国服务业处于发展的重要机遇期，已进入到了全面跃升的重要阶段，为此，我国的服务业发展政策应该立足国情、转变观念，通过深化改革开放、营造发展环境，推动整体经济迈向服务经济时代。在综合考察服务业的当前发展基础与未来创新发展和均衡布局要求的基础上，《大纲》确立了服务业创新发展的政治和经济指导思想之后，确立了五大基本原则：坚持以人为本、人才为基；坚持市场主导、质量至上；坚持创新驱动、融合发展；坚持重点突破、特色发展；坚持深化改革、扩大开放。基于这些基本原则，《大纲》提出了服务业发展的主要目标是到2025年奠定由服务业大国向服务业强国迈进的坚实基础，服务业市场化、社会化和国际化水平明显提高，并据此提炼了五方面的具体目标：发展环境全面优化、有效供给持续扩大、质量效益显著改善、创新能力大幅提升、国际竞争力明显增强。

在上述总体要求的基础上，《大纲》从以下几个方面着力：一是创新引领，增强服务业发展动能（涉及积极发展新技术新工艺、鼓励发展新业态新模式、大力推动服务业信息化、丰富服务业文化内涵）；二是转型升级，优化服务供给结构（推动生产服务加快发展、促进流通服务转型发展、扩大社会服务有效供给、提高居民服务质量）；三是促进融合，构建产业协同发展体系（促进服务业与农业融合、推进服务业与制造业融合、鼓励服务业内部相互融合）；四是提升质量，推动服务业优质高效发展（健全服务质量治理体系、提高服务标准化水平、打造中国服务知名品牌）；五是彰显特色，优化服务业空间布局（优化服务业发展格局、加快建设多层次服务经济中心、加强服务平台载体建设）；六是深化改革，创建服务业发展良好环境（实现公平开发的市场准入、发展充满活力的市场主体、健全现代高效的监管体系、营造公平普惠的政策环境）；七是扩大开放，培育服务业国际竞争优势（深入推进服务业领域对外开放、打造服务业全方位开放新格局、提升全球服务市场资源配置能力、积极参与国际服务业投资贸易规则制定）；八是夯实基础，强化服务业发展支撑（健全配套基础制度、强化人才队伍支撑、完善基础设施体系、加强社会信用体系建设、保障消费者合法权益）。可以说，《大纲》是重点围绕推动生产性服务业向专业化和价值链高端延伸、生活性服务业向便利、精细和高品质的转变，打造中国服务新品牌、建设服务业强国等新任务新目标，提出了一系列引领我国服务业未来创新发展新格局的政策体系，相关更细致的政策要点，见表6-11。

表6-11　　《服务业创新发展大纲（2017—2025）》政策体系框架及结构要点

政策方向	基本点	结构要点
创新引领，增强服务业发展动能	发展新技术新工艺	提升技术创新能力、加强技能工业创新
	鼓励发展新业态新模式	鼓励平台经济发展、支持分享经济发展、促进体验经济发展
	大力推动服务业信息化	推进服务业数字化、促进服务业智能化
	丰富服务业文化内涵	鼓励且提升副业产品文化价值、提升中国服务文化影响力

政策方向	基本点	结构要点
转型升级、优化服务供给结构	推动生产服务加快发展	信息服务、科创服务、金融服务、商务服务、人力资源服务、节能环保服务
	促进流通服务转型发展	现代物流、现代商贸
	扩大社会服务有效供给	教育培训服务、健康服务、体育服务、养老服务、文化服务
	提高居民服务质量	家政服务、旅游休闲、房地产服务
促进融合，构建产业协同发展体系	促进服务业与农业融合	培育多元化融合发展主体、加快发展融合新业态
	推进服务业与制造业融合	发展服务业型制造、推动服务向制造拓展、搭建服务制造融合平台
	鼓励服务业内部相互融合	支持服务业多业态融合发展、培育服务业融合发展新载体
提升质量、推动服务业优质高效发展	健全服务质量治理体系	强化企业主体责任、提升政府监管和执法水平、充分发挥社会监督作用
	提高服务标准化水平	健全服务标准体系、推新更高服务标准
	打造中国服务知名品牌	鼓励企业加强品牌建设、营造良好品牌发展环境
彰显特色，优化服务业空间布局	优化服务业发展格局	优化服务业区域布局、构建城市群服务业网络、大力发展海洋经济
	加快建设多层次服务经济中心	建设全球性现代服务经济中心、加快国家级服务经济中心建设、提升区域服务经济中心辐射带动力、增强中小城市和小城镇服务功能
	加强服务平台载体建设	建设专业化服务经济平台、挖掘老城区服务业发展潜力、促进开发区新城新区服务业加快发展、统筹推进服务业试点示范、鼓励打造交通枢纽型经济区
深化改革、创建服务业发展良好环境	实现公平开发的市场准入	实施市场准入负面清单制度、破除各类显性隐性准入障碍、打破市场分割和地方保护
	发展充满活力的市场主体	确立法人主体平等地位、分类推进国有服务企业改革发展、深化事业单位改革
	健全现代高效的监管体系	创新监管理念和方式、实行统一综合协同监管、创新新业态新模式监管方式
	营造公平普惠的政策环境	创新财税政策、完善土地政策、优化金融支持、深化价格改革、健全消费政策

政策方向	基本点	结构要点
扩大开放，培育服务业国际竞争优势	深入推进服务领域对外开放	完善国际化法制化便利化营商环境、推动重点领域对外开放
	打造服务业全方位开放新格局	提升沿海服务业开发水平、打造内陆沿边开放性经济高地、深化内地和港澳大陆和台湾地区服务业合作
	提升全球服务市场资源配置能力	加快发展服务业贸易、创新全球服务业资源配置方式、强化"走出去"服务支撑
	参与国际服务投资贸易规则制定	
夯实基础，强化服务业发展支撑	健全配套基础制度	完善法律法规体系、健全知识产权保护制度、健全信息安全保护制度、完善社会组织管理制度、完善统计制度
	强化人才队伍支撑	健全人才使用和激励机制、实施更加开放的人才政策、加大人才培训力度
	完善基础设施体系	信息基础设施、交通基础设施、流通基础设施、旅游基础设施、社会服务设施
	加强社会信用体系建设	着力加强服务市场诚信建设、培育和规范信用服务业市场
	保障消费者合法权益	着力提高信息透明度、完善消费者权益保障制度、健全服务业纠纷解决机制

资料来源：《服务业创新发展大纲（2017—2025）》。

从表 6-11 可以看到，《大纲》尽管是概要性的，未能涉及更深入的政策细节，但基本上将我国服务业未来健康良性创新发展可能涉及的各方面的政策因素和重点方向，大多提出了一些相关要求和重点建议，相关政策细节有赖于各子部门的落实，落实与规划同样重要。

2. 2019 年《关于新时代服务业高质量发展的指导意见》中的政策体系评析

为了贯彻落实党的十九大的基本精神以及《中共中央、国务院关于推动高质量发展的意见》的总体要求，同时，为了进一步推进服务业创新发展支撑政策体系的有效落实，国家发展改革委、市场监管总局 2019 年 10 月专门印发了《关于新时代服务业高质量发展的指导意见》（以下简称《指导意见》）。该《指导意见》围绕那些制约了整个服务业高质量发展的薄弱环节和关键的共性问题，站在宏观统筹的角度部署了相关任务，而对服务业各行业的高质量发展规划方案等，则强调发挥各行业主管部门的行业知识与经验，由他们具体研究制定和部署实施。这表明，全面推进服务业的高质量发展，已经成为今后一段时期，我国政府相关各部门制定促进服务业发展政策的主基调。

首先，《指导意见》从政治经济指导思想上重申了"习近平新时代中国特色社会主义思想"对服务业高质量发展的指导地位。其次，着重阐述了服务业发展的总体要求是："深化服务业供给侧结构性改革，支持传统服务行业改造升级，大力培育服务业新产业、新业态、新模式，加快发展现代服务业，着力提高服务效率和服务品质，持续推进服务领域改革开放，努力构建优质高效、布局优化、竞争力强的服务产业新体系，不断满足产业转型升级需求和人民美好生活需要，为实现经济高质量发展提供重要支撑"。同时，《指导意见》提出了新时期促进服务业高质量发展应该遵循的四大基本原则：以人为本，优化供给；市场导向，品牌引领；创新驱动，跨界融合；深化改革，扩大开放。并确立了到 2025 年服务业高质量发展的总体定性目标："服务业增加值规模不断扩大，占 GDP 比重稳步提升，吸纳就业能力持续加强。服务业标准化、规模化、品牌化、网络化和智能化水平显著提升，生产性服务业效率和专业化水平显著提高，生活性服务业满足人民消费新需求能力显著增强，现代服务业和先进制造业深度融合，公共服务领域改革不断深入。服务业发展环境进一步改善，对外开放领域和范围进一步扩大，支撑经济发展、民生改善、社会进步的功能进一步增强，功能突出、错位发展、网络健全的服务业高质量发展新格局初步形成"。

其次，《指导意见》专门阐述了推动新时代服务业高质量发展中，应该着重做好的 10 大重点任务，具体为：推动服务创新、深化产业融合、拓展服务消费、优化空间布局、提升就业能力、建设服务标准、塑造服务品牌、改进公共服务、健全质量监管、扩大对外开放。瞄准这些具体任务，《指导意见》从以下六个方面，较为全面系统地阐述了具体的政策保障措施：优化营商环境、加大融资支持、强化人才支撑、保障用地需求、落实财税和价格政策、建立健全统计制度等。总而言之，《指导意见》关于政策措施的主旨：通过各方面政策、各方面力量的协调努力，持续推进新时代服务业发展质量、效益和水平的不断提升，形成支撑服务业真正高质量发展的内在动能和政策体系。

四、新冠肺炎疫情对中国服务业及发展政策体系的冲击

在我国社会主要矛盾已经发生新的变化的大背景下，服务业升级优化更是化解我国新时代的社会主要矛盾，奋力"实现人民美好生活目标"的基本支撑。而《大纲》和《指导意见》两大文件及其将陆续出台的各种子行业的指导意见和实施细则，其共同的主旨基调，标志着我国服务业进入创新性、高质量发展的全面跃升新阶段。

面对这种全球性的严重疫情冲击，就经济产业而言，服务业所受的影响是最为严重的，深度改变了各种产品和服务的需求与供给规模及方式，大规模阻滞了全球供应链体系的顺畅性，尤其那些带有鲜明体验性特色的服务业，例如交通运输、教育、旅游餐饮、文化健康消费等，更是全面陷入历史最低谷，部分国家的社会经济运行甚至陷入了困顿境地。

在疫情的应对方面，相比之下，我国以全社会总动员、雷厉风行、不惜代价的防控之势，较为迅速地将最初的源发疫情、后来小规模星点发生的本地疫情以及不断地输入型疫情，都控制在了有限的范围内，保障了人民的生命健康，也从总体上较为有效地维持了整个社会经济运行的基本运转。当然，这并不意味着疫情对我国经济的当前运行和未来发展影响不大。由于我国受疫情防控的影响时间更长，而且是以大规模隔离和阻断人际间面对面直接互动的方式来进行强力防控的，因此，对整个经济活动的影响非常大，从表6-12所示的服务业经济运行月度数据可以看出，自从

2020 年 1 月疫情大规模暴发以来，服务业生产指数大幅下挫，当月指数由疫情前的 6.8% 迅速转为负值，直到 5 月才开始恢复正的增长，但一直到 7 月，增长率也只是恢复到了疫情之前的一半。而从累计增速来看，情况更糟糕，连续是较大的负增长。

表 6-12　　　2019 年 10 月—2020 年 7 月服务业生产指数变化情况

服务业生产指数	10	11	12	1	2	3	4	5	6	7
当月同步增速/(%)	6.6	6.8	6.8			-9.1	-4.5	1	2.3	3.5
累计同步增速/(%)	7	6.9	6.9		-13	-11.7	-9.9	-7.7	-6.1	-4.7

资料来源：国家统计局官网（https：//data. stats. gov. cn/easyquery. htm? cn = A01）。

就服务业发展而言，疫情防控的影响大致可以归结为三大方面。

（1）影响了国内服务短期供求的规模和方式。由于国内疫情防控采取的是强力的隔离或尽量阻断面对面交互，因此，大量的体验性的服务业难以进行，例如教育培训、旅游餐饮、交通运输、文化健康消费、商业零售等；商贸流通的模式也大大发生变化，线上模式逐渐占据了重大份额，由此，物流配送服务业发生了重大变化。而且，由于疫情持续的时间长，大量中小型企业难以为继，加剧了上下游经营的困难，也加剧了就业和收入问题的恶化。因此，在服务业的基础性部分都难以为继的情况下，服务业的高质量发展要求就会变得更远而不是更近，或者说，高质量发展的高质量标准就会调整。

（2）影响了相关服务的全球供应链的结构和持续性。现在全球产销一体化程度非常深，多数国家都是在全球产业链的不同价值链环节利用全球分工来为本国经济发展注入活力，并以此为重要基础组织国内的产销。而受全球疫情的系统性影响，很多国家的诸多行业难以开工或者开工严重不足，整个全球供应链的诸多环节都发生了普遍性、持续性的断裂或者重组。这导致全球产业链上的各国经济，无论是上游、还是下游，都出现了严重的经营问题。而我国，作为嵌入在全球供应链中的大国，受这种影响可能更加普遍更加深入。

（3）影响了我国服务业对外开放发展环境，进而影响服务业高质量发展政策一些基本目标和政策手段的落实。服务贸易本身就是我国的短板，而疫情之下，尤其是国外主要贸易伙伴疫情持续发酵，导致大量的外贸订单终止或者没有后继。这进而联动影响到大量的上下游产业的开工不足，与开发相关的服务贸易和相关教育科技文化等服务交流都受冲击严重。实际上，扩大对外开放、提升对外开放水平、强化"走出去战略"、培育服务业国际竞争新优势、创造中国服务品牌、提升全球服务市场资源配置能力、积极参与国际服务投资贸易规则制定等大小开放目标，正是我国近年来服务业高质量发展政策所着力推动的一大目标。而这些对外开放有关的大小目标的实现，无不是以一个良好和平的有利国际环境为依托。因此，需要审视这种变化对我国服务业发展的影响，从而优化调整相关发展政策。

当然，我们也需要看到问题的另外一面。疫情期间，我国的社会经济固然受到较大影响，但全球其他国家也同样受到较大影响，而相比之下，我国当前的疫情控制和社会经济恢复均走在了全球的前列，这与我国利用强力的全方位政策协同干预密切相关。其中，以数字化技术手段推动生产和生活服务提供模式的转型，起到了非常重要的作用。

五、产业历史与现实疫情综合透视下服务业发展政策体系优化再思考

从历史演变的角度看，正视国际发展趋势，遵循产业演进基本规律，客观评估国内发展基础与阻滞因素，及时客观认识并适应社会主要矛盾的变化，不断推进服务业转型升级，当前努力朝向创新发展、高质量发展，并为此构建其支撑政策体系，是我国长期发展和探索的重大选择。

而疫情的重大冲击，一方面，说明了我们的服务业发展体系还不完善，有些环节还很脆弱，尤其是公共卫生和医疗服务领域；另一方面，也恰恰说明，推动服务业转型升级和高质量发展的重要性和紧迫性。同时，从服务业在我国疫情防控中的作用来看，我国之所以能够采取更加强力的

手段防控，服务业模式和灵活性功不可没。例如，我们既能在出现疫情的地区实施封城和封锁小区以防止疫情进一步扩散，又能够保障民众的基本生活；线上交易的迅速发达和无接触配送的迅速投入，是一个非常大的支撑，否则，民众的生活无法经受住长久的大面积区域隔离。而国外包括美国和欧洲国家在内，其物流配送和线上交易体系由于没有达到我们的覆盖程度和我国的灵活应变，也是使其难以实现长时期隔离，最后导致疫情失控的一大原因。因此，可以说疫情的考验，提高了我国服务业政策和服务供求模式的灵活适应性。

当前，新冠肺炎疫情冲击引发的新问题，与原有的一些体制机制问题叠加，可能增大今后一段时期服务业进一步转型升级和高质量发展的难度，但转型升级的目标不能变、高质量发展的方向不能变。因为，服务业转型升级和高质量发展的客观需求没有变化，甚至说更加急迫，这主要体现在以下几个方面。

（1）适应新时代社会主要矛盾变化的总体要求。我们前面的历史分析已经指出，对社会主要矛盾的客观认识，应该成为产业发展的基础动因，也是推动产业体系不断完善的认识论基础。而当前，我国的社会主要矛盾，已经是人民日益增长的美好生活需要和不平衡不充分发展之间的矛盾。而发展现代服务业，是满足人民日益增长的美好生活需要和解决好这一矛盾的直接抓手，也是认识其他要求的基础。

（2）支撑与促进经济持续健康发展的要求。一方面，加快服务业转型升级步伐，可以大幅度减轻传统高能耗、高排放的工业化和发展模式导致的日益增大的资源环境压力，促进资源节约、环境友好，加快经济绿色化发展；另一方面，新一代信息技术如互联网、物联网、云计算、大数据、人工智能技术等与服务业的融合发展所催生的新兴服务业，是加快动能转换、促进经济持续健康发展的新动力。

（3）进一步调整优化经济结构的要求。经过几十年的发展，我国的国民经济结构不断发生调整，当前，已经逐步由以工业为主导向以服务业为主导转变，服务业作为占比最高的产业，已经成为深化供给侧结构性改革、培育经济发展新动能的重大关键。而服务业本身的转型升级（包括新兴服务业的快速发展，也包括传统服务业的改造升级，以及服务业与制造业、传统服务业与新兴服务业等的融合发展），有利于提升服务业发展层次，也有利于改变第二产业的内部技术结构，进而从产业内和产业间带动国家产业结构的合理化和高级化。

（4）利用新一轮科技革命机遇与挑战推进产业升级的要求。以新一代电子信息、新材料、新能源、高端装备制造等技术为主导的新一轮科技革命，影响日益深刻。尤其是随着大数据、区块链、云技术、移动互联、人工智能等与服务业的深度融合创新发展，催生了平台经济、体验经济和分享经济等一大批新产业、新业态、新模式，个性化、体验式、互动式新消费模式不断涌现。所以，数字技术为疫情防控中社会经济运行提供前所未有的巨大支撑。但我国在这些方面的水平，尤其是核心技术服务方面，与国外发达经济体还有很大差距。因此，只有确立支撑性的相应产业服务政策，让我国产业升级借助新一轮科技革命获得新动能，并深度融合，从而推进服务业的真正创新性、高质量发展。

（5）发展现代服务业的要求。现代服务业是相对于传统服务业来讲的，具有高人力资本含量、高技术含量和高附加值等特征，是一个国家、地区经济现代化的重要标志。我国服务业由于起步较晚，产业层次较低，商贸、餐饮、住宿、交通等传统服务业占有较大比重，新兴现代服务业占比较低、还处于服务产业链条的低端，附加值较低。在整体国民经济服务化的大背景下，提升服务业的层次、加快发展现代服务业，对提高国民经济的整体质量至关重要，但自从"十一五"期间开始提出发展现代服务业以来，推进的速度一直有待提高。因此，在当前高质量发展阶段，发现现代服务业应该成为着力推进的重点目标。

（6）应对全球疫情可能引发的我国国际发展环境变化的要求。全球疫情的暴发，对我国的发展环境产生较大不利影响，为适应新形势并应对这些影响，我们确立了"以国内大循环为主体、国内国际双循环相互促进的新发展格局"。而随着国内收入水平和城市化程度的提高，服务消费的增长速度必然是内需增长中最快的部分，服务需求质量提高的趋势同样会日益明显。因此，以国内大循环为主，必然意味着服务业发展在这一大循环中将扮演主要角色，为了更有效地担当这一角色，服务业发展政策必然应该助推。而为了改善国际大循环，尤其是在新的形势下，要更有效地推进国家"一带一路"建设、继续提升我国服务业的开放水平、提升服务业在全球价值链中的位置、建立中国服务品牌、推动我国由制造大国走向服务强国，就必须大力推进服务业高质量发展。

当然，由于我国服务业目前的发展基础还有待夯实，虽然总体规模较高，但实际上从全球来看服务经济占比依然有较大提升空间；同时，一些发展过程中长期的体制机制问题长期存在，亟待化解。例如：行业结构不平衡，尤其是医疗卫生和教育服务等公共性的社会服务水平离民众需求差距较大，且市场配置资源的力度严重不足；服务业标准化体系有待完善，尤其是新兴服务业态的标准体系较低、监管水平不足；发展现代服务业所需的人力资源问题亟待解决；一些制约服务业发展升级的政策体制因素依然存在（经济结构非均衡发展中的滞后改革因素长期制约、城市化落后于工业化下农业转移人口市民化困难、很多服务业领域存在的难以破解的垄断性低效经营等）。

当前，受疫情冲击，可能使得上述问题的紧迫性持续增强，同时化解的难度也加大。例如，由于疫情冲击，企业主体的存活关系重大，这时质量要求和市场化配置要求等都能都可能会自动降低；又由于就业和收入压力非常大，一些不符合未来发展质量要求的传统业态，在解决就业尤其是自主就业方面的优势，且具有成本优势，因此可能会大量回归，这也会冲击高质量发展目标。或者说，需要重新认识高质量发展的内涵，超越过度强调技术层面，也将"人本和谐"这一发展目标维度更多地考虑进去。同时，鉴于疫情冲击之下当前增长与就业的双重困境，服务业要在解决就业和拉动增长方面承担更多责任，因此，其转型升级需要有更多维度的审视。

总体来看，无论是基于历史演变的总结，还是基于现实形势的思考，服务业发展政策，都需要根据新的国情国力和外部环境，不断审视调整。当前，面对新形势新要求，必须继续坚持高质量发展理念，把服务业发展政策转型作为促进服务业转型升级的重要抓手，作为深入推进制度的供给侧结构性改革的重要内容，以提升和促进服务业的智能化、高端化、绿色化、品牌化、均衡化、国际化、市场化等发展方向，推动中国服务与中国创造互促共进、融合发展。

当然，产业转型升级毕竟是一项复杂的社会系统工程，尤其对服务业而言，不仅本身具有鲜明的生产属性，也具有明显的生活属性，既具有典型的经济属性，又有明显的社会属性，因此涉及面就更加广泛。推动服务业本身转型升级以及通过服务业转型升级支持其他产业的转型升级和高质量发展，都需要服务业发展政策首先作出相应的转型升级。为此，各部门、各子行业政策需要共同协调，尤其在深化改革创造良好营商环境、夯实创新支撑体系、优化行业和空间布局、培育科技人才、强化人力资源和人力资本服务、提升开放质量等多个方面入手；不断激发服务业转型升级的内在活力，以及相关资源支撑，共同构建能够支撑优质高效、充满活力、竞争力强、均衡和谐的现代服务业的、有效协同的高质量发展政策支撑体系，进一步推动我国未来社会经济转型升级和"人本和谐"高质量发展。

第四节　本　章　小　结

服务业可以分为生产性服务业、生活性服务业和社会性服务业。生产性服务业存在区域发展不均衡、行业之间发展也不均衡、创新程度不足、对新兴服务业的支持力度不够、法律法规不够完善等问题。因此，要进一步提升较发达地区的生产性服务业的集群发展，加快生产性服务业向中心城市集聚。对不同的服务业发展要实行差别化政策；对电子商务服务业和互联网金融服务业等新兴行业要逐步放开管理，鼓励金融创新、技术创新、商业模式创新；要加快生产性服务业发展的相关法律法规建设。

生活性服务业发展存在各行业之间发展不平衡，专门规划不足，法律法规不健全、标准不明确，服务质量有待提高等问题。在生活性服务业中旅游业发展迅速，旅游服务行业政策数量偏高，在重视旅游业发展的同时，同样应该提高对餐饮业、文化体育和娱乐业、批发零售业、教育、房地产业、居民生活服务业等行业的政策关注度，以促进生活性服务业的整体提升和高质量发展。

从发布政策的数量上来看，生产性服务业发展政策发布的数量占据服务业政策总量比重最多，生活性服务业次之，社会性服务业最少。在生产性服务业发展政策中，财政部和中国人民银行发布的政策数量最多，科技部和知识产权局发布的最少，说明国家对于金融服务业一直非常重视，对科技和知识产权服务业方面的支持还不够，但是从近几年的政策数量增长率上来看，科技和知识产权服务业已经引起了政府的重视。

在生活性服务业发展政策中，从最初以批发和零售业等行业为主的单一门类发展到如今行业门类覆盖居民生活的各方面，但在满足高端家政、老年生活质量提高等高品质消费要求方面的能力还有待提高。在推进产业结构调整升级的过程中，生活性服务业是扩大社会就业的重要渠道。大力发展文化、体育和娱乐业、旅游等生活性服务业，丰富人民精神生活，是国民收入水平提高、消费结构转型升级以及构建小康社会的必然要求。社会性服务业政策发布远不及生产性和生活性服务业，反映出社会保障、公共服务可能难以满足公众需求。原因在于公共管理、社会保障、卫生和社会工作等劳动密集型行业吸纳就业能力较强，但其劳动生产率与金融业、信息技术等知识密集型行业相比较低，且知识、技术密集型生产性服务业吸纳低端就业人员容量有限。

第七章　服务业政策协同性研究

注重体制和政策等的协同性，以及系统性、整体性，是我国以往深化改革的重要经验。因为，提高相关政策的协同性，是解决诸多社会经济问题的关键。党的十九大专门提出了"着力增强改革系统性、整体性、协同性"这一要求，并被作为全面深化改革取得重大突破的一项重要经验；同时，党的十九大还将"更加注重改革的系统性、整体性、协同性"写入了党章，成为此后一定时期指导全面深化改革的重要指导思想和基本要求。

从宏观角度看，服务业政策体系是国家治理体系中的重要部分，促进各项服务业政策的协调配套、系统集成，以不断增强服务业政策改革深化的系统性、整体性、协同性，不仅是过去服务业政策效率的重要要求，更是今后持续推进服务业产业治理现代化、提升服务业政策体系效应的关键要求。

本章在对政策协同的含义、特点和作用等进行了一些理论分析之后，瞄准政策协同的量化分析要求，首先，对中国服务业政策进行量化，制定量化标准，量化指标主要包括政策总效力、政策平均效力、政策效力平均得分、政策力度平均得分等；其次，从整体上分析我国服务业发展政策协同性的情况；最后，分析我国生产性服务业和生活性服务业发展政策的部门协同和政策措施协同性的情况。

第一节　服务业政策协同性分析的理论基础

一、政策协同性的内涵综述

政策协同本质上是要求各政策主体间相互支持、相互配合，最大限度地降低子政策在目标和具体措施之间的不一致性，以避免政策间出现不兼容、不协调甚至政策对冲现象，从而形成真正的政策合力、共同推进政策总目标的实现。因为，现代化的社会经济治理，都是涉及跨领域、跨部门的多目标、多措施管理问题，尤其需要这种协同的解决思路。有效的政策协同更有利于政策绩效的提升，而政策协同的缺乏则会导致公共政策的失败。

尽管政策协同性很重要，对推动组织间合作有巨大作用，但是协同本身的效果也是有限度的，并非所有的合作行为都是有益的，缺少适度冲突的组织也可能更容易僵化和衰落。政策协同的本质是政府内部不同部门和不同层级之间的权力、义务、关系、资源配置方式等的重新分配。在政策协同的过程中往往缺乏明确方向以及实现方向的整体思路，面对整体问题呈现出局部应激式的改革，相关改革缺少整体规划，则会大大降低协同的效果。

关于政策协同的内容指向，学者有不同的观点，但都包括政策部门的内部协同和政策部门之间的协同，以及目标的协同与具体措施的协同。特·梅杰斯等（Meijers et al.，2004）认为政策协同包括两个方面：一是部门内部的协同；二是部门之间的协同。周志忍和蒋敏娟（2010）与埃弗特·梅杰斯持有基本相同的观点，但在其基础上有所丰富，他认为政策协同包含三方面内容：一是部门内部的上下级之间的协同；二是不同部门之间的协同；三是政府部门和社会部门存在相同的目标时，也会联合起来形成协同。彭纪生等（2008，2010）开发了政策目标协同、政策部门协同、政策措施协同三个维度，在此基础上进行分析，使用定量的方法来对我国的技术政策协同情况进行研究。孙玉涛（2012）从联合颁布政策比例、机构数/政策数两个维度对我国 1980—2008 年颁布的创新政策进行量化，进而分析了政策制定中的部门协同情况以及主体合作结构演进的过程，得出我国政府组织机构之间的协调性逐渐增强的结论，并指出中国创新政策主体正由单一机构制定模式向多部门联合制定模式转化。

二、政策协同性的层次

政策协同并非一个单一静止的概念，而是涉及多元主体的集体行动和互动过程。需要关注的是如何在不消除部门边界的前提下，通过部门之间的功能、结构、资源的整合与有效合作，推动部门之间实现交互式、一体化的管理效果，进而实现公共服务的无缝隙提供。本书总结相关研究，将政策协同性的内涵指向分解为三个层次。

首先，就政策主体而言，政策协同要求各级政府为了推动跨部门政策目标的实现，需超越现有政策领域的边界，超越单个职能部门的职责范围，通过一定的方式和手段整合不同部门之间的政策，因此，政策主体具有跨界联动性。政策协同都是在政策主体多元的前提下展开的。一般而言，"政策"涉及的主体比较狭窄，它主要是政府通过正式的权威结构以及相关的政策结构联系在一起提供公共产品的行为；"协同"涉及更加广泛的政治主体，包括所有层次的主体（含国际层次）在超越本部门边界所实现的公共产品的供给。

其次，就政策目标而言，政策协同要求各相关政策主体在政策目标上达成一致性。每个子部门子政策都有其一定的目标，这些目标与总体政策的目标如果有偏差，则政策性能为就会有偏差，最终影响政策的效果。为了实现共同目标，需要各相关主体，最大限度地减少政策目标的冲突，以缓解政策碎片化所造成的政策效率低下问题。

最后，就政策的具体措施而言，政策协同要求各个具体措施之间具有一致性。政策措施是最终落实政策目标、推进政策实现的手段，这些手段如果不能服务于各子政策的目标或者可能与其他政策的手段发生冲突，则不利于整体政策目标的实现。因此，措施层面也需要推进协同性，使之减少彼此之间的矛盾和相互抵触，最终都能够更好地相互配合、服务于共同的政策目标。

三、政策协同性的支撑条件

现代化国家的政策及其治理体系大都呈现主体多元化的特征。这是社会民主进步的表现，但也容易产生治理失效的风险。如何正确理顺和处理多元主体之间的关系，以形成治理体系内部各要素之间的凝聚力，就要使治理体系的构建既与改革发展相适应，又与治理体系内部各要素协调一致、相互配合，这是推进社会经济治理现代化的重要课题。而这一课题，也就对强化治理体系各主体之间的协同性，提出了更高的要求，为此，需要有支撑这种协同性的条件。

1. 高层政策主体的权威支持

政策协同是对政策制定和落实的协同，而相关层级的政府部门，是政策制定和实施的主体，因此，政策协同天然具有政府主导性。在政策协同过程中，高层政策尤其发挥着不可替代的统驭作用，以超越部门利益而从国家整体考虑，再利用行政权威性进行推动。在我国，政策的政府主导性、行政权威性相对较强，各方面的政策改革和深化都离不开政府的主动推动，而唯有更高层级政府的介入，政策协同才具有更可靠的权威基础。

2. 多部门主体激励相容参与的制度和平台支撑

协同的核心是多部门政策主体间的协同，为此，引导各级主体形成协同观念、理顺扩大各级相关政策主体的自主参与激励和参与机会，让各政策主体都尽可能从认同理念、行为激励和行动机会上参与治理政策和体系的制定或实施中来，这是强化治理体系协同性的前提。因为相关部门及其人员能够在价值观念、行为动机和实际利益等多维激励层面，对有关共同的政策对象取得认同，这对政策协同的有效推进有着非常根本性的微观影响。实际上，政策，尤其是服务业政策，传递的是更为现代化的社会治理理念和价值观，这种价值观对个体行为动机有重要影响。因此，通过现代化社会治理的价值观念的引导和普及，可以从内在引导各级政策主体的个人行为。而在观念之外，实际利益层面的协同也是推动各级主体真正致力于协同配合的基础性激励。因为现代化的公共治理，已经不再是纯粹基于利他主义的政府人假设了，物质利益诉求对各级政策主体的理性选择影响越来越明显。通过一定的利益补偿来形成服从或配合政策的行为激励，能够为政策协同过程降低阻力、提高激励。也唯如此，才能提供充分的渠道和机会，让各政策主体在充分表达各自的合理关切基础上达成和扩展共识，从而为政策体系的社会认同提供有力的心理和平台支撑。一旦从价值观的层面塑造了政策协同个体的观念，再通过利益机制的支撑，以及参与机会平台的搭建，那么政策协同的效果也就有了非常稳定的主体基础。

3. 协同规范和协同机制的明晰和稳定

政策协同本身是一种集体行动，集体行动的困难不仅与团体的规模有关，还与成本收益的比值有关。政策协同过程中的基本成本包括政策设计过程中，急需要考虑到政策协同所涉及的主体、内容和方式，也需要考虑政策协同过程中的信息成本、协同过程中的实施成本以及协同后的收益成本等。由于资源的稀缺性而引发的集体行动的困难性是政府跨域治理过程中面临的基本问题。面对这些不确定性带来的问题，对强化各层级治理主体之间的协同性带来了更高的要求，这进一步要求夯实政策的规范基础、形成明晰而相对稳定的联系规则。首先，加强党纪法规治理规范，在强化政策协同的社会认同的基础上，加强有效落实的规范基础，实现治理体系的制度化、规范化、法治化；其次，通过明晰各方的权利和义务，以及工作联系渠道和联系机制，可使多元治理主体之间形成正式、规范的协同关系，为治理体系的有效落实提供有力规范保障和协同的渠道联系。总之，通过理顺关切、确立共识，明晰权责和联系机制，能使各个政策主体间的权责关系更为明确，协同机制更为清晰。

四、政策协同概念的界定和测度思路

服务业政策是由诸多部门围绕各类服务业发展目标、从不同角度制定的相关政策的总称，实际上是一个复杂而庞大的服务业政策系统。服务业政策有多部门主体性、目标多维性，政策措施多维性等特征，使得整个服务业政策体系的效应发挥，严重依赖于各子政策的目标之间、具体措施之间的协同一致性。这是因为各项子政策间，既可能存在相互促进的一面，又可能存在相互掣肘的一面，只有提升政策间的协同性，才能使得整个政策体系以系统的方式，整体性地发挥效应。这种协同一致性，进一步要求各个相关政策部门在制定和实施政策的过程中，共同参与和相互配合，以形成合力、实现良好的政策协同性。否则，"一人一把号、各吹各的调"，难以保证政策的目标和措施能够"心往一处使、劲儿往一处用"，各个子政策在目标上不协同，措施上不协同，政策效果自然难以达到预期。

综上所述，本书将服务业的政策协同性问题，定位为政策的制定和实施主体在议定政策目标以及确立不同政策措施等方面的相互协调。以下就从政策参与主体和具体措施两大更具可操作性的角度，对上述协同性问题进行一定的量化分析。从主体的角度看，本书认为，一项政策在议定时，如果将所涉及的政策主管部门全部纳入参与，则相关的目标和措施，就能够初步得到一定程度的协同，因此，主体参与最为重要。不同层级的政府机构，使用不同层级的措施，形成的协同力度及政策力度会有所不同，因此，可以从这个角度，对政策协同的强弱进行议定量化研究。

第二节　服务业发展政策的量化研究

一、政策收集

为了对我国服务业发展政策措施进行量化，从可获得性原则出发，本书在全球法律法规网数据库中进行对比和筛选，整理出 1997—2019 年我国中央政府以及各部委所颁布的所有与服务业密切相关的政策共有 3604 条。同时，本书通过万方数据库，依据服务业政策的定义，通过略读这些政策对服务业政策开展进一步的筛选与核对，整理出与服务业发展密切相关的政策 2667 条。随后通过精读服务业政策的不同属性，经过八个月的整理与筛选，确定了中央政府层面（全国人大、国务院）、国家发展改革委、商务部和财政部等多个部门独立或联合制定的服务业政策共计 1871 条。

二、政策量化标准

鉴于我国政府颁布的政策与政策措施、政策颁布部门的级别（国务院、各部委等）和政策类型（如通知、规定等）都有关（张国兴等，2014）。因此，本书借鉴学者的相关研究，从政策力度和政策措施两个维度对我国的服务业政策进行量化。在衡量政策力度时，本书借鉴张国兴等关于节能减排政策和彭纪生等关于科技创新政策量化研究的方法，依据国务院颁布的《规章制定程序条例》，并结合有关法律法规专家的建议，根据政策类型和颁布政策机构的级别，衡量政策力度的大小，见表 7-1。

表 7-1　　　　　　　　　服务业发展政策力度量化标准

政策力度分值	评分标准
1	通知、公告、函
2	各部委颁布的意见、指南、标准、办法、细则、决定、方案、协议、指引、规划、计划、暂行规定、要点
3	国务院颁布的暂行条例、办法、方案、决定、标准、意见、细则；各部委颁布的条例、规定、规范、纲要
4	国务院颁布的条例、指令、规定、纲要；各部委的命令
5	全国人大及其常务委员会颁布的法律

1. 在服务业发展政策力度方面

一般而言，级别越高的部门所颁布的政策，其法律效力越高，因此会赋予较高的政策力度分值，但由于高级别部门对行为主体的影响不够具体，在政策措施上的分值就较低；相反，级别低的部门虽然颁布政策的法律效力不高，但由于法规更为明确，对具体行为主体所产生的影响更大，因此在政策措施上的分值较高。所以，综合政策力度、政策措施，这样反映出的政策内容的效度会更为科学合理。

2. 在服务业发展政策措施方面

政策措施可分为政策制定措施和政策实施措施两种。托尼·弗罗斯特（Tony S Frost，1997）认为政策措施包括加强需求、加强供给和向供需提供有效联系的措施三类。彭纪生等（2009）认为创新政策措施主要有：财政税收措施、行政措施、金融外汇措施、人事措施和其他经济措施。张国兴等（2013）认为节能减排政策措施主要包括：人事措施、引导措施、财政税收措施、行政措施、金融措施和其他经济措施六大类。本书在借鉴上述学者研究成果基础上，通过精读 1871 条政策，再根据相关专家建议，将服务业发展政策措施划分为人事措施、财政税收措施、引导措施、行政措施、金融措施和其他经济措施，量化标准见表 7 – 2。

表 7 – 2　　　　　　　　　　服务业发展政策措施量化标准

二级指标	得分	标准
人事措施	5	最大限度表彰优秀，并制定完善的表彰办法；最大限度地培养、培训人才，提高保障程度，制定推动人才发展的相关制度；制定对服务业发展相关人员的绩效考核办法，并将考核结果与升职、任免挂钩等
	3	明确提出要完善服务业相关机构的工作人员；加强领导、明确现有机构人员的服务业发展职责；加大对相关人员的教育和培训；对优秀人员进行表彰，对违反规定的人员进行惩罚；对相关人员的成果进行考核，将考核结果与人员的绩效挂钩；但均未制定相关实施办法或表彰惩罚办法不明确
	1	仅提及或涉及以上条款
财政措施	5	在财政预算、补贴、奖励上给予大力支持，并提出了财政补助、补贴、投入、奖励的额度或支持办法；在税收上给予大力优惠，明确提出税收优惠的目录，制定优惠办法；加大政府采购力度，制定政府采购目录或标准额度
	3	明确提出在财政、税收等方面大力支持服务业发展；明确提出要加大政府的采购力度和投入力度；但均未提出相关支持额度、制定相关办法或目录
	1	仅提及给予财政税收优惠，未制定相关额度或目录

二级指标	得分	标准
引导措施	5	大力支持服务业企业的发展，制定了宣传的具体实施办法或方案；制定了详细的产品、消费推荐目录；制定了实施示范工程或试点工程的办法；制定了产品技术推广目录；制定了详细的引导体系；制定其他服务业发展相关引导措施等
	3	明确提出要大力实施服务业发展宣传；明确表示要制定产品消费推荐目录、要实施示范工程；明确提出要制定服务业发展相关的引导措施等；为服务业的发展提供了一个良好的环境；但均未制定相关实施办法或制定相关目录
	1	仅提及或涉及上述条款
行政措施	5	制定了服务管理的具体措施，提出了奖惩的具体数额；为大力鼓励服务业发展，下放审批权限，列出了具体的权限列表；制定了强制执行的准入条件、门槛、标准；筹建了新的部门促进服务业的发展，并制定了一系列措施
	3	明确提出运用政策促进服务业的发展；提出筹建新的部门专门促进服务业的发展；明确提出要对具体的违反服务业发展的情况进行处罚问责等；明确要求制定推动服务业发展的相关政策或制度；但均未制定相关方案
	1	政府对服务业发展行政监督和控制很松；只提及上述条款
金融措施	5	在救灾、农村服务信贷、服务业发展等各方面给予信贷优惠，并制定相关支持办法；完善了支持服务业发展的相关信贷政策、制定了相关信贷监管办法等
	3	强调要完善金融政策大力支持服务业发展；强调运用保险、期货支持服务业发展；要求不给不符合国家产业要求的企业提供信贷支持；要求对违反相关规定的企业给予贷款惩罚期限；要求加强信贷监管；但均未制定相关实施办法
	1	仅提及或涉及利用信贷措施来推动服务业发展
其他经济措施	5	从价格、费用、计量等方面大力推进服务业发展；制定了通过实施价格、费用调整来促进服务业发展的办法或方案、相关费用和价格的具体核算办法、服务业收费的标准或办法、服务业企业的折旧、费用和成本等的相关会计处理方法等
	3	明确提出要制定价格改革政策，确定政府定价范围及价格，并强化价格行为监督；明确要求制定与服务业发展相关费用的核算办法或措施；提出鼓励民间资本支持服务业发展；但均未制定相关实施办法或措施
	1	仅提及或涉及上述条款

注：为了便于打分人员对量化标准的理解和把握，本书仅给出了分值为 5 分、3 分和 1 分的量化标准，4 分及 2 分的量化标准分别介于 5 分和 3 分以及 3 分和 1 分的量化标准间。

三、政策打分

聘请打分小组根据表 7 - 2 中的量化标准为政策打分，小组成员包括政府部门政研室的政策研究人员（国家发展改革委、商务部等）、高校专家学者和企业管理人员等，打分程序如下：①人员培训。对相关打分人员进行培训，详细解读上述政策措施的量化标准。②分组。将打分成员分成6 组。③预打分。先让各组成员对随机抽取的 20 条政策进行预打分，再根据各组成员的打分情况进行再讨论与修改量化标准，直到结果理想为止。④再次预打分。再随机抽取 20 条政策，让打分人员对其打分，打分结果方向一致性为 85.65%（如打分结果为 1 分或 3 分，则认为打分方向较为一致；若为 1 分或 4 分，则认为差距太大，打分方向冲突），需要各组成员再进行讨论，修改量化标准。⑤正式打分。各组成员根据讨论好的量化标准对 1871 条政策正式进行打分。打分结果的方向一致性为91.8%。⑥打分不一致的再处理。若在正式打分时，又出现打分结果冲突，则对该政策重新打分，并邀请 2 名国家发展改革委的政策研究人员、2 名教授和 2 名企业管理人员讨论打分情况，确认最终打分结果。⑦最终打分结果确定。整理出 6 组成员的打分结果，并对量化的最终结果取其算术平均数。

四、政策协同度

表 7 - 3 为研究涉及的相关变量及其含义。

表 7 - 3　　　　　　　　　相关变量及其含义

变量	含义
XZRS	行政措施与人事措施的协同
XZCZ	行政措施与财政措施的协同
XZYD	行政措施与引导措施的协同
XZJR	行政措施与金融措施的协同

变量	含义
XZQT	行政措施与其他经济措施的协同
YDRS	引导措施与人事措施的协同
YDCZ	引导措施与财政措施的协同
YDJR	引导措施与金融措施的协同
YDQT	引导措施与其他经济措施的协同

一条政策，会对应不同的政策措施，政策措施协同是用来说明一条政策中不同政策措施使用的情况，为了研究的需要对上述打分的结果进行处理。通常来说，政策措施越具体政策力度就越大，对应的政策效力也越大。因此本书构建了服务业发展政策的总效力和平均效力测度模型分别为式（7.1）和式（7.2）。

$$ZHCZXL_i = \sum_{j=1}^{n} ld_j \times cs_j \quad i = [1997, 2019] \tag{7.1}$$

$$ZHZXL_i = \frac{\sum_{j=1}^{n} ld_j \times cs_j}{N} \quad i = [1997, 2019] \tag{7.2}$$

式中，第 i 年服务业发展政策的总效力、平均效力分别用 $ZHCZXL_i$、$ZHZXL_i$ 表示；第 i 年政策数量用 N 表示；第 j 条政策力度得分用 ld_j 表示；第 j 条政策措施总得分用 cs_j 表示。

政策措施协同反映一条政策中使用多个措施的状况。一般来说，当某条政策使用的措施越具体，政策措施协同状况就越好，政策力度就越大。本书在借鉴张国兴等（2014）研究成果的基础上，构建了服务业发展政策的协同度模型为式（7.3），根据式（7.3）测算 2010—2019 年政策措施协同度。

$$XTD_i = \sum_{j=1}^{n} ld_j \times cs_{jk} \times cs_{jl} \quad k \neq l \quad i = [1997, 2019] \tag{7.3}$$

式中，第 i 年服务业发展政策措施的协同度用 XTD_i 表示；第 i 年颁布的服务业发展政策总量用 N 表示；第 j 条政策力度得分用 ld_j 表示；第 j 条服务

业发展政策中第 k 和 l 项政策措施的得分分别用 cs_{jk} 和 cs_{jl} 表示，k 和 $l(k \neq l)$ 表示从行政措施、财政措施、人事措施、金融措施、引导措施和其他经济措施六项措施中选取两项措施来考虑措施协同。

第三节　服务业政策措施协同分析

本节先从整体上了解我国服务业政策情况，指标主要包括政策总效力、政策平均效力、政策效力平均得分、政策力度平均得分等，然后再分析我国服务业发展政策的部门协同和政策措施协同。

一、服务业发展政策分析

1. 总体政策分析

本书从万方数据库中搜集了1997—2019年颁布实施的全部与服务业领域密切相关的政策。根据政策量化标准进行打分并根据政策效力公式计算出与服务业相关的政策总效力和政策平均效力如图 7 – 1 所示。梳理出从"九五"计划到"十三五"规划不同时期服务业政策总效力、平均效力和政策数量如图 7 – 2 所示。

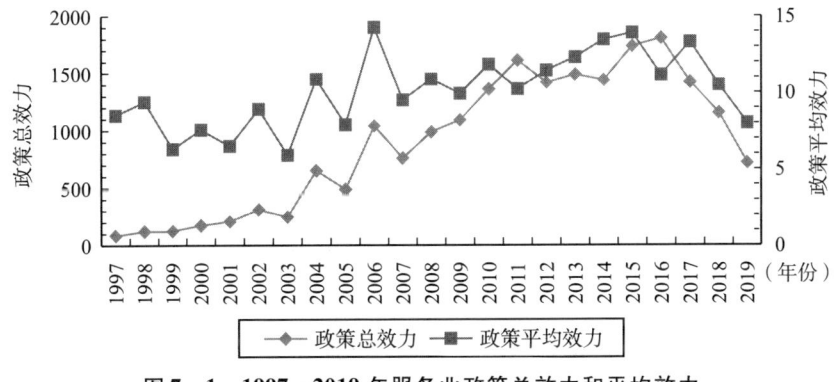

图 7 –1　1997—2019 年服务业政策总效力和平均效力

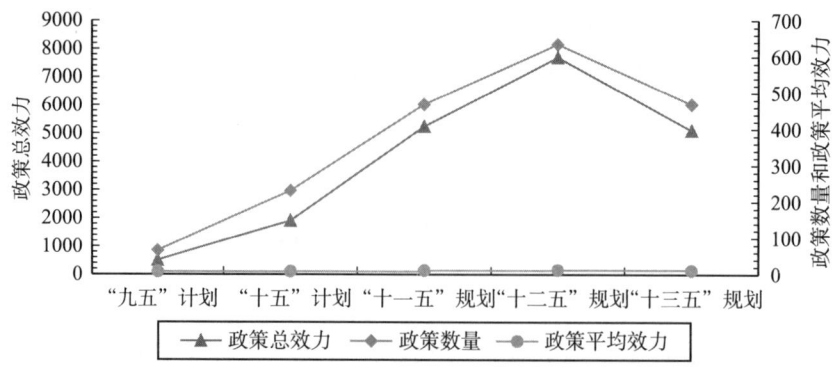

图 7 - 2　不同时期服务业政策总效力、平均效力和政策数量

从图 7 - 1 中可以看出，2010 年之前，政策总效力呈现逐步增长的趋势，其中政策总效力在 2003—2006 年波动较大，考虑是受到国务院机构改革和非典疫情等的影响。自 2010 年以来，特别是自"十二五"规划以来，我国政府颁布的服务业发展政策总效力尽管出现了较大波动，但总体上呈上升态势，表明我国政府越来越认识到服务业对经济发展的重要性。具体来看：2010—2011 年，政策总效力增幅较大；2011 年后，政策总效力出现了下降，2013 年下降到了一个低点，又呈现上升趋势，且升幅较大。2011 年、2016 年出现了两个高点。因为 2011 年和 2016 年分别是"十二五"规划和"十三五"规划的启动之年，2011 年的政策总效力在"十二五"时期最高，"十二五"规划纲要提出要营造环境推动服务业大发展、加快发展生产性服务业、大力发展生活性服务业等发展目标。2016 年的政策总效力在"十三五"时期最高，"十三五"规划纲要提出要加快推动服务业优质高效发展，推动生产性服务业向专业化和价值链高端延伸，促进生产性服务业专业化，生活性服务业向精细和高品质转变，提高生活性服务业品质。为了更好更快地实现这些目标，在"十二五"规划和"十三五"规划开局之年政府颁布了相对较多的服务业发展政策。

2018—2019 年政策总效力连续两年下降，原因在于"十三五"规划颁布的政策正处于实施阶段，前期颁布的政策正在对整个服务业的发展不断发力，所以这两年服务业政策数量出台呈现下降趋势，使得政策总效力有了下滑。

从图7－2可以看出，"十二五"规划之前我国服务业政策数量、政策总效力呈现出稳步增长趋势，说明我国政府逐步重视服务业发展，不断出台政策扶持服务业发展。而"十三五"规划时期服务业政策数量略微下降，政策平均效力变化很小。

可以看出，我国服务业政策总效力的增加和政策平均效力没有很紧密的联系，主要和颁布政策数量相关。政策效力下降的幅度过大会对政策的系统性和战略性造成不利的影响，进而对促进服务业发展的效果也大大降低。

从图7－1和图7－2看出政策总效力整体呈现逐年增加的趋势。图7－3所示为不同年份政策力度平均得分和政策措施平均得分的变化过程。可以看出1997—2008年我国服务业政策力度的平均得分波动较大，特别是1997年出现了力度平均得分异常偏高的情况，这是因为1996年服务业政策经筛选过后，在12条有效政策中，意见类政策11条，规定类政策1条，无通知类政策，通知类政策力度是最低的，因此平均政策力度得分偏高。2010—2014年政策力度平均得分总体呈上升趋势，因为2014年之前颁布的政策中通知类的比重是逐年下降的。政策力度平均得分2014年后开始趋于平稳，甚至出现了一定程度的下降，这是由于这一阶段通知类政策占比变化比较平稳。

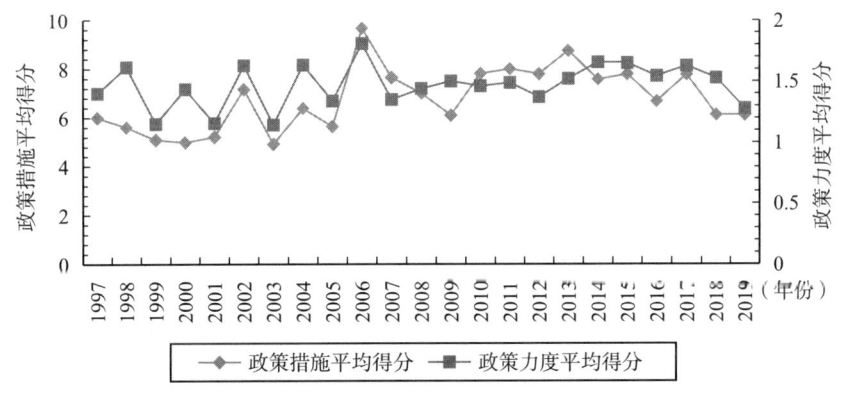

图7－3　政策措施平均得分、政策力度平均得分演变

政策措施平均得分 2014 年之前处于相对较高的水平，2014 年之后处于相对较低的水平。虽然 2014 年之前政策措施和政策力度平均得分都处于上升趋势，但是政策数量整体上处于上升趋势，导致 2014 年之前的政策总效力处于上升状态；2014 年之后政策平均力度得分处于相对稳定状态，政策措施平均得分也处于相对稳定状态，但 2014 年后服务业发展政策颁布的数量呈明显下降趋势，导致政策总效力下降。

图 7 - 4 梳理了我国不同时期政策措施平均得分和政策力度平均得分，政策力度平均得分在"九五"计划时期最高，主要是由于"九五"计划时期意见类政策较多，政策数量不足从而导致得分异常偏高。政策力度得分除"九五"计划时期偏高以外整体呈现平稳趋势，说明我国政府在服务业发展中政策引导上稳中求进。而政策措施平均得分呈现出稳步上升的趋势，说明我国政府越来越重视服务业发展。

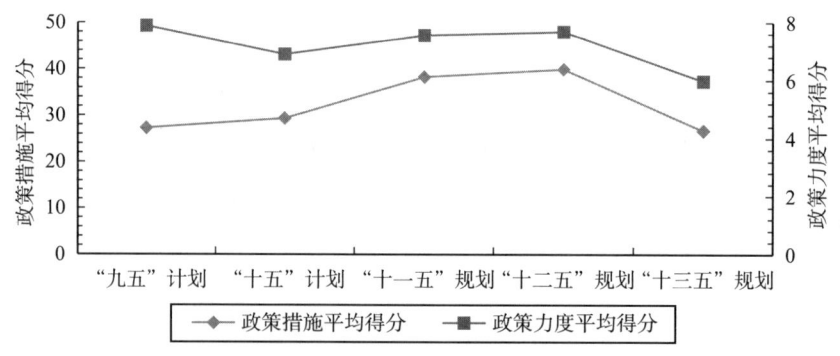

图 7 - 4 不同时期政策措施平均得分、政策力度平均得分

2. 生产性服务业政策演变分析

为了研究政策的演变路径与协同效应，本书从万方数据库中搜集了 1997—2019 年颁布实施的全部与生产性服务业领域密切相关的政策。根据政策量化标准进行打分并根据政策效力公式计算出与生产性服务业相关的政策总效力和政策平均效力如图 7 - 5 所示，梳理出从"九五"计划到"十三五"规划不同时期生产性服务业相关政策总效力、平均效力和政策数量，如图 7 - 6 所示。

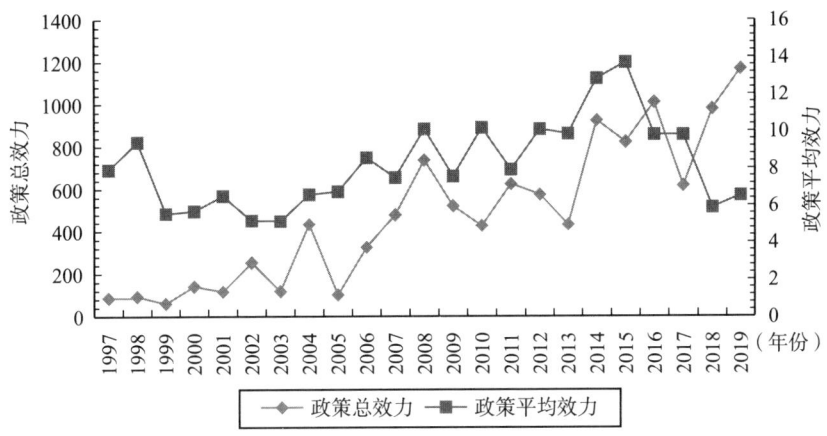

图 7 - 5 1997—2019 年生产性服务业政策总效力和平均效力

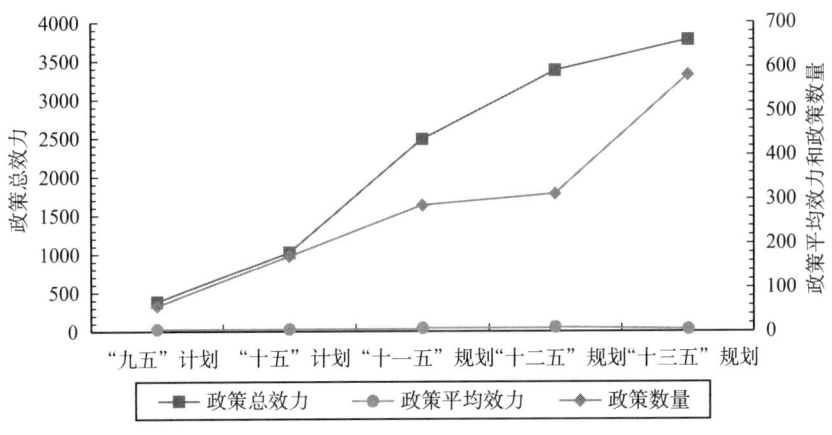

图 7 - 6 不同时期生产性服务业政策总效力、平均效力和政策数量

从图 7 - 5 所示的我国 1997—2019 年颁布的与生产性服务业相关的政策总效力和平均效力的演变情况来看，政策平均效力的整体幅度变化不明显，相对平稳。2001 年之前，政策总效力呈现相对平稳的趋势，相对稳定在一个较低的水平；自 2001 年后，政策总效力大体上呈现出大幅度上升的趋势，原因是 2001 年我国加入了 WTO 且这一年是"十五"计划第一年，进一步扩大对外开放，更深程度融入经济全球化，使得我国对生产性服务业的关注程度越来越高。除了 2003 年受"非典"疫情影响，2001—2004 年生产性服务业政策数量和政策总效力呈上升趋势，2005 年

出现大幅下降，之后又波动上升，原因是 2004 年为了遏制经济过热，政府进行宏观调控；同时，在 2005 年前后，我国对外贸易面临反倾销的局面。2005—2008 年，政策总效力从 2005 年的低谷急剧上升到 2008 年的高峰，这其中不免受到国际金融危机的影响。2010—2011 年，政策总效力增幅较大，2011 年后，政策总效力均出现了下降，2013 年下降到了最低点，之后呈现上升趋势，且升幅较大。政策总效力总体上在 2011 年、2016 年出现了两个高点。2011 年是"十二五"规划的开局之年，2011 年的政策总效力在"十二五"时期最高，我国政府颁布的生产性服务业发展政策数量以及政策总效力尽管出现了较大波动，但总体上呈上升态势，表明我国政府越来越重视生产性服务业对经济发展的重要性。"十二五"规划纲要提出要营造环境推动服务业大发展、加快发展生产性服务业等目标。2016 年是"十三五"规划的开局之年，为了更好更快地实现这些目标，政府颁布了较多的服务业发展政策。2018 年再次出现高点，因为在中美经贸摩擦背景下，美国对我国发起的贸易战对我国外部环境造成了不利影响，且内需疲软，国家在此基础上出台了更多的有利于生产性服务业发展的政策来提升生产性服务业的发展，稳定国民的就业。

从图 7-6 可以看出，生产性服务业政策数量和政策总效力呈现不断增加的趋势，尤其从"十二五"规划到"十三五"规划时期，政策数量增长较多。中国已经进入以服务业为主导的经济时代，制造业升级需要生产性服务业大发展，满足美好生活需要消费性服务业大发展，国家颁布了更多的服务业政策。2021 年是我国实施"十四五"规划的启动年，国家发展改革委牵动各部门联合提出了《关于加快推动制造服务业高质量发展的意见》，通过政策支持生产性服务业高质量发展，推动中国制造向中国创造转变。

我国 1997—2019 年颁布的与生产性服务业相关政策的政策力度平均得分和政策措施平均得分的变化过程如图 7-7 所示，可以看出政策力度平均得分没有政策措施平均得分的变化剧烈。2001 年之前我国服务业政策力度的平均得分波动较大，特别是 1998 年出现了力度平均得分异常偏高的情况，这是因为 1998 年服务业政策经筛选过后政策偏少，导致了平均政策力度得分偏高的情况。2010—2014 年政策力度平均得分总体呈上升趋势,因为 2014 年之前颁布的政策中通知类的比重是逐年下降的。政策力度平均得分 2014 年后开始趋于平稳,甚至出现了一定程度的下降,这是由于这一阶段通知类政策占比变化比较平稳。总体来看,政策措施平均得分 2014 年之前处于较高的水平,2014 年之后开始下降。

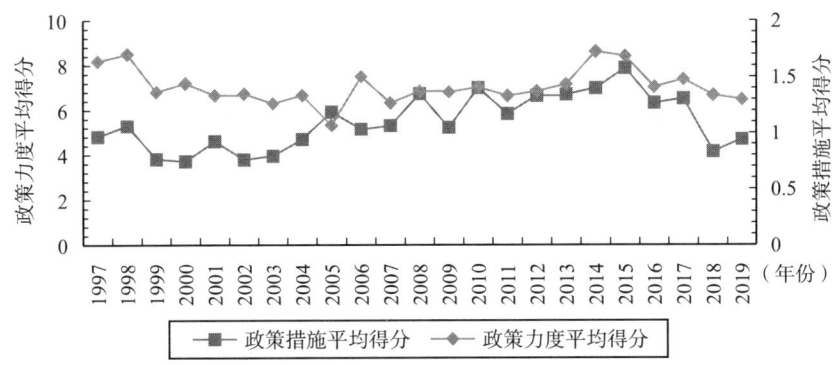

图 7 - 7   1997—2019 年生产性服务业政策力度、政策措施平均得分

不同时期生产性服务业政策措施和政策力度平均得分均呈上升趋势,如图 7 - 8 所示,说明我国政府越来越重视运用多种政策措施来提升生产性服务业的发展水平。同时,可以看出,我国生产性服务业政策总效力的增加和政策平均效力没有很紧密的联系,主要和颁布政策数量相关。

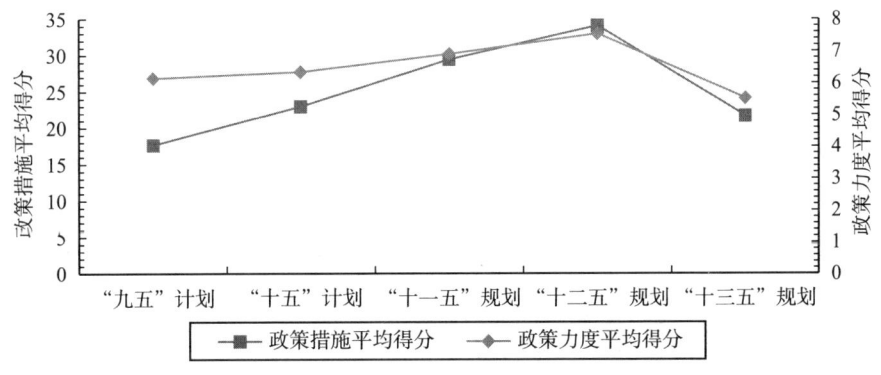

图 7 - 8   不同时期生产性服务业政策措施、政策力度平均得分

3. 生活性服务业政策演变分析

本书从万方数据库中搜集了 1997—2019 年颁布实施的全部与生活性服务业领域密切相关的政策。根据政策量化标准进行打分并根据政策效力公式计算出与生活性服务业相关的政策总效力和政策平均效力如图 7 - 9 所示。从图中看出，政策总效力和政策平均效力大体上呈曲折上升的态势，且阶段性趋势明显。政策总效力在 2001 年之前呈现出小幅度上升或下降的趋势，在 2001 年之后呈现出大幅度上涨的态势。这是因为 2001 年中国加入 WTO，同时也是"十五"计划的开局之年，服务业开放程度进一步扩大，为了增加我国服务业在整个世界经济中的竞争地位，我国政府颁布了更多法规来促进服务业的发展。2008—2010 年，生活性服务业政策总效力迎来一个峰值，为应对全球金融危机，政府发布多项措施扶持服务业发展。2011 年生活性服务业政策平均效力达到一个峰值，主要是因为 2011 年"十二五"规划纲要提出大力发展生活性服务业等发展目标。

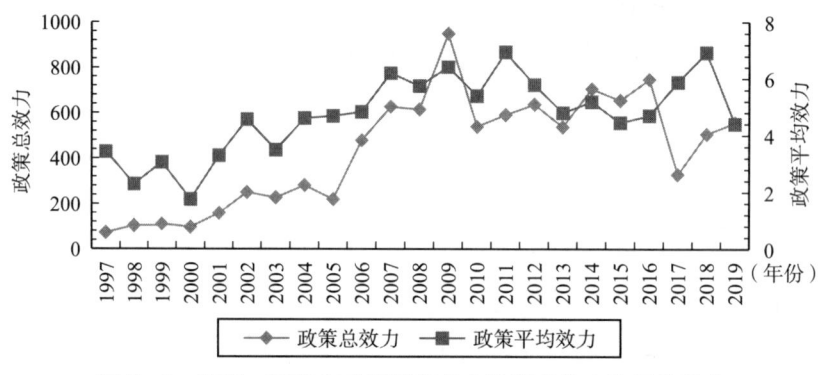

图 7 - 9 1997—2019 年生活性服务业政策总效力和平均效力

我国 1997—2019 年颁布的与生活性服务业相关的政策力度平均得分和政策措施平均得分的演变情况如图 7 - 10 所示。相比政策措施平均得分，政策力度平均得分没有显著变化。1999 年之前政策措施平均得分出现异常变化，尤其 1998 年政策措施平均得分异常偏低。2015—2018 年政策力度平均得分呈上升的趋势，这是因为 2018 年之前颁布的政策中通知类政策的比重是逐年下降的。政策力度平均得分 2018 年后出现一定程度的下降，这是由于这一阶段通知类政策占比变化比较平稳。政策措施平均得分 2011 年之前总体上处于较高的水平，2011 年之后开始下降。

从图 7 - 9 可以看出，政策总效力和政策平均效力并没有很紧密的关系，甚至在 2017—2018 年，两指标的变动趋势是完全相反的。可以看出，我国生活性服务业政策总效力的增加主要与颁布政策数量相关，与政策平均效力关系不大。需要指出的是，政策效力下降的幅度过大会使生活性服务业发展的效果大大降低，从图 7 - 10 可以看出，2004 年至今，政策力度平均得分表现出了一定的稳定性，这对发挥服务业政策的效果，促进服务业的发展具有一定的积极作用。

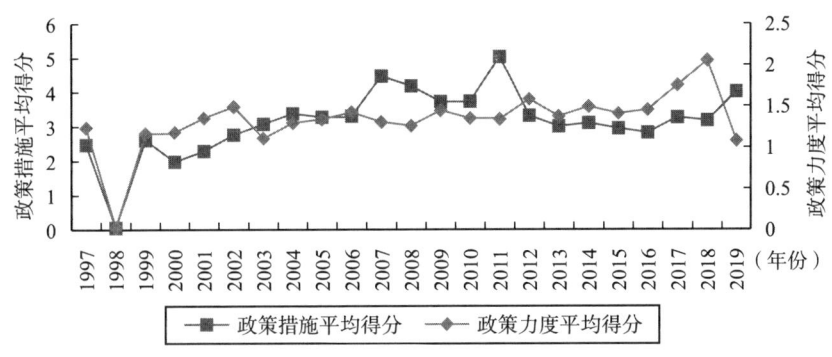

图 7 - 10　1997—2019 年生活性服务业政策措施、政策力度平均得分

二、服务业发展政策部门协同分析

1. 总体部门协同分析

我国服务业发展政策部门协同情况见表 7 - 4，由于颁布政策的部门众多，在对政策颁布的部门进行综合分析后，选取了发布政策数最多的前 15 个部门，为了便于分析，对这 15 个部门进行编号。1 ~ 15 分别对应以下部门：民政部、卫生部、商务部、财政部、国家发展改革委、交通部、

科技部、工信部、国家税务总局、国务院、国家旅游局、农业部、国家工商局、国家邮政局、国家食品药品监督管理总局。对角线上的数字代表此部门单独颁布的政策数量，其余数字代表相对应的两个部门联合颁布的政策数量，对角线上的数量和对应行（或列）上的数量加总代表该部门单独和联合颁布的政策总数量。

表7－4　　　　　　　　中国服务业发展政策部门协同情况

编号	1	2	3	4	5	6	7	8	9	10	11	12	13	14	15
1	38	6	7	27	15	2	2	5	5	1	2	3	2	2	
2	6	47	2	9	9	1	1	2	1	1			3		3
3	7	2	69	39	18	4	6	10	12	4	11	6	8	4	3
4	27	9	39	26	45	6	8	19	34	2	8	9	5	1	2
5	15	9	18	45	39	10	7	12	13	4	16	5	7	2	2
6	2	2	4	6	10	85	1	6	3	2	6	3	2	2	
7	2	1	6	8	7	1	5	4	5		1	2	1		
8	5	2	10	19	12	6	4	31	8		3	2	4	3	5
9	5	1	12	34	13	3	5	8	64	2			1		
10	1	1	4	2	4	2		2		90	2		2		
11	2		11	8	16	6		1	3	2	205	4	8		3
12	3		6	9	5	3	2	2			4	58	2	2	
13	2	3	8	5	7	2	1	4		2	8	2	26	1	1
14	2		4	1	2	2		3	1			2	1	20	
15		3	3	2	2			5			3		1		59

从表7－4可以看出，我国服务业发展政策的部门协同度很高，特别是财政部和国家发展改革委，协同颁布的政策数量分别占到了政策协同颁布总数量的19.6%和15.1%；商务部、国家税务总局和工信部这一比重也较高，分别占到了12.3%、7.7%、7.6%。单独颁布政策最多的是国家旅游局，其次是国务院，但国务院部门协同政策占比较低仅为1.84%，说明国务院协同颁布政策较少，大多数情况下单独颁布，这可能和国务院的

地位有关，因为国务院的颁布政策会引起多部门的重视。

从时间演变的角度来看，1997—2019 年服务业发展政策部门协同的情况如图 7 - 11 所示。我国服务业发展政策联合颁布数量整体呈上升趋势，1997—2013 年联合颁布政策比例波动较大，是因为这段时间我国颁布的服务业政策数量较少，经筛选过后的服务业政策数量更少，联合颁布政策数量的变动对联合颁布政策比例的影响就很明显。例如 1997 年联合颁布的政策数为 0，产生了联合颁布政策比例为 0 的情况；1998 年联合颁布的政策数为 3，但由于 1998 年有效政策数仅为 13，故出现了联合颁布政策比例变动幅度较大的情况；2013 年之后服务业联合颁布政策比例呈现上升的趋势，说明我国服务业发展政策的颁布逐渐由单一部门向部门协同转变。在部门协同颁布的政策中，结合表 7 - 4 可以看出，数量最多的是财政部、国家发展改革委、商务部，其联合颁布的政策分别为 214、165、134 条。国家旅游局是颁布服务业发展政策数量最多的部门，为 269 条，但部门协同政策仅为 64 条。说明我国掌握经济或行政资源的部门占据了服务业发展政策部门协同的核心地位，且在这些联合颁布的政策中，更多的是通知及公告等力度较低的政策，政策实施有效期限短，效果不明显。

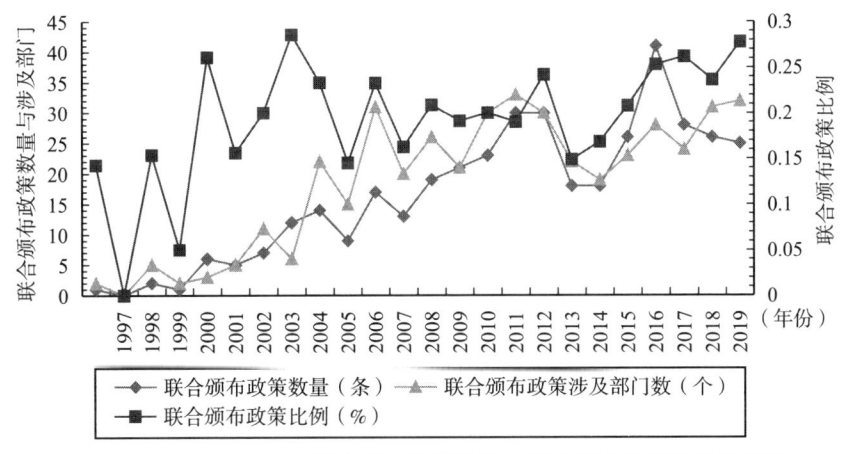

图 7 - 11　1997—2019 年联合颁布政策数量、联合颁布政策涉及部门数、
联合颁布政策比例的演变

从图 7-12 可以看出，我国不同时期联合颁布政策数量、联合颁布政策涉及部门数、联合颁布政策比例呈现上升的趋势，表明在服务业发展过程中，我国政府更加注重部门协同颁布政策，希望通过更多部门的力量来促进我国服务业的发展。深层次的原因在一定程度上说明在传统的体制下，实际存在的国家经济和行政资源分布不平衡，而我国在经济和政治体制改革过程中，各部门之间话语权以及利益的博弈又进一步加剧了已经存在的不平衡。关乎服务业发展的核心部门并不掌握足够的经济和行政资源，因此对服务业政策的颁布实施以及效果的实现，这些核心部门的影响远不及掌握着经济和行政资源的部门，如财政部和国家发展改革委。服务业核心部门尽管掌握着服务业发展的决策权，但是考虑到实施的具体效果还必须与实际掌握着行政和经济资源的部门协调，协调本身就是一个复杂的过程，甚至存在很大的成本，以至于有时更是受困于这些经济或者行政部门。

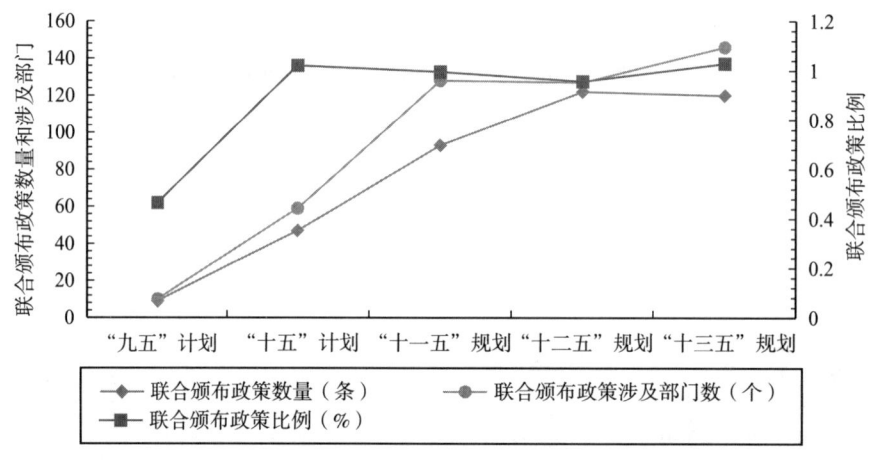

**图 7-12 不同时期联合颁布政策数量、联合颁布政策涉及部门数、
联合颁布政策比例**

在我国政治体制改革的过程中，精简机构是一个重要的举措，中央给予服务业管理部门更多行政权力，在一定程度上提高了它们的相对地位，政策的部门协同实际上是各部门利益博弈与权衡的结果。可以预见，随着

政治体制改革的进一步深化，部门间协同会越来越密切。因此"十四五"时期要加强部门间协调，同时也要避免因多部门参与而形成政策掣肘，不利于服务业发展。"十四五"时期，发展服务业，既要发挥政府的政策引导和机制协调作用，又要避免政策主导部门的过分干预对其他部门产生的消极影响。

2. 生产性服务业部门协同演变分析

我国生产性服务业发展政策部门协同情况见表7-5，由于颁布政策的部门众多，在对政策颁布的部门进行综合分析后，选取了发布政策数最多的前15个部门，为了便于分析，对这15个部门进行编号。1~15分别对应以下部门：交通部、工业和信息化部、中国银行业监督管理委员会、国家税务总局、农业部、中国人民银行、商务部、国务院、国家邮政局、财政部、司法部、中国保险监督管理委员会、国家发展改革委、国家知识产权局和人社部。对角线上的数字代表该部门单独颁布的政策数量，其余数字代表相对应的两个部门联合颁布的政策数量，对角线上的数量和对应行（或列）上的数量加总代表该部门单独和联合颁布的政策总数量。

表7-5　　　　　　　生产性服务业发展政策部门协同

编号	1	2	3	4	5	6	7	8	9	10	11	12	13	14	15
1	160	3	2	2	5	2	11	1	6	13		3	17		7
2	3	77	4	9	1	7	11		2	17	2	9	6	5	9
3	2	4	83	5	9	25	6		1	21	1	24	6	3	6
4	2	9	5	56	3	9	8			41		1	9	3	7
5	5	1	9	3	46	6	7	2	3	14		9	9	3	5
6	2	7	25	9	6	45	5	0	1	14		12	14	3	3
7	11	11	6	8	7	5	49	3	10	31		3	16	3	9
8	1				2		3	39		2			4		1
9	6	2	1	0	3	1	10	0	41	3		1	2		
10	13	17	21	41	14	14	31	2	3	38	2	10	47	5	18

续表

编号	1	2	3	4	5	6	7	8	9	10	11	12	13	14	15
11		2	1							2	29		2	2	
12	3	9	24	1	9	12	3		1	10		41	5		
13	17	6	6	9	9	14	16	4	2	47	2	5	22	6	8
14		5	3	3	3	3	3			5	2		6	40	3
15	7	9	6	7	5	3	9	1		18			8	3	22

从表7-5和图7-13可以看出，我国生产性服务业发展政策的部门协同度很高，特别是财政部和国家发展改革委，协同颁布的政策数量分别占到了政策颁布总数量的85.65%和85.33%，人社部的这一比重也较高为80%。单独颁布政策最多的是交通部，政策数量达到160条；其次是中国银行业监督管理委员会，政策数量达到83条。国务院协同政策占比较低仅为21.42%，说明国务院协同颁布政策较少，多数情况下单独颁布，这可能和国务院的权威性有关。

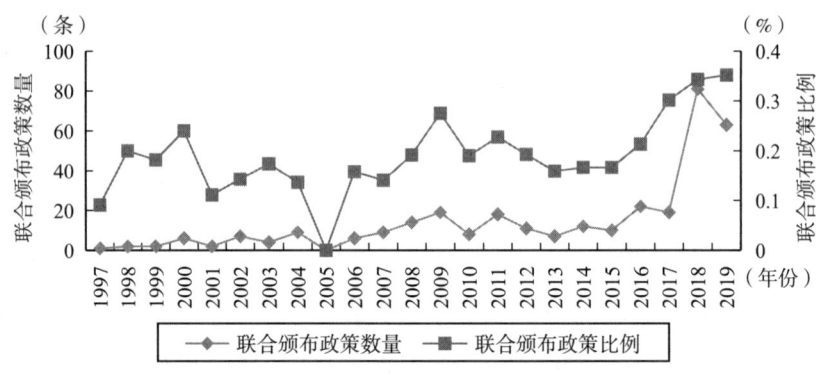

图7-13 1997—2019年生产性服务业发展政策部门协同情况

由图7-14可以看出，从"九五"计划到"十三五"规划时期，生产性服务业联合颁布政策数量和联合颁布政策比例在逐期增加。由图7-13也可以看出，1997—2019年我国生产性服务业发展政策联合颁布数量整体上呈上升趋势，1997—2006年联合颁布政策比例波动较大，是因为这段时期我国颁布的生产性服务业政策数量较少，经筛选过后的服务业政策数量更少，联合颁布政策数量的变动对联合颁布政策比例的影响就很明显。例如1997年、1998年联合颁布的政策数为1条、2条产生了联合颁布政策比例为0.09、0.2的情况，故出现了联合颁布政策变动幅度较大的情况；2006年后生产性服务业联合颁布政策比例呈现上升趋势，说明我国生产性服务业发展政策的颁布逐渐由单一部门向部门协同转变。在部门协同颁布的政策中，数量最多的是财政部、国家发展改革委，银监会、商务部；交通部是单独颁布生产性服务业发展政策数量最多的部门，为160条，但部门协同政策仅为72条。说明我国掌握经济或行政资源的部门占据了生产性服务业发展政策部门协同的核心地位，且在这些联合颁布的政策中，更多的是通知及公告等力度较低的政策，政策实施有效期限短，效果不明显。该种情况既不利于政策制定的长期协同，也不利于系统性、战略性政策的制定和实施。

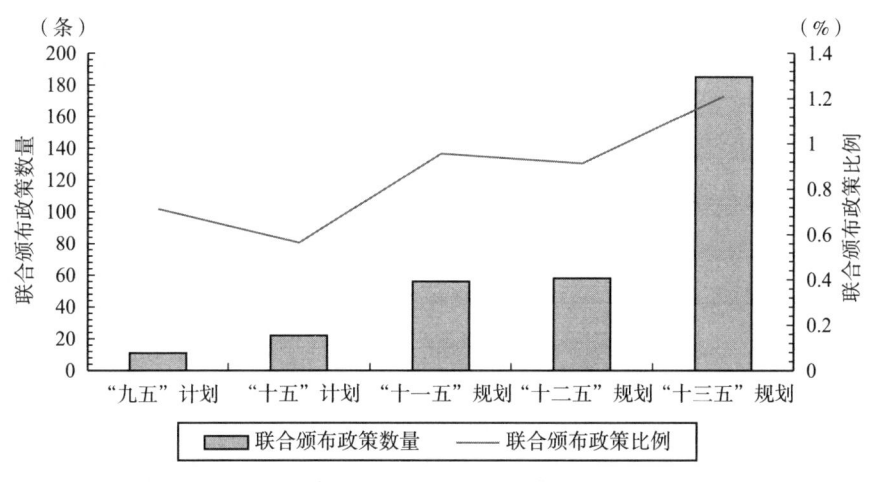

图7-14 不同时期生产性服务业发展政策部门协同情况

3. 生活性服务业部门协同演变分析

我国生活性服务业发展政策部门协同情况见表7-6，由于颁布政策的部门众多，在对政策颁布的部门进行综合分析后，选取了发布政策数最多的前 15 个部门，为了便于分析，对这 15 个部门进行编号。表 7 - 6 中的编号 1 ~ 15 分别对应以下部门：教育部、国家食品药品监督管理局、文化部、国家税务总局、农业部、国家体育总局、商务部、国务院、新闻出版总署、财政部、司法部、国家广电总局、国家发展改革委、建设部和人社部。对角线上的数字代表该部门单独颁布的政策数量，其余数字代表相对应的两个部门联合颁布的政策数量，对角线上的数量和对应行（或列）上的数量加总代表该部门单独和联合颁布的政策总数量。

表 7 - 6　　　　　　　　生活性服务业发展政策部门协同

编号	1	2	3	4	5	6	7	8	9	10	11	12	13	14	15
1	159		8	3	16	8	10	11		33	5	3	5	5	12
2		68	1	1	3	1	3	1	1	2	1	3	1	1	
3	8	1	48	1	9	2	1	2	3	10	4	5	3	4	
4	3	1	1	14	1		6			27		1	6	1	1
5	16	3	9	1	17	6	2		1	10	3	2	9	3	1
6	8	1	2		6	51	1	2	1	9			4	3	
7	10	3	1	6	2	1	85		1	10		2	15	2	1
8	11	1	2			2		216	5			4			1
9		1	3		1	1	1	5	43						
10	33	2	10	27	10	9	10			35	3	3	11	7	11
11	5	1	4		3					3	40	1			
12	3	3	5	1	2		2	4		3	1	69			
13	5	1	3	6	9	4	15			11			39	2	1
14	5	1	4	1	3	3	2			7			2	94	1
15	12		1	1	1		1	1		11			1	1	11

从表 7 - 6 和图 7 - 15 中可以看出，我国生活性服务业发展政策的部门协同颁布的政策数量很高，特别是农业部和财政部，协同颁布的政策数量分别占到了政策颁布总数量的 79.52% 和 79.53%，国家税务总局的这一比重也较高为 77.42%。单独颁布政策最多的是国务院，为 216 条，其

次是教育部，为 159 条，但国务院部门协同政策占比较最低，仅为
10.7438%，说明国务院与其他政策部门协同颁布政策数量较少，大多数
情况下是国务院单独颁布，这可能与国务院的权威性有关。

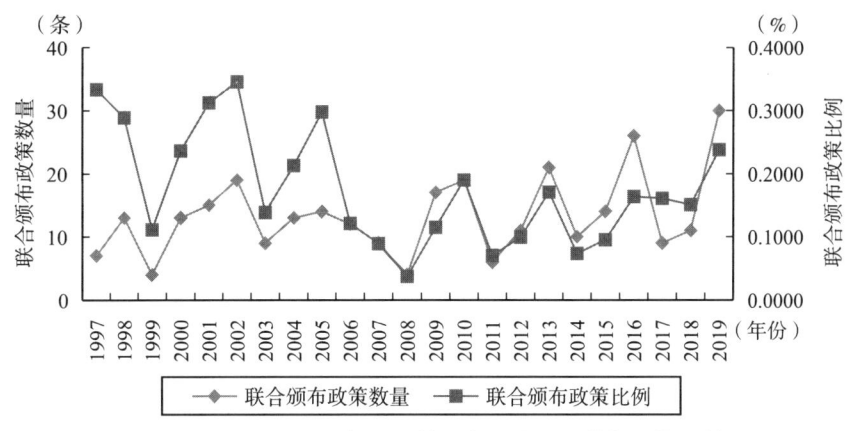

图 7 – 15　1997—2019 年生活性服务业发展政策部门协同情况

从时间演变的角度来看，1997—2019 年生活性服务业政策部门协同
的情况如图 7 – 15 所示，我国生活性服务业部门联合颁布政策数量呈曲折
上升趋势，表明有关生活性服务业政策的颁布由单一部门向多部门联合颁
布转变。在部门联合颁布的政策中，数量最多的是财政部、教育部和农业
部。国务院是生活性服务业政策数量单独颁布最多的部门，为 216 条；但
联合颁布的政策数量仅为 26 条，且在这些联合颁布的政策中，更多的是
通知及公告等力度较低的政策，政策实施有效期限短，效果不明显。这是
因为生活性服务业主管部门虽然掌握着决策权，但是政策实施的具体效果
还依赖于生活性服务业主管部门与掌握经济和行政资源部门的协调。

三、服务业发展政策措施协同分析

1. 总体政策措施协同分析

对 1997—2019 年我国政府部门颁布的服务业政策措施进行了统计分

析。结果显示使用行政措施、引导措施、人事措施、财政措施、其他经济措施、金融措施的政策占所颁布政策总数的比例分别为91.13%、56.97%、48.37%、29.29%、22.39%、9.73%。其中，行政措施占比最大，表明其依然是服务业发展政策的重要措施；其次是引导措施，并且行政措施和引导措施与其他措施表现出相当高的协同度，说明我国服务业政策正逐步摆脱单纯依靠行政措施或其他单一政策措施的局面，并通过不同措施的协同来实现政策目标。因此在分析政策措施协同时，重点分析其他措施与行政措施和引导措施的协同。

各种措施与行政措施的协同度如图7-16所示。2010年之前，各措施与行政措施的协同呈现增长态势；2003—2010年，各措施与行政措施的协同增长比较明显，这是因为2003年我国进行了国务院改组，提高了行政效率，使得各措施与行政措施的协同得到明显的提高。2010—2017年各措施与行政措施的协同整体变化幅度不大，其中人事措施与行政措施、引导措施与行政措施的协同度在2014年后出现较大程度上升，之后在一段时间内维持在较高水平；2010—2012年以及2015年，人事措施与行政措施的协同度高于引导措施与行政措施的协同度，2017年两者协同度基本持平，说明我国越来越重视服务业人才的培养。

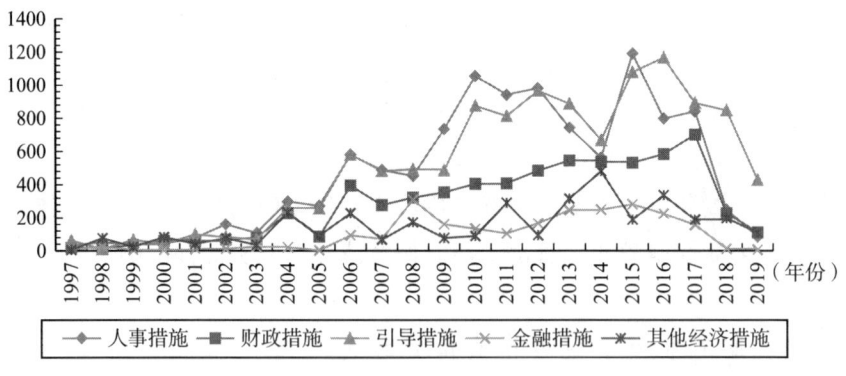

图7-16 1997—2019年服务业各种措施与行政措施之间的协同情况

由图7-17可以看出，不同时期各种措施整体上与行政措施的协同度在逐期上升，其中人事措施与行政措施的协同度最高，其他经济措施和财政措施与行政措施的协同度在稳步上升。该情况表明我国政府尝试用更多的经济杠杆与行政措施协同使用，政治体制改革带来的国家行政力量的淡化，会使财政措施、其他经济措施与行政措施之间的协同度进一步上升。金融措施与行政措施之间的协同度最小，说明我国政府在运用金融措施与行政措施协同方面比较薄弱，其协同度整体上呈现上升趋势，但增长程度缓慢，且在"十二五"规划出现了一定程度的下降，这与我国金融市场发展水平有关。我国金融市场尚不成熟，开放水平较低，金融类工具的使用与西方国家相比仍有较大差距，随着我国改革开放程度越来越深，金融措施将会发挥更大的作用，国家应该更多地关注其他措施与该措施的协同。过多地使用行政措施会阻碍服务业的可持续增长，因此"十四五"规划时期要优化现代产业体系，在加快推进服务业优质高效发展的背景下，政府应该将政策协同的重心侧重到其他措施与金融措施之间的协同上来：用经济杠杆和市场机制取代部分的行政命令，引导金融机构在依法合规、风险可控的前提下；加大对服务业企业的金融支持力度，支持符合条件的服务业企业开展债券融资；有效扩大知识产权、合同能源管理未来收益权等无形资产质押融资规模；开发适合服务业特点的金融产品，鼓励创投机构加大对服务业的资本投入；支持符合条件的服务业企业到主板、创业板及境外资本市场上市融资，从而推动服务业的健康可持续发展。

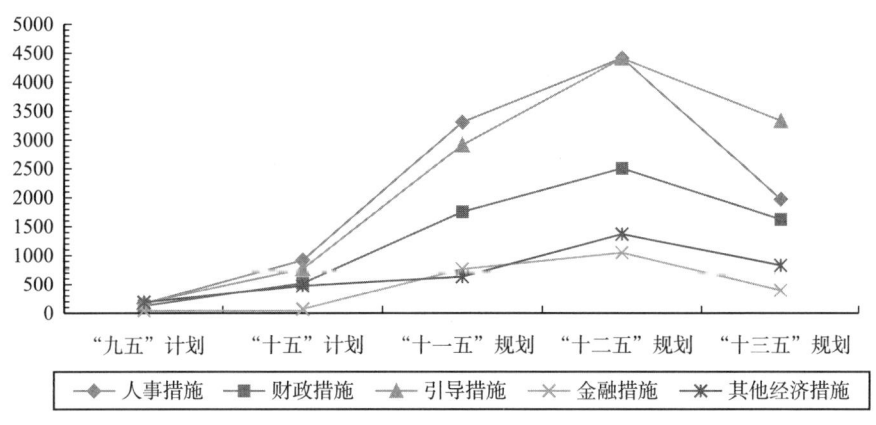

图7-17 不同时期各种措施与行政措施之间的协同情况

　　服务业各种措施与引导措施的协同度较高，如图 7－18 所示。其中，行政措施与引导措施的协同度最高，其趋势在前面已经分析过。值得注意的是人事措施与引导措施的协同，虽然其协同度波动比较大，但从不同时期（见图 7－19）来看，人事措施与引导措施的协同度整体呈现不断上升的趋势，且整体上维持在一个较高水平。该情况表明我国政府在重视人才培养的同时，也认识到了引导体系对人才培养的重要性，这不仅能够更好地促进人才的培养，重要的是能在全社会营造重视人才的氛围。其他经济措施、财政措施、金融措施与引导措施的协同度整体上呈现上升的趋势，说明我国政府越来越认识到经济类措施和引导措施协同的重要性，并且有进

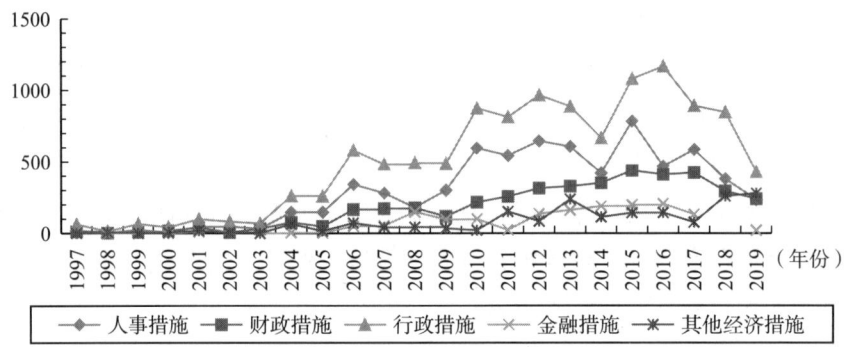

图 7－18　服务业各种措施与引导措施之间的协同情况

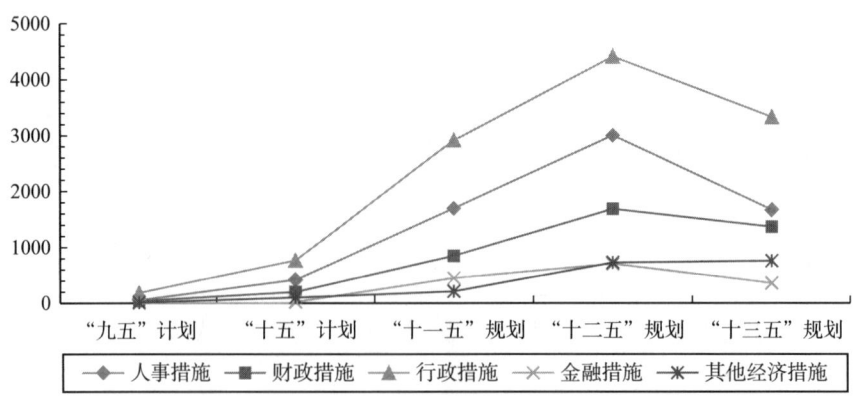

图 7－19　不同时期各种措施与引导措施之间的协同情况

一步上升的趋势，但总体来说其协同度整体水平偏低，低于各种措施与行政措施的协同度，说明我国在服务业发展政策制定的措施协同中主要是考虑和行政措施的协同，行政措施依然处于措施协同中的核心地位。

2. 生产性服务业政策措施协同分析

对 1997—2019 年我国政府部门颁布的生产性服务业政策措施进行了统计分析，结果显示使用行政措施、引导措施、人事措施、财政措施、金融措施、其他经济措施的政策占所颁布政策总数比例分别为 68.80%、54.02%、34.04%、21.04%、18.48%、12.72%。其中，行政措施占比最大，表明其是生产性服务业发展政策的重要措施，其次是引导措施。因此在分析政策措施协同时，重点分析其他各种措施与行政措施和引导措施的协同。

生产性服务业各种措施与行政措施的协同度如图 7 – 20 和图 7 – 21 所示，2003 年前，各措施与行政措施的协同度很低，2003 年后，各措施与行政措施的协同增长比较明显。2003—2009 年人事措施与行政措施、引导措施与行政措施的协同度变化趋势趋同，两者协同度最大；2009—2012 年人事措施与行政措施的协同度超过引导措施与行政措施的协同度；2013 年后人事措施与行政措施、引导措施与行政措施的协同度出现较大程度上升。其中，2014 年和 2016 年人事措施与行政措施的协同度高于引导措施与行政措施的协同度，2017 年两者协同度基本持平，说明我国越来越重视服务业人才的培养。财政措施与行政措施的协同度呈现出稳步上升的趋势，其他经济措施与行政措施间的协同度整体呈上升趋势。金融措施与行政措施之间的协同度最小，说明我国政府在运用金融措施与行政措施协同方面比较薄弱，其协同度 2010—2014 年呈现出上升的趋势，在 2014 年后出现了一定程度的下降，这与我国金融市场发展水平有关。

如图 7 – 22 和图 7 – 23 所示，各类措施与引导措施表现出了较高的协同度，可以看出各类措施与引导措施的协同度呈现不断上升的趋势。总体来讲，生产性服务业各项政策与引导措施的协同度相对于行政措施的协同度存在较大差距，说明我国在生产服务业发展政策制定中主要考虑和行政措施的协同，行政措施在各种措施协同中处于核心地位。

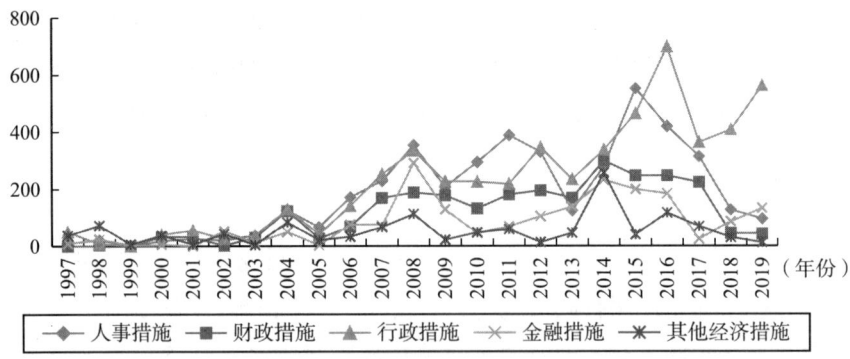

图 7 - 20   1997—2019 年生产性服务业各种措施与行政措施的协同度

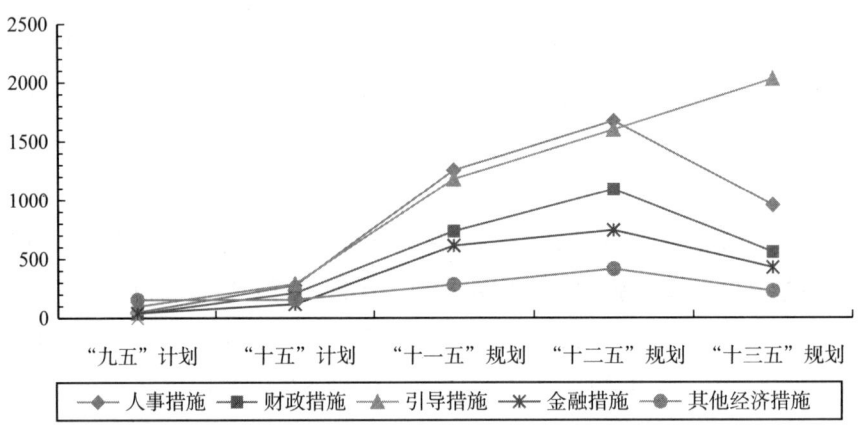

图 7 - 21   不同时期生产性服务业各种措施与行政措施的协同度

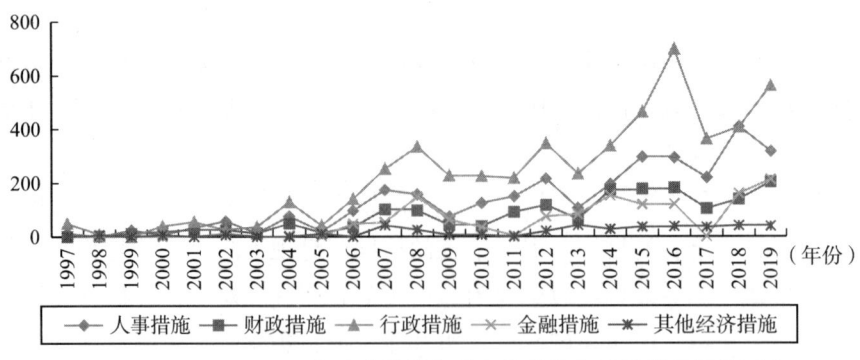

图 7 - 22   1997—2019 年生产性服务业各种措施与引导措施的协同度

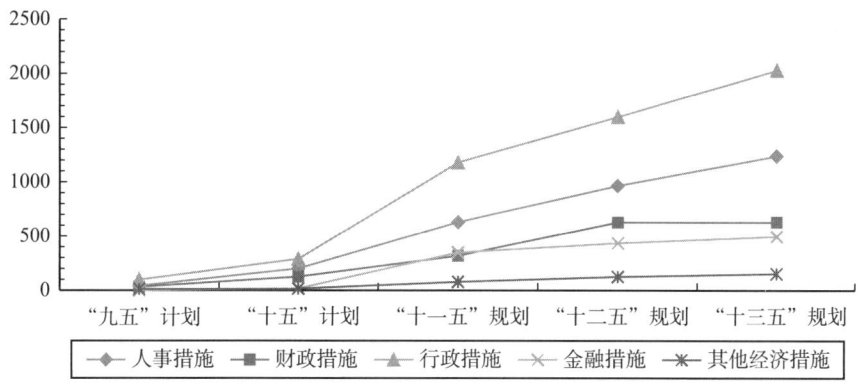

图 7 - 23　不同时期生产性服务业各种措施与引导措施的协同度

3. 生活性服务业政策措施协同分析

本部分通过对 1997—2019 年政府部门颁布的生活性服务业政策措施进行统计分析，发现引导措施、行政措施、财政措施、人事措施、金融措施、其他经济措施的政策占所颁布政策总数比例分别为 72.44%、58.51%、18.47%、15.78%、8.89%、2.80%。其中，引导措施占比最大，说明引导措施是生活性服务业发展政策的重要措施，其次是行政措施。因此在分析政策措施协同时，重点分析各种措施与行政措施和引导措施的协同。

图 7 - 24 显示了各种措施与引导措施的协同度，2003 年以前，各种措施与引导措施的协同度很低；2003—2012 年，各种措施与引导措施的协同度曲折上升。2001—2012 年，人事措施与引导措施、行政措施与引导措施的协同度变化趋势趋同；2008—2009 年，行政措施与引导措施的协同度有较大幅度提升，且远高于人事措施与引导措施的协同度；2010—2012 年财政措施与引导措施的协同度显著提升，并且高于人事措施与引导措施的协同度，表明我国尝试用经济杠杆与行政措施协同使用。金融措施、其他经济措施与引导措施的协同度较低，但也有上升趋势。这说明我国政府在运用金融措施、其他经济措施与引导措施协同方面还有提升空间。2018 年以后金融措施与引导措施的协同度有了提升，这也表明随着改革开放的进一步深化，要使金融措施产生更大的效应，政府应更加注重金融措施与其他措施的协同。总而言之，人事措施、财政措施、行政措施、其他

经济措施整体上与引导措施的协同度较低，在生活性服务业发展政策的措施中要着重考虑和引导措施的协同，引导措施处于措施协同的核心位置。

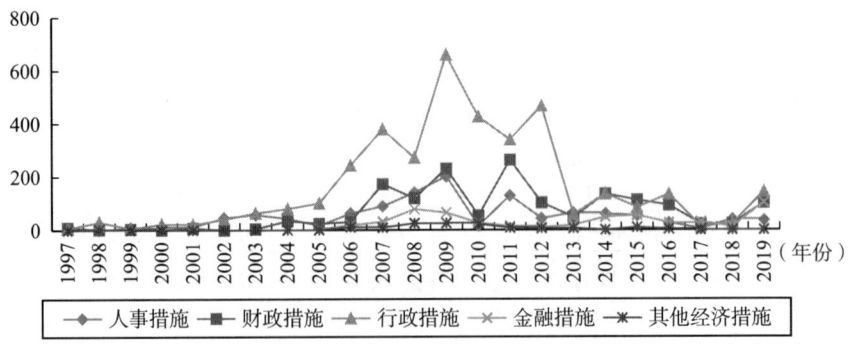

图 7-24　1997—2019 年生活性服务业各种措施与引导措施的协同度

各种措施与行政措施的协同度如图 7-25 所示，引导措施与行政措施的协同度最高；财政措施与行政措施的协同度波动较大，但总体上保持在较高的水平，说明我国政府重视经济杠杆的使用，同时在实施政策时常依赖于行政力量。2017 年前，人事措施、财政措施、金融措施和其他经济措施与行政措施的协同度呈曲折上升的趋势，2017 年后，以上措施的协同度都有下降态势。这说明我国在生活性服务业发展政策制定时，行政措施处于重要地位。为了实现生活性服务业高质量健康发展和顺应改革开放的大势，政府应将重点放在金融措施与其他措施的协同上，用市场机制和经济杠杆来代替行政命令，推动生活性服务业发展。

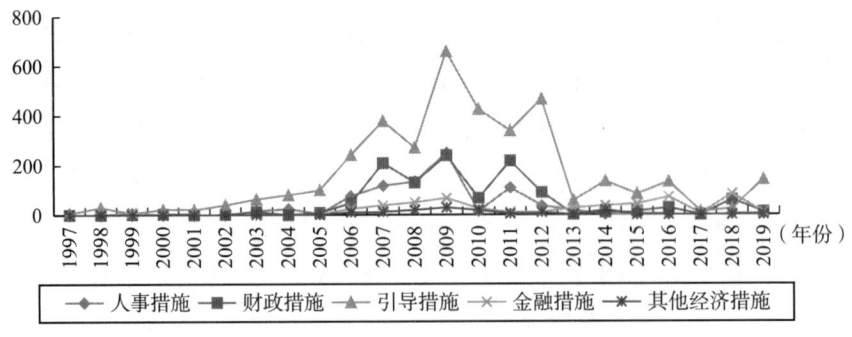

图 7-25　1997—2019 年生活性服务业各种措施与行政措施的协同度

第四节　本章小结

（1）2010年以来我国服务业发展政策总效力处于稳步上升的态势。从"十二五"规划开始我国越来越重视服务业发展，制定了第一部专门的服务业发展专项规划，从此服务业发展有了专门的发展蓝图。2014年之后颁布的服务业发展政策数量也开始稳步上升，但政策总效力增加主要是由于政策数量的增加引起的，而不是来源于政策力度和政策措施的改善。生产性服务业和生活性服务业政策总效力总体上不断提高，颁布的生产性服务业发展政策数量总体上不断增加。

（2）在服务业发展政策的部门协同中，真正处于部门协同核心地位的是国家发展改革委和财政部等具有行政和经济资源的部门，关乎服务业发展的主管部门不掌握足够的经济和行政资源，虽然政策颁布参与的部门众多，但各部门参与积极性较低，整体效率下降。部门协同颁布的服务业发展政策中，大多数为通知类等力度比较低的政策，不利于服务业发展长期性、系统性、战略性目标的实现。

就服务业子行业而言，生产性服务业协同颁布政策最多的部门是财政部和国家发展改革委，其次是国家人社部。单独颁布政策最多的是交通部，其次是银监会，各部门之间的协同程度不断增强。

生产性服务业是世界城市抢占产业竞争制高点、提升城市能级位势、构建国际供应链体系的关键产业，既能大幅提升产业高级化和产业链现代化水平，显著增强中心城市对区域发展的辐射力带动力，又能为畅通国民经济循环提供有力支撑。中央"十四五"规划提出，要加快发展现代服务业，推动生产性服务业向专业化和价值链高端延伸，推动各类市场主体参与服务供给，加快发展研发设计、现代物流、法律服务等服务业。生产性服务业涉及交通部、工信部、农业部等很多部门，多部门联合协同制定政策，推动现代服务业同先进制造业、现代农业深度融合，加快推进生产性服务业数字化。

　　生活性服务业部门协同颁布政策最多的部门是农业部和财政部，其次是国家税务总局。单独颁布政策最多的是教育部，其次是国务院，在生产性服务业和生活性服务业政策中国务院协同颁布政策都较少，这可能和国务院的地位有关。高质量发展、双循环、促消费是"十四五"规划期间国内经济发展主旋律。推动生活性服务业向高品质和多样化升级，推进服务业标准化、品牌化建设。生活性服务业将发生深度的质量变革，在数字化转型、绿色化发展、品质化升级等领域将迎来更多"大考"：既要适应疫情防疫常态化，又要积极实现企业经营目标和防疫升级，任务艰巨繁重。生活性服务业涉及商务部、教育部等众多部门，因此要加强部门协同，发挥部门优势，制定相关政策，使生活性服务业真正实现数字化转型、绿色化发展、品质化升级。

　　（3）服务业发展政策措施协同不断加强，各部门协调，综合利用各种政策措施成为趋势。1997—2019年我国政府部门颁布的生产性服务业政策措施中行政措施占比最大，其次是引导措施，说明在生产性服务业发展政策措施中行政措施处于措施协同的核心位置；而在此期间生活性服务业政策措施中引导措施占比最大，其次是行政措施，说明在生活性服务业发展政策措施中引导措施处于措施协同的核心位置。生产性服务业和生活性服务业的行政措施和引导措施与其他措施都表现出相当高的协同度，说明我国服务业政策正逐步摆脱单纯依靠行政措施或其他单一政策措施的局面，并通过不同措施的协同来实现政策目标。

　　（4）财政措施与行政措施的协同度呈现出稳步上升的趋势，其他经济措施与行政措施间的协同度整体呈上升趋势，表明我国政府尝试用更多的经济杠杆与行政措施协同使用。金融措施与行政措施之间的协同度最小，说明我国政府在运用金融措施与行政措施协同方面比较薄弱，这与我国金融市场发展水平有关。我国金融市场尚不成熟，开放水平较低，金融类工具的使用与西方国家相比仍有较大差距，随着我国改革开放程度越来越深，金融措施将会发挥更大的作用，政策应该更多地关注其他措施与该措施的协同。过多地使用行政措施会阻碍服务业的可持续增长，因此在优化现代产业体系，加快推进服务业优质高效发展的背景下，政府应该将政策协同的重心转移到其他措施与金融措施之间的协同上来，用经济杠杆和市场机制取代部分的行政命令，从而推动服务业的健康可持续发展。

值得注意的是人事措施与引导措施的协同整体上维持在一个较高水平，表明我国政府在重视人才培养的同时，也认识到了引导体系对人才培养的重要性，这不仅能够更好地促进人才培养，还能在全社会营造重视人才的氛围。财政措施、金融措施与引导措施的协同度整体上呈现上升的趋势，说明我国政府越来越认识到经济类措施和引导措施协同的重要性，但其协同度整体水平偏低，与行政措施协同度之间存在着较大的差距，说明我国在服务业发展政策制定的措施协同中主要考虑与行政措施的协同，行政措施依然处于措施协同中的核心地位。

（5）强化政策协同保障。我国已经制定了第十四个五年规划和2035年远景目标，按照"十四五"规划的目标任务、结合当前的经济发展形势，要坚持财政措施作保障、金融措施为支撑、其他政策相协调，着力构建宏观政策协调联动机制。合理确定宏观政策取向，坚持公共财政为公共政策服务，增强国家关于服务业重大战略任务的财力保障，加强中期财政规划与年度预算、政府投资计划与"十四五"规划实施的衔接协调，中央财政性资金优先投向"十四五"规划确定的有关服务业方面的重大任务。

第八章 服务业政策的有效性研究

大力发展服务业尤其是现代服务业，是促进产业结构转型升级的有效手段，也是加快新旧动能转换的动力来源。要实现服务业的快速、优质发展，需要设计系统化的服务业政策体系，让政策体系中各项政策要素之间的协同一致。一般而言，政策要素包括政策力度、政策目标和政策措施三大类，三类要素有机结合形成了政策的整体效力水平。服务业要持续不断地为经济发展注入活力，还必须以服务业政策效力的可持续性发挥作为前提。弄清我国服务业政策的经济发展效果及其作用机制，找到提升服务业政策经济发展效应的有效途径，对当前及今后正确制定我国服务业发展政策，更好地发挥服务业政策在促进社会经济高质量发展中的作用，具有十分重要的理论与现实意义。

第一节 服务业政策有效性评价的系统化理论框架

产业政策的目的在于引导产业发展方向、促进产业结构升级和推动国民经济健康可持续发展。从这个意义上来说，产业政策与经济发展（经济增长、产业结构等）就共同形成相对独立的运行系统，可以称之为"产业政策—经济发展系统"，简称产业政策系统。一般来说，系统是相对和开放的，每个系统既被包含于更大系统之中，又可以包含许多功能独立的子系统，"服务业政策—经济发展系统"，简称服务业政策系统，就可视为产业政策系统的子系统。在该子系统内部，服务业政策与经济发展的许多方面相互作用和影响，形成特定的经济运行模式和发展结果。

对服务业政策系统而言，一方面，服务业政策的宗旨是促进服务产业乃至整个国民经济又好又快发展，因此它会对经济社会发展产生影响；同时，政策制定不应脱离实际，而应与实际的经济状况相适应。另一方面，产业政策的发力不当或方向偏离，可能引发经济发展偏离既定轨道，造成"脱实向虚"的系统性风险；同样地，若经济处于高速发展阶段，而缺少有效的政策支持，就会使经济发展缺乏足够的外部动力，从而造成发展速度的衰减和质量的下降。以上说明，在服务业政策系统内部，服务业政策与经济发展具有双向作用机制。因此在对服务业政策的有效性进行评价时，应立足于系统化的视角，在政策作用系统的框架下来进行。

政策有效性评价应主要从以下几个方面进行。

（1）分析服务业政策系统中服务业政策与经济发展间的系统耦合效应，对二者的协调一致性进行量化分析，同时考察这种协调一致性随时间的变化趋势，这可以通过构建服务业政策与经济发展耦合模型来实现。

（2）分析服务业政策系统中服务业政策与经济发展之间的长期均衡关系和短期波动关系，探究二者之间的协整性，以及服务业政策对经济发展的长期均衡效应和短期波动效应，这可以通过协整检验和构建误差修正模型来实现。

（3）分析服务业政策系统中服务业政策与经济发展之间的"反馈—循环"效应，并分析由"反馈—循环"效应产生的政策效应的累积机制与增进机制，这可以通过构建一个具有"无形"和"有形"二元输入的系统性政策效应评价模型来实现。其中，"无形"输入是指系统中非时变的恒定因素，其输入水平取决于系统所处的基本稳定的经济体制、政治制度、生产力水平及系统外部环境；"有形"输入是指系统中随时间变化而不断调整的政策因素，其输入水平即为某个时期的政策力度。

需要指出的是，上述提到的系统性政策效应评价模型的构建有赖于系统的相对稳定性。对处于非稳定阶段或具有某种周期特性的系统，则需在模型中加入必要的虚拟辅助变量，以更好地刻画实际作用机制。此外，如果系统内还包含独立于政策因素之外的其他典型时变输入因素，则需考虑构建含有控制变量的系统性政策效应评价模型。

第二节　服务业政策的测量与效应评价方法

一、服务业政策的测量方法

1. 服务业政策评估指标体系

为了全面客观地反映服务业政策的内容效度，进而科学、量化地研究我国服务业政策对经济发展与产业结构等的影响，需从政策力度、政策措施和政策目标 3 个方面将服务业政策进行细化。进一步地，将政策措施细分为人事措施、财政措施、引导措施、行政措施、金融措施和其他经济措施 6 个二级指标；将政策目标细分为经济增长、就业服务和社会普遍服务 3 个二级指标。从而得到服务业政策评估指标体系，见表 8 - 1。

表 8 - 1　　　　　　　　服务业政策评估指标体系

一级指标	二级指标
政策力度	—
政策措施	人事措施
	财政措施
	引导措施
	行政措施
	金融措施
	其他经济措施
政策目标	经济增长
	就业服务
	社会普遍服务

2. 服务业政策评估量化标准

根据已经建立的服务业政策量化评估指标体系，首先制定量化标准。在政策力度方面，主要依据国家行政权力机构与政策类型确定政策力度的量化标准。而在政策措施和政策目标方面，则是通过周密的调研和咨询相关权威专家，分别确定相应的量化标准。政策力度和政策措施的量化标准分别见第七章的表 7 - 1 和表 7 - 2。

二、服务业政策效应评价方法

1. 服务业政策与经济发展耦合模型

耦合是两个或两个以上的系统通过受自身和外界的各种相互作用而彼此影响的现象。我们将耦合理论应用于服务业政策与经济发展的耦合关系分析，则两者的耦合度为

$$C_t = \sqrt{\frac{SP_t \times SE_t}{\left(\frac{SP_t + SE_t}{2}\right)^2}} \qquad (8.1)$$

式中，C_t 为第 t 年服务业政策耦合度；SP_t 为第 t 年服务业政策力度；SE_t 为第 t 年的产业结构合理化程度。C_t 的取值越大，则代表服务业政策与产业结构的耦合度越高，二者协调度的分级标准见表 8 - 2。

表 8 - 2　　　　服务业政策与产业结构耦合度阶段分级标准

耦合度 C	耦合状况
$0 < C \leqslant 0.3$	分离阶段
$0.3 < C \leqslant 0.5$	拮抗阶段
$0.5 < C \leqslant 0.8$	磨合阶段
$0.8 < C < 1$	耦合阶段

进一步，为了测度服务业政策与产业结构合理化的耦合协调关系，可定义两者的耦合协调度为

$$T_t = \alpha \times SP_t + \beta \times SE_t \tag{8.2}$$

$$D_t = \sqrt{C_t \times T_t} \tag{8.3}$$

式中，D_t 是耦合协调度；C_t 是服务业政策耦合度；T_t 表示综合调和指数；α 和 β 分别表示服务业政策力度与产业结构合理程度的权重系数。T_t 的值越大，代表服务业政策与产业结构的耦合协调度或一致性越高，其分级标准见表 8 – 3。

表 8 – 3　　　　　服务业政策与产业结构耦合协调度阶段分级标准

耦合一致性 D	耦合一致状况
$0 < D \leqslant 0.3$	低度耦合一致阶段
$0.3 < D \leqslant 0.5$	中度耦合一致阶段
$0.5 < D \leqslant 0.8$	高度耦合一致阶段
$0.8 < D < 1$	极度耦合一致阶段

2. 协整理论与误差修正模型

协整理论由格兰杰（Granger）和恩格尔（Engle）于 20 世纪 80 年代初提出，该理论是研究和处理非平稳时间数据，进而确定变量之间的理论关系的重要基础。

协整的定义为：如果序列 X_{1t}，X_{2t}，$\cdots X_{kt}$ 都是 d 阶单整的，存在向量 $\boldsymbol{\alpha} = (\alpha_1, \alpha_2, \cdots, \alpha_k)$，使得 $\boldsymbol{Z}_t = \boldsymbol{\alpha}\boldsymbol{X}_t' \sim \boldsymbol{I}(d-b)$，其中 $d \geqslant b > 0$，$\boldsymbol{X}_t = (\boldsymbol{X}_{1t}, \boldsymbol{X}_{2t}, \cdots X_{kt})'$，则称序列 X_{1t}，X_{2t}，$\cdots X_{kt}$ 是 (d, b) 阶协整，记为 $\boldsymbol{X}_t \sim \boldsymbol{CI}(d, b)$，$\boldsymbol{\alpha}$ 称为协整向量。

误差修正模型（Error Correction Model，ECM）是一种具有特定形式的计量经济学模型，其主要形式由戴维森（Davidson）、亨德利（Hendry）、斯巴（Srba）和伊奥（Yeo）于 1978 年提出，又称为 DHSY 模型。一阶误差修正模型的形式为

$$\Delta Y_t = \alpha \Delta X_t - \lambda ECM_{t-1} + \mu_t \qquad (8.4)$$

式中，$ECM_{t-1} = Y_{t-1} - b_0 - b_1 X_{t-1}$ 表示 $t-1$ 期非均衡误差；λECM_{t-1} 表示误差修正项；λ 称为修正系数，表示误差修正项对 ΔY_t 的调整速度。

3. 图解代数

图解代数（Graph Algebra）是由科尔特斯等（Cortés et al.,）于 1974 年提出的一种用来描述系统结构和功能的语言，它通过基本算子连接系统的输入和输出，并刻画系统状态的控制、转换与反馈等机制，进而在系统论视角下描述经济社会过程，进行因果、结构与效应分析。一个含有反馈循环的简单系统的图解代数如图 8-1 所示。

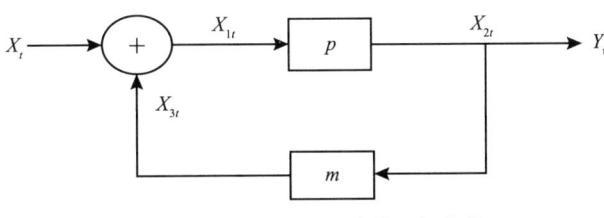

图 8-1　一个简单系统的图解代数

图中，X_t 表示系统输入；Y_t 表示系统输出；X_{1t}、X_{2t} 和 X_{3t} 为系统中间状态；方框中的元素 p 和 m 称为算子。图解代数遵循以下三条重要的运算规则。

运算规则 1　同一路径上的流动单位是相乘关系。

例如，在图 8-1 中有

$$X_{2t} = pX_{1t} \qquad (8.5)$$

运算规则 2　交叉路径之间是相加关系。

例如，在图 8-1 中有

$$X_{1t} - X_t + X_{3t} \qquad (8.6)$$

运算规则 3　输出 = 输入 $\times \dfrac{\text{正向路径}}{1 - \text{反馈路径}}$。

例如，在图 8-1 中有

$$Y_t = X_t \times \frac{p}{1 - pm} \qquad (8.7)$$

第三节　服务业政策效力分析

　　本节基于前述所建立起的我国服务业政策的指标体系和量化标准，对我国服务业政策的经济发展效应进行分析。首先对 1997—2019 年我国服务业政策的效力进行量化评估和分析，在此基础上，研究服务业政策与经济发展的耦合状况以及服务业政策的经济增长效应、就业吸纳效应与产业结构优化效应。

　　在服务业政策的量化分析中，以 R_{ti} 表示第 t 年第 i 条政策的政策力度；以 MP_{ti} 表示第 t 年第 i 条政策的人事措施效力；以 MF_{ti} 表示第 t 年第 i 条政策的财政措施效力；以 MG_{ti} 表示第 t 年第 i 条政策的引导措施效力；以 ME_{ti} 表示第 t 年第 i 条政策的行政措施效力；以 MM_{ti} 表示第 t 年第 i 条政策的金融措施效力；以 MO_{ti} 表示第 t 年第 i 条政策的其他经济措施效力。这些服务业政策量化指标及含义，具体见表 8 - 4。

表 8 - 4　　　　　　　　服务业政策量化指标及含义

指标	含义
R_{ti}	第 t 年第 i 条政策的政策力度
MP_{ti}	第 t 年第 i 条政策的人事措施效力
MF_{ti}	第 t 年第 i 条政策的财政措施效力
MG_{ti}	第 t 年第 i 条政策的引导措施效力
ME_{ti}	第 t 年第 i 条政策的行政措施效力
MM_{ti}	第 t 年第 i 条政策的金融措施效力
MO_{ti}	第 t 年第 i 条政策的其他经济措施效力

　　基于表 8 - 4 中的指标，定义第 t 年第 i 条政策的政策措施效力 M_{ti} 为

$$M_{ti} = MP_{ti} + MF_{ti} + MG_{ti} + ME_{ti} + MM_{ti} + MO_{ti} \tag{8.8}$$

第 t 年第 i 条政策的总效力 P_{ti} 为

$$P_{ti} = R_{ti}M_{ti} \qquad (8.9)$$

若以 n_t 代表第 t 年的服务业政策总数目，则第 t 年服务业政策的总效力 P_t 为

$$P_t = \sum_{i=1}^{n_t} R_{ti}M_{ti} \qquad (8.10)$$

基于对我国服务业政策评价指标体系中的各二级指标的专家打分，利用式（8.8）~式（8.10）可得表 8 - 5 中的 1997—2019 年我国服务业政策效力测度值，政策效力的变化趋势如图 8 - 2 所示。可以看出，1997—2019 年，我国服务业政策的效力虽然在某些年份出现波动，但总体来说在一定时期内不断提升。1997—2003 年，政策效力的提升速度相对缓慢；2004—2011 年提升速度较快，但其间出现小幅波动；从 2012 年起政策效力的增速放缓，且从 2017 年开始出现明显回落。

表 8 - 5　　　　　　　　1997—2019 年我国服务业政策效力

年份	政策效力 P
1997	85
1998	122
1999	126
2000	174
2001	208
2002	312
2003	248
2004	652
2005	489
2006	1041
2007	760
2008	989
2009	1092
2010	1361
2011	1614

续表

年份	政策效力 P
2012	1419
2013	1489
2014	1440
2015	1737
2016	1806
2017	1424
2018	1154
2019	719

资料来源：根据专家打分计算所得。

图 8 - 2 1997—2019 年我国服务业政策效力的变化趋势

第四节　服务业政策的宏观发展效应分析

一、服务业政策与经济发展耦合关系分析

本书分别以服务业政策力度和相应的经济指标代表我国服务业政策系统与经济发展系统运行状况的测度指标，运用我国 1997—2019 年的服务业政策力度与经济运行状况的时间序列数据，对服务业政策与经济发展的耦合度及耦合一致性进行测度，并分析其变化趋势。

1. 服务业政策与经济增长的耦合性分析

（1）服务业政策与 GDP 的耦合性分析。根据式（8.1）可以得到
1997—2019 年我国服务业政策与 GDP 的耦合度见表 8-6，耦合度变化趋
势如图 8-3 所示。可以看出，1997—2019 年，我国服务业政策与 GDP 已
达到耦合阶段；1997—1999 年，二者耦合度有较大幅度提升；而在
2000—2007 年，服务业政策与 GDP 间的耦合度出现较大幅的波动，表现
出不稳定性，其中 2004 年和 2006 年耦合度曾一度跌至 1997 年的较低水
平；2008 年及以后，服务业政策与 GDP 的耦合度恢复到较高水平，并表
现出稳定的小幅增长态势；2016 年达到 0.998284 的高耦合水平，2017 年
稍有回落。整体来看，服务业政策表现出与 GDP 的高度相关性与一致性，
服务业政策较明显地促进了我国经济增长。

表 8-6　　　　　1997—2019 年我国服务业政策与 GDP 的耦合度

年份	耦合度 C	耦合状况
1997	0.864038	耦合阶段
1998	0.870741	耦合阶段
1999	0.964170	耦合阶段
2000	0.949657	耦合阶段
2001	0.962897	耦合阶段
2002	0.915100	耦合阶段
2003	0.994027	耦合阶段
2004	0.866788	耦合阶段
2005	0.970545	耦合阶段
2006	0.868733	耦合阶段
2007	0.977172	耦合阶段
2008	0.970437	耦合阶段
2009	0.971436	耦合阶段
2010	0.968704	耦合阶段
2011	0.971691	耦合阶段

续表

年份	耦合度 C	耦合状况
2012	0.993517	耦合阶段
2013	0.996527	耦合阶段
2014	0.999787	耦合阶段
2015	0.996725	耦合阶段
2016	0.998284	耦合阶段
2017	0.992158	耦合阶段
2018	0.995824	耦合阶段
2019	0.995335	耦合阶段

资料来源：根据《中国统计年鉴2019》相关数据测算所得。

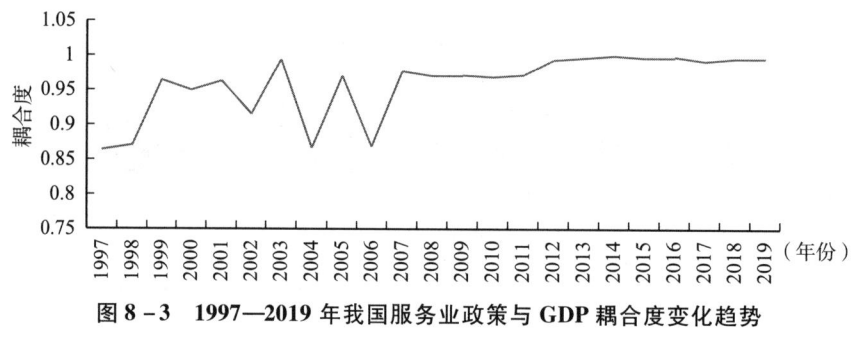

图 8 - 3　1997—2019 年我国服务业政策与 GDP 耦合度变化趋势

　　基于式（8.2）和式（8.3）得到 1997—2019 年我国服务业政策与经济发展的耦合一致性水平见表 8 - 7。公式（8.2）中 α 和 β 的值均取为 0.5。耦合一致性水平的变化趋势如图 8 - 4 所示。从表 8 - 7 和图 8 - 4 可以看出，1997—2019 年，我国服务业政策与 GDP 的耦合一致性经历了从低度耦合一致性到极度耦合一致性的过程，耦合一致性得到了稳定而显著地提升；1997—2003 年，二者的耦合一致性处于低度耦合一致性的水平；2004 年和 2005 年达到中度耦合一致性水平；2006—2010 年处于高度耦合一致性水平；2011 年之后提升到极度耦合一致性水平并保持。这表明，服务业政策与经济增长的互动协调关系不断优化，服务业政策在经济增长中所发挥的作用越来越明显。

表 8 - 7　　　　1997—2019 年我国服务业政策与 GDP 的耦合一致性

年份	耦合一致性 D	耦合一致状况
1997	0.040756	低度耦合一致阶段
1998	0.119042	低度耦合一致阶段
1999	0.142344	低度耦合一致阶段
2000	0.198218	低度耦合一致阶段
2001	0.236860	低度耦合一致阶段
2002	0.295727	低度耦合一致阶段
2003	0.295012	低度耦合一致阶段
2004	0.437298	中度耦合一致阶段
2005	0.430006	中度耦合一致阶段
2006	0.568094	高度耦合一致阶段
2007	0.562841	高度耦合一致阶段
2008	0.640907	高度耦合一致阶段
2009	0.677699	高度耦合一致阶段
2010	0.758057	高度耦合一致阶段
2011	0.834833	极度耦合一致阶段
2012	0.830950	极度耦合一致阶段
2013	0.865585	极度耦合一致阶段
2014	0.877526	极度耦合一致阶段
2015	0.939811	极度耦合一致阶段
2016	0.969987	极度耦合一致阶段
2017	0.938558	极度耦合一致阶段
2018	0.949482	极度耦合一致阶段
2019	0.953676	极度耦合一致阶段

资料来源：根据《中国统计年鉴 2019》相关数据测算所得。

图 8 - 4 1997—2019 年我国服务业政策与 GDP 的耦合一致性变化趋势

（2）服务业政策与第三产业增长的耦合性分析。基于式（8.1），可以得到 1997—2019 年我国服务业政策与第三产业增长的耦合度见表 8 - 8，二者的耦合度变化趋势如图 8 - 5 所示。可以看出，1997—2019 年我国服务业政策与第三产业发展一直处于耦合阶段，多数年份处于较高的耦合水平；1997—2007 年，耦合度的波动性较明显，2004 年和 2006 年曾出现耦合度的显著下降，分别达到了 0.840795 和 0.834340 的相对较低水平，但在 2007 年及时反弹；2012 年以后，耦合度稳定在 0.951 以上，并持续上升，在 2013 年后，耦合度则达到 0.99 的高水平。服务业政策与第三产业的耦合数据说明，服务业政策与第三产业发展关系密切，一直具有高度相关性，其相关性和耦合度虽在个别年份出现波动，但整体上保持上升趋势，且近几年的耦合度稳定保持在非常高的水平，表明服务业政策对第三产业发展的促进作用越来越明显。

表 8 - 8   1997—2019 年我国服务业政策与第三产业增长的耦合度

年份	耦合度 C	耦合状况
1997	0.992012	耦合阶段
1998	0.931263	耦合阶段
1999	0.988819	耦合阶段
2000	0.965975	耦合阶段
2001	0.973393	耦合阶段
2002	0.926002	耦合阶段

年份	耦合度 C	耦合状况
2003	0.992784	耦合阶段
2004	0.840795	耦合阶段
2005	0.951450	耦合阶段
2006	0.834340	耦合阶段
2007	0.959558	耦合阶段
2008	0.948414	耦合阶段
2009	0.954844	耦合阶段
2010	0.948700	耦合阶段
2011	0.951422	耦合阶段
2012	0.984098	耦合阶段
2013	0.991062	耦合阶段
2014	0.998211	耦合阶段
2015	0.995497	耦合阶段
2016	0.998183	耦合阶段
2017	0.992539	耦合阶段
2018	0.995406	耦合阶段
2019	0.993972	耦合阶段

资料来源：根据《中国统计年鉴2019》相关数据测算所得。

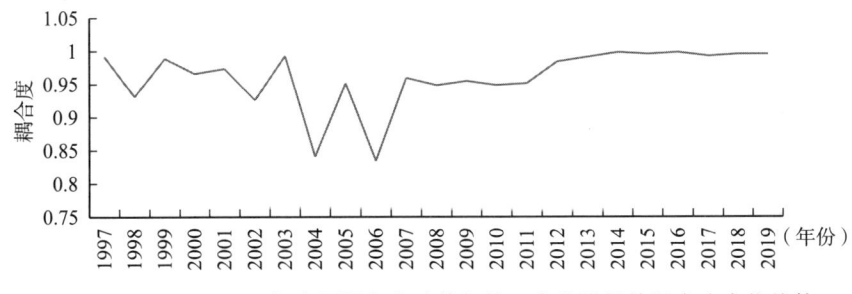

图 8 - 5 1997—2019 年我国服务业政策与第三产业增长的耦合度变化趋势

根据式（8.2）和式（8.3），可以进一步得到 1997—2019 年我国服务业政策与第三产业增长的耦合一致性水平见表 8 - 9，耦合一致性水平的变化趋势如图 8 - 6 所示。式（8.2）中 α 和 β 的值均取为 0.5。通过观察表 8 - 9 和图 8 - 6 发现，我国服务业政策与第三产业增长的耦合一致性表现出了服务业政策与 GDP 耦合一致性基本相似的变化规律，同样经历了低度→中度→高度→极度耦合一致的完整发展阶段，期间两者的耦合一致性是一个不断完善和提升的过程。具体来说，1997—2001 年二者尚处于低度耦合一致，2002—2007 年则基本达到中度耦合一致，2008—2010年达到高度耦合一致，2011—2017 年则成功实现极度耦合一致。服务业政策与第三产业增长的耦合一致性升级过程，也是服务业政策对第三产业发展的作用不断加深的过程。

表 8 - 9　　　1997—2019 年我国服务业政策与第三产业增长的耦合一致性

年份	耦合一致性 D	耦合一致状况
1997	0.050457	低度耦合一致阶段
1998	0.128729	低度耦合一致阶段
1999	0.151263	低度耦合一致阶段
2000	0.204209	低度耦合一致阶段
2001	0.242061	低度耦合一致阶段
2002	0.300247	中度耦合一致阶段
2003	0.293404	低度耦合一致阶段
2004	0.424687	中度耦合一致阶段
2005	0.414725	中度耦合一致阶段
2006	0.546600	中度耦合一致阶段
2007	0.542508	中度耦合一致阶段
2008	0.615120	高度耦合一致阶段
2009	0.656214	高度耦合一致阶段
2010	0.730565	高度耦合一致阶段
2011	0.803139	极度耦合一致阶段
2012	0.804235	极度耦合一致阶段

续表

年份	耦合一致性 D	耦合一致状况
2013	0.843900	极度耦合一致阶段
2014	0.860491	极度耦合一致阶段
2015	0.933236	极度耦合一致阶段
2016	0.969162	极度耦合一致阶段
2017	0.937100	极度耦合一致阶段
2018	0.946499	极度耦合一致阶段
2019	0.941799	极度耦合一致阶段

资料来源：根据《中国统计年鉴 2019》相关数据测算所得。

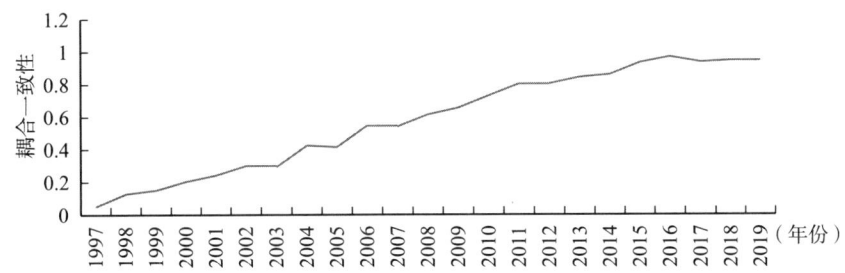

图 8 – 6　1997—2019 年我国服务业政策与第三产业增长的耦合一致性变化趋势

2. 服务业政策与产业结构高级化的耦合性分析

本书以第三产业增加值占 GDP 的比重来衡量产业结构的高级化水平。通过耦合度式（8.1），可以计算 1997—2019 年我国服务业政策与第三产业比重的耦合度，计算结果见表 8 – 10，为了观察二者耦合度的变化趋势，可以绘制服务业政策与第三产业比重的耦合度趋势，如图 8 – 7 所示。可以看出，1997—2019 年，我国服务业政策与第三产业比重经历了从磨合阶段到耦合阶段的发展过程；1997—2004 年是耦合度显著提高阶段，这期间二者耦合度从 0.556194 逐步提升到 0.998407；2004 年后，二者便稳定地具有较高耦合度，除 2005 年、2006 年、2011 年和 2012 年外，其余年份的耦合度均维持在 0.99 以上。这些数据说明服务业政策在产业结构高级化的过程中，起到了应有的作用，且服务业政策在推动产业结构升级的过程中，其作用不断加强。

表 8 – 10　　　　1997—2019 年我国服务业政策与第三产业比重的耦合度

年份	耦合度 C	耦合状况
1997	0.556194	磨合阶段
1998	0.743518	磨合阶段
1999	0.627042	磨合阶段
2000	0.732031	磨合阶段
2001	0.743593	磨合阶段
2002	0.849344	耦合阶段
2003	0.780641	磨合阶段
2004	0.998407	耦合阶段
2005	0.972693	耦合阶段
2006	0.988237	耦合阶段
2007	0.995979	耦合阶段
2008	0.998331	耦合阶段
2009	0.999736	耦合阶段
2010	0.988141	耦合阶段
2011	0.971899	耦合阶段
2012	0.993625	耦合阶段
2013	0.997162	耦合阶段
2014	0.999937	耦合阶段
2015	0.999704	耦合阶段
2016	0.999995	耦合阶段
2017	0.992349	耦合阶段
2018	0.997349	耦合阶段
2019	0.994849	耦合阶段

资料来源：根据《中国统计年鉴 2019》相关数据测算所得。

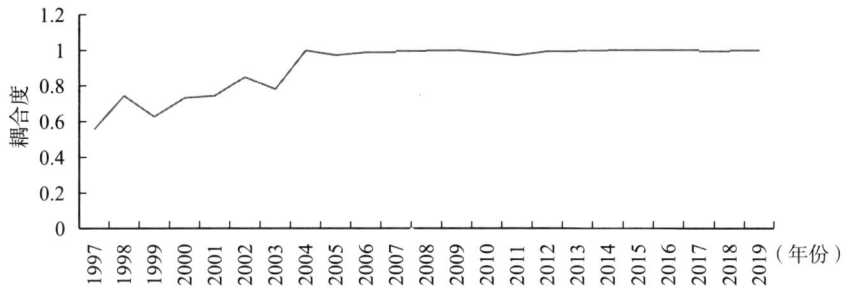

图 8-7　1997—2019 年我国服务业政策与第三产业比重的耦合度变化趋势

　　同样基于式（8.2）和式（8.3），得到 1997—2019 年我国服务业政策与第三产业比重的耦合一致性水平见表 8-11，耦合一致性水平的变化趋势如图 8-8 所示。公式（8.2）中 α 和 β 的值均取为 0.5。根据表 8-11 的测算结果，1997—2012 年，我国服务业政策与第三产业比重的耦合一致性先后经历了 1997—1999 年的低度耦合一致阶段、2000—2003 年的中度耦合一致阶段、2004—2010 年的高度耦合一致阶段和 2011—2019 年的极度耦合一致阶段，二者的耦合一致性水平不断提升；2016 年耦合一致性水平超过了 0.997 的优质耦合一致水平；值得注意的是，耦合一致水平在 2017 年有所回落，在后续服务业政策的制定中，应适当做出调整。总而言之，服务业政策与第三产业比重的提升发挥了重要作用，且作用日益明显，服务业政策在推动产业转型升级中的效果越来越突出。

表 8-11　　　1997—2019 年我国服务业政策与第三产业比重的耦合一致性

年份	耦合一致性 D	耦合一致状况
1997	0.029630	低度耦合一致阶段
1998	0.233425	低度耦合一致阶段
1999	0.274659	低度耦合一致阶段
2000	0.353260	中度耦合一致阶段
2001	0.407469	中度耦合一致阶段

续表

年份	耦合一致性 D	耦合一致状况
2002	0.491154	中度耦合一致阶段
2003	0.449604	中度耦合一致阶段
2004	0.591479	高度耦合一致阶段
2005	0.547233	高度耦合一致阶段
2006	0.690029	高度耦合一致阶段
2007	0.655748	高度耦合一致阶段
2008	0.704215	高度耦合一致阶段
2009	0.756093	高度耦合一致阶段
2010	0.796422	高度耦合一致阶段
2011	0.835212	极度耦合一致阶段
2012	0.831348	极度耦合一致阶段
2013	0.869066	极度耦合一致阶段
2014	0.881680	极度耦合一致阶段
2015	0.966841	极度耦合一致阶段
2016	0.997265	极度耦合一致阶段
2017	0.937829	极度耦合一致阶段
2018	0.967311	极度耦合一致阶段
2019	0.952570	极度耦合一致阶段

资料来源：根据《中国统计年鉴 2019》相关数据测算所得。

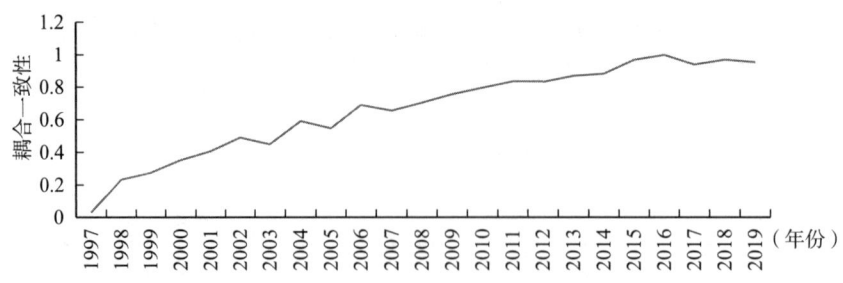

图 8 - 8 1997—2019 年我国服务业政策与第三产业比重的耦合一致性变化趋势

除了运用第三产业增加值占 GDP 比重衡量产业结构高级化的标准外，许多学者还经常采用第二、三产业产值比，即第三产业增加值与第二产业增加值的比值来度量产业结构的高级化水平。在式（8.1）中，若令 SE 表示第二、三产业产值比，则可得到表 8 – 12 中 1997—2019 年我国服务业政策与第二、三产业产值比的耦合度数据，其变化趋势如图 8 – 9 所示。结合表 8 – 12 和图 8 – 9 所提供的信息，可以看出我国服务业政策与第二、三产业产值比在 1997—2001 年处于磨合阶段，在 2002—2017 年则处于耦合阶段；1997—2001 年，二者的耦合度经历了较为明显的提升过程，直到 2002 年达到耦合，并将耦合水平保持到 2017 年；2014—2019 年的耦合度维持在 0.99 以上。从以上数据可以看出，服务业政策与第二、三产业产值比的相关性随时间推移不断增强，再一次表明我国服务业政策成功地推动了产业结构升级，且效果越来越明显。

表 8 – 12　　　　1997—2019 年我国服务业政策与第二、三产业产值比的耦合度

年份	耦合度 C	耦合状况
1997	0.617230	磨合阶段
1998	0.748950	磨合阶段
1999	0.649605	磨合阶段
2000	0.778348	磨合阶段
2001	0.779375	磨合阶段
2002	0.879810	耦合阶段
2003	0.842489	耦合阶段
2004	0.996605	耦合阶段
2005	0.999747	耦合阶段
2006	0.923675	耦合阶段
2007	0.993346	耦合阶段
2008	0.965296	耦合阶段
2009	0.983492	耦合阶段
2010	0.945326	耦合阶段

年份	耦合度 C	耦合状况
2011	0.916343	耦合阶段
2012	0.969329	耦合阶段
2013	0.985527	耦合阶段
2014	0.996632	耦合阶段
2015	0.999117	耦合阶段
2016	0.999999	耦合阶段
2017	0.993905	耦合阶段
2018	0.997673	耦合阶段
2019	0.995789	耦合阶段

资料来源：根据《中国统计年鉴2019》相关数据测算所得。

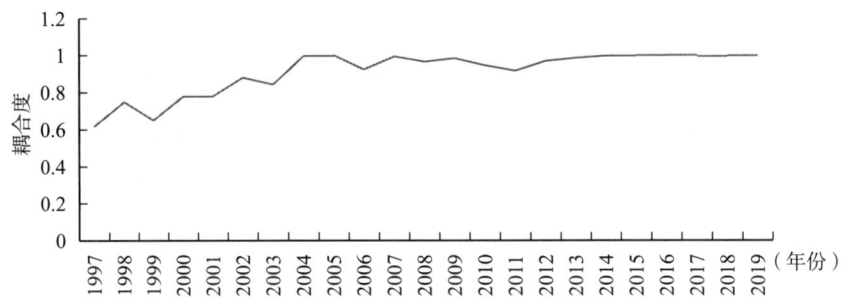

图 8 - 9　1997—2019 年我国服务业政策与第二、三产业产值比的耦合度变化趋势

同样地，基于耦合一致性的计算，即式（8.2）和式（8.3）得到 1997—2019 年我国服务业政策与第二、三产业产值比的耦合一致性水平，式（8.2）中 α 和 β 的值均取 0.5。耦合一致性水平的测度数据与变化趋势分别见表 8 - 13 和图 8 - 10。基于测算结果可知，1997—2019 年服务业政策与第二、三产业产值比之间的耦合一致性不断增强；二者在 1997—1999 年处于低度耦合一致阶段，2000—2005 年基本处于中度耦合一致阶段（2004 年除外），2006—2012 年处于高度耦合一致阶段，2013—2017 年达到极度耦合一致阶段，2017 年以后有所降低。服务业政策与第二、三产业产值比的耦合一致性的不断提升，再次表明服务业政策在产业结构升级中发挥着越来越重要的作用。

表 8 – 13　1997—2019 年我国服务业政策与第二、三产业产值对比度耦合一致性

年份	耦合一致性 D	耦合一致状况
1997	0.031597	低度耦合一致阶段
1998	0.232152	低度耦合一致阶段
1999	0.268424	低度耦合一致阶段
2000	0.337100	中度耦合一致阶段
2001	0.392956	中度耦合一致阶段
2002	0.474210	中度耦合一致阶段
2003	0.421142	中度耦合一致阶段
2004	0.551767	高度耦合一致阶段
2005	0.491731	中度耦合一致阶段
2006	0.609059	高度耦合一致阶段
2007	0.591715	高度耦合一致阶段
2008	0.634169	高度耦合一致阶段
2009	0.697969	高度耦合一致阶段
2010	0.726523	高度耦合一致阶段
2011	0.761717	高度耦合一致阶段
2012	0.776040	高度耦合一致阶段
2013	0.828445	极度耦合一致阶段
2014	0.850942	极度耦合一致阶段
2015	0.958315	极度耦合一致阶段
2016	0.999312	极度耦合一致阶段
2017	0.931562	极度耦合一致阶段
2018	0.953063	极度耦合一致阶段
2019	0.942312	极度耦合一致阶段

资料来源：根据《中国统计年鉴 2019》相关数据测算所得。

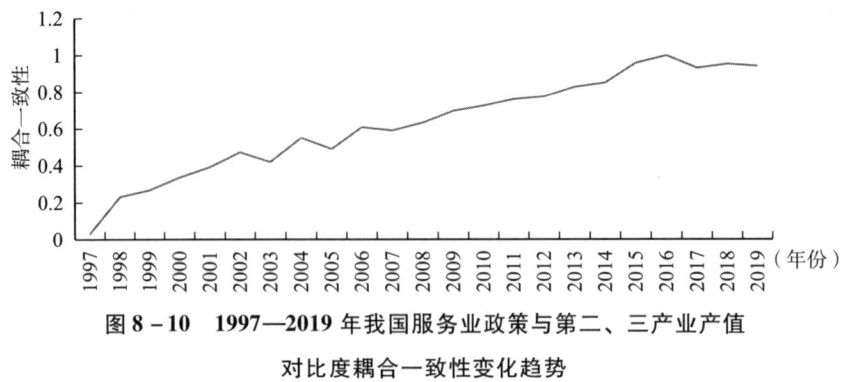

图 8 – 10　1997—2019 年我国服务业政策与第二、三产业产值
对比度耦合一致性变化趋势

3. 服务业政策与产业结构合理化的耦合性分析

令式（8.1）中的 SE 表示产业结构合理化指标，可以得到 1997—
2019 年我国服务业政策与产业结构合理化的耦合度数据（见表 8 – 14），
耦合度的变化趋势如图 8 – 11 所示。可以看出，与前述分析中服务业政策
和 GDP、第三产业增加值、产业结构高级化等的耦合情形不同，1997—
2019 年，我国服务业政策与产业结构状况一直处于耦合分离和耦合拮抗阶
段。在经历从 1997 年到 1998 年一个短暂的耦合度上升过程之后，1998—
2006 年则出现了较长时期的耦合度明显下滑，2006—2019 年则稳定于 0.13
左右的较低耦合度水平。这些数据表明服务业政策与产业结构合理性的相关
性较差，服务业政策在促进我国产业结构化方面所起的作用尚不明显。

表 8 – 14　　　　1997—2019 年我国服务业政策与产业结构合理化的耦合度

年份	耦合度 C	耦合状况
1997	0.230250	分离阶段
1998	0.354630	拮抗阶段
1999	0.336418	拮抗阶段
2000	0.276957	分离阶段
2001	0.249940	分离阶段
2002	0.200137	分离阶段

续表

年份	耦合度 C	耦合状况
2003	0.220940	分离阶段
2004	0.146438	分离阶段
2005	0.170597	分离阶段
2006	0.120257	分离阶段
2007	0.147281	分离阶段
2008	0.133066	分离阶段
2009	0.130516	分离阶段
2010	0.120476	分离阶段
2011	0.116619	分离阶段
2012	0.130175	分离阶段
2013	0.135881	分离阶段
2014	0.145867	分离阶段
2015	0.138333	分离阶段
2016	0.137002	分离阶段
2017	0.150760	分离阶段
2018	0.137067	分离阶段
2019	0.143916	分离阶段

资料来源：根据《中国统计年鉴 2019》相关数据测算所得。

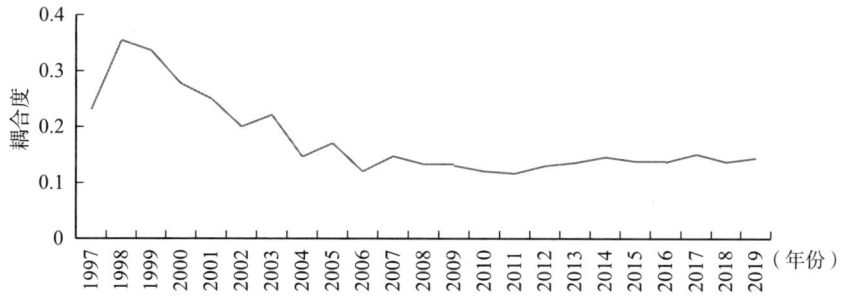

图 8 - 11　1997—2019 年我国服务业政策与产业结构合理化的耦合度变化趋势

基于式（8.2）和式（8.3），我们也可计算得到1997—2019年我国服务业政策与经济发展的耦合一致性水平，计算结果见表8－15，耦合一致性水平的变化趋势如图8－12所示。式（8.2）中 α 和 β 的值均取为0.5。可以看出，在1997—2012年，我国服务业政策与产业结构合理化处于中度耦合一致阶段，其中1998—2003年耦合一致性出现下滑趋势，之后开始上升；到2013年，二者的耦合一致性达到高度耦合一致阶段并开始缓慢提升，但一直到2019年，仍处于高度耦合一致阶段的初级水平（耦合一致性为0.3~0.4）。这些数据表明服务业政策在产业结构调整中的作用发挥得并不充分，未能达到结构合理化和高质量发展的要求，仍有较大的改进和提升空间。

表8－15　　　　1997—2019年我国服务业政策与产业合理化的耦合一致性

年份	耦合一致性 D	耦合一致阶段
1997	0.157377	中度耦合一致阶段
1998	0.197644	中度耦合一致阶段
1999	0.167247	中度耦合一致阶段
2000	0.138471	中度耦合一致阶段
2001	0.130948	中度耦合一致阶段
2002	0.129566	中度耦合一致阶段
2003	0.112932	中度耦合一致阶段
2004	0.176585	中度耦合一致阶段
2005	0.171660	中度耦合一致阶段
2006	0.204684	中度耦合一致阶段
2007	0.210448	中度耦合一致阶段
2008	0.227585	中度耦合一致阶段
2009	0.240567	中度耦合一致阶段
2010	0.256605	中度耦合一致阶段
2011	0.279280	中度耦合一致阶段
2012	0.293216	中度耦合一致阶段

续表

年份	耦合一致性 D	耦合一致阶段
2013	0.321097	高度耦合一致阶段
2014	0.345108	高度耦合一致阶段
2015	0.364451	高度耦合一致阶段
2016	0.369176	高度耦合一致阶段
2017	0.358259	高度耦合一致阶段
2018	0.363962	高度耦合一致阶段
2019	0.371113	高度耦合一致阶段

资料来源：根据《中国统计年鉴 2019》相关数据测算所得。

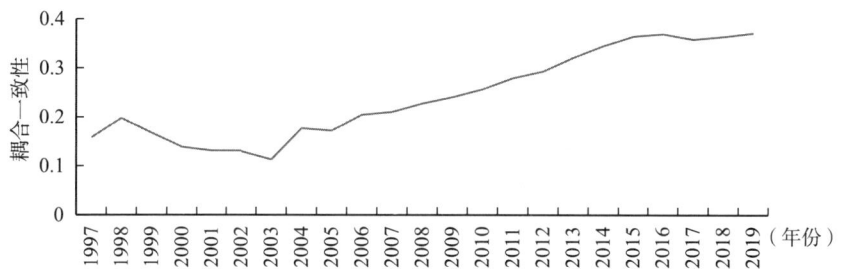

图 8－12　1997—2019 年我国服务业政策与产业合理化的耦合一致性变化趋势

二、服务业政策对宏观经济发展的促进效应分析

1. 服务业政策的经济增长效应分析

本节运用协整理论和误差修正模型研究服务业政策的经济增长效应，分别研究服务业政策与 GDP、第三产业增加值、劳动力吸纳水平、产业结构高级化与合理化等的长期均衡关系与短期动态关系，探究服务业的长期与短期经济效应。

（1）服务业政策与 GDP。基于 1997—2019 年的 GDP（用 Y 表示）时间序列数据与已经测得的服务业政策效力 P 时间序列数据，以城镇化率 $CITY$ 作为控制变量，建立长期均衡关系模型。回归结果和拟合效果分别见表 8 - 16。表 8 - 17 的检验结果表明，GDP、政策效力 P 与城镇化率 $CITY$ 之间具有显著协整关系。根据表 8 - 16 的回归结果，可得以下长期均衡关系模型

$$\ln \hat{Y}_t = 8.678116 + 0.000269 P_t + 0.077601 CITY_t$$

$$t = 38.70060, \ 3.019905, \ 11.86516$$

$$R^2 = 0.993576, \ \overline{R}^2 = 0.992862, \ F = 1391.952$$

可以看出，该长期均衡模型的整体拟合度较高，模型整体效果良好。从估计方程可知，服务业政策效力每增加一个单位，GDP 将平均提高 0.0269 个百分点，表明服务业政策在一定程度上促进了经济增长。

表 8 - 16 服务业政策与 GDP 的长期均衡关系回归结果

Variable	Coefficient	Std. Error	t - Statistic	Prob.
C	8.678116	0.224237	38.70060	0.0000
P	0.000269	8.91E - 05	3.019905	0.0074
$CITY$	0.077601	0.006540	11.86516	0.0000
R^2	0.993576	Mean dependent var		12.45692
Adjusted R^2	0.992862	S. D. dependent var		0.803487
S. E. of regression	0.067884	Akaike info criterion		- 2.410470
Sum squared resid	0.082948	Schwarz criterion		- 2.261252
log likelihood	28.30993	Hannan - Quinn criter.		- 2.378086
F - statistic	1391.952	Durbin - Watson stat		1.096436
Prob(F - statistic)	0.000000			

表 8 - 17 服务业政策与 GDP 的协整关系检验结果

		t - Statistic	Prob. *
Augmented Dickey - Fuller test statistic		- 2.520691	0.0144
Test critical values	1% level	- 2.674290	
	5% level	- 1.957204	
	10% level	- 1.608175	

注：* Mackinnon（1996）one-sided p-values.

在协整和长期均衡关系的基础上，可以建立 GDP 与政策效力 P 之间的误差修正模型，其回归结果见表 8－18。所建立误差修正模型为

$$\Delta \ln \hat{Y}_t = -0.107636 + 0.000045\Delta P_t + 0.071311\Delta CITY_t + 0.61163\Delta \ln Y_{t-1}$$
$$- 0.0000147\Delta P_{t-1} + 0.042515\Delta CITY_{t-i} - 0.32058e_{t-1}$$

$$t = -1.188976, \ 1.115201, \ 1.220644, \ 3.302521, \ -0.275124,$$
$$0.798339, \ -2.305586$$

$$R^2 = 0.673364, \ \overline{R}^2 = 0.510647, \ F = 4.123032$$

根据回归结果可知，模型的拟合效果可以接受。根据模型估计结果可知，服务业政策效力的短期变动对 GDP 存在正向影响，服务业政策效力变动每增加一个单位，GDP 的变动将平均增加 0.00045 个百分点；此外，短期调整机制的作用是显著的，它表明 GDP 增长率与长期均衡值的偏差的 32.1% 被修正。

表 8－18　　　　　服务业政策与 GDP 的误差修正模型回归结果

Variable	Coefficient	Std. Error	t － Statistic	Prob.
C	－0.107636	0.090528	－1.188976	0.2574
$D(P)$	4.52E－05	4.05E－05	1.115201	0.2866
$D(CITY)$	0.071311	0.058421	1.220644	0.2457
$D(\log(Y(-1)))$	0.611600	0.185192	3.302521	0.0063
$D(P(-1))$	－1.47E－05	5.34E－05	－0.275124	0.7879
$D(CITY(-1))$	0.042515	0.053255	0.798339	0.4402
$E(-1)$	－0.320580	0.139045	－2.305586	0.0398
R^2	0.673364	Mean dependent var		0.119632
Adjusted R^2	0.510047	S. D. dependent var		0.042335
S. E. of regression	0.029633	Akaike info criterion		－3.922538
Sum squared resid	0.010537	Schwarz criterion		－3.574587
log likelihood	44.26411	Hannan － Quinn criter.		－3.863651
F － statistic	4.123032	Durbin － Watson stat		2.009718
Prob(F － statistic)	0.017685			

（2）服务业政策与第三产业增加值。基于1997—2019年的第三产业增加值（用Y_3表示）时间序列数据与已经测得的服务业政策效力P时间序列数据，以城镇化率$CITY$作为控制变量，建立长期均衡关系模型，其回归结果见表8-19。表8-20的检验结果表明，第三产业增加值Y_3、政策效力P与城镇化率$CITY$之间具有显著协整关系。根据表中回归结果，可得长期均衡关系模型为

$$\ln \hat{Y}_{3t} = 7.086051 + 0.000173 P_t + 0.095972 CITY_t$$

$$t = 42.01734，2.578736，19.51108$$

$$R^2 = 0.997087，\overline{R}^2 = 0.996763，F = 3080.133$$

可以看出，该长期均衡模型的整体拟合度较高，模型整体效果良好。从估计方程可知，服务业政策效力每增加一个单位，第三产业增加值将平均提高0.0173个百分点，表明服务业政策在一定程度上促进了第三产业产值的增加。

表8-19　　　　　服务业政策与第三产业增加值的长期均衡关系回归结果

Variable	Coefficient	Std. Error	t – Statistic	Prob.
C	7.086051	0.168646	42.01734	0.0000
P	0.000173	6.70E – 05	2.578736	0.0189
$CITY$	0.095972	0.004919	19.51108	0.0000
R^2	0.997087	Mean dependent var		11.61775
Adjusted R^2	0.996763	S. D. dependent var		0.897333
S. E. of regression	0.051055	Akaike info criterion		– 2.980277
Sum squared resid	0.046918	Schwarz criterion		– 2.831059
log likelihood	34.29291	Hannan – Quinn criter.		– 2.947893
F – statistic	3080.133	Durbin – Watson stat		0.901454
Prob(F – statistic)	0.000000			

表 8 – 20   服务业政策与第三产业增加值的协整关系检验结果

Augmented Dickey – Fuller test statistic		t – Statistic	Prob. *
Augmented Dickey – Fuller test statistic		– 2.750209	0.0086
Test critical values	1% level	– 2.685718	
Test critical values	5% level	– 1.959071	
Test critical values	10% level	– 1.607456	

注：* Mackinnon（1996）one-sided p-values.

在协整和长期均衡关系的基础上，可以建立第三产业增加值 Y_3 与政策效力 P 之间的误差修正模型，其回归结果见表 8 – 21。所建立误差修正模型为

$$\Delta \ln \hat{Y}_{3t} = -0.053051 + 0.0000324\Delta P_t + 0.086407\Delta CITY_t$$
$$+ 0.611062\Delta \ln Y_{3t-1} - 0.000000115\Delta P_{t-1}$$
$$- 0.00936\Delta CITY_{t-i} - 0.345864 e_{t-1}$$
$$t = -0.794824,\ 1.125505,\ 2.025406,\ 3.366506,$$
$$0.029640,\ -0.229943,\ -2.646654$$
$$R^2 = 0.691767,\ \overline{R}^2 = 0.537651,\ F = 4.488598$$

根据回归结果可知，模型的拟合效果可以接受。根据模型估计结果可以看出，服务业政策效力的短期变动对第三产业产值存在正向影响，服务业政策效力变动每增加一个单位，第三产业产值的变动将平均增加 0.00324 个百分点；此外，短期调整机制是显著的，它表明第三产业产值增长率与其长期均衡值的偏差的 34.6% 被修正。

表 8 – 21   服务业政策与第三产业增加值的误差修正模型回归结果

Variable	Coefficient	Std. Error	t – Statistic	Prob.
C	– 0.053051	0.066745	– 0.794824	0.4422
$D(P)$	3.24E – 05	2.88E – 05	1.125505	0.2824
$D(CITY)$	0.086407	0.042662	2.025406	0.0657
$D(\log(Y_3(-1)))$	0.611062	0.181512	3.366506	0.0056

Variable	Coefficient	Std. Error	t – Statistic	Prob.
$D(P(-1))$	$1.15E-06$	$3.89E-05$	0.029640	0.9768
$D(CITY(-1))$	-0.009360	0.040705	-0.229943	0.8220
$E(-1)$	-0.345864	0.130680	-2.646654	0.0213
R^2	0.691767	Mean dependent var		0.137106
Adjusted R^2	0.537651	S. D. dependent var		0.032769
S. E. of regression	0.022282	Akaike info criterion		-4.492773
Sum squared resid	0.005958	Schwarz criterion		-4.144822
log likelihood	49.68134	Hannan – Quinn criter.		-4.433886
F – statistic	4.488598	Durbin – Watson stat		2.047892
Prob(F – statistic)	0.013035			

2. 服务业政策的就业吸纳效应分析

（1）服务业政策与就业人口。基于 1997—2019 年的就业人口（用 L 表示）时间序列数据与已经测得的服务业政策效力 P 时间序列数据，以城镇化率 $CITY$ 作为控制变量，建立长期均衡关系模型，其回归结果见表 8 – 22。表 8 – 23 的检验结果表明，就业人口 L、政策效力 P 与城镇化率 $CITY$ 之间具有显著协整关系。根据表 8 – 22 的回归结果，可得长期均衡关系模型为

$$\ln \hat{L} = 10.69939 + 0.009115 P_t + 0.121991 CITY_t$$

$$t = 228.9976, \ 2.860356, \ 7.020554,$$

$$R^2 = 0.987048, \ \overline{R}^2 = 0.985609, \ F = 685.8751$$

可以看出，该长期均衡模型的整体拟合度较高，模型回归效果良好。从估计方程可知，服务业政策效力每增加 1%，就业人口 L 将平均提高 0.00912 个百分点，表明服务业政策在促进就业中起到了一定的作用。

表 8 - 22　　　　　服务业政策与就业人口的长期均衡关系回归结果

Variable	Coefficient	Std. Error	t – Statistic	Prob.
C	10.69939	0.046723	228.9976	0.0000
$\log P$	0.009115	0.003187	2.860356	0.0104
$\log CITY$	0.121991	0.017376	7.020554	0.0000
R^2	0.987048	Mean dependent var		11.22190
Adjusted R^2	0.985609	S. D. dependent var		0.032037
S. E. of regression	0.003843	Akaike info criterion		– 8.153430
Sum squared resid	0.000266	Schwarz criterion		– 8.004213
log likelihood	88.61102	Hannan – Quinn criter.		– 8.121046
F – statistic	685.8751	Durbin – Watson stat		0.703233
Prob(F – statistic)	0.000000			

表 8 - 23　　　　　服务业政策与就业人口的协整关系检验结果

		t – Statistic	Prob. *
Augmented Dickey – Fuller test statistic		– 2.264159	0.0258
Test critical values	1% level	– 2.674290	
	5% level	– 1.957204	
	10% level	– 1.608175	

注：* Mackinnon（1996）one-sided p-values.

在协整和长期均衡关系的基础上，可以建立就业人口 L 与政策效力 P 之间的误差修正模型，其回归结果见表 8 - 24。所建立误差修正模型为

$$\Delta \ln \hat{L}_t = -0.004908 + 0.001928 \Delta \ln P_t + 0.328532 \Delta \ln CITY_t - 0.158567 e_{t-1}$$

$$t = -3.852512,\ 1.789135,\ 7.806344,\ -1.684706$$

$$R^2 = 0.842908,\ \overline{R}^2 = 0.813453,\ F = 28.61698$$

根据回归结果可知，模型的拟合效果很好。根据模型估计结果，服务业政策效力的短期变动对就业人口存在正向影响，服务业政策效力变动每增加 1 个百分点，就业人口的变动将平均增加 0.001928 个百分点；此外，

短期调整机制是基本显著的，它表明就业人口增长率与长期均衡值的偏差的 15.86% 被修正。

表 8－24　　　　　服务业政策与就业人口的误差修正模型回归结果

Variable	Coefficient	Std. Error	t – Statistic	Prob.
C	－ 0.004908	0.001274	－ 3.852512	0.0014
$D(\log P)$	0.001928	0.001077	1.789135	0.0925
$D(\log CITY)$	0.328532	0.042085	7.806344	0.0000
$E(-1)$	－ 0.158567	0.094121	－ 1.684706	0.1114
R^2	0.842908	Mean dependent var		0.005308
Adjusted R^2	0.813453	S. D. dependent var		0.003057
S. E. of regression	0.001320	Akaike info criterion		－ 10.24511
Sum squared resid	2.79E － 05	Schwarz criterion		－ 10.04597
log likelihood	106.4511	Hannan – Quinn criter.		－ 10.20624
F – statistic	28.61698	Durbin – Watson stat		1.481291
Prob(F – statistic)	0.000001			

（2）服务业政策与第三产业就业比重。基于 1997—2019 年的第三产业就业比重（用 L_3PL 表示）时间序列数据与已经测得的服务业政策效力 P 时间序列数据，建立长期均衡关系模型，其回归结果见表 8－25。表 8－26 的检验结果表明，第三产业就业比重 L_3PL、政策效力 P 之间具有显著协整关系。根据表 8－25 的回归结果，可得长期均衡关系模型为

$$\ln \widehat{L_3PL}_t = 25.75589 + 0.008738 P_t$$

$$t = 28.42936,\ 10.27564$$

$$R^2 = 0.847498,\ \overline{R}^2 = 0.839472,\ F = 105.5888$$

可以看出，该长期均衡模型的整体拟合度很高，模型整体效果很好。从估计方程可知，服务业政策效力每增加一个单位，第三产业就业比重将平均增加 0.0008738，表明服务业政策在一定程度上促进了第三产业的就

业吸纳能力，但作用较为有限。

表 8 – 25　　　服务业政策与第三产业比重的长期均衡关系回归结果

Variable	Coefficient	Std. Error	t – Statistic	Prob.
C	25. 75589	0. 905961	28. 42936	0. 0000
P	0. 008738	0. 000850	10. 27564	0. 0000
R^2	0. 847498	Mean dependent var		33. 49048
Adjusted R^2	0. 839472	S. D. dependent var		5. 766533
S. E. of regression	2. 310417	Akaike info criterion		4. 603126
Sum squared resid	101. 4225	Schwarz criterion		4. 702604
log likelihood	– 46. 33282	Hannan – Quinn criter.		4. 624715
F – statistic	105. 5888	Durbin – Watson stat		0. 771652
Prob(F – statistic)	0. 000000			

表 8 – 26　　　服务业政策与第三产业比重的协整关系检验结果

		t – Statistic	Prob. *
Augmented Dickey – Fuller test statistic		– 1. 129665	0. 2261
Test critical values	1% level	– 2. 685718	
	5% level	– 1. 959071	
	10% level	– 1. 607456	

注：* Mackinnon（1996）one-sided p-values.

在协整和长期均衡关系的基础上，可以建立第三产业就业比重 L_3PL 与政策效力 P 之间的误差修正模型，其回归结果见表 8 – 27。所建立误差修正模型为

$$\Delta \ln \widehat{L_3PL_t} = 0.543120 - 0.000234\Delta P_t + 0.849882\Delta L_3PL_{t-1}$$
$$- 0.003767\Delta P_{t-1} - 0.273256e_{t-1}$$

$t = 2.314936, \ -0.380289, \ 2.387214, \ -1.660282, \ -0.944633$

$R^2 = 0.485995, \ \overline{R}^2 = 0.339136, \ F = 3.309268$

根据回归结果可知，模型的拟合效果可以接受。根据模型估计结果可知，服务业政策效力的短期变动对第三产业就业比重存在负向影响，服务业政策效力变动每增加一个单位，第三产业就业比重的变动将平均减少0.000234；第三产业就业比重增长率与长期均衡值的偏差的27.3%被修正，但短期调整机制并不显著。

表8-27　　　　服务业政策与第三产业比重的误差修正模型回归结果

Variable	Coefficient	Std. Error	t – Statistic	Prob.
C	0.543120	0.234616	2.314936	0.0363
$D(P)$	-0.000234	0.000615	-0.380289	0.7094
$D(L_3PL(-1))$	0.657294	0.217126	3.027242	0.0090
$D(P(-1))$	-0.002084	0.000802	-2.597921	0.0211
$E(-1)$	-0.080668	0.085396	-0.944633	0.3609
R^2	0.485995	Mean dependent var		0.957895
Adjusted R^2	0.339136	S. D. dependent var		0.622107
S. E. of regression	0.505733	Akaike info criterion		1.695319
Sum squared resid	3.580723	Schwarz criterion		1.943855
log likelihood	-11.10553	Hannan – Quinn criter.		1.737381
F – statistic	3.309268	Durbin – Watson stat		2.918230
Prob(F – statistic)	0.041727			

3. 服务业政策的产业结构优化效应分析

（1）服务业政策与产业结构高级化。基于1997—2019年的第三产业比重（用Y_3PY表示）时间序列数据与已经测得的服务业政策效力P时间序列数据，建立长期均衡关系模型，其回归结果见表8-28。表8-29的检验结果表明，第三产业比重Y_3PY、政策效力P之间具有显著协整关系。根据表8-28的回归结果，可得长期均衡关系模型为

$$\ln \widehat{Y_3PY}_t = -0.966666 + 0.000144\Delta P_t$$

$$t = -48.38535, \ 7.681124$$

$$R^2 = 0.756409, \ \overline{R}^2 = 0.743589, \ F = 58.99967$$

可以看出，该长期均衡模型的整体拟合度较高，模型整体效果良好。从估计方程可知，服务业政策效力每增加一个单位，第三产业比重 Y_3PY 将平均提高 0.000144，表明服务业政策在一定程度上促进了产业结构高级化。

表 8 – 28　　　　服务业政策与产业结构高级化的长期均衡关系回归结果

Variable	Coefficient	Std. Error	t – Statistic	Prob.
C	– 0.966666	0.019978	– 48.38535	0.0000
P	0.000144	1.88E – 05	7.681124	0.0000
R^2	0.756409	Mean dependent var		– 0.839167
Adjusted R^2	0.743589	S. D. dependent var		0.100618
S. E. of regression	0.050950	Akaike info criterion		– 3.025555
Sum squared resid	0.049322	Schwarz criterion		– 2.926077
log likelihood	33.76833	Hannan – Quinn criter.		– 3.003966
F – statistic	58.99967	Durbin – Watson stat		0.690028
Prob(F – statistic)	0.000000			

表 8 – 29　　　　服务业政策与产业结构高级化的协整关系检验结果

		t – Statistic	Prob. *
Augmented Dickey – Fuller test statistic		– 2.207643	0.0295
Test critical values	1% level	– 2.685718	
	5% level	– 1.959071	
	10% level	– 1.607456	

注：* Mackinnon（1996）one-sided p-values.

在协整和长期均衡关系的基础上，可以建立第三产业比重 Y_3PY 与政策效力 P 之间的误差修正模型，其回归结果见表 8 – 30。所建立误差修正

模型为

$$\Delta \ln Y_3 \widehat{PY_t} = -0.007654 + 0.00000181 \Delta P_t + 0.462588 \Delta \ln Y_3 PY_{t-1}$$
$$+ 0.00000235 \Delta P_t - 0.210303 e_{t-1}$$

$$t = 1.004695,\ 0.083523,\ 2.134722,\ 0.089522,\ -1.961876$$

$$R^2 = 0.367651,\ \overline{R}^2 = 0.186980,\ F = 2.034919$$

根据回归结果可知,模型的拟合效果不很理想。根据模型估计结果,服务业政策效力的短期变动对第三产业比重 $Y_3 PY$ 存在正向影响,服务业政策效力变动每增加一个单位,第三产业比重 $Y_3 PY$ 的变动将平均增加 0.00000181 个百分点;此外,短期调整机制是显著的,它表明第三产业比重 $Y_3 PY$ 增长率与长期均衡值的偏差的 21.03% 被修正。

表8-30　　　服务业政策与产业结构高级化的误差修正模型回归结果

Variable	Coefficient	Std. Error	t - Statistic	Prob.
C	0.007654	0.007618	1.004695	0.3321
$D(P)$	1.81E - 06	2.16E - 05	0.083523	0.9346
$D(\log(Y_3 PY(-1)))$	0.462588	0.216697	2.134722	0.0509
$D(P(-1))$	2.35E - 06	2.62E - 05	0.089522	0.9299
$E(-1)$	-0.210303	0.107195	-1.961876	0.0700
R^2	0.367651	Mean dependent var		0.017475
Adjusted R^2	0.186980	S. D. dependent var		0.018722
S. E. of regression	0.016882	Akaike info criterion		-5.104247
Sum squared resid	0.003990	Schwarz criterion		-4.855711
log likelihood	53.49035	Hannan - Quinn criter.		-5.062185
F - statistic	2.034919	Durbin - Watson stat		2.136099
Prob(F - statistic)	0.144477			

（2）服务业政策与产业结构合理化。基于 1997—2019 年的产业结构合理化（用 TL 表示）时间序列数据与已经测得的服务业政策效力 P 时间序

列数据，建立长期均衡关系模型，其回归结果见表 8 – 31。表 8 – 32 的检验结果表明，产业结构合理化 TL 与政策效力 P 之间勉强可以认为具有协整关系。根据表 8 – 31 的回归结果，可得长期均衡关系模型为

$$\ln \widehat{TL}_t = 1.129922 + 0.000484 P_t$$

$$t = 16.40458, \ 7.491873$$

$$R^2 = 0.747099, \ \overline{R}^2 = 0.733788, \ F = 56.12816$$

可以看出，该长期均衡模型的整体拟合度较高，模型整体效果良好。从估计方程可知，服务业政策效力每增加一个单位，TL 将平均提高 0.000484 个百分点，表明服务业政策在一定程度上促进了产业结构合理化，但是作用并不明显。

表 8 – 31   服务业政策与产业结构合理化的长期均衡关系回归结果

Variable	Coefficient	Std. Error	t – Statistic	Prob.
C	1.129922	0.068878	16.40458	0.0000
P	0.000484	6.47E – 05	7.491873	0.0000
R^2	0.747099	Mean dependent var		1.558661
Adjusted R^2	0.733788	S. D. dependent var		0.340448
S. E. of regression	0.175657	Akaike info criterion		– 0.550179
Sum squared resid	0.586250	Schwarz criterion		– 0.450701
log likelihood	7.776879	Hannan – Quinn criter.		– 0.528590
F – statistic	56.12816	Durbin – Watson stat		0.415883
Prob(F – statistic)	0.000000			

表 8 – 32   服务业政策与产业结构合理化的协整关系检验结果

		t – Statistic	Prob. *
Augmented Dickey – Fuller test statistic		– 1.526068	0.1162
Test critical values	1% level	– 2.685718	
	5% level	– 1.959071	
	10% level	– 1.607456	

注：* Mackinnon（1996）one-sided p-values.

在协整和长期均衡关系的基础上，可以建立产业结构合理化 TL 与政策效力 P 之间的误差修正模型，其回归结果见表 8-33。所建立误差修正模型为

$$\Delta \ln \widehat{TL}_t = 0.004433 + 0.0000832\Delta P_t + 0.641022\Delta \ln TL_{t-1}$$
$$- 0.0000386\Delta P_{t-1} - 0.198322e_{t-1}$$
$$t = 0.313456, \ 1.477962, \ 4.149642, \ -0.548498, \ -2.511110$$
$$R^2 = 0.691349, \ \overline{R}^2 = 0.603163, \ F = 7.839662$$

根据回归结果可知，模型的拟合效果较好。根据模型估计结果，服务业政策效力的短期变动对产业结构合理化 TL 存在正向影响，服务业政策效力变动每增加一个单位，产业结构合理化 TL 的变动将平均增加 0.0000832；此外，短期调整机制是显著的，它表明产业结构合理化 TL 与长期均衡值的偏差的 19.83% 被修正。

表 8-33　　　服务业政策与产业结构合理化的误差修正模型回归结果

Variable	Coefficient	Std. Error	t - Statistic	Prob.
C	0.004433	0.014143	0.313456	0.7586
$D(P)$	8.32E-05	5.63E-05	1.477962	0.1616
$D(\log(TL(-1)))$	0.641022	0.154477	4.149642	0.0010
$D(P(-1))$	-3.86E-05	7.03E-05	-0.548498	0.5920
$E(-1)$	-0.198322	0.078978	-2.511110	0.0249
R^2	0.691349	Mean dependent var		0.036411
Adjusted R^2	0.603163	S. D. dependent var		0.071048
S. E. of regression	0.044756	Akaike info criterion		-3.154231
Sum squared resid	0.028044	Schwarz criterion		-2.905694
log likelihood	34.96519	Hannan - Quinn criter.		-3.112169
F - statistic	7.839662	Durbin - Watson stat		2.318289
Prob(F - statistic)	0.001558			

第五节　服务业政策的行业发展效应

一、耦合度分析

1. 生产性服务业政策与制造业耦合分析

（1）生产性服务业政策与制造业创新。根据式（8.1），可以得到1997—2019年我国生产性服务业政策与高技术产业（制造业）专利数耦合度见表8-34，耦合度变化趋势如图8-13所示。从表8-34可以看出，1997—2019年，我国生产性服务业政策与高技术产业专利数耦合度从分离阶段逐步提高到耦合阶段；二者耦合度在1997年尚处于分离阶段，1998—2002年进入拮抗阶段，在经历2003—2006年的拮抗与磨合后，进入2007—2009年较为稳定的磨合期，并最终在2010—2019年实现了平稳有序的耦合阶段。从生产性服务业政策与高新技术产业专利数的这一耦合过程可以看出，我国生产性服务业与制造业创新的相关性与耦合度不断增强，生产性服务业政策起到了提升我国制造业创新水平的作用。

表8-34　　1997—2019年我国生产性服务业政策与高技术产业专利数耦合度

年份	耦合度 C	耦合状况
1997	0.288960	分离阶段
1998	0.310985	拮抗阶段
1999	0.499076	拮抗阶段
2000	0.438119	拮抗阶段
2001	0.394329	拮抗阶段
2002	0.435772	拮抗阶段

续表

年份	耦合度 C	耦合状况
2003	0.502944	磨合阶段
2004	0.488331	拮抗阶段
2005	0.745656	磨合阶段
2006	0.465992	拮抗阶段
2007	0.592745	磨合阶段
2008	0.637569	磨合阶段
2009	0.692014	磨合阶段
2010	0.927601	耦合阶段
2011	0.875954	耦合阶段
2012	0.934529	耦合阶段
2013	0.954461	耦合阶段
2014	0.938488	耦合阶段
2015	0.999815	耦合阶段
2016	0.998334	耦合阶段
2017	0.956738	耦合阶段
2018	0.984962	耦合阶段
2019	0.970846	耦合阶段

资料来源：根据《中国统计年鉴2019》相关数据测算所得。

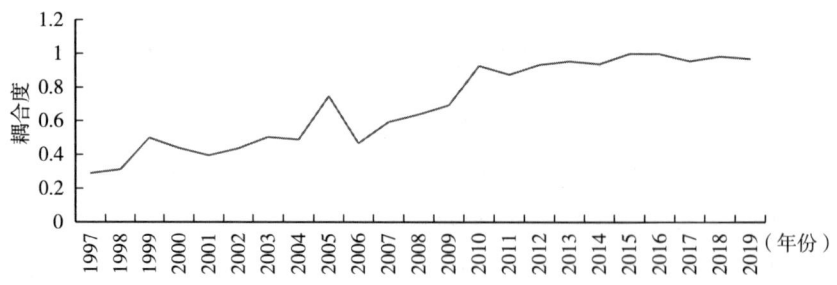

图 8 - 13　1997—2019 年我国生产性服务业政策与专利数的耦合度变化趋势

根据式（8.2）和式（8.3），计算得到 1997—2019 年我国生产性服务业政策与高技术产业（制造业）专利数的耦合一致性水平见表 8 - 35，二者的耦合一致性水平的变化趋势如图 8 - 14 所示。式（8.2）中 α 和 β 的值均取为 0.5。从表 8 - 35 和图 8 - 14 可以看出，1997—2019 年，我国生产性服务业政策与制造业创新水平的耦合一致性经历了：从低度耦合一致性→中度耦合一致性→高度耦合一致性→极度耦合一致性的整个过程。具体来说，在 1997—2005 年的这一段时期内，二者的耦合一致性水平尽管一直处于低水平，却在该时期内经历了一个平稳的增长过程，并于 2006 年进入中度耦合一致性水平，这一水平在持续到 2010 年后再度升级，达到高度耦合一致，自 2014 年以后，二者便进入极度耦合一致的时代。可以看出，生产性服务业政策与高技术产业专利数之间耦合一致性的升级不断加速，从而表明，生产性服务业政策对制造业创新水平的促进作用不断提升。

表 8 - 35　　　　1997—2019 年我国生产性服务业政策与专利数

的耦合一致性

年份	耦合一致性 D	耦合一致状况
1997	0.030141	低度耦合一致阶段
1998	0.093972	低度耦合一致阶段
1999	0.078551	低度耦合一致阶段
2000	0.124972	低度耦合一致阶段
2001	0.138868	低度耦合一致阶段
2002	0.146708	低度耦合一致阶段
2003	0.191110	低度耦合一致阶段
2004	0.229249	低度耦合一致阶段
2005	0.214768	低度耦合一致阶段
2006	0.321060	中度耦合一致阶段
2007	0.360295	中度耦合一致阶段
2008	0.462451	中度耦合一致阶段
2009	0.505940	高度耦合一致阶段

续表

年份	耦合一致性 D	耦合一致状况
2010	0.490955	中度耦合一致阶段
2011	0.609021	高度耦合一致阶段
2012	0.679941	高度耦合一致阶段
2013	0.716567	高度耦合一致阶段
2014	0.831360	极度耦合一致阶段
2015	0.814880	极度耦合一致阶段
2016	0.890027	极度耦合一致阶段
2017	0.860866	极度耦合一致阶段
2018	0.866556	极度耦合一致阶段
2019	0.863717	极度耦合一致阶段

资料来源：根据《中国统计年鉴2019》相关数据测算所得。

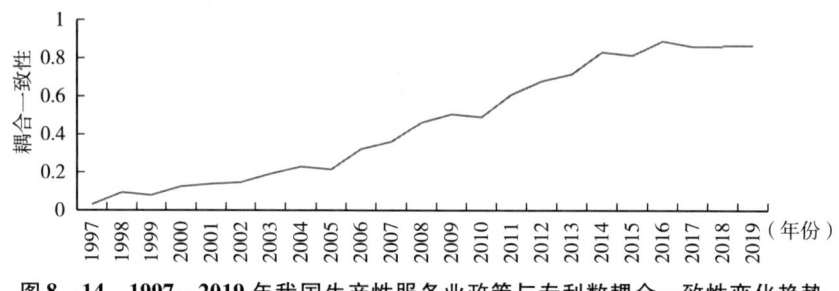

图 8 – 14　1997—2019 年我国生产性服务业政策与专利数耦合一致性变化趋势

　　（2）生产性服务业政策与制造业增长。经计算得 1997—2019 年我国生产性服务业政策与制造业增加值之间的耦合度见表 8 – 36，耦合度变化趋势如图 8 – 15 所示。根据表 8 – 36 和图 8 – 15，1997—2019 年，我国生产性服务业政策与制造业增加值在经历了非常短暂的分离和磨合阶段后，很快便进入耦合阶段。具体来说，从 1997—1998 年，二者的耦合度得到了迅速提升，直接从分离阶段跨越拮抗阶段而进入磨合阶段；从 1998—1999 年，耦合度增长近一倍，仅用一年便过渡到耦合阶段；1999—2019 年耦合度基本保持平稳的耦合水平，未有明显增长，只在 2017 年有小幅回落后再次上升。整体来看，生产性服务业政策与制造业增长的耦合性仅用两年便达到耦合并一直保持较高水平，反映出服务业政策在早期便对制造业发展起到显著的促进作用。

表 8 - 36　　　1997—2019 年我国生产性服务业政策与制造业
增加值的耦合度

年份	耦合度 C	耦合状况
1997	0.133611	分离阶段
1998	0.510155	磨合阶段
1999	0.915542	耦合阶段
2000	0.896863	耦合阶段
2001	0.911819	耦合阶段
2002	0.962005	耦合阶段
2003	0.973586	耦合阶段
2004	0.965220	耦合阶段
2005	0.978491	耦合阶段
2006	0.942383	耦合阶段
2007	0.986174	耦合阶段
2008	0.966964	耦合阶段
2009	0.969935	耦合阶段
2010	0.989018	耦合阶段
2011	0.999408	耦合阶段
2012	0.999794	耦合阶段
2013	0.999999	耦合阶段
2014	0.992952	耦合阶段
2015	0.994213	耦合阶段
2016	0.997192	耦合阶段
2017	0.956736	耦合阶段
2018	0.982714	耦合阶段
2019	0.988724	耦合阶段

资料来源：根据《中国统计年鉴 2019》相关数据测算所得。

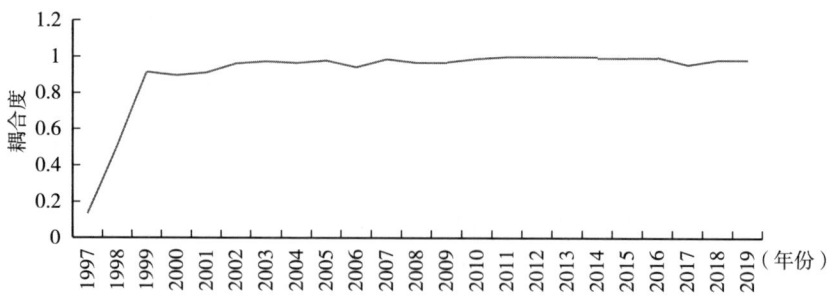

图 8 - 15　1997—2019 年我国生产性服务业政策与制造业增加值耦合度变化趋势

基于式（8.2）（α 和 β 的值均取为 0.5）和式（8.3）得到 1997—2019 年我国生产性服务业政策与制造业增长的耦合一致性水平见表 8 - 37，二者的变化趋势如图 8 - 16 所示。1997—2019 年，生产性服务业政策与制造业增长的耦合一致性平稳增长，经历了"低度→中度→高度→极度"耦合一致性的完整过程。具体来说，1997—2002 年，二者处于低度耦合一致性水平；2003—2005 年处于中度耦合一致性水平；2006—2011 年处于高度耦合一致性水平；2012 年之后提升到极度耦合一致性水平，从 2015 年开始出现缓慢下行。这些数据说明生产性服务业政策与制造业增长的互动协调关系不断深化，但须对耦合一致水平出现减弱的现象引起重视。

表 8 - 37　　　1997—2019 年生产性服务业政策与制造业增加值的耦合一致性

年份	耦合一致性 D	耦合一致状况
1997	0.020321	低度耦合一致阶段
1998	0.123248	低度耦合一致阶段
1999	0.122750	低度耦合一致阶段
2000	0.205165	低度耦合一致阶段
2001	0.246298	低度耦合一致阶段
2002	0.266304	低度耦合一致阶段
2003	0.327579	中度耦合一致阶段
2004	0.392698	中度耦合一致阶段

续表

年份	耦合一致性 D	耦合一致状况
2005	0.356474	中度耦合一致阶段
2006	0.542596	高度耦合一致阶段
2007	0.578349	高度耦合一致阶段
2008	0.676450	高度耦合一致阶段
2009	0.704881	高度耦合一致阶段
2010	0.643603	高度耦合一致阶段
2011	0.778755	高度耦合一致阶段
2012	0.810741	极度耦合一致阶段
2013	0.835173	极度耦合一致阶段
2014	0.937841	极度耦合一致阶段
2015	0.868336	极度耦合一致阶段
2016	0.897743	极度耦合一致阶段
2017	0.860869	极度耦合一致阶段
2018	0.875649	极度耦合一致阶段
2019	0.863258	极度耦合一致阶段

资料来源：根据《中国统计年鉴2019》相关数据测算所得。

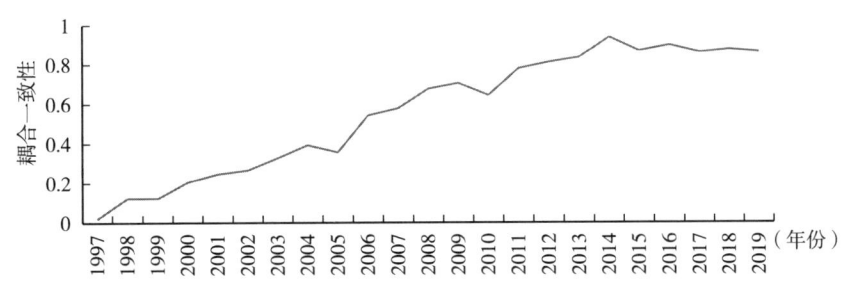

图 8 - 16　1997—2019 年我国生产性服务业政策与制造业增加值耦合一致性变化趋势

（3）生产性服务业政策与制造业升级。1997—2019 年生产性服务业政策与制造业升级的耦合度测算结果见表 8 - 38，二者的变化趋势如图 8 - 17 所示。根据测算结果，1997—2019 年，我国生产性服务业政策与制造业高级化在早期已达到磨合阶段，之后一直处于耦合阶段，且一直保持稳定的高位耦合水平。

表 8 - 38　　　　1997—2019 年我国生产性服务业政策与制造业升级的耦合度

年份	耦合度 C	耦合状况
1997	0.627200	磨合阶段
1998	0.631043	磨合阶段
1999	0.977432	耦合阶段
2000	0.918717	耦合阶段
2001	0.925131	耦合阶段
2002	0.973722	耦合阶段
2003	0.985906	耦合阶段
2004	0.986450	耦合阶段
2005	0.959390	耦合阶段
2006	0.959533	耦合阶段
2007	0.987130	耦合阶段
2008	0.956374	耦合阶段
2009	0.956875	耦合阶段
2010	0.993730	耦合阶段
2011	0.996533	耦合阶段
2012	0.999427	耦合阶段
2013	0.999923	耦合阶段
2014	0.993574	耦合阶段
2015	0.992115	耦合阶段
2016	0.992212	耦合阶段
2017	0.957206	耦合阶段
2018	0.980511	耦合阶段
2019	0.968858	耦合阶段

资料来源：根据《中国统计年鉴 2019》相关数据测算所得。

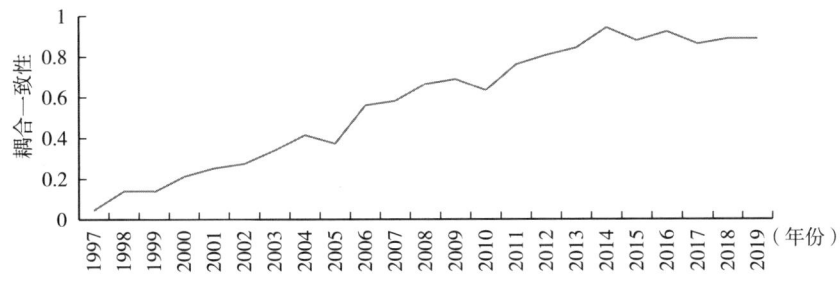

图 8-17　1997—2019 年我国生产性服务业政策与制造业升级耦合度变化趋势

1997—2019 年我国生产性服务业政策与制造业升级的耦合一致性水平的测算结果见表 8-39（α 和 β 的值均取为 0.5），变化趋势如图 8-18 所示。测算结果表明，1997—2019 年，我国生产性服务业政策与制造业升级的耦合一致性同样经历了"低度耦合一致—中度耦合一致—高度耦合一致—极度耦合一致"四个完整阶段，期间耦合一致性稳步提升；1997—2002 年、2003—2005 年、2006—2011 年、2012—2019 年，二者分别处于低度、中度、高度和极度的耦合一致性的水平。这说明生产性服务业政策与制造业升级之间的互动协调关系处于不断优化的进程中，即生产性服务业政策在促进制造业升级中的作用越来越明显。

表 8-39　　　1997—2019 年我国生产性服务业政策与制造业升级的耦合一致性

年份	耦合一致性 D	耦合一致状况
1997	0.046581	低度耦合一致阶段
1998	0.140292	低度耦合一致阶段
1999	0.136463	低度耦合一致阶段
2000	0.211148	低度耦合一致阶段
2001	0.250857	低度耦合一致阶段
2002	0.272818	低度耦合一致阶段
2003	0.338151	中度耦合一致阶段
2004	0.413265	中度耦合一致阶段
2005	0.371143	中度耦合一致阶段

续表

年份	耦合一致性 D	耦合一致状况
2006	0.558705	高度耦合一致阶段
2007	0.580074	高度耦合一致阶段
2008	0.662972	高度耦合一致阶段
2009	0.687215	高度耦合一致阶段
2010	0.631927	高度耦合一致阶段
2011	0.759914	高度耦合一致阶段
2012	0.805253	极度耦合一致阶段
2013	0.840935	极度耦合一致阶段
2014	0.940380	极度耦合一致阶段
2015	0.876250	极度耦合一致阶段
2016	0.920559	极度耦合一致阶段
2017	0.860141	极度耦合一致阶段
2018	0.885650	极度耦合一致阶段
2019	0.880979	极度耦合一致阶段

资料来源：根据《中国统计年鉴2019》相关数据测算所得。

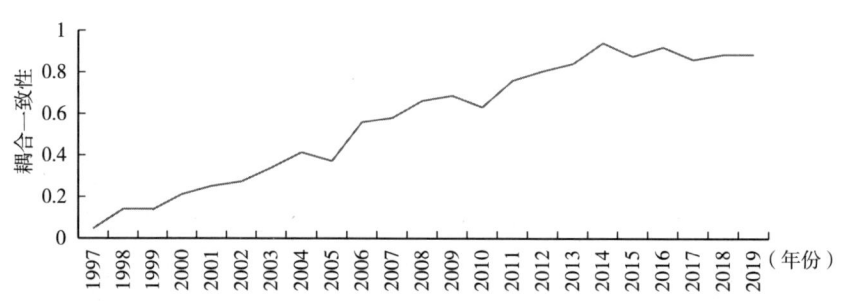

图 8 - 18　1997—2019 年我国生产性服务业政策与制造业升级的耦合一致性变化趋势

2. 生活性服务业政策与居民生活耦合分析

（1）生活性服务业政策与居民消费水平。1997—2019 年我国生活性服务业政策与居民消费水平的耦合度见表 8 - 40，耦合度变化趋势如图 8 - 19 所示。可以看出，1997—2019 年，我国生活性服务业政策与居民消费水平的耦合水平一直处于较高水平，仅 1997 年一年处于磨合阶段，之后便进入耦合阶段，耦合性除了 2002—2007 年出现了小幅波动，其余时期均较为稳定。因此，我国生活性服务业政策表现出了与居民消费水平的高度相关性，即生活性服务业政策在提高居民消费水平方面起到了相应的作用。

表 8 - 40　　　　　1997—2019 年我国生活性服务业政策与居民消费水平耦合度

年份	耦合度 C	耦合状况
1997	0.799041	磨合阶段
1998	0.981521	耦合阶段
1999	0.971822	耦合阶段
2000	0.998645	耦合阶段
2001	0.999347	耦合阶段
2002	0.953197	耦合阶段
2003	0.987058	耦合阶段
2004	0.861005	耦合阶段
2005	0.953079	耦合阶段
2006	0.859530	耦合阶段
2007	0.984043	耦合阶段
2008	0.984247	耦合阶段
2009	0.983783	耦合阶段
2010	0.936243	耦合阶段
2011	0.961677	耦合阶段
2012	0.994989	耦合阶段
2013	0.997615	耦合阶段
2014	0.991476	耦合阶段
2015	0.996584	耦合阶段
2016	0.999272	耦合阶段
2017	0.993088	耦合阶段
2018	0.996314	耦合阶段
2019	0.994701	耦合阶段

资料来源：根据《中国统计年鉴 2019》相关数据测算所得。

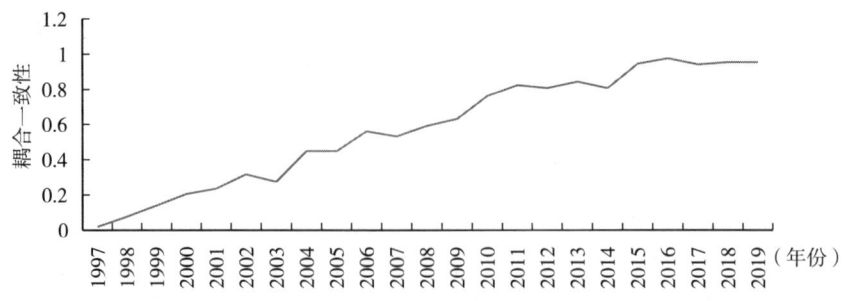

图 8 - 19　1997—2019 年我国生活性服务业政策与居民消费水平耦合度变化趋势

同样地，根据式（8.2）和式（8.3）可以得到1997—2019年我国生活性服务业政策与居民消费水平的耦合一致性度量（α 和 β 的值均取为0.5），测算结果见表 8 - 41，耦合一致性水平的变化趋势如图 8 - 20 所示。可以看出，我国 1997—2019 年的生产性服务业政策与居民消费水平有着稳定而显著地提升，先后经历了从低度耦合一致阶段（1997—2001年）、中度耦合一致阶段（2002—2005 年，其中 2003 年短暂跌回低度耦合一致水平）、高度耦合一致阶段（2006—2010 年）、极度耦合一致阶段（2011—2019 年）四个时期。这表明生活性服务业政策与居民消费水平的互动协调关系不断得到优化，生活性服务业政策在拉动消费需求方面的作用越来越明显。

表 8 - 41　1997—2019 年我国生活性服务业政策与居民消费水平的耦合一致性

年份	耦合一致性 D	耦合一致状况
1997	0.019980	低度耦合一致阶段
1998	0.076329	低度耦合一致阶段
1999	0.139656	低度耦合一致阶段
2000	0.205277	低度耦合一致阶段
2001	0.235741	低度耦合一致阶段
2002	0.316425	中度耦合一致阶段
2003	0.274293	低度耦合一致阶段
2004	0.448725	中度耦合一致阶段

年份	耦合一致性 D	耦合一致状况
2005	0.447401	中度耦合一致阶段
2006	0.560345	高度耦合一致阶段
2007	0.531695	高度耦合一致阶段
2008	0.591557	高度耦合一致阶段
2009	0.631716	高度耦合一致阶段
2010	0.762505	高度耦合一致阶段
2011	0.824542	极度耦合一致阶段
2012	0.808362	极度耦合一致阶段
2013	0.844376	极度耦合一致阶段
2014	0.808082	极度耦合一致阶段
2015	0.946711	极度耦合一致阶段
2016	0.977160	极度耦合一致阶段
2017	0.942559	极度耦合一致阶段
2018	0.955476	极度耦合一致阶段
2019	0.949028	极度耦合一致阶段

资料来源：根据《中国统计年鉴 2019》相关数据测算所得。

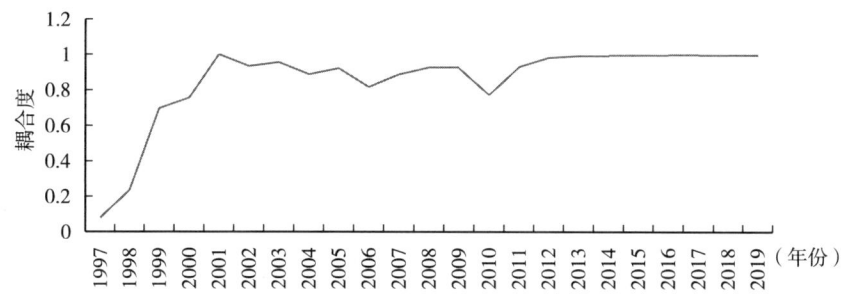

图 8 – 20　1997—2019 年我国生活性服务业政策与居民消费水平耦合一致性变化趋势

（2）生活性服务业政策与城乡消费差距。基于式（8.1）计算得到
1997—2019 年生活性服务业政策与城乡消费差距（城乡消费水平比）的耦
合度见表 8 – 42，相应的变化趋势如图 8 – 21 所示。可以看出，1997—2019

年，我国生活性服务业政策与城乡消费差距之间从最初的分离阶段达到了较为稳定的耦合阶段；1997—2000 年，是耦合水平快速提升的阶段，之后便进入相对稳定的耦合阶段（除 2010 年暂时跌回磨合阶段），且 2013—2019 年的耦合水平已非常接近 1。整体来看，生活性服务业政策与城乡消费差距具有较高水平的相关性与一致性，服务业政策较有效地缩小了城乡消费差距。

表 8 - 42　　　　　1997—2019 年我国生活性服务业政策与城乡消费比耦合度

年份	耦合度 C	耦合状况
1997	0.077710	分离阶段
1998	0.234454	分离阶段
1999	0.69628	磨合阶段
2000	0.75648	磨合阶段
2001	0.999967	耦合阶段
2002	0.933884	耦合阶段
2003	0.955638	耦合阶段
2004	0.887866	耦合阶段
2005	0.921642	耦合阶段
2006	0.816713	耦合阶段
2007	0.887684	耦合阶段
2008	0.926641	耦合阶段
2009	0.921426	耦合阶段
2010	0.772205	磨合阶段
2011	0.930138	耦合阶段
2012	0.981704	耦合阶段
2013	0.991446	耦合阶段
2014	0.995045	耦合阶段
2015	0.995241	耦合阶段
2016	0.998525	耦合阶段
2017	0.995667	耦合阶段
2018	0.996477	耦合阶段
2019	0.996073	耦合阶段

资料来源：根据《中国统计年鉴 2019》相关数据测算所得。

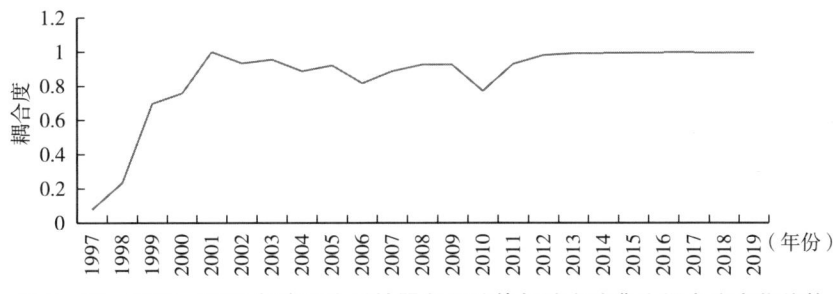

图 8 - 21　1997—2019 年我国生活性服务业政策与城乡消费比耦合度变化趋势

根据式（8.2）和式（8.3）测算 1997—2019 年我国生活性服务业政策与城乡消费差距的耦合一致性水平（取 $\alpha = \beta = 0.5$），结果见表 8 - 43，两者的耦合一致性水平的变化趋势如图 8 - 22 所示。根据测算结果，1997—2019 年，我国生产性服务业政策与城乡消费差距的耦合一致性水平不断提升，整个增长过程伴有小幅波动。具体来说，1997—2003 年为低度耦合一致阶段；2004—2005 年为中度耦合一致阶段；2006—2012 年主要为高度耦合一致阶段，其中 2017 年短暂回落到中度耦合一致水平；2013—2019 年主要为极度耦合一致阶段，其中 2014 年短暂回落到高度耦合一直水平。所以，生活性服务业政策与城乡居民消费差距的关系越来越密切，生活性服务业政策在缩小城乡差距中所发挥的作用日益明显。

表 8 - 43　　1997—2019 年我国生活性服务业政策与城乡消费比的耦合一致性

年份	耦合一致性 D	耦合一致状况
1997	0.143381	低度耦合一致阶段
1998	0.200937	低度耦合一致阶段
1999	0.247353	低度耦合一致阶段
2000	0.135257	低度耦合一致阶段
2001	0.230583	低度耦合一致阶段
2002	0.306766	低度耦合一致阶段
2003	0.294443	低度耦合一致阶段

续表

年份	耦合一致性 D	耦合一致状况
2004	0.463177	中度耦合一致阶段
2005	0.426224	中度耦合一致阶段
2006	0.534666	高度耦合一致阶段
2007	0.453524	中度耦合一致阶段
2008	0.530824	高度耦合一致阶段
2009	0.563436	高度耦合一致阶段
2010	0.629493	高度耦合一致阶段
2011	0.782835	高度耦合一致阶段
2012	0.771846	高度耦合一致阶段
2013	0.818545	极度耦合一致阶段
2014	0.795544	高度耦合一致阶段
2015	0.939641	极度耦合一致阶段
2016	0.969293	极度耦合一致阶段
2017	0.931011	极度耦合一致阶段
2018	0.946649	极度耦合一致阶段
2019	0.938930	极度耦合一致阶段

资料来源：根据《中国统计年鉴2019》相关数据测算所得。

图 8 - 22　1997—2019 年我国生活性服务业政策与

城乡消费比的耦合一致性变化趋势

（3）生活性服务业政策与恩格尔系数。根据式（8.1）可以得到1997—

2019 年我国生活性服务业政策与恩格尔系数的耦合度见表 8 - 44，耦合度变化趋势如图 8 - 23 所示。可以看出，1997—2019 年，我国生活性服务业政策与居民恩格尔系数整体已达到耦合阶段；在 1997—2003 年，二者耦合度基本处于磨合阶段；在 2004—2019 年耦合度处于水平较高的稳定耦合阶段，其中，2012—2019 年耦合度基本保持在 0.99 以上。整体来看，生活性服务业政策与居民恩格尔系数的相关性和一致性不断提高，生活性服务业政策与居民生活水平的关系越来越明显。

表 8 - 44　　　　　1997—2019 年我国生活性服务业政策与恩格尔系数的耦合度

年份	耦合度 C	耦合状况
1997	0.666159	磨合阶段
1998	0.400501	拮抗阶段
1999	0.570509	磨合阶段
2000	0.574314	磨合阶段
2001	0.607791	磨合阶段
2002	0.823984	耦合阶段
2003	0.621277	磨合阶段
2004	0.985916	耦合阶段
2005	0.942163	耦合阶段
2006	0.999169	耦合阶段
2007	0.966644	耦合阶段
2008	0.997390	耦合阶段
2009	0.996877	耦合阶段
2010	0.986683	耦合阶段
2011	0.974653	耦合阶段
2012	0.993552	耦合阶段
2013	0.996286	耦合阶段

年份	耦合度 C	耦合状况
2014	0.972873	耦合阶段
2015	0.999785	耦合阶段
2016	0.999830	耦合阶段
2017	0.993383	耦合阶段
2018	0.997666	耦合阶段
2019	0.995536	耦合阶段

资料来源：根据《中国统计年鉴2019》相关数据测算所得。

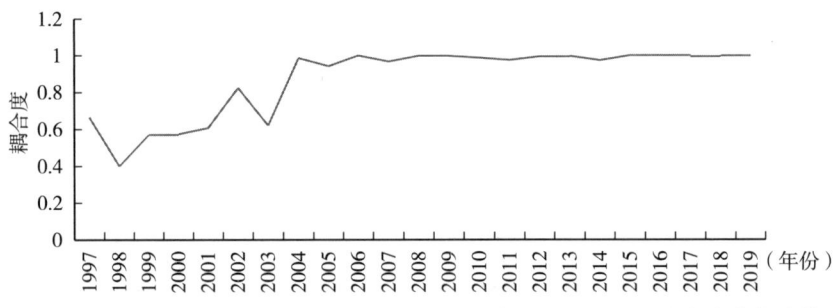

图 8 - 23　1997—2019 年我国生活性服务业政策与恩格尔系数耦合度变化趋势

　　基于式（8.2）和式（8.3）得到 1997—2019 年我国生活性服务业政策与居民恩格尔系数的耦合一致性水平见表 8 - 45（式中 α 和 β 的值均取为 0.5），耦合一致性水平的变化趋势如图 8 - 24 所示。可以看出，1997—2019 年，我国生活性服务业政策与恩格尔系数的耦合一致性水平不断提升，经历了从低度耦合一致性到高度耦合一致性和极度耦合一致性的过程。具体来说，1997—2003 年，二者的耦合一致性基本处于低度耦合一致性水平；2004—2009 年达到高度耦合一致性水平；2010—2019 年处于极度耦合一致性水平。这表明生活性服务业政策与恩格尔系数的互动协调关系不断优化，生活性服务业政策在提高居民生水平中所发挥的作用越来越明显。

表 8 – 45　　　　**1997—2019 年我国生活性服务业政策与**
恩格尔系数的耦合一致性

年份	耦合一致性 D	耦合一致状况
1997	0.045788	低度耦合一致阶段
1998	0.151548	低度耦合一致阶段
1999	0.281374	低度耦合一致阶段
2000	0.355900	低度耦合一致阶段
2001	0.397766	低度耦合一致阶段
2002	0.509993	中度耦合一致阶段
2003	0.428642	低度耦合一致阶段
2004	0.646286	高度耦合一致阶段
2005	0.622675	高度耦合一致阶段
2006	0.758269	高度耦合一致阶段
2007	0.663129	高度耦合一致阶段
2008	0.670657	高度耦合一致阶段
2009	0.719581	高度耦合一致阶段
2010	0.843911	极度耦合一致阶段
2011	0.847028	极度耦合一致阶段
2012	0.802903	极度耦合一致阶段
2013	0.837147	极度耦合一致阶段
2014	0.851456	极度耦合一致阶段
2015	0.976539	极度耦合一致阶段
2016	0.986841	极度耦合一致阶段
2017	0.941355	极度耦合一致阶段
2018	0.968245	极度耦合一致阶段
2019	0.954817	极度耦合一致阶段

资料来源：根据《中国统计年鉴 2019》相关数据测算所得。

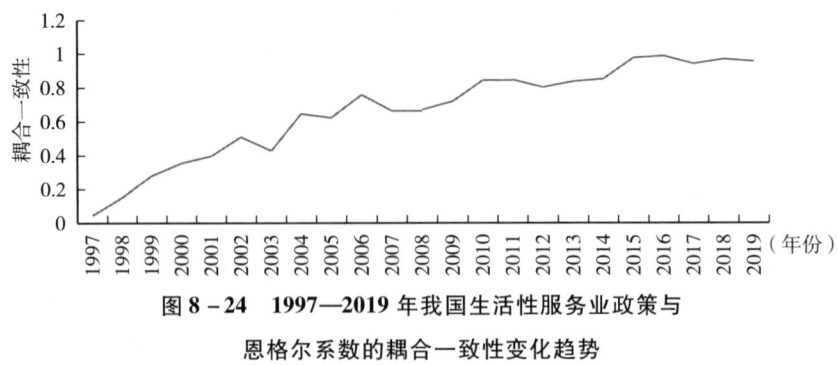

图 8 - 24　1997—2019 年我国生活性服务业政策与
恩格尔系数的耦合一致性变化趋势

二、生产性服务业政策发展效应分析

1. 生产性服务业政策的制造业创新效应分析

基于 1997—2019 年高技术产业（制造业）有效发明专利数 INNO 时间序列数据与已经测得的生产性服务业政策效力 PP 时间序列数据，以研发投入 RD 作为控制变量，建立长期均衡关系模型，其回归结果见表 8 - 46。表 8 - 47 的检验结果表明，有效发明专利数 INNO、生产性服务业政策效力 PP 与研发投入 RD 之间具有显著协整关系。根据表 8 - 46 的回归结果，可得长期均衡关系模型为

$$\ln \widehat{TL_t} = 1.701108 + 1.261251 \ln PP_t + 0.001262 RD_t$$

$$t = 2.495608,\ 8.579202,\ 8.015412$$

$$R^2 = 0.973186,\ \overline{R}^2 = 0.970207,\ F = 326.6481$$

可以看出，该长期均衡模型的整体拟合度较高，模型整体效果良好。从估计方程可知，生产性服务业政策效力每增加 1 个百分点，有效发明专利数 INNO 将平均提高 1.261251 个百分点，表明生产性服务业政策有效地提高了制造业创新水平。

表 8 - 46   制造业创新效应的长期均衡关系回归结果

Variable	Coefficient	Std. Error	t – Statistic	Prob.
C	1. 701108	0. 681640	2. 495608	0. 0225
$logPP$	1. 261251	0. 147013	8. 579202	0. 0000
RD	0. 001262	0. 000157	8. 015412	0. 0000
R^2	0. 973186	Mean dependent var		9. 521759
Adjusted R^2	0. 970207	S. D. dependent var		2. 147737
S. E. of regression	0. 370714	Akaike info criterion		0. 984792
Sum squared resid	2. 473719	Schwarz criterion		1. 134009
log likelihood	– 7. 340312	Hannan – Quinn criter.		1. 017176
F – statistic	326. 6481	Durbin – Watson stat		2. 051363
Prob(F – statistic)	0. 000000			

表 8 - 47   制造业创新效应的协整关系检验结果

		t – Statistic	Prob. [*]
Augmented Dickey – Fuller test statistic		– 4. 731658	0. 0001
Test critical values	1% level	– 2. 685718	
	5% level	– 1. 959071	
	10% level	– 1. 607456	

注：* Mackinnon（1996）one-sided p-values.

在协整和长期均衡关系的基础上，建立 $INNO$ 与生产性服务业政策效力 PP 之间的误差修正模型，其回归结果见表 8 - 48。所建立误差修正模型为

$$\Delta \ln \widehat{INNO}_t = 0.45463 + 0.073166\Delta \ln PP_t + 0.001045\Delta RD_t$$
$$- 0.344026\Delta \ln INNO_{t-1} - 0.01194\Delta \ln PP_{t-1}$$
$$- 0.001315\Delta RD_{t-1} - 0.092571e_{t-1}$$
$$t = 3.723229, \ 0.458637, \ 1.017233, \ -1.533471, \ -0.084460$$
$$R^2 = 0.28681, \ \overline{R}^2 = -0.069785, \ F = 0.804301$$

根据模型估计结果可知，生产性服务业政策效力的短期变动对有效发明专利数 $INNO$ 存在正向影响，生产性服务业政策效力变动每增加 1 个百分点，有效发明专利数 $INNO$ 的变动将平均增加 0.073166 个百分点；整体的拟合效果并不理想，短期调整机制也不显著，可能是因为模型变量较多，样本数据偏少，从而使模型估计的精确度降低，但从误差修正模型的拟合图可以看出，所建模型基本反映了实际数据的生成机制。

表 8 – 48　　　　　　　制造业创新效应的误差修正模型回归结果

Variable	Coefficient	Std. Error	t – Statistic	Prob.
C	0.454630	0.122106	3.723229	0.0029
$D(\log PP)$	0.073166	0.159529	0.458637	0.6547
$D(RD)$	0.001045	0.001028	1.017233	0.3291
$D(\log(INNO(-1)))$	– 0.344026	0.224345	– 1.533471	0.1511
$D(\log(PP(-1)))$	– 0.011940	0.141369	– 0.084460	0.9341
$D(RD(-1))$	– 0.001315	0.000933	– 1.409202	0.1842
$E(-1)$	– 0.092571	0.212887	– 0.434837	0.6714
R^2	0.286810	Mean dependent var		0.315003
Adjusted R^2	– 0.069785	S. D. dependent var		0.158158
S. E. of regression	0.163583	Akaike info criterion		– 0.505677
Sum squared resid	0.321115	Schwarz criterion		– 0.157726
log likelihood	11.80393	Hannan – Quinn criter.		– 0.446790
F – statistic	0.804301	Durbin – Watson stat		1.891346
Prob(F – statistic)	0.585367			

2. 生产性服务业政策的制造业增长效应分析

基于 1997—2019 年的制造业增加值 $MANU$ 时间序列数据与已经测得的生产性服务业政策效力 PP 时间序列数据，建立长期均衡关系模型，其回归结果见表 8 – 49。表 8 – 50 的检验结果表明，制造业增加值 $MANU$ 与生产性服务业政策效力 PP 之间具有显著协整关系。根据表 8 – 49 的回归结果，可得长期均衡关系模型为

$$\ln \widehat{MANU}_t = 7.056252 + 0.797369\ln PP_t$$

$$t = 19.72264,\ 12.01272$$

$$R^2 = 0.883654,\ \overline{R}^2 = 0.877530,\ F = 144.3055$$

可以看出，该长期均衡模型的整体拟合度较高，模型整体效果良好。从估计方程可知，生产性服务业政策效力每增加一个百分点，制造业增加值 MANU 将平均提高 0.797369 个百分点，表明生产性服务业政策促进了制造业增长。

表 8 – 49　　　　　制造业增长效应的长期均衡关系回归结果

Variable	Coefficient	Std. Error	t – Statistic	Prob.
C	7.056252	0.357774	19.72264	0.0000
$\log PP$	0.797369	0.066377	12.01272	0.0000
R^2	0.883654	Mean dependent var		11.29429
Adjusted R^2	0.877530	S. D. dependent var		0.778808
S. E. of regression	0.272549	Akaike info criterion		0.328398
Sum squared resid	1.411379	Schwarz criterion		0.427876
log likelihood	– 1.448178	Hannan – Quinn criter.		0.349987
F – statistic	144.3055	Durbin – Watson stat		1.475732
Prob(F – statistic)	0.000000			

表 8 – 50　　　　　制造业增长效应的协整关系检验结果

		t – Statistic	Prob. *
Augmented Dickey – Fuller test statistic		– 3.391734	0.0018
Test critical values	1% level	– 2.685718	
	5% level	– 1.959071	
	10% level	– 1.607456	

注：* Mackinnon（1996）one-sided p-values.

在协整和长期均衡关系的基础上，可以建立制造业增加值 MANU 与生产性服务业政策效力 PP 之间的误差修正模型，其回归结果见表 8 – 51。所建立误差修正模型为

$$\Delta\ln\widehat{MANU}_t = 0.082919 + 0.024665\Delta\ln PP_t + 0.28107\Delta\ln MANU_{t-1}$$
$$- 0.041005\Delta\ln PP_{t-1} - 0.104744e_{t-1}$$

$$t = 2.89473,\ 0.594753,\ 1.03927,\ -0.948735,\ -1.237602$$

$$R^2 = 0.300154,\ \overline{R}^2 = 0.100198,\ F = 1.501103$$

根据模型估计结果可知，生产性服务业政策效力的短期变动对制造业增加值 *MANU* 存在正向影响，服务业政策效力变动每增加 1 个百分点，制造业的变动将平均增加 0.024665 个百分点。误差修正模型的拟合度并不理想，回归结果所展示的短期调整机制也并不显著，这可能是样本容量过少导致的，所建模型基本反映了实际数据的生成机制。

表 8 − 51　　　　　　制造业增长效应—误差修正模型回归结果

Variable	Coefficient	Std. Error	t − Statistic	Prob.
C	0.082919	0.028645	2.894730	0.0118
$D(\log PP)$	0.024665	0.041471	0.594753	0.5615
$D(\log(MANU(-1)))$	0.281070	0.270449	1.039270	0.3163
$D(\log(PP(-1)))$	− 0.041005	0.043221	− 0.948735	0.3588
$E(-1)$	− 0.104744	0.084635	− 1.237602	0.2362
R^2	0.300154	Mean dependent var		0.115381
Adjusted R^2	0.100198	S. D. dependent var		0.050333
S. E. of regression	0.047745	Akaike info criterion		− 3.024945
Sum squared resid	0.031914	Schwarz criterion		− 2.776408
log likelihood	33.73697	Hannan − Quinn criter.		− 2.982882
F − statistic	1.501103	Durbin − Watson stat		1.977872
Prob(F − statistic)	0.254993			

3. 生产性服务业政策的制造业升级效应分析

基于 1997—2019 年的高技术产业产值 *NEWIND* 时间序列数据与生产性服务业政策效力 *PP* 时间序列数据，建立长期均衡关系模型，其回归结果见表 8 - 52。表 8 - 53 的检验结果表明，高技术产业产值 $NEWIND$ 与生产性服务业政策效力 PP 之间具有显著协整关系。根据表 8 - 52 的回归结果，可得长期均衡关系模型为

$$\ln \widehat{NEWIND}_t = 4.439816 + 1.152488\ln PP_t$$

$$t = 9.696209，13.5664$$

$$R^2 = 0.906426，\overline{R}^2 = 0.901501，F = 184.0472$$

可以看出，该长期均衡模型的整体拟合度达到 0.906426，模型整体效果良好。根据估计方程可知，生产性服务业政策效力每提高 1 个百分点，高技术产业产值 $NEWIND$ 将平均提高 1.152488 个百分点，表明生产性服务业政策促进了制造业升级。

表 8 - 52　　　　　　　制造业升级效应的长期均衡关系回归结果

Variable	Coefficient	Std. Error	t – Statistic	Prob.
C	4.439816	0.457892	9.696209	0.0000
$\log PP$	1.152488	0.084952	13.56640	0.0000
R^2	0.906426	Mean dependent var		10.56533
Adjusted R^2	0.901501	S. D. dependent var		1.111431
S. E. of regression	0.348818	Akaike info criterion		0.821860
Sum squared resid	2.311806	Schwarz criterion		0.921338
log likelihood	– 6.629529	Hannan – Quinn criter.		0.843449
F – statistic	184.0472	Durbin – Watson stat		1.834249
Prob(F – statistic)	0.000000			

表 8 - 53　　　　　　　制造业升级效应的协整关系检验结果

		t – Statistic	Prob. *
Augmented Dickey – Fuller test statistic		– 4.015198	0.0004
Test critical values	1% level	– 2.685718	
	5% level	– 1.959071	
	10% level	– 1.607456	

注：* Mackinnon（1996）one-sided p-values.

在协整和长期均衡关系的基础上，可以建立高技术产业产值 *NEWIND* 与生产性服务业政策效力 *PP* 之间的误差修正模型，其回归结果见表 8-54。所建立误差修正模型为

$$\Delta \ln \widehat{NEWIND}_t = 0.045886 + 0.028783 \Delta \ln PP_t + 0.720448 \Delta \ln NEWIND_{t-1}$$
$$- 0.084179 \Delta \ln PP_{t-1} - 0.13593 e_{t-1}$$

$$t = 1.109770, \ 0.544104, \ 3.021109$$

$$R^2 = 0.464703, \ \overline{R}^2 = 0.311761, \ F = 3.038425$$

根据回归结果可知，模型的拟合效果可以接受。生产性服务业政策效力的短期变动对高技术产业产值 *NEWIND* 存在正向影响，生产性服务业政策效力变动每增加 1 个百分点，高技术产业产值的变动将平均增加 0.028783 个百分点；此外，短期调整机制接近显著，它表明 *NEWIND* 增长率与长期均衡值的偏差的 13.6% 被修正。模型拟合效果和短期调整显著性并不十分理想，可能是因为模型变量数目较多而样本容量较小，所建模型基本反映了实际数据的生成机制。

表 8-54　　　　　制造业升级效应的误差修正模型回归结果

Variable	Coefficient	Std. Error	t - Statistic	Prob.
C	0.045886	0.041347	1.109770	0.2858
$D(\log PP)$	0.028783	0.052900	0.544104	0.5949
$D(\log(NEWIND(-1)))$	0.720448	0.238471	3.021109	0.0092
$D(\log(PP(-1)))$	-0.084179	0.059862	-1.406219	0.1815
$E(-1)$	-0.135930	0.081163	-1.674784	0.1162
R^2	0.464703	Mean dependent var		0.167750
Adjusted R^2	0.311761	S. D. dependent var		0.078140
S. E. of regression	0.064825	Akaike info criterion		-2.413304
Sum squared resid	0.058833	Schwarz criterion		-2.164768
log likelihood	27.92639	Hannan - Quinn criter.		-2.371242
F - statistic	3.038425	Durbin - Watson stat		2.166193
Prob(F - statistic)	0.053561			

三、生活性服务业政策发展效应分析

1. 生活性服务业政策对居民消费水平的影响分析

基于 1997—2019 年居民人均消费水平 $CONS$ 时间序列数据与生活性服务业政策效力 LP 时间序列数据，建立长期均衡关系模型，其回归结果见表 8 – 55。根据表 8 – 56 的检验结果可知，居民人均消费水平 $CONS$ 与生活性服务业政策效力 LP 之间具有显著协整关系。由表 8 – 55 中的回归结果，可得长期均衡关系模型为

$$\ln \widehat{CONS}_t = 8.059226 + 0.001495LP_t$$

$$t = 83.648550, \ 11.461740$$

$$R^2 = 0.873646 \quad \overline{R}^2 = 0.866996 \quad F = 131.3716$$

可以看出，该长期均衡模型的模型整体效果良好。从估计方程可知，生活性服务业政策效力每增加一个单位，人均消费水平 $CONS$ 将平均提高 0.1495 个百分点，表明生活性服务业政策在一定程度上起到了提高人民生活水平的作用。

表 8 – 55　　居民消费水平的影响—长期均衡关系回归结果

Variable	Coefficient	Std. Error	t – Statistic	Prob.
C	8.059226	0.096346	83.64855	0.0000
LP	0.001495	0.000130	11.46174	0.0000
R^2	0.873646	Mean dependent var		8.960980
Adjusted R^2	0.866996	S. D. dependent var		0.698803
S. E. of regression	0.254852	Akaike info criterion		0.194121
Sum squared resid	1.234037	Schwarz criterion		0.293600
log likelihood	– 0.038274	Hannan – Quinn criter.		0.215711
F – statistic	131.3716	Durbin – Watson stat		1.749729
Prob(F – statistic)	0.000000			

表 8 - 56   居民消费水平的影响—协整关系检验结果

Augmented Dickey – Fuller test statistic		t – Statistic	Prob. *
		– 3. 906285	0. 0005
Test critical values	1% level	– 2. 685718	
	5% level	– 1. 959071	
	10% level	– 1. 607456	

注： * Mackinnon（1996）one-sided p-values.

在协整和长期均衡关系的基础上，可以建立人均消费水平 $CONS$ 与生活性服务业政策效力 LP 之间的误差修正模型，其回归结果见表 8 - 57。所建立误差修正模型为

$$\Delta \ln \widehat{CONS}_t = 0.086395 + 0.0000809 \Delta LP_t + 0.143518 \Delta \ln CONS_{t-1}$$
$$+ 0.00000426 \Delta LP_{t-1} - 0.1085690 e_{t-1}$$

$t = 3.448410，1.787057，0.669279，0.080189，-1.898379$

$R^2 = 0.338862，\overline{R}^2 = 0.149966，F = 1.793905$

根据回归结果可知，模型的拟合效果可以接受。根据模型估计结果可知，生活性服务业政策效力的短期变动对人均消费水平 $CONS$ 存在正向影响，生活性服务业政策效力变动每增加一个单位，人均消费水平 $CONS$ 的变动将平均增加 0.0000809 个百分点；此外，短期调整机制在 0.1 的显著性水平下是显著的，它表明人均消费水平 $CONS$ 的增长率与长期均衡值的偏差的 10.9% 被修正。所建模型基本反映了实际数据的生成机制。

表 8 - 57   居民消费水平的影响—误差修正模型回归结果

Variable	Coefficient	Std. Error	t – Statistic	Prob.
C	0. 086395	0. 025054	3. 448410	0. 0039
$D(LP)$	8. 09E – 05	4. 53E – 05	1. 787057	0. 0956
$D(\log(CONS(-1)))$	0. 143518	0. 214436	0. 669279	0. 5142
$D(LP(-1))$	4. 26E – 06	5. 32E – 05	0. 080189	0. 9372

续表

Variable	Coefficient	Std. Error	t – Statistic	Prob.
$E(-1)$	-0.108569	0.057190	-1.898379	0.0785
R^2	0.338862	Mean dependent var		0.107473
Adjusted R^2	0.149966	S. D. dependent var		0.037020
S. E. of regression	0.034131	Akaike info criterion		-3.696285
Sum squared resid	0.016309	Schwarz criterion		-3.447748
log likelihood	40.11471	Hannan – Quinn criter.		-3.654223
F – statistic	1.793905	Durbin – Watson stat		2.283823
Prob(F – statistic)	0.186181			

2. 生活性服务业政策对城乡消费差距的影响分析

根据 1997—2019 年的城乡收入比 $CONSR$ 与生活性服务业政策效力 LP 的时间序列数据，建立二者的长期均衡关系模型。模型回归结果和拟合效果见表 8 – 58。表 8 – 59 的协整检验结果表明，生活性服务政策效力 LP 与城乡收入比 $CONSR$ 具有接近显著的协整关系。根据表 8 – 58 的回归结果，得到城乡收入比 $CONSR$ 与生活性服务业政策效力 LP 的长期均衡关系模型为

$$\ln \widehat{CONSR}_t = 1.278733 - 0.00015 LP_t$$

$$t = 44.444940, \quad -3.854117$$

$$R^2 = 0.43877, \quad \overline{R}^2 = 0.409232, \quad F = 14.85421$$

表 8 – 58 城乡消费差距的影响—长期均衡关系回归结果

Variable	Coefficient	Std. Error	t – Statistic	Prob.
C	1.278733	0.028771	44.44494	0.0000
LP	-0.000150	3.90E -05	-3.854117	0.0011
R^2	0.438770	Mean dependent var		1.188184
Adjusted R^2	0.409232	S. D. dependent var		0.099015

Variable	Coefficient	Std. Error	t – Statistic	Prob.
S. E. of regression	0.076104	Akaike info criterion		– 2.223027
Sum squared resid	0.110046	Schwarz criterion		– 2.123549
log likelihood	25.34179	Hannan – Quinn criter.		– 2.201438
F – statistic	14.85421	Durbin – Watson stat		0.383629
Prob(F – statistic)	0.001069			

表 8 – 59 城乡消费差距的影响—协整关系检验结果

Augmented Dickey – Fuller test statistic		t – Statistic	Prob. *
		– 1.505586	0.1206
Test critical values	1% level	– 2.685718	
	5% level	– 1.959071	
	10% level	– 1.607456	

注：* Mackinnon（1996）one-sided p-values.

该长期均衡模型的整体拟合度可以接受。从估计方程可知，生活性服务业政策效力每增加一个单位，城乡收入比 CONSR 将平均降低 0.015 个百分点，表明生活性服务业政策起到了缩小城乡消费差距的作用。

在协整和长期均衡关系的基础上，可以建立城乡收入比 CONSR 与生活性服务业政策效力 LP 之间的误差修正模型，其回归结果和拟合效果见表 8 – 60。所建立误差修正模型为

$$\Delta \ln \widehat{CONSR}_t = -0.004943 - 0.0000116 \Delta LP_t + 0.552652 \Delta \ln CONSR_{t-1}$$
$$- 0.00000978 \Delta LP_{t-1} - 0.099077 e_{t-1}$$

$$t = -0.751609, \quad -0.412639, \ 3.161769, \ -0.314483, \ -0.952674$$
$$R^2 = 0.443805, \ \overline{R}^2 = 0.284892, \ F = 2.792753$$

根据回归结果可知，模型的拟合效果可以接受。根据模型估计结果可知，生活性服务业政策效力的短期变动对城乡收入比 CONSR 存在负向影响，生活性服务业政策效力变动每增加一个单位，城乡收入比 CONSR 的变

动将平均减少 0.00116 个百分点；短期调整机制并不显著，这可能与变量数目太多而样本容量太小有关，所建模型基本反映了实际数据的生成机制。

表 8 - 60　　　　城乡消费差距的影响—误差修正模型回归结果

Variable	Coefficient	Std. Error	t – Statistic	Prob.
C	− 0.004943	0.006576	− 0.751609	0.4647
$D(LP)$	− 1.16E − 05	2.81E − 05	− 0.412639	0.6861
$D(\log(CONSR(-1)))$	0.552652	0.174792	3.161769	0.0069
$D(LP(-1))$	− 9.78E − 06	3.11E − 05	− 0.314483	0.7578
$E(-1)$	− 0.099077	0.103999	− 0.952674	0.3569
R^2	0.443805	Mean dependent var		− 0.011518
Adjusted R^2	0.284892	S. D. dependent var		0.029401
S. E. of regression	0.024862	Akaike info criterion		− 4.329994
Sum squared resid	0.008654	Schwarz criterion		− 4.081457
log likelihood	46.13494	Hannan – Quinn criter.		− 4.287931
F – statistic	2.792753	Durbin – Watson stat		2.554827
Prob(F – statistic)	0.067620			

3. 生活性服务业政策对城镇居民恩格尔系数的影响分析

基于 1997—2019 年的恩格尔系数 GENCI 和生活性服务业政策效力 LP 时间序列数据，建立长期均衡关系模型，其回归结果见表 8 - 61。表 8 - 62 的协整检验结果表明，恩格尔系数 GENCI 与生活性服务业政策效力 LP 之间具有显著协整关系。根据表 8 - 61 中的回归结果，可得长期均衡关系模型为

$$\widehat{ENGCI}_t = 41.51970 - 0.008241 LP_t$$

$$t = 37.36851, \quad -5.478512$$

$$R^2 = 0.612356, \quad \overline{R}^2 = 0.591954, \quad F = 30.01409$$

可以看出，该长期均衡模型的整体效果良好。从估计方程可知，生活性服务业政策效力每增加一个单位，恩格尔系数 GENCI 将平均降低 0.008241

个百分点，表明生活性服务业政策有助于提高居民生活水平。

表 8 - 61   城镇居民恩格尔系数的影响—长期均衡关系回归结果

Variable	Coefficient	Std. Error	t – Statistic	Prob.
C	41. 51970	1. 111088	37. 36851	0. 0000
LP	– 0. 008241	0. 001504	– 5. 478512	0. 0000
R^2	0. 612356	Mean dependent var		36. 54905
Adjusted R^2	0. 591954	S. D. dependent var		4. 600937
S. E. of regression	2. 939008	Akaike info criterion		5. 084414
Sum squared resid	164. 1176	Schwarz criterion		5. 183892
log likelihood	– 51. 38635	Hannan – Quinn criter.		5. 106003
F – statistic	30. 01409	Durbin – Watson stat		0. 812895
Prob(F – statistic)	0. 000028			

表 8 - 62   城镇居民恩格尔系数的影响—协整关系检验结果

		t – Statistic	Prob. *
Augmented Dickey – Fuller test statistic		– 2. 651010	0. 0108
Test critical values	1% level	– 2. 685718	
	5% level	– 1. 959071	
	10% level	– 1. 607456	

注： * Mackinnon（1996）one-sided p-values.

在协整和长期均衡关系的基础上，可以建立恩格尔系数 $GENCI$ 与生活性服务业政策效力 LP 之间的误差修正模型，其回归结果见表 8 - 63。所建立误差修正模型为

$$\Delta \widehat{ENGCI}_t = -1.261069 + 0.001412\Delta LP_t + 0.040517\Delta ENGC I_{t-1}$$
$$+ 0.00118\Delta LP_{t-1} - 0.131542e_{t-1}$$
$$t = -2.453844,\ 0.763621,\ 0.143986,\ 0.636371,\ -0.842109$$
$$R^2 = 0.148621,\ \overline{R}^2 = -0.094630,\ F = 0.610978$$

根据模型估计结果可知，生活性服务业政策效力的短期变动对恩格尔

系数 *GENCI* 存在正向影响，影响效应的符号与长期均衡模型中长期效应的符号相反，且检验结果不显著；短期调整机制也并不显著。综上可知，误差修正模型的回归结果并不理想，究其原因，可能仍要归结为样本容量较小这一局限性。

表 8 - 63　　城镇居民恩格尔系数的影响—误差修正模型回归结果

Variable	Coefficient	Std. Error	t – Statistic	Prob.
C	- 1. 261069	0. 513916	- 2. 453844	0. 0278
$D(LP)$	0. 001412	0. 001849	0. 763621	0. 4578
$D(ENGCI(-1))$	0. 040517	0. 281398	0. 143986	0. 8876
$D(LP(-1))$	0. 001118	0. 001854	0. 636371	0. 5348
$E(-1)$	- 0. 131542	0. 156205	- 0. 842109	0. 4139
R^2	0. 148621	Mean dependent var		- 1. 168421
Adjusted R^2	- 0. 094630	S. D. dependent var		1. 388701
S. E. of regression	1. 452923	Akaike info criterion		3. 805966
Sum squared resid	29. 55379	Schwarz criterion		4. 054502
log likelihood	- 31. 15668	Hannan – Quinn criter.		3. 848028
F – statistic	0. 610978	Durbin – Watson stat		2. 123567
Prob(F – statistic)	0. 661552			

第六节　服务业政策的系统性"反馈—循环"效应

一、理论模型构建

服务业政策对经济社会发展是一个不断叠加的累积过程，政策制定应与经济发展的现实状况以及实际需求相适应。服务业政策在各经济系统中通过反馈循环发挥作用，在此过程中，可能出现服务业政策对经济发展的正向促进、反向抑制以及引发崩溃等不同形式的政策作用。为了分析我国服务业政策对经济发展的"反馈—循环"作用机制，引入图8－25所示的政策作用系统的图解代数。

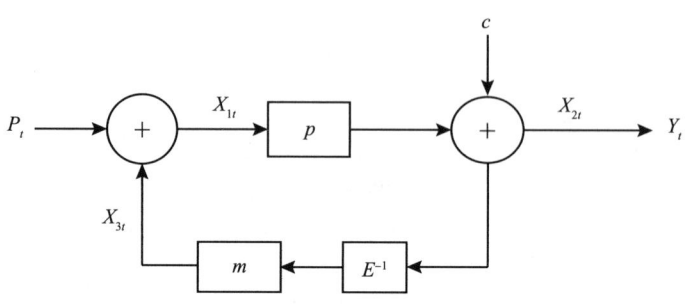

图8－25　政策作用系统图解代数

图中，P_t表示t时期的政策力度；Y_t表示t时期的系统输出；c为与t无关的常数，表示除政策效力以外的非时变恒定输入；算子p表示政策转换效应；算子m表示系统的整体反馈效应；算子E^{-1}为延迟算子，满足$E^{-1}X_t = X_{t-1}$。

可以用式（8.11）刻画图8－25所示的政策作用系统的一系列状态转换过程。

$$\begin{cases} X_{1t} = P_t + X_{3t} \\ X_{2t} = pX_{1t} + \mu_t + c \\ X_{3t} = mE^{-1}X_{2t} \\ Y_t = X_{2t} \end{cases} \qquad (8.11)$$

式（8.11）为系统状态转换方程组，根据该式可得以下计量分析模型

$$Y_t = c + mpY_{t-1} + pP_t + \mu_t \qquad (8.12)$$

式（8.12）是一个自回归模型，模型参数包含了系统运行的具体结构特征，是一种结构性自回归模型。

令$Y_t = Y_{t-1} = Y_t^*$，可得模型的长期均衡表达式为

$$Y_t^* = \frac{1}{1-mp}c + \frac{p}{1-mp}P_t^* + \mu_t^* \qquad (8.13)$$

式中，$\delta = \dfrac{1}{1-mp}$ 和 $\eta_P = \dfrac{p}{1-mp}$ 分别表示恒定输入长期效应和政策长期效应。

一般来说，系统是相对和开放的，每个系统都被包含在更大的系统之中。对一个相对稳定的经济系统来说，系统输入主要由两部分组成：一部分是非时变的恒定因素，其输入水平取决于系统所处的基本稳定的经济体制、政治制度、生产力水平及系统外部环境；另一部分是随时间变化而不断调整的政策因素，其输入水平即为某个时期的政策力度。这两部分因素共同作用决定了系统的运行质量和效率，系统性政策效应评价模型（8.12）就体现了该观点。这种"无形"加"有形"的二元结构，有效降低了模型复杂度，使模型形式简捷、机制清晰、处理方便。

模型（8.12）经过迭代可得

$$
\begin{aligned}
Y_t &= c + mpY_{t-1} + pP_t + \mu_t \\
&= c + (mp)c + pP_t + p(mp)P_{t-1} + (mp)^2 Y_{t-2} + \mu_t + (mp)\mu_{t-1} \\
&= c + (mp)c + \cdots + (mp)^i c + pP_t + p(mp)P_{t-1} + \cdots + p(mp)^i P_{t-i} \\
&\quad + (mp)^{i+1}Y_{t-i-1} + \mu_t + (mp)\mu_{t-1} + \cdots + (mp)^i \mu_{t-i} \\
&= \left[1 + mp + (mp)^2 + \cdots + (mp)^{t-1} \right]c + p\left[P_t + mpP_{t-1} + (mp)^2 P_{t-2} \right. \\
&\quad + \cdots + (mp)^{t-1}P_1 \left.\right] + (mp)^t Y_0 + \left[\mu_t + (mp)\mu_{t-1} \right. \\
&\quad + (mp)^2 \mu_{t-2} + \cdots + (mp)^{t-1}\mu_1 \left.\right]
\end{aligned}
\tag{8.14}
$$

式（8.14）表明，反馈循环结构和延迟算子 E^{-1} 在模型（8.12）中生成一个无限加总过程，这体现了政策力度和恒定因素的滞后效应与累积机制。系统的累积水平主要体现在 Y_{t-1} 的系数 mp 中，故称 mp 为系统累积效应。显然，系统累积效应由政策转换效应 p 和反馈循环效应 m 两个因素共同决定。

由式（8.14）可知，政策系统的短期乘数为

$$
M_s = \frac{\partial Y_t}{\partial P_t} = p
\tag{8.15}
$$

该短期乘数即图 8 – 25 所示图解代数中的政策转换算子，其含义为当其他条件不变时，现期政策力度的变化对经济系统输出的影响。

政策系统前 k 个时期的中期乘数为

$$M_k = \frac{\partial Y_t}{\partial P_t}\bigg|_{\Delta P_{t-k+1} + \cdots + \Delta P_{t-1} + \Delta P_t} = p\left[1 + mp + (mp)^2 + \cdots + (mp)^{k-1}\right]$$

$$(8.16)$$

式（8.16）的含义为初始一年的政策力度增加一个单位，且以后每年均保持该增量时，政策力度变化对系统输出的 k 年累计影响。

在式（8.16）中，如果 $0 < mp < 1$，当 $k \to \infty$ 时就得到政策系统的长期乘数为

$$M_l = \frac{\partial Y_t}{\partial P_t}\bigg|_l = p\left[1 + mp + (mp)^2 + \cdots\right] = \frac{p}{1-mp} \qquad (8.17)$$

长期乘数的含义为，政策力度从无穷远期开始增加一个单位，且以后每年均保持该增量不变时，这些变化对系统输出的累积影响。对比式（8.13）可知，$M_l = \eta_P$，说明政策长期乘数即为政策长期均衡效应。

在图 8 - 25 所示的政策作用系统，由于反馈循环机制的存在，使得政策短期效应从长期来看会得到增强（或抑制），即产生正向（或反向）的系统增进效应（或抑制效应）。下面从系统增进的角度提出几个概念。

政策短期效应在反馈循环的作用下形成长期效应，故将长期乘数 $\eta_P = \frac{p}{1-mp}$ 称为系统增进效应，将 $\delta = \frac{1}{1-mp}$ 称为系统增进系数。由于 $\eta_P = \delta p$，表明增进效应是短期效应在系统增进作用下的结果。

不失一般性，若假设 $p > 0$，即系统存在正向短期效应，根据反馈循环效应 m 的取值范围，可以得到以下三种系统增进情形。

情形 1 当 $m = 0$，即 $\delta = 1$ 时，此时模型中无反馈循环效应，不存在增进作用。

情形 2 当 $0 < m < \frac{1}{p}$，即 $\delta > 1$ 时，模型中存在正向增进作用。

情形 3 当 $m > \frac{1}{p}$，即 $0 < \delta < 1$ 时，模型中存在负向增进（反向抑制）作用。

二、实证模型与数据说明

为了分析我国服务业政策在促进经济发展中系统性"反馈—循环"机制，基于式（8.12）分别构建"服务业政策—产业结构升级"系统（系统1）、"生产性服务业政策—制造业升级"系统（系统2）和"生活性服务业政策—居民消费升级"系统（系统3）的政策评价模型。

模型1 $Y_3PY_t = c_1 + p_1P_t + m_1p_1Y_3PY_{t-1} + \mu_{1t}$

模型2 $MANU_t = c_2 + p_2PP_t + m_2p_2MANU_{t-1} + \mu_{2t}$

模型3 $CONSR_t = c_3 + p_3LP_t + m_3p_3CONSR_{t-1} + \mu_{3t}$

模型1中，P 代表服务业政策的整体力度；Y_3PY 为第三产业产值与 GDP 的比值，用以衡量产业结构高级化水平。

模型2中，PP 代表生产性服务业政策力度；$MANU$ 为高技术制造业产值占制造业总产值的比重，用以衡量制造业高级化水平。

模型3中，LP 代表生活性服务业政策力度；$CONSR$ 代表农村与城镇居民年人均消费比，其含义为城乡消费差距。这里用该指标反映我国居民消费的高级化水平，其取值越接近于1，则表示城乡消费差距越小。

c_i、p_i 和 $m_i(i=1,2,3)$ 是模型参数，分别代表系统 1~3 的恒定输入、政策短期效应和反馈循环效应。

产业结构高级化水平 Y_3PY、制造业高级化水平 $MANU$ 和居民消费高级化水平 $CONSR$ 的变量数据来自《中国统计年鉴》《中国高技术统计年鉴》和国家统计局网站，或基于上述来源中的相关指标测算得到。服务业政策整体力度 P、生产性服务业政策力度 PP 和生活性服务业政策力度 LP 的变量数据，则来自本章前文得到的政策效力测算数据。

三、模型估计结果与效应分析

1. 模型估计结果

通过回归分析，可以得到模型系数 c、p 和 mp 的估计值，再由 p 和 mp

的估计值，进一步计算参数 m 和 $1-mp$ 的值。由于政策评价模型包含被解释变量的滞后项，在估计过程中先运用豪斯曼（Hausman）检验判定滞后变量的内生性，若存在内生性，则采用工具变量法进行模型估计，以得到参数的一致性估计。另外，采用广义差分法解决模型的自相关性，以保证估计的效率。模型估计结果见表 8 - 64。

表 8 - 64 政策效应评价模型估计结果

参数	模型 1	模型 2	模型 3
c	0.03845 (0.710255)	0.08105 ** (2.604214)	0.003224 (0.144604)
p	0.00000588 (0.712668)	0.00000631 (0.097663)	0.0000308 ** (3.065315)
mp	0.915093 *** (6.628862)	0.875247 *** (9.90024)	0.944063 *** (11.65754)
m	155628.0612	138707.92	30651.4
$1-mp$	0.084907	0.124753	0.055937
F 检验（p 值）	124.1702 (0.0000)	162.0055 (0.0000)	164.8368 (0.0000)
R^2	0.95355	0.938777	0.939772
D - W 统计量	2.057807	1.474895	2.086588

注：*** 、** 和 * 分别表示 0.01、0.05 和 0.1 的显著性水平，括号内的数字为 t 值。

可以看出，三个模型的整体拟合度都较高，且均在 0.001 的显著性水平下通过 F 检验，表明它们分别较好地刻画了 1997—2019 年我国"服务业政策—产业结构升级""生产性服务业政策—制造业升级"以及"生活性服务业政策—居民消费升级"三个政策作用系统。

2. 效应分析

基于表 8 - 64 的估计结果，可以计算得到系统增进强度 δ 和政策长期

效应 η_P 的值。为方便对系统政策效应进行分析和比较，将各系统参数的取值和大小排名情况列于表 8 – 65 中。

表 8 – 65　　　　　　　　　　系统参数比较

系统效应	服务业政策—产业结构升级		生产性服务业政策—制造业升级		生活性服务业政策—居民消费升级	
	数值	排名	数值	排名	数值	排名
恒定输入 c	0.03845	2	0.08105	1	0.003224	3
短期效应 p	0.00000588	2	0.00000631	3	0.0000308	1
反馈算子 m	155628.06	1	138707.92	2	30651.4	3
累积效应 mp	0.915	2	0.875	3	0.944	1
增进系数 δ	11.778	2	8.016	3	17.877	1
长期效应 η_P	0.0000693	2	0.0000506	3	0.000551	1

（1）短期效应。"服务业政策—产业结构升级""生产性服务业政策—制造业升级"以及"生活性服务业政策—居民消费升级"三个系统的短期政策边际效应 p 分别为 0.00000588、0.00000631 和 0.0000308。表明在各系统内，政策力度每增加一个单位，第三产业占比和高新技术产业占比将分别提高 0.00000588 和 0.00000631，农村与城镇居民人均消费比将增加 0.0000308。可以看出，三个政策系统的短期效应都较小，说明政策的短期作用较弱，相比而言，生活性服务业政策对居民消费升级的短期作用效果更加明显。

（2）累积效应。三个系统的反馈循环水平 m 分别为 155628.06、138707.92 和 30651.4，累积效应 mp 分别为 0.915、0.875 和 0.944。由此可知，生活性服务业政策对居民消费升级的累积效应最高，生产性服务业政策对制造业升级的累积效应最低，整体服务业政策对产业结构升级的累积效应居于两者之间，这也反映出三个系统按政策效应的衰减速度由高到低分别为"生产性服务业政策—制造业升级"系统、"服务业政策—产业结构升级"系统、"生活性服务业政策—居民消费升级"系统。

政策效应衰减速度 mp 影响系统调整系数 $1-mp$，衰减速度越快，则调整系数越大，潜在发展速度越慢。三个系统的调整系数分别为 0.085、0.125 和 0.056，表明从潜在发展速度的角度，居民消费差距的缩小速度最快，产业结构升级速度次之，制造业升级速度最慢。

调整系数 $1-mp$ 的倒数即为系统增进效应 δ，由表 8-65 可知，三个系统的增进效应分别为 11.778、8.016 和 17.877，即它们均存在正向增进效应，增进效应由大到小分别为"生产性服务业政策—制造业升级"系统、"服务业政策—产业结构升级"系统、"生活性服务业政策—居民消费升级"系统。

（3）长期效应。长期效应 $\eta_P = \dfrac{p}{1-mp} = \delta p$ 即为政策长期乘数，该式表明，政策长期效应既可视为政策短期效应 p 和系统反馈循环效应 m 的共同作用结果，又可表为政策短期效应 p 与系统增进系数 δ 的乘积。系统 1~3 的长期效应分别为 0.0000693、0.0000506 和 0.000551。长期效应最高和最低分别为"生活性服务业政策—居民消费升级"系统和"生产性服务业政策—制造业升级"系统。

从政策长期效应 η_P 的表达式还可看出，当政策系统存在正向增进效应（$p>0$ 和 $0<mp<1$）时，η_P 对 p 的变化比对 m 的变化更加敏感。这是因为，m 仅出现在分母中，而 p 同时出现在分子和分母中，从而使得 p 对 η_P 具有"双重加速效应"。这就给出了以下事实的合理解释：尽管系统 3 的反馈循环效应最小，但由于其短期效应最大，其长期效应仍是三个系统中之最大者。

为了更加直观地展示长期效应 η_P 对短期效应 p 与反馈循环效应 m 的敏感性差异，分别绘制当 $p=0.1$, 0.01, 0.001, 0.0001 时，η_P 关于 m 的函数图像，如图 8-26（a）所示；当 $m=0.1$, 0.01, 0.001, 0.0001 时，η_P 关于 p 的函数图像如图 8-26（b）所示。从图 8-26（a）和图 8-26（b）中可以看出，η_P 对短期效应 p 的灵敏性显著地高于其对反馈循环效应 m 的灵敏性。

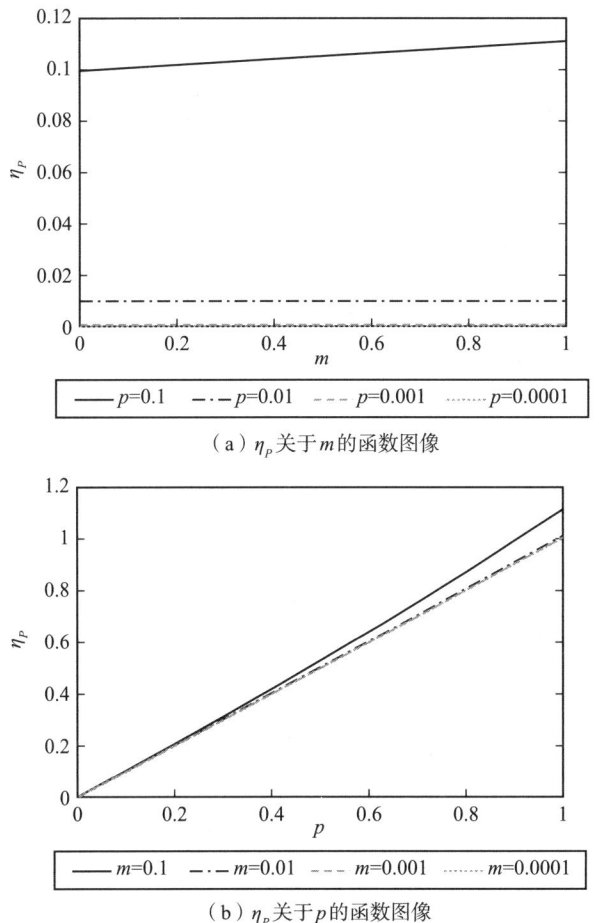

图 8-26　长期效应 η_P 关于短期效应 p、反馈循环效应 m 的函数关系图像

第七节　本章小结

一、结论

本章在构建服务业政策评价指标体系的基础上，首先，对我国 1997——2019 年的服务业政策进行量化分析，得到历年的服务业政策效力（政策

实施后所产生的效果）以及分行业服务业（生产性服务业和生活性服务业）政策效力。其次，通过建立服务业政策与经济系统的耦合模型，研究服务业政策与 GDP 增长、第三产业发展、产业结构高级化以及产业结构合理化的耦合关系；并基于协整理论和误差修正模型理论，对我国服务业政策的经济效应进行系统研究。再次，从分行业的角度，一方面研究生产性服务业政策与制造业创新、制造业增长、制造业升级的耦合关系及其在各个方面的发展效应；另一方面研究生活性服务业政策与居民消费水平、城乡消费差距、居民生活水平的耦合关系及其在各方面的发展效应。最后，基于图解代数理论，在系统论的框架下分别建立了"服务业政策—产业结构升级""生产性服务业政策—制造业升级"和"生活性服务业政策—居民消费升级"三个系统的系统化政策效应评价模型，分别研究各政策系统的"循环—反馈"效应。通过这些研究，本章主要得到以下研究结论。

（1）我国服务业政策效力在小幅波动中不断提升。1997—2003 年服务业政策效力的发展过程比较平稳，提升速度较为缓慢；2004—2011 年的政策效力提升速度加快，但伴随着小幅波动；2012—2017 年服务业政策效力的增速有所放缓。应特别注意的是，从 2017 年开始，政策效力出现较大幅度的回落，跌回到低于 2012 年的效力水平，也就是说政策实施后所产生的效果下降，这应当引起决策部门与政策制定者的重视。

（2）我国服务业政策与 GDP、第三产业发展、产业结构高级化均具有较为理想的耦合度；在耦合一致性方面，服务业政策与各个方面均大致经历了"低度耦合—中度耦合—高度耦合—极度耦合"一致阶段的升级过程。这说明服务业政策与 GDP、第三产业发展及产业结构高级化均表现出密切的、良好耦合关系，从而表明，服务业政策在经济增长与产业结构升级方面起到了一定的促进作用。然而，服务业政策与产业结构合理化之间耦合度非常不理想，一直处于分离或拮抗阶段，且耦合度呈现出下降趋势；服务业政策与产业结构合理化的耦合一致性同样处于较低水平，这表明服务业政策并未在产业结构合理化方面起到应有的作用。在注重高质量发展的时代背景下，优化服务业政策组合，调整政策着力点和发力点，提升服务业政策对产业结构合理化的调整与促进作用，是今后服务业政策制定和落实方面的工作重点。

（3）服务业政策与 GDP，第三产业增加值，就业人数，第二、三产业就业比，第三产业增加值比例以及产业结构合理化之间均存在较为稳定的长期均衡关系，且在各个均衡关系中，服务业政策均表现出了正向促进作用。在短期影响机制方面，服务业政策除了对第二、三产业就业比具有负的影响效应，其对 GDP、第三产业增加值、就业人数、第三产业产值比重以及产业结构合理化均表现出了正向的短期影响。这表明服务业政策在经济增长、就业吸纳和结构优化升级方面均具有积极作用。应特别注意的是，根据模型估计结果，服务业政策对这些方面的促进作用并不明显，未来在服务业政策制定和效力发挥方面，还有较大的提升空间。

（4）在 1997—2019 年，经过一段时期的调整与发展，生产性服务业政策与制造业创新、制造业增长、制造业升级均达到了较为稳定的耦合阶段。生产性服务业政策在制造业发展各个方面的耦合一致性也都基本经历了"低度—中度—高度—极度"的完整的耦合一致性过程，体现了我国生产性服务业政策在这一过程中不断优化升级，从而提升与制造业发展的契合度，助力制造业发展。生产性服务业政策在制造业创新水平、制造业增加值以及高技术制造业增长等方面均起到了正向促进作用。总体来看，生产性服务业政策在推动制造业发展中的效果较为理想。

（5）1997—2019 年生活性服务业政策与居民消费水平、城乡消费差距以及居民生活水平之间的耦合度不断提升，生活性服务业政策与该三项的耦合一致性也都先后达到了极度耦合一致的水平，体现了生产性服务业政策与居民消费和人民生活的深度融合。生活性服务业政策与居民消费水平、城乡消费差距、居民生活水平之间存在长期均衡关系，具体而言，生活性服务业政策对居民消费水平具有正向效应。对城乡消费差距和恩格尔系数具有负向效应。从而说明，生活性服务业政策在拉动消费需求、缩小城乡差距、提高人民生活水平方面，发挥了应有的重要作用。

（6）整体上来看，服务业政策对产业结构升级、生产性服务业政策对制造业升级、生活性服务业政策对城乡居民消费升级的短期效应尚处于较低水平。其中，生活性服务业政策短期效应在三者中相对较大，生产性服务业政策短期效应为三者中之最小。政策系统的累积效应越大，增进效应也越大，二者均由短期效应和反馈循环水平共同决定。三个政策系统均具有正向反馈效应，其中生活性服务业政策的累积效应和增进效应最大，服务业政策次之，生产性服务业政策最小，表明在政策作用下，潜在发展速度从高到低依次为居民消费升级、产业结构升级和制造业升级。政策系统的长期均衡效应可以分解为系统增进效应与短期效应的乘积。同时，长期效应水平取决于短期效应水平和反馈循环水平，其对短期效应水平的变化更加敏感。三个系统的政策长期效应由高到低依次为"生活性服务业政策—居民消费升级"系统、"服务业政策—产业结构升级"系统和"生产性服务业政策—制造业升级"系统。

二、启 示

基于以上研究结论，从促进服务业政策效应发挥的角度，得到以下几点启示。

首先，基于我国正处于经济发展新常态且服务业发展相对滞后的现状，应建立更加有利于服务业创新和发展的制度环境，不断完善服务业发展政策。在政策制定中，应以服务业供给侧结构性改革为主线，以推动经济社会高质量发展为根本任务，以充分发挥服务业的经济发展效应为目标，尽快完善"畅通国内大循环、促进国内国际双循环"的服务业发展政策顶层设计，合理制定政策目标，创新政策工具，精细化政策措施，具体化政策实施路径和落实途径。

其次，为了促进服务业整体又快又好发展，加快产业结构优化升级，提升服务业政策的长期效应，应不断完善服务业人才培养和培训长效机制，推动形成服务业参与主体网格化发展以及省内协作、省际协调、东中西部地区协同的多层次协同发展格局；加快推进服务业规范化、信息化和智能化，建立服务业发精细化标准和数字共享信息库。同时，强调政策工具组合多样化，强化政策制定与实施的多部门协同，以提升政策短期效应。

再次，针对我国生产性服务业政策在促进制造业升级中的短期效应水平较低的现状，政策制定应立足于促使长期效应与短期效应协同发力，致力于推动生产性服务业与制造业深度融合，提升制造业服务化水平，不断以服务创新推动制造创新，加快制造业升级。建设有利于科技创新的长期与短期合作项目、创新扩散示范项目、信息交流平台与创新服务网络，形成更加高效的部门与地区间的协调机制。充分发挥市场作用，优化商业环境，完善投融资机制。实施细分产业分类调研和指导计划，实现信息与技术的实时动态存储和在线共享交流。

最后，鉴于生活性服务业政策对缩小城乡消费差距及促进消费升级的短期效应较为明显，一方面，可以从优化系统基础运行环境和促进政策长期效应发挥的角度，进一步提升生活性服务业政策效应水平，即政策制定中着力推进生活性服务业与新型城镇化深度融合，促进以城带乡和城乡互动，缩小城乡差距。建立生活性服务业供需两端的双向联动机制和媒介平台，加快生活性服务业标准化和品牌化建设，推进品质升级。另一方面，加强生活性服务业政策与生产性服务业政策的协同性，实现生活性服务业与生产性服务业发展的双向带动，促进协同升级。

第九章 服务业政策措施的区域有效性
——基于京津冀、长三角和泛珠三角区域

京津冀、长三角与珠三角区域是我国区域经济的三大经济圈。这三大经济圈是我国经济的核心区域，具有较完备的基础设施、交通网络与信息技术等，对周边城市与地区发展具有较强的凝聚力和聚集功能，成为区域经济相互依存与紧密协作、产业集聚与关联的有机统一体。本章以地区经济和社会发展较发达的京津冀、长三角和泛珠三角区域的服务业为研究对象，在对区域服务业政策措施有效性理论分析的基础上，从政策的决策与管理、政策实施的结果两个方面评价服务业政策措施的有效性。在量化分析上，统计分析三大区域服务业的经济发展状况，测算与评价我国服务业政策措施效力对各区域服务业经济增长与就业吸纳的影响作用与绩效水平；在实证方法上，将政策措施效力引入柯布—道格拉斯生产函数之中，基于面板数据构建计量评价模型，评价政策效力对区域服务业发展的显著性和有效性。同时，探析了政策效力对当期与滞后期影响的差异、短期弹性与长期弹性的影响强弱，进而为完善与改进我国服务业政策措施提供量化依据与决策参考。

第一节 我国三大区域服务业发展水平的比较分析

一、三大区域的划分及其服务业总体水平

1. 三大区域的划分

中国三大经济圈，包括京津冀、长三角和珠三角。在京津冀区域，从

经济一体化到协同发展，京津冀区域服务业之间合作与协同的领域愈加广泛，由传统服务业的疏解与承接，到现代生产性服务业的转移与辐射带动，京津冀区域服务业已成为地区经济发展的重要引擎。近年来，京津冀区域确立了共建共享服务业优质资源、提升公共服务业水平、构建协同创新共同体等区域发展新方向。

在长三角区域，借助地域相邻、文化相融和经济相通，形成了以上海为龙头城市，带动江苏、浙江两省协同快速发展的区域产业与经济。目前，长三角区域的大、中、小城市已基本形成逐层辐射，引导制造业与服务业的现代化产业分工合理的带状发展格局。

珠三角区域，通常指粤港澳构成的区域，这是我国对外开放与经济体制改革的先行地区。在 2004 年提出"泛珠三角"概念，形成"9+2"的区域合作协议。其中，"9"指福建、江西、湖南、广东、广西、海南、四川、贵州和云南；"2"指香港和澳门特别行政区。近年来，随着"一带一路"倡议、粤港澳大湾区发展机遇的到来，极大地推动了泛珠三角产业链与产业集群的扩展和延伸，加快了该区域传统产业的升级与制造业、服务业的现代化进程。

考虑区域信息与数据资料的来源与可比性，在本书研究中，京津冀区域包括北京市、天津市和河北省；长三角区域包括上海市、江苏省和浙江省；泛珠三角区域，仅收集福建、江西、湖南、广东、广西、海南、四川、贵州和云南九个省份的数据。本书以京津冀、长三角和泛珠三角三大区域（地区）作为研究对象，以此三大区域包含的省市作为研究的样本，样本数据来源包括：中经网统计数据库、国研网数据库、EPS 数据库以及 Wind 数据库（注：对个别年份的缺失数据，采用统计插补的方法进行估算和补充）。

2. 三大区域的服务业总体发展水平

区域服务业总体发展水平主要体现在服务业增加值的产出量和就业人数投入量两个方面。统计显示，1997—2019 年，三大区域服务业增加值由 16728.94 亿元提高到 339894.57 亿元，年均增速为 14.67%

（按水平法计算，以下均同），占全国服务业增加值的比重由 59.59% 提高到 63.62%。可见，目前全国服务业增加值的产出水平有 60% 以上来自三大区域的服务业。其中，京津冀区域服务业增加值由 2996.54 亿元提高到 56481.17 亿元，年均增速为 15.01%；长三角区域服务业增加值由 5338.06 亿元提高到 112505.01 亿元，年均增速为 15.62%；泛珠三角区域服务业增加值由 8394.34 亿元提高到 170908.39 亿元，年均增速为 15.43%。

从区域服务业就业人数规模来看，三大区域服务业就业人数由 8260.88 万人提高到 19174.81 万人，年均增速为 4.09%，占全国服务业就业人数的比例由 44.82% 提高到 52.22%。可以说，全国服务业就业人数规模有 50% 左右来自三大区域的服务业，三大区域服务业就业人数增速平均高于全国 0.75 个百分点。其中，京津冀区域服务业就业人数由 1273.54 万人提高到 3090.77 万人，年均增速为 4.72%；长三角区域服务业就业人数由 1973.7 万人提高到 4679.95 万人，年均增速为 4.20%；泛珠三角区域服务业就业人数由 5013.61 万人提高到 11404.09 万人，年均增速为 3.99%。

从三大区域内部的服务业增加值与就业人数的结构变化来看，两者变动幅度都很小。京津冀、长三角与泛珠三角区域的服务业增加值比重平均为 18.37%、33.81% 和 47.82%；服务业就业人数的比例平均为 15.55%、24.63% 和 59.92%。当然，因为泛珠三角区域包含了 9 个省份，所占比例自然最高，但平均而言，长三角区域的服务业增加值、就业人数比例都是最大的。值得关注的是，自"十三五"时期以来，京津冀与长三角区域的服务业增加值占比略有下降，而泛珠三角区域服务业增加值比例有所上升；京津冀区域的就业人数比例略有上升，但泛珠三角区域服务业就业人数占比出现下降（见图 9-1），表明泛珠三角区域服务业的增长规模在扩大，而就业规模并没有随之提高。

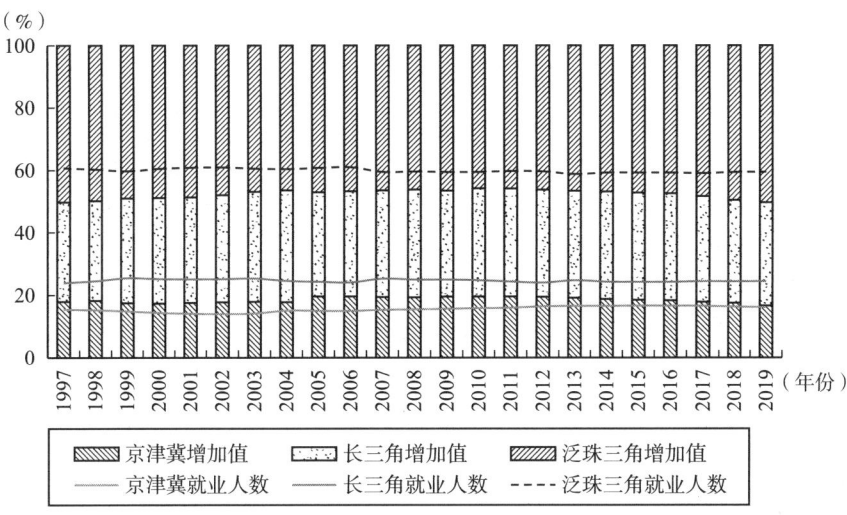

图 9 - 1　1997—2019 年三大区域内部服务业增加值比重与就业人数比例

资料来源：中经网统计数据库、国研网数据库、EPS 数据库以及 Wind 数据库（以下均同）。

二、分区域省市服务业发展水平的比较

1. 分区域省市服务业增加值比重与就业人数占比

在京津冀区域，北京的服务业发展速度与规模均高于天津和河北。从 2005 年起北京市服务业进入快速发展轨道，三次产业的结构反映其服务业增加值比重由 68.32% 提高到 83% 左右、就业人数比例从 66.6% 提升到 82% 左右；天津的服务业从 2009 年开始稳步发展，在三次产业中，服务业增加值比重由 45.27% 提高到 63% 左右、就业人数比例从 47.3% 提高到 62% 左右；河北的服务业发展相对较缓慢，在三次产业中，目前服务业增加值与就业人数比例达到 50% 左右（见图 9 - 2）。

在长三角区域，上海、江苏与浙江的服务业均获得稳步发展，其中上海的服务业发展规模明显高于江苏和浙江。目前，在各省市三次产业中，上海、江苏与浙江的服务业增加值比重各为 70%、51% 和 54% 左右；其服务业就业人数比例则各自占 67%、41% 和 44% 左右（见图 9 - 3）。显然，长三角区域的三个省市服务业的发展呈现比较一致的协同发展。

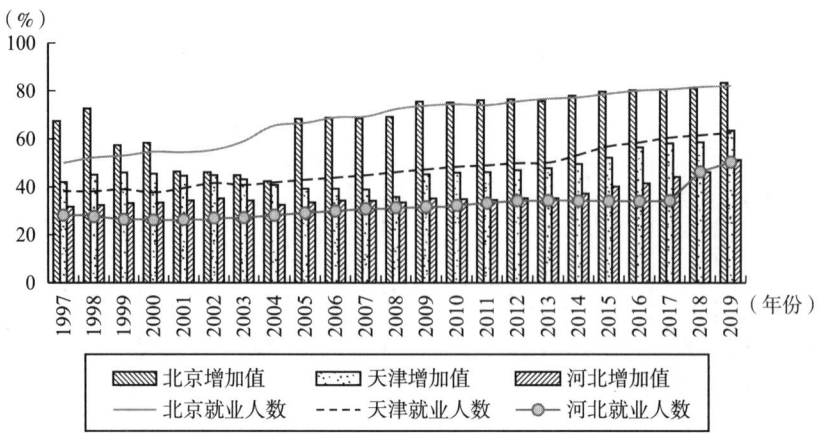

图9－2　1997—2019年北京、天津与河北服务业增加值比重与就业人数占比

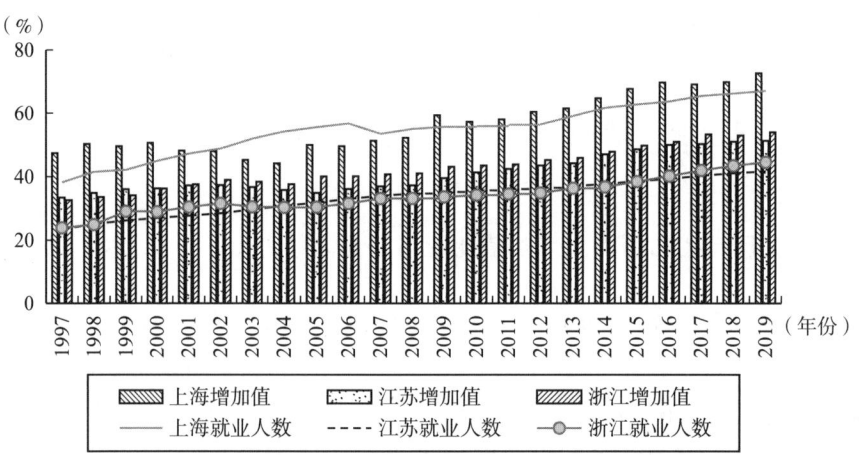

图9－3　1997—2019年上海、江苏与浙江服务业增加值比重与从业人数占比

　　在泛珠三角区域，福建、江西等九个省份的服务业在2010年以来均呈现较快的发展，服务业增加值的比重各自都出现较快上升。目前，海南服务业增加值比重达到58%左右，其次是广东超过55%左右，湖南、广西、四川、贵州和云南的服务业增加值比重均超过50%，只有福建和江西的仍然低于50%（见图9-4）。总体上看，近年来泛珠三角区域各省份的服务业保持了较快的发展态势。

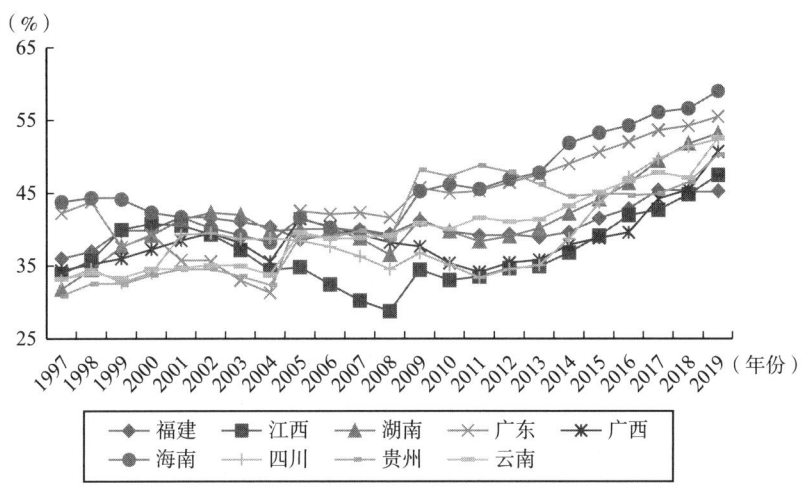

图9－4　1997—2019年福建、江西等九个省份服务业增加值比重

关于泛珠三角区域省份服务业的就业结构，虽然各省份均在稳定提升，但就业比例稍显偏低。在各省份三次产业中，海南省服务业的就业比例最高，已超过50%；贵州省服务业的就业比例明显低于其他省市，近年来只占28%左右（见图9－5）。因而，泛珠三角区域各省份服务业的就业规模仍有很大的提升空间。

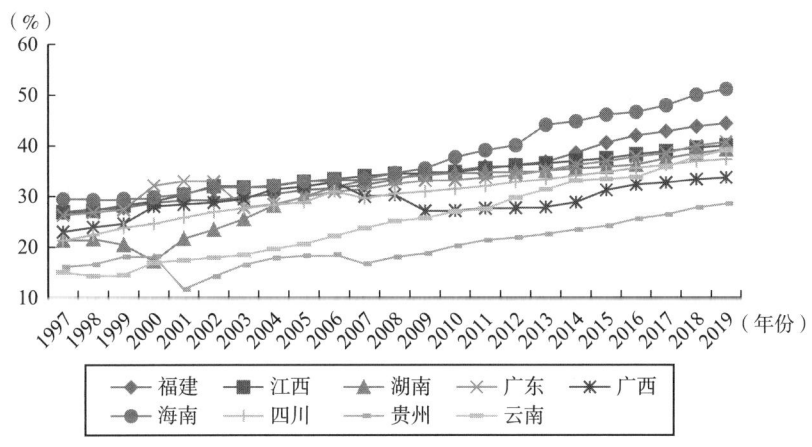

图9－5　1997—2019年福建、江西等九个省份服务业就业人数占比

2. 分区域省市服务业增速变动态势

区域省市服务业经济增速的变化，反映了服务业经济增长的潜力。与全国服务业增速比较，京津冀区域省市服务业增速与全国的基本一致，其中，天津与河北的服务业增速明显高于全国水平，但需要关注的是，"十三五"时期以来，北京与天津服务业的增速明显低于全国的增速，出现增长潜力不足（见图9-6）。

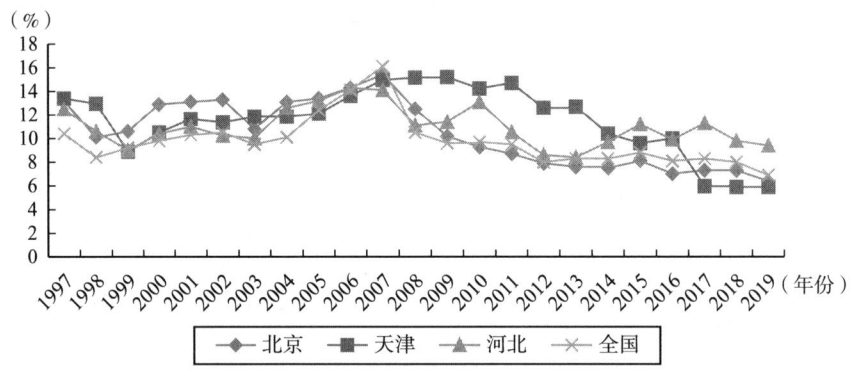

图9-6　1997—2019年京津冀区域各省市与全国的服务业增速比较

图9-7显示，除个别年份外，长三角区域各省市服务业增速明显高于全国的水平。其中，上海服务业增速波动较大；江苏服务业增速最平稳。近年来，长三角区域各省市服务业增速变动态势非常接近，显示出区域服务业的协同发展与一致性。

在泛珠三角区域，九个省份服务业增速呈现较一致的变动态势，2008年以来其增速均高于全国的水平，表现出较快的发展速度与较好的增长潜力。其中，海南和贵州服务业的增速多年凸显冲高，增速高于其他省市（见图9-8）。从长期来看，泛珠三角区域各省份服务业的增长潜力与京津冀区域、长三角区域的基本相当。

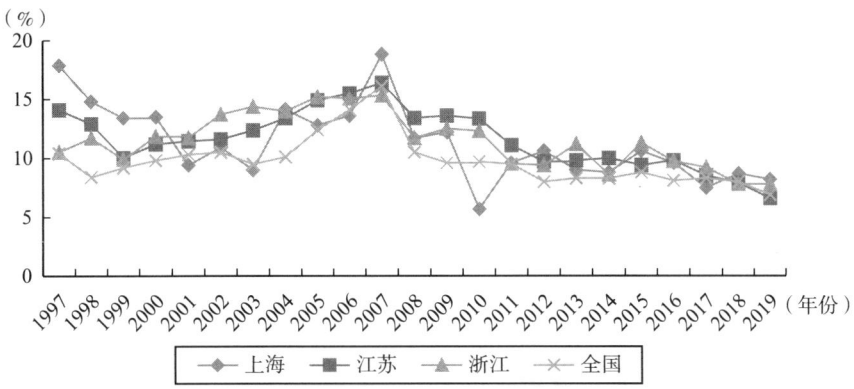

图 9 - 7　1997—2019 年长三角区域各省市与全国的服务业增速比较

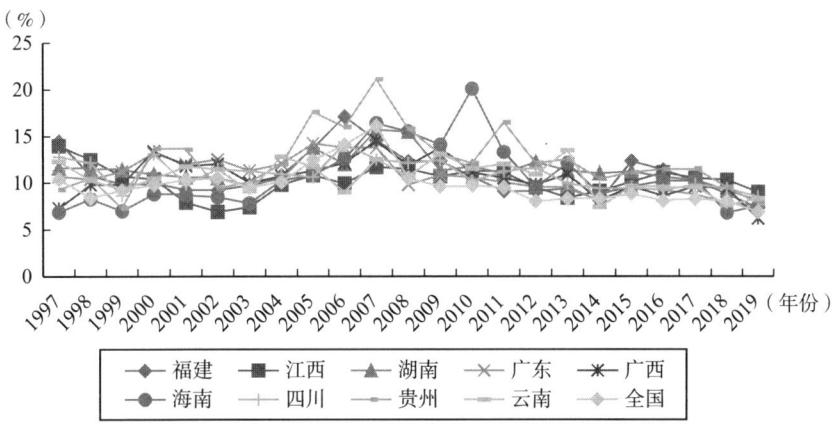

图 9 - 8　1997—2019 年泛珠三角区域九个省份与全国的服务业增速比较

三、服务业政策措施效力与区域服务业发展的动态相关性

1. 服务业政策措施效力的度量

我国服务业政策措施包括人事措施、财政措施、引导措施、行政措施、金融措施与其他经济措施。本书分别依据政策力度和政策措施内容两个方面综合量化政策措施的效力。其中，政策力度与政策措施内容的量化标准及其得分设计见第七章表 7 - 1 和表 7 - 2。

服务业政策措施效力的测算公式为

$$G_t = \sum_{i=1}^{N} SE_i \times SM_{ij} \qquad (9.1)$$

式中，G_t 表示第 t 年服务业政策措施的效力；SE_i 表示第 i 条政策的政策力度得分；SM_{ij} 表示第 i 条政策中第 j 项政策措施内容的得分；N 表示第 t 年颁布的政策总条数。

经计算，1997—2019 年我国服务业六项政策措施效力的值如图 9 - 9 所示。显然，2005 年之前，我国政策措施效力较低，之后出现明显提升。其中，"十二五"时期以来，行政措施、人事措施与引导措施的政策效力明显增大，其波动性也较强，但在 2016 年达到峰值之后政策效力出现下降；"十三五"时期以来，服务业政策措施效力总体上趋于减弱的态势。

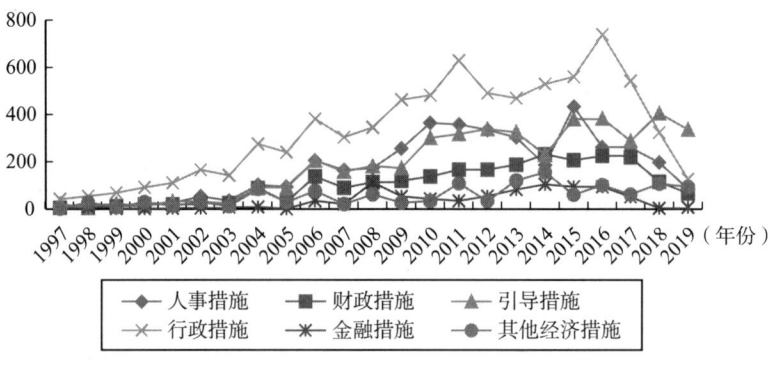

图 9 - 9　1997—2019 年我国服务业六项政策措施效力的变动态势

2. 服务业政策措施效力之间的相关性

将我国服务业六项政策措施效力对应的变量记为：GP、GS、GL、GA、GF、GR，分别表示人事措施效力、财政措施效力、引导措施效力、行政措施效力、金融措施效力以及其他经济措施效力六个指标，样本区间为 1997—2019 年。统计表明，这六项政策措施效力指标之间显著相关，且 Pearson 相关系数较高、相关性较强；如果将政策效力指标值从小到大进行排名，其排序之间的 Kendall 协同相关性（非参数统计相关性），同样显示六项政策措施效力之间是显著协同相关的，见表 9 - 1。因此，六项政策措施效力之间具有显著的 Pearson 相关和 Kendall 排序协同相关性，且为正相关。

表 9 - 1　　政策措施效力之间的 Pearson 相关与 Kendall 协同相关

变量	GP	GS	GL	GA	GF	GR
GP	1	0. 856 **	0. 840 **	0. 897 **	0. 674 **	0. 443 *
GS	0. 753 **	1	0. 831 **	0. 945 **	0. 818 **	0. 705 **
GL	0. 676 **	0. 689 **	1	0. 794 **	0. 579 **	0. 664 **
GA	0. 826 **	0. 865 **	0. 676 **	1	0. 763 **	0. 592 **
GF	0. 555 **	0. 665 **	0. 459 **	0. 604 **	1	0. 528 **
GR	0. 418 **	0. 558 **	0. 530 **	0. 474 **	0. 389 *	1

注：（1）　** 表示在 0. 01 水平上显著相关，* 表示在 0. 05 水平上显著相关。（2）表中上三角矩阵是 Pearson 相关系数矩阵，下三角矩阵是 Kendall 协同相关系数矩阵。

3. 基于主成分分析的政策措施效力的主成分指标

由于服务业政策措施效力指标（变量）较多，但样本量有限，因而，对政策措施效力变量进行降维。这里使用主成分分析（Pricipal Component Analysis，PCA）法提取主成分变量。主成分分析的概念，首先是由皮尔森提出，霍特林将此方法推广到多维变量的情形，它通过线性变换的方法将多个指标转化成少数几个主要的成分指标，这少数几个成分指标能够包含原有指标的大部分信息，且主成分指标之间不相关，以此来降低变量维度。如上所述，六个政策措施效力变量之间具有较强的相关性，适合用主成分分析法进行降维。

运用 SPSS 22. 0 软件运行结果见表 9 - 2，可以看出 KMO 值达到 0. 795，且 Bartlett 的球形度检验对应的近似卡方检验的概率 P 值为 0，说明原始变量适合作主成分分析；表 9 - 3 表明该样本以特征值大于 1 作为依据可提取出 1 个主成分，方差贡献率达到 78. 017%，说明此主成分变量可以解释原始 6 个变量的绝大部分信息。当然，碎石图 9 - 10 也直观地说明提取一个主成分是合理的。

表9-2   主成分分析的 KMO 和 Bartlett 的检验

取样足够度的 Kaiser – Meyer – Olkin 度量		0.795
Bartlett 的球形度检验	近似卡方	148.124
	df	15
	Sig	0.000

表9-3   主成分分析的特征值与主成分解释的总方差

成分	初始特征值			提取平方和载入		
	合计	方差的%	累积%	合计	方差的%	累积%
1	4.681	78.017	78.017	4.681	78.017	78.017
2	0.611	10.184	88.201			
3	0.455	7.589	95.790			
4	0.154	2.567	98.357			
5	0.065	1.077	99.434			
6	0.034	0.566	100.000			

提取方法：主成分分析。

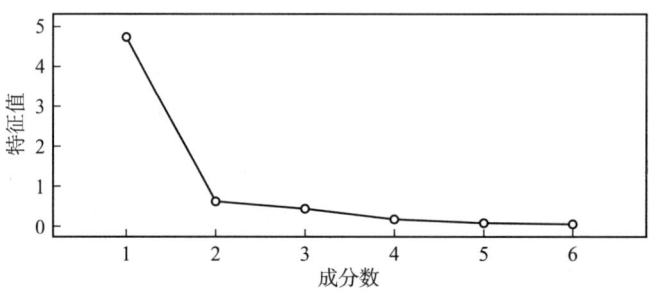

图9-10 主成分分析的碎石图

主成分分析的得分系数矩阵见表9-4，这是主成分（标准化）与标准化原始变量之间的对应系数值，各系数之和为1.128。为获得政策措施效力的主成分（非标准化）变量的取值，这里依据得分系数矩阵设置权数，构造政策措施效力的主成分变量（FW），测算公式为

$$FW = (0.193 \times GP + 0.209 \times GS + 0.191 \times GL + 0.203 \times GA$$
$$+ 0.176 \times GF + 0.156 \times GR) \div 1.128 \tag{9.2}$$

显然，此主成分变量综合反映了六个方面的政策措施效力，命名为"服务业政策效力"。

表9-4   主成分分析的得分系数矩阵

变量	成分
	1
GP	0.193
GS	0.209
GL	0.191
GA	0.203
GF	0.176
GR	0.156

提取方法：主成分分析法，构成得分。

统计显示，服务业政策效力变量的均值为153.8380，标准方差为101.0343；虽然服从正态分布，但其峰度明显小于3，显示出"厚尾"的分布特征，如图9-11所示。

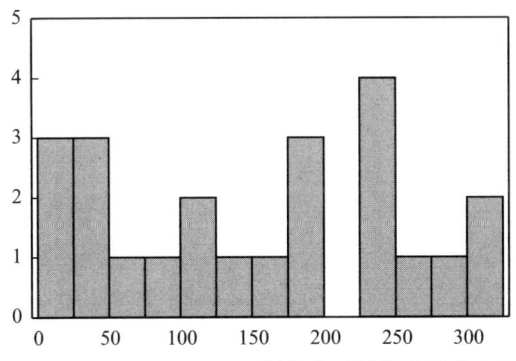

图9-11 服务业政策效力的直方图与统计特征

如果对服务业政策效力变量（*FW*）进行滤波分析，则其长期趋势（Trend）和周期波动（Cycle）如图 9-12 所示。可见，1997—2019 年的政策效力具有典型的长期曲线波动特点，且周期波动大致分为三个周期。第 1 个周期是 1997—2003 年，处于大幅下降时期；第 2 个周期是 2004—2016 年，处于平稳波动且周期上升时期；第 3 个周期是"十三五"时期，其周期波动呈现大幅下降。这表明服务业政策效力虽然保持了长期平稳的增加态势，但周期波动处于回落状态，进入负周期值，反映出政策效力处于减弱的状态。

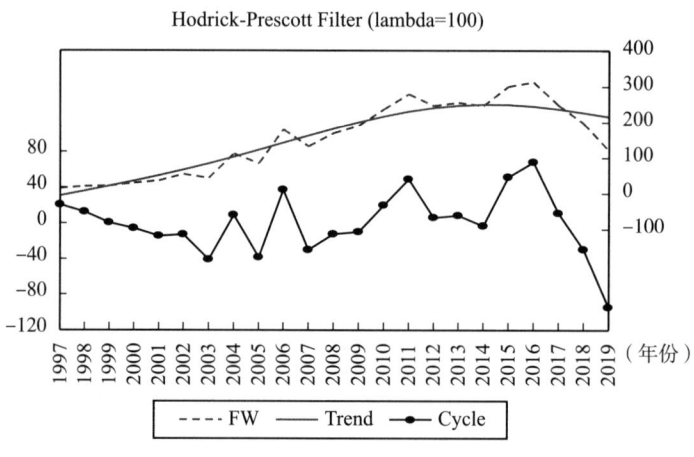

图 9-12 1997—2019 年服务业政策效力变量（*FW*）的滤波分解

4. 政策效力与区域服务业发展水平的动态相关性

接下来以"服务业政策效力"变量（*FW*）代表六项服务业政策措施效力变量，分别考察服务业政策效力与三大区域的经济增加值和就业人数的动态相关性。现以 *FW*、*FW*(-1)、*FW*(-2) 和 *FW*(-3) 分别表示服务业政策效力的当期、滞后 1 期~滞后 3 期的变量；QA_1、QA_2 和 QA_3 分别表示京津冀区域服务业增加值、长三角区域服务业增加值和泛珠三角区域服务业增加值（单位：万元）；QB_1、QB_2 和 QB_3 分别表示京津冀区域服务业就业人数、长三角区域服务业就业人数和泛珠三角区域服务业就业人数（单位：万人）。

表 9-5 显示的是京津冀、长三角和泛珠三角三个区域的服务业增加

值和就业人数，都与政策效力指标及其滞后 1 期～滞后 3 期指标之间存在显著的 Pearson 相关，且正相关性较强；而且这些指标值排名之间的 Kendall 协同相关性，同样它们是显著协同相关，且具有较强的排序协同相关性。这些说明政策效力与区域服务业发展水平呈现正向同向变动，且滞后同向变动态势显著，表明政策的延续效果显著。

表 9 - 5　　1997—2019 年政策效力与区域服务业增加值与就业人数的相关性

相关系数		FW	$FW(-1)$	$FW(-2)$	$FW(-3)$
Pearson 相关系数	QA_1	0.729 **	0.866 **	0.931 **	0.960 **
	QA_2	0.695 **	0.839 **	0.912 **	0.950 **
	QA_3	0.647 **	0.804 **	0.888 **	0.934 **
	QB_1	0.849 **	0.935 **	0.969 **	0.972 **
	QB_2	0.826 **	0.916 **	0.957 **	0.970 **
	QB_3	0.829 **	0.899 **	0.941 **	0.965 **
Kendall 协同相关系数	QA_1	0.731 **	0.818 **	0.886 **	0.916 **
	QA_2	0.739 **	0.827 **	0.886 **	0.916 **
	QA_3	0.739 **	0.827 **	0.886 **	0.916 **
	QB_1	0.739 **	0.827 **	0.886 **	0.916 **
	QB_2	0.739 **	0.827 **	0.886 **	0.916 **
	QB_3	0.747 **	0.801 **	0.857 **	0.926 **

注：** 表示在 0.01 水平上显著相关。

第二节　区域服务业政策措施有效性的理论分析

一、服务业政策措施有效性的内涵

1. 政策措施有效性的含义

服务业既是一个广泛意义下的综合行业，又是我国产业部门的第三产业。我国服务业政策从初期的《关于加快发展第三产业的决定》《关于加快发展服务业若干政策措施的实施意见》等，转向后期的《服务业发展"十二五"规划》《关于新时代服务业高质量发展的指导意见》等，规划出我国服务业总体发展的战略蓝图，为促进服务业从低级阶段迈向创新性与高质量发展阶段提供政策支撑。服务业政策的总体任务是促进服务行业的快速发展，引导社会资源合理有效地向服务业转移，并实现服务业产业结构的优化升级等。我国服务业政策措施包括人事措施、财政措施、引导措施、行政措施、金融措施与其他经济措施，这些措施是否有效，主要反映在政策的决策过程、政策管理与政策实施的结果是否有效、是否达到期望的政策目标。一般而言，经济政策的基本目标是经济增长、物价稳定和充分就业等；也有经济学家将其归纳为经济稳定化、资源配置高效化和社会分配公平化。就服务业政策措施而言，其政策目标可以体现在服务业的经济发展水平、规范服务业市场竞争秩序、促进服务业战略产业形成等方面。

诚然，影响服务业政策目标实现的因素较多：现有环境条件因素、政策难度系数以及利益相关部门、地方政府与企业等的执行力度等，其中最主要的是政策与规划措施能否执行和落实到位。本章由于信息资料的不足，仅利用政策文件的词云图与高频词直观展示服务业政策措施的决策与管理过程的有效性，并主要从经济效益角度反映服务业政策目标的实现情况，即从区域服务业的发展水平和就业吸纳两方面定量评价我国服务业政策措施的经济效益。

2. 政策文件的词云图和高频词对政策"决策与管理"有效性的诠释

（1）词云图的绘制方法。词云图是由词汇组成类似云的彩色图形，通过运用文本挖掘与大数据技术，对文本中出现频率较高的"关键词"予以视觉化的突出和展现，并过滤掉大量的低频、低质的文本信息，进而直观展现文本的主旨词语。本书在第七章整理了1997—2019年全国人大、国务院、国家发展改革委、商务部和财政部以及地方政府等多个部门独立或联合制定的服务业政策（文件）共3604条。首先，对这些原始政策

（文件）的文本内容进行分词，读取停止词并创建停止词词库；其次，将分割后的词与停止词词库进行比对，将含有停止词的词进行剔除；再次，从分词后的评论结果中删除停止词，获取删除停止词后的词频；最后，绘制词云图，这里以出现频率最高的前 200 个词绘制词云图。

（2）不同时期政策（文件）词云图的高频词语。为考察不同发展时期服务业政策"决策与管理"的变化，分别绘制了"九五"时期（1997—2000 年）、"十五"时期（2001—2005 年）、"十一五"时期（2006—2010 年）、"十二五"时期（2011—2015 年）以及"十三五"时期（2016—2019 年）政策文件的词云图。政策（文件）中出现频率最高的前 200 个词语展示在词云图之中，如图 9 - 13 ~ 图 9 - 17 所示。

图 9 - 13　1997—2000 年服务业政策（文件）的词云图

可见，在"九五"时期的 1997—2000 年，我国服务业处于初级发展阶段，政策措施中高频出现的词语是宏观"管理""国家"引导、"工作"布置、"部门""单位""人员""企业""机关"等，"提供""法律""标准"、规范"收费"，指导"旅游""证券"业以及"考试""律师""星级""银行"等服务行业的"经营"和"建设"等。

图 9 – 14   2001—2005 年服务业政策（文件）的词云图

在"十五"时期，突出的高频词语仍然是"管理"和"工作"，以及跟旅游业相关的"旅行""旅行社"的服务和"国际"化，规范"收费"和"价格"管理，高频强调"公司""企业"的主体责任和"中国"特色的服务业等。

在"十一五"时期，"服务"业被重复的频数从"千次"跃升至"万次"。借助 2008 年举办奥运会，"旅游"仍然是重点指导的行业，要求"部门""企业""机构"将政策落实到"工作"之中，促进服务业的"发展"，并重视"信息"化，高频涉及"社会""卫生""社区""行政"等服务行业的"建设"。

在"十二五"时期，政策措施继续强化"服务"业发展战略和"管理"，同样要求"机构""企业""部门"进行"系统""组织"部署，突出了"信息""技术"以及医疗服务业中的"卫生""医院""健康""中医"等词语，也高频出现"培训""质量""产品"等民生服务的政策。

图 9 – 15　2006—2010 年服务业政策（文件）的词云图

图 9 – 16　2011—2015 年服务业政策（文件）的词云图

　　在"十三五"时期的 2016—2019 年，在政策文件总数明显下降的情形下，"关键词"的频数也明显减少。当然，政策文件的高频词依旧集中在"服务""管理""企业""工作"中，而服务业"发展""建设"的"国家"战略被再次强化，并高频指导"信息""旅游""邮政""运输""交通""快递"等服务行业。

图 9-17　2016—2019 年服务业政策（文件）的词云图

（3）排名前十的高频词是对政策"决策与管理"有效性的诠释。表 9-6 中显示的是我国不同发展时期服务业政策文件中排名前十的关键词、词频与词频率的变化。可见，"九五"和"十五"时期是服务业政策宏观"管理""国家"引导和"工作"布置的重要起步时期，对传统服务业"旅游"业领域进行了全方位的"建设"和指导，与旅游业密切相关的交通运输业、住宿和餐饮业以及居民服务等也得到快速发展。"十一五"和"十二五"时期是服务业"发展"和"建设"的关键期，词语"服务"被反复提及 1 万多次和 1.2 万多次，词频率分别占 30.58% 和 34.91%；词频排名第二的即是"管理"和"工作"。在 2016—2019 年，可能因为服务业政策已有大量指导性文件，此阶段侧重在服务业创新发展、服务业科技创新规划以及服务业高质量发展上给出指导意见，反映服务业政策通过国家层面提出更高的要求。因此，在服务业政策措施的"决策与管理"过程中，政策的决策兼顾了中央、部门和机构的配合与协调，政策的管理反复布置了"工作"计划、方案和流程等；同时，政策执行的主体也从抽象的部门和单位，具体到企业。由此，可以认为，服务业政策的决策过程和政策管理大致是有效的。

表9-6　　　不同时期服务业政策文件中排名前十的"关键词"及其词频

时期	关键词	词频/次	词频率/(%)	时期	关键词	词频/次	词频率/(%)
1997—2000年	服务	1702	26.59	"十二五"时期	服务	12986	34.91
	管理	834	13.03		管理	4086	10.98
	工作	620	9.69		工作	3196	8.59
	旅游	613	9.58		机构	3134	8.42
	收费	559	8.73		卫生	2755	7.41
	国家	467	7.30		信息	2274	6.11
	部门	417	6.52		企业	2244	6.03
	人员	408	6.38		建设	2225	5.98
	法律	396	6.19		旅游	2214	5.95
	提供	384	6.00		部门	2088	5.61
"十五"时期	服务	3421	18.41	2016—2019年	服务	4179	28.90
	管理	2389	12.85		管理	1531	10.59
	工作	2002	10.77		企业	1420	9.82
	旅游	1863	10.02		工作	1403	9.70
	行社	1700	9.15		发展	1137	7.86
	旅行	1691	9.10		信息	1106	7.65
	旅行社	1685	9.07		部门	1034	7.15
	部门	1288	6.93		国家	1005	6.95
	单位	1278	6.88		旅游	859	5.94
	国际	1270	6.83		建设	786	5.44

续表

时期	关键词	词频/次	词频率/(%)	时期	关键词	词频/次	词频率/(%)
"十一五"时期	服务	10110	30.58	—	—	—	—
	工作	3700	11.19				
	旅游	3041	9.20				
	管理	2933	8.87				
	发展	2470	7.47				
	建设	2337	7.07				
	部门	2249	6.80				
	信息	2168	6.56				
	企业	2123	6.42				
	机构	1934	5.85				

二、区域服务业政策措施有效性的机理分析

1. 区域服务业政策措施有效性作用的机制与途径

（1）发达区域良好的环境条件为实现服务业政策落地提供了必要的前提保证。可以说，京津冀、长三角和泛珠三角区域是我国地区经济和社会发展最为发达的区域，其较高的地区人均收入水平、发达的交通网络与信息通信、较完备的区域辐射与带动效应以及较高层次的人才与技术水平储备等，皆为服务业政策落地提供了良好的基础条件。因此，服务业政策措施的实施过程较为便利，需要付出的成本与代价也较低，使得政策措施的有效性较为凸显，这是一个良性循环的发展过程。事实上，这三大区域的服务业发展水平也处在全国的前列，他们既是服务业政策的先行先试者，也是政策措施实施效果的见证者。

由于我国不同地区或省区市之间服务业发展水平差异较大，服务业各行业发展很不均衡，服务业政策实施的条件与效果也不尽相似，因此，从总体上评价服务业政策措施的有效性有其局限性。以我国地区经济和社会发展较

发达的三大区域为研究对象，所得观点与结论有一定的借鉴意义和推广价值。

（2）服务业政策措施的引领与支持作用，直接促进了服务业的规范发展和规模效应。长期以来，我国服务业发展水平较低，传统生活性服务业和以政务办公服务为代表的社会性服务业构成服务业的主要内容，社会经济结构处于从农业、工业逐步向服务业转变的过程之中。随着我国经济发展水平的提升，城市化发展与工业现代化都对服务业发展提出更高的要求。服务业政策措施的引领和支持，通过财政补贴与税收优惠、措施引导与实施鼓励相结合，直接促进了服务业系统化发展和产业标准化水平提升，引领了生产性服务业和社会性服务业的蓬勃发展。在扩大生活性和社会性服务业规模的同时，极大地提高了服务业的就业吸纳能力；在都市圈与经济圈形成的生产性服务业，带动了工业与制造业的增值效应，进而提升了服务业发展水平，促进了传统服务业向现代服务业的转变。

（3）服务业政策措施通过助推产业结构升级，优化了经济增长模式和发展方式。就全国而言，由于不同地区经济发展水平差异较大，可能导致总体上服务业政策措施效力与产业结构之间耦合程度较低。在经济较发达的区域，良好的社会环境和经济条件，使服务业"政策措施"成为助推产业结构升级的重要"支点"，撬动落后的、低效的增长模式向先进的、高效的增长模式转化；经济发展方式也由以增加要素投入为主，转向注重利用服务业的优势；加强农业与农产品服务的结合、工业制造与生产性服务的融合等；提高产品中服务、知识与技术等的附加值，以提升产品与产业的竞争力。目前，我国服务业进入"创新性与高质量"发展的新阶段，具有广阔的发展空间。服务业政策措施的强化和引导，将带动我国产业结构的整体优化升级，并获得更大的经济动能和社会效益。

2. 评价政策措施有效性的思路与方法

政策措施的"绩效评价"是一个复杂的系统工程，政策措施的有效性贯穿在政策出台的"决策过程"、政策执行过程中的"政策管理"，以及政策实施之后的"政策效果"各方面及其全过程。

（1）政策决策过程的有效性。服务业政策文件的制定涉及中央、地方和部门政策的协调，需要依据总体目标、阶段性目标与年度目标的匹配和衔接，也包含需求调研、材料论证与事前政策绩效评估等。本章主要通过绘制政策文件的词云图，用高频词反映服务业政策"决策过程"的有效性。

（2）政策管理的有效性。政策管理包括政策落实的主要方式、组织架构、工作方案、工作流程、过程监督以及政策资金监管制度的审计等。同样，由于获取政策管理过程的资料所限，本章仅根据不同发展时期服务业政策高频使用"管理"和"工作"的情况，反映服务业政策"管理"的有效性。

（3）政策结果的有效性。政策结果的有效性既反映在经济效益上，也体现在社会效益方面。本章主要从经济效益角度进行量化分析。首先，在提取服务业政策措施效力主成分（指标）的基础上，检验了三大区域服务业经济总量水平与就业水平对政策措施效力及其滞后期具有高度统计相关性；其次，运用灰色关联方法，分析区域服务业增速与政策措施效力的动态关联性；再次，以面板数据为样本数据，通过选择区域服务业投入产出指标体系，建立多要素投入的柯布—道格拉斯生产函数对数模型，运用广义最小二乘法与截面似无关的加权回归，研究政策措施效力对区域服务业产出总量的弹性影响，并在政策措施效力上考虑其滞后影响，在弹性作用上考虑了短期与长期影响的差异；最后，比较分析京津冀、长三角和泛珠三角区域政策措施有效性的异同点，着重分析服务业经济增长和就业吸纳在区域内省区市间是否产生有效协同的一致性效应。

第三节　服务业政策措施效力对区域经济增长的绩效分析

一、区域服务业经济发展的影响因素分析

1. 影响区域服务业经济发展的因素

作为第三产业的服务业，产业的投入产出水平与产业结构决定着服务

业的经济发展态势。从投入要素来看，服务业的资金投入体现在固定资产投入与流量投资上，由于缺乏对应的数据信息，本书以省区市的"铁路营业里程"反映服务业投资水平；服务业的劳动投入规模用省区市的服务业"就业人数"反映。诚然，区域服务业的发展会受到区域（或省区市）城镇化的带动与影响，区域服务业人员的流动会反映在交通运输"客运量"，这些因素都可能促进服务业的规模化发展；服务业政策措施效力则从产业政策角度反映服务业所处的政策环境与政策的推进力度。从服务业产出水平来看，最直接的指标要素是区域（或省区市）服务业增加值与服务业发展增速、服务业就业吸纳与就业结构。

2. 指标定义与面板数据设定

本书以京津冀、长三角和泛珠三角区域为研究对象，涉及的区域（省区市）的代码见表9-7，区域服务业投入产出与政策效力指标见表9-8。本书的实证分析以面板数据为样本数据，其中，京津冀和长三角区域分别有3个个体（截面）；泛珠三角区域有9个个体（截面）；时间区间为1997—2019年。

表9-7　　　　　　　　　　三大区域的省区市代码

区域	省区市	代码
京津冀	北京	BJ
	天津	TJ
	河北	HB
长三角	上海	SH
	江苏	JS
	浙江	ZJ
泛珠三角	福建	FJ
	江西	JX
	湖南	HN
	广东	GD

区域	省区市	代码
	广西	GX
	海南	HA
泛珠三角	四川	SC
	贵州	GZ
	云南	YN

表 9 - 8 三大区域服务业投入产出与政策效力的相关指标（变量）

指标	单位	代码			含义与度量
		京津冀	长三角	泛珠三角	
服务业增加值	万元	ZA	ZB	ZE	"商品零售价格指数"缩减后的服务业（或第三产业）增加值
服务业增速	%	XA	XB	XE	服务业（或第三产业）增速
服务业就业水平	万人	YA	YB	YE	服务业（或第三产业）就业人数
服务业就业比例	%	PA	PB	PE	$\dfrac{服务业（或第三产业）就业人数}{就业人数总数} \times 100\%$
服务业投资水平	公里	SA	SB	SE	（省区市）铁路营业里程
城镇化率	%	CA	CB	CE	$\dfrac{省区市常住城镇人口数}{省区市常住人口数} \times 100\%$
客运量	万人	KA	KB	KE	（省区市）交通运输客运量
政策效力	—	FW	FW	FW	六项政策措施效力提取的主成分指标

二、政策措施效力与区域服务业增速的灰色关联分析

1. 政策效力与区域省市服务业增速的相关性

对于京津冀区域的北京、天津和河北，长三角区域的上海、江苏和浙江，以及泛珠三角区域的福建、江西等九个省份，其服务业增速与政策效

力的 Pearson 相关系数见表 9 - 9。显然，除了北京、上海和广东的服务业增速与政策效力具有显著的相关之外，其他省份的这两者之间并不存在显著的线性相关性。因此，有必要进一步考察区域省区市服务业增速与政策效力的非线性关联性，常用的方法是灰色关联分析。

表 9 - 9   政策效力与区域服务业增速的相关系数

区域	相关系数								
京津冀	- 0.633 **	- 0.042	- 0.116						
长三角	- 0.512 *	- 0.332	- 0.357						
泛珠三角	- 0.067	0.002	0.001	- 0.515 *	- 0.128	0.412	- 0.291	0.154	- 0.108

注：** 表示在 0.01 水平上显著相关；* 表示在 0.05 水平上显著相关。

2. 政策效力与区域省区市服务业增速的灰色关联分析

依据灰色系统理论（刘思峰等，2017），灰色关联分析用于比较曲线间几何形状的差别程度，通过确定参考序列与若干比较序列系统的几何形状相似程度来判断其联系是否紧密，曲线间几何形状越接近，说明其关联程度越大。以下为方法与计算过程。

（1）对时间序列进行无量纲处理，这里采用均值法处理，即用原始数据除以样本均值（其中，政策效力指标的均值取算术平均值，服务业增速指标的均值取中位数）得到具有可比性的序列。

（2）以服务业政策效力变量为参考序列，记作变量 $FW = \{FW(i) \mid i = 1, 2, \cdots, n\}$，$n$ 为样本量，大括号表示此变量是随观测点变化的 n 个值（以下均同）。以同一区域各省区市的服务业增加值增速指标为比较序列，其中，京津冀区域的省市服务业增速记作变量 $XA_j = \{XA_j(i) \mid i = 1, 2, \cdots, n\}$，$j = 1, 2, 3$；长三角区域的省区市服务业增速记作变量 $XB_j = \{XB_j(i) \mid i = 1, 2, \cdots, n\}$，$j = 1, 2, 3$；泛珠三角区域的省区市服务业增速记作变量 $XE_j = \{XE_j(i) \mid i = 1, 2, \cdots, n\}$，$j = 1, 2, \cdots, 9$。若用灰色绝对关联系数描述政策效力与服务业增速系统的关联程度，则曲线中第 i 个点之

间的关联系数为

$$\lambda_j(i) = \frac{\min_j\min_i |FW(i) - X_j(i)| + \rho \max_j\max_i |FW(i) - X_j(i)|}{|FW(i) - X_j(i)| + \rho \max_j\max_i |FW(i) - X_j(i)|} \quad (9.3)$$

式中，$X_j(i)$ 代表 $XA_j(i)$ 或 $XB_j(i)$，或 $XE_j(i)$；ρ 为分辨系数，$\rho \in (0, 1)$，ρ 越小，分辨力越好，通常取 $\rho = 0.5$。

第 j 条曲线中的全部样本点的关联系数，一般以该曲线中每个点的关联系数的平均值作为度量，称作参考序列与第 j 个比较序列的灰色关联度，即

$$r_j = \frac{1}{n} \sum_{i=1}^{n} \lambda_j(i) \quad (9.4)$$

式中，r_j 的取值为 $0 \sim 1$，其值越大，表明服务业增速与政策效力的灰色关联性越强。

经统计与计算，三大区域各省区市的服务业增速与服务业政策效力的灰色关联系数与关联度见表 9 - 10。结果表明，长三角区域的关联度最强，达到 0.7 以上；京津冀与泛珠三角区域呈现较强的灰色关联，关联度为 0.513 ~ 0.584，其灰色关联度明显低于长三角区域。从时间点上看，灰色关联系数呈现倒 U 型变化，在 2008—2009 年左右三大区域各省区市的服务业增速与政策效力的灰色关联性达到最高值，其中缘由可能是受"北京奥运会"的影响，全面带动了服务业的发展。而 2008 年后应对全球金融危机的"四万亿"财政刺激资金，一部分投资到了服务业，也促进了服务业的投资发展。值得关注的是，近年来，长三角区域各省区市服务业增速与政策效力的灰色关联明显增强，而京津冀、泛珠三角区域各省区市的这种关联性的上升态势则不明显。总之，三大区域的服务业政策效力与其服务业增速具有较强的灰色关联，且长三角区域的关联度最强，并在近年来延续了较强的关联性。

表9－10　　　政策效力与区域省区市服务业增速的灰色关联系数与关联度

年份	京津冀区域			长三角区域			泛珠三角区域								
	北京	天津	河北	上海	江苏	浙江	福建	江西	湖南	广东	广西	海南	四川	贵州	云南
1997	0.371	0.407	0.395	0.553	0.673	0.797	0.334	0.347	0.415	0.421	0.527	0.519	0.383	0.495	0.387
1998	0.453	0.425	0.451	0.624	0.707	0.755	0.419	0.383	0.427	0.439	0.454	0.477	0.405	0.473	0.445
1999	0.442	0.543	0.503	0.662	0.808	0.822	0.447	0.429	0.432	0.421	0.457	0.532	0.507	0.589	0.479
2000	0.398	0.508	0.475	0.659	0.764	0.750	0.458	0.452	0.461	0.387	0.381	0.479	0.398	0.412	0.460
2001	0.403	0.489	0.471	0.803	0.755	0.754	0.499	0.560	0.484	0.425	0.428	0.499	0.501	0.426	0.436
2002	0.426	0.542	0.539	0.743	0.750	0.692	0.547	0.682	0.532	0.445	0.457	0.556	0.489	0.607	0.481
2003	0.478	0.499	0.520	0.820	0.724	0.674	0.498	0.609	0.533	0.459	0.499	0.558	0.472	0.544	0.538
2004	0.564	0.735	0.613	0.642	0.692	0.684	0.672	0.759	0.763	0.622	0.698	0.662	0.712	0.712	0.587
2005	0.481	0.605	0.506	0.680	0.651	0.652	0.455	0.576	0.493	0.454	0.559	0.536	0.613	0.420	0.550
2006	0.765	1.000	0.815	0.656	0.635	0.655	0.568	0.756	0.873	0.834	0.978	0.826	0.841	0.805	0.670
2007	0.525	0.647	0.609	0.535	0.614	0.649	0.539	0.720	0.553	0.602	0.560	0.440	0.705	0.426	0.686
2008	0.871	0.818	0.951	0.715	0.692	0.754	0.869	1.003	0.705	0.791	0.971	0.566	1.000	0.759	0.867
2009	0.761	0.968	0.829	0.699	0.687	0.728	0.959	0.761	0.744	0.755	0.902	0.745	0.865	0.820	0.981
2010	0.534	0.687	0.711	1.000	0.694	0.735	0.573	0.593	0.575	0.553	0.580	0.547	0.523	0.556	0.591
2011	0.425	0.556	0.464	0.794	0.767	0.837	0.419	0.470	0.444	0.434	0.449	0.607	0.456	0.602	0.489
2012	0.462	0.571	0.473	0.755	0.821	0.843	0.483	0.490	0.564	0.486	0.498	0.520	0.526	0.527	0.532
2013	0.437	0.549	0.450	0.820	0.817	0.772	0.473	0.438	0.505	0.468	0.516	0.624	0.468	0.517	0.625
2014	0.450	0.495	0.508	0.829	0.809	0.878	0.450	0.476	0.516	0.439	0.443	0.491	0.471	0.473	0.421
2015	0.379	0.382	0.441	0.755	0.834	0.769	0.470	0.403	0.410	0.386	0.390	0.410	0.379	0.392	0.386
2016	0.344	0.372	0.391	0.794	0.817	0.829	0.490	0.407	0.379	0.363	0.353	0.406	0.357	0.380	0.367
2017	0.443	0.389	0.569	0.893	0.872	0.851	0.520	0.524	0.490	0.458	0.488	0.552	0.481	0.504	0.480
2018	0.559	0.475	0.672	0.834	0.903	0.917	0.612	0.694	0.590	0.549	0.631	0.536	0.611	0.575	0.537
2019	0.834	0.720	0.899	0.857	0.973	0.917	0.904	0.898	0.913	0.896	0.772	0.993	0.986	0.830	0.984
关联度	0.513	0.582	0.576	0.744	0.759	0.770	0.547	0.584	0.556	0.526	0.565	0.569	0.573	0.558	0.564

三、政策措施效力对区域服务业经济影响的实证分析

1. 指标选取与模型设定

本书以三大区域各省区市的服务业增加值（或第三产业增加值）反映服务业经济发展水平，并对服务业增加值指标用省区市"商品价格指数"进行缩减，使指标取值具有可比性。如前所述，影响服务业经济发展的指标包括服务业投资水平、就业水平、城市化率、客运量以及服务业政策效力等，各指标的定义与变量符号见表 9-8。

本书以多要素投入的柯布—道格拉斯生产函数为理论模型，关于面板数据，包含政策效力的对数模型的一般形式为

$$\ln Z_{it} = \beta_0 + \sum_{k=1}^{m} \beta_{ki} \ln x_{kit} + \gamma_i \ln FW_{it} + \alpha_i \ln(FW_{it}(-1)) + u_{it} \quad (9.5)$$

（1）$i = 1, 2, \cdots, N$，表示 N 个个体（即京津冀、长三角与泛珠三角区域的截面个体数，分别为 3、3、9）；$t = 1, 2, \cdots, T$，表示时间点有 T 个（即 1997—2019 年有 23 个时间点）。

（2）Z_{it} 表示被解释变量；x_{kit} 表示第 k 个解释变量；FW_{it} 表示当期政策效力；$FW_{it}(-1)$ 表示滞后 1 期政策效力。同时，由于政策效力变量并非代表服务业政策措施本身，而且是采用了主成分分析方法提取的主成分变量，可以看作政策措施效力的代理变量。所以，在本模型中将政策效力变量看作外生变量。

在三大区域，由于区域服务业发展水平不尽相同，式（9.5）表示的生产函数的显著投入要素不全相同。合理的模型形式是依据模型单整与协整检验、固定效应检验、斜率系数与变斜率系数的显著性检验，以及模型异方差与自相关检验、拟合优度效果评价等，最终确定模型的具体形式与估计方程。

2. 基于面板数据的对数自回归模型的估计与检验

本书利用 EViews 9.0 软件进行面板数据的单位根检验，显示三大区

域的模型所涉及的变量均为 2 阶单整序列，现分别估计三大区域的省区市服务业增加值关系模型。

（1）京津冀区域的变斜率对数自回归模型。根据京津冀区域省市变量的面板数据，协整检验显示拒绝"不存在协整方程""至多存在 1 个协整方程"的原假设，说明各变量之间具有协整关系，并存在多个协整关系方程（见表 9 – 11）。

表 9 – 11　　　基于面板数据的京津冀区域服务业增加值对数模型的协整检验

原假设	Fisher 统计量（迹检验）	p 值	Fisher 统计量（最大特征检验）	p 值
不存在协整方程	27.91	0.0001	11.87	0.0649
至多存在 1 个协整方程	20.00	0.0028	13.13	0.0411
至多存在 2 个协整方程	12.37	0.0542	8.748	0.1883
至多存在 3 个协整方程	13.98	0.0299	13.98	0.0299

于是，通过面板数据的指数广义最小二乘法（EGLS），运用截面似无关回归（Cross-section SUR）的加权方式消除异方差，得到估计方差。结果显示，京津冀区域服务业增加值（的对数）的显著影响因素是滞后 1 期的增加值、服务业就业水平、城市化率以及本期政策效力，而且政策效力的作用随截面而变化，为变斜率的影响；模型不具有固定效应；模型所有解释变量的回归系数通过了显著性检验；拟合优度达到 0.9972，拟合效果很好；DW 检验表明该模型也不存在自相关。所以，该模型的估计结果有效，其估计方程的表达式为

$$\ln ZA_{it} = \hat{\beta}_0 + \hat{\beta}_1 \ln(ZA_{it}(-1)) + \hat{\beta}_2 \ln YA_{it} + \hat{\beta}_3 \ln CA_{it} + \hat{\gamma}_i \ln FW_{it} \quad (9.6)$$

（2）长三角区域的固定效应对数自回归模型。根据长三角区域各省市变量的面板数据，协整检验显示拒绝"不存在协整方程""至多存在 1 个协整方程"以及"至多存在 2 个协整方程"的原假设，说明各变量之间具有协整关系，并存在多个协整关系方程（见表 9 – 12）。

表9－12 　　基于面板数据的长三角区域服务业增加值对数模型的协整检验

原假设	Fisher 统计量（迹检验）	p 值	Fisher 统计量（最大特征检验）	p 值
不存在协整方程	60. 58	0. 0000	39. 27	0. 0000
至多存在 1 个协整方程	28. 16	0. 0001	19. 56	0. 0033
至多存在 2 个协整方程	14. 64	0. 0233	15. 30	0. 0180
至多存在 3 个协整方程	5. 420	0. 4911	5. 420	0. 4911

同样，运用面板数据的指数广义最小二乘法与截面似无关回归的加权方式消除异方差，得到估计方差。结果显示，长三角区域服务业增加值（的对数）的显著影响因素是滞后 1 期的增加值、服务业投资水平、服务业就业水平以及本期与滞后 1 期政策效力；模型具有固定效应，固定效应检验显示拒绝原假设"固定效应是多余的"，接受备择假设"固定效应是合适的"（见表9－13）；模型所有解释变量的回归系数通过了显著性检验；拟合优度达到 0.9994，拟合效果很好；DW 检验表明该模型也不存在自相关。所以，该模型的估计结果有效，其估计方程的表达式为

$$\ln ZB_{it} = \hat{\beta}_0 + \hat{\lambda}_i + \hat{\beta}_1 \ln(ZB_{it}(-1)) + \hat{\beta}_2 \ln SB_{it} + \hat{\beta}_3 \ln YB_{it} + \hat{\gamma}_1 \ln FW_{it} + \hat{\gamma}_2 \ln FW_{it}$$

$$(9.7)$$

表9－13 　　基于面板数据的长三角区域服务业增加值对数模型的固定效应检验

效应检验方法	统计量的值	自由度	p 值
面板数据的 F 检验	10. 223093	(2, 58)	0. 0002

（3）泛珠三角区域的固定效应对数自回归模型。根据泛珠三角区域各省区市变量的面板数据，协整检验显示拒绝"不存在协整方程""至多存在 1 个协整方程""至多存在 2 个协整方程"以及"至多存在 3 个协整

方程"的原假设，说明各变量之间具有协整关系，并存在多个协整关系方程（见表 9 – 14）。

表 9 – 14   基于面板数据的泛珠三角区域服务业增加值对数模型的协整检验

原假设	Fisher 统计量（迹检验）	p 值	Fisher 统计量（最大特征检验）	p 值
不存在协整方程	211. 3	0. 0000	132. 9	0. 0000
至多存在 1 个协整方程	106. 4	0. 0000	65. 40	0. 0000
至多存在 2 个协整方程	60. 86	0. 0000	51. 32	0. 0000
至多存在 3 个协整方程	39. 25	0. 0026	39. 25	0. 0026

同样，利用面板数据的指数广义最小二乘法与截面似无关的加权回归，得到估计方差。结果显示，泛珠三角区域服务业增加值（的对数）的显著影响因素是滞后 1 期的增加值、服务业投资水平、城市化率以及本期政策效力；模型具有固定效应，固定效应检验显示拒绝原假设"固定效应是多余的"，接受备择假设"固定效应是合适的"（见表 9 – 15）；模型所有解释变量的回归系数通过了显著性检验；拟合优度达到 0.9987，拟合效果很好；DW 检验表明该模型也不存在自相关。所以，该模型的估计结果有效，其估计方程的表达式为

$$\ln ZE_{it} = \hat{\beta}_0 + \hat{\lambda}_i + \hat{\beta}_1 \ln(ZE_{it}(-1)) + \hat{\beta}_2 \ln SB_{it} + \hat{\beta}_3 \ln CB_{it} + \hat{\gamma}_1 \ln FW_{it}$$

$$(9.8)$$

表 9 – 15   基于面板数据的泛珠三角区域服务业增加值对数模型的固定效应检验

效应检验方法	统计量的值	自由度	p 值
面板数据的 F 检验	4. 45/469	(8, 185)	0. 0001

式（9.6）~式（9.8）各回归系数与拟合结果见表 9 – 16。

表9-16　　三大区域服务业增加值的对数自回归模型的回归系数与拟合结果

项目	京津冀	长三角	泛珠三角
因变量滞后项	0.7514 (0.0000)	0.8694 (0.0000)	0.9476 (0.0000)
服务业投资水平	—	0.0783 (0.0002)	0.0583 (0.0000)
服务业就业水平	0.4409 (0.0023)	0.0939 (0.0363)	—
城市化率	0.2808 (0.0035)	—	0.0834 (0.0231)
本期政策效力	0.0486（BJ） (0.0053) 0.0689（TJ） (0.0002) 0.0243（HB） (0.1098)	0.0172 (0.0996)	0.0246 (0.0152)
滞后1期政策效力	—	0.0514 (0.0002)	—
截距项	-2.0161 (0.0094)	-0.2026 (0.4372)	-0.3278 (0.0163)
固定效应系数	—	0.0969（SH） -0.0403（JS） -0.0566（ZJ）	-0.0003（FJ）　　-0.0055（HA） -0.0243（JX）　　0.0140（SC） 0.0011（HN）　　0.0083（GZ） 0.0036（GD）　　0.0010（YN） -0.0306（GX）
拟合优度	0.9972	0.9994	0.9987
DW检验值	1.9121	1.7929	2.1207

注：（1）样本数据为面板数据。（2）模型的基本形式为对数自回归模型。（3）回归系数下方小括号内的值为概率 P 值（即显著性水平）。

3. 政策措施效力对区域服务业经济增长的弹性作用

表9-16显示，京津冀、长三角与泛珠三角区域的服务业增加值与其影响因素之间具有对数自回归模型关系，即因变量的滞后项（滞后1期）均显著。显著的回归系数表明，本期政策效力对三大区域均产生显著弹性

影响，且滞后 1 期政策效力还对长三角区域的经济增长产生显著弹性影响。从长期来看，本期的服务业增加值（的对数）与滞后 1 期的服务业增加值（的对数）相同，此时 $\dfrac{\hat{\gamma}_i}{1-\hat{\beta}_1}$ 即为政策效力的长期弹性。于是，政策效力对三大区域服务业经济增长的短期弹性与长期弹性见表 9 - 17。

表 9 - 17　　　　政策效力对三大区域服务业经济增长的短期弹性与长期弹性

项目		京津冀	长三角	泛珠三角
短期弹性	本期政策效力	0.0486（BJ） 0.0689（TJ） 0.0243（HB）	0.0172	0.0246
	滞后 1 期政策效力	—	0.0514	—
长期弹性	本期政策效力	0.1955（BJ） 0.2772（TJ） 0.0977（HB）	0.1317	0.4695
	滞后 1 期政策效力	—	0.3936	—

测算显示，在京津冀区域，本期政策效力每提高 1%，引致北京、天津和河北的服务业经济增长分别提高 0.0486%、0.0689% 和 0.0243%；从长期来看，本期政策效力每提高 1%，将使北京、天津和河北的服务业经济增长分别提高 0.1955%、0.2772% 和 0.0977%，其中对天津的弹性影响较大，对河北的弹性影响相对较小，这也从另一个侧面说明京津冀区域服务业经济一体化发展有待推进和完善；滞后的政策效力对京津冀经济增长的弹性影响不显著。

在长三角区域，本期政策效力每提高 1%，引致长三角区域服务业经济增长提高 0.0172%；滞后 1 期政策效力每提高 1%，则引致长三角区域服务业经济增长提高 0.0514%，表明政策效力的滞后影响作用更大。从长期来看，本期与滞后 1 期的政策效力每提高 1%，分别使长三角区域服务业经济增长分别提高 0.1317% 和 0.3936%，此长期弹性作用的力度比较强劲。

在泛珠三角区域，只有本期政策效力对服务业经济增长产生显著弹性影响，短期与长期弹性系数分别为 0.0246 和 0.4695，即本期政策效力每提高1%，将使泛珠三角区域服务业经济增长短期提高 0.0246%，长期则提高0.4695%。显然，在泛珠三角区域服务业政策效力的长期弹性作用很大。

综上所述，服务业政策效力对京津冀、长三角与泛珠三角区域的服务业经济发展具有短期弹性与长期弹性的共同作用，反映区域服务业经济增长具有显著的延续性，前期服务业发展状况将推动或制约未来服务业的发展水平。区域服务业投资水平、就业水平与城市化率是影响服务业经济增长的显著因素，但三大区域略有差异。其中，京津冀区域主要依靠就业吸纳与城市化带动了服务业经济发展；长三角区域主要依靠服务业投资与就业水平要素的投入，而城市化的影响不显著；泛珠三角区域的服务业经济增长则主要依赖服务业投资水平与城市化率的提升，而服务业就业水平的影响不显著。从服务业政策措施效力的协同作用来看，长三角与泛珠三角区域体现了区域的一致协同促进效应，京津冀区域则因省市不同而变化，省市的差异性明显；从政策措施效力的滞后效应来看，京津冀与泛珠三角区域只有当期效应，滞后期效应并不显著；而长三角区域的当期和滞后期政策效应都显著，且滞后期弹性大大高于当期弹性影响。

第四节　服务业政策措施效力对区域
就业吸纳的绩效分析

一、区域服务业就业水平的变动态势

关于三大区域省区市服务业的就业水平，本书以各省区市服务业（或第三产业）的就业人数进行度量。

对京津冀服务业就业水平变量进行滤波分析，则其长期趋势（Trend）

和周期波动（Cycle）如图 9 – 18 所示。可见，1997—2019 年的京津冀服务业就业水平的长期时间趋势呈现直线上升，其周期波动大致分为两个阶段的变动态势。即第一阶段是 1997—2003 年处于大幅下降时期；第二阶段是 2004—2019 年处于平稳略有下降的波动态势。

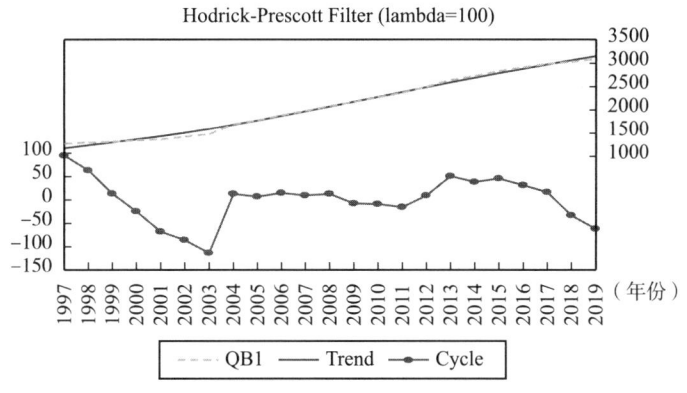

图 9 – 18　1997—2019 年京津冀区域就业水平变量（QB1）的滤波分解

对长三角区域服务业就业水平变量进行滤波分解，长期趋势（Trend）和周期波动（Cycle）如图 9 – 19 所示。可见，1997—2019 年的长三角区域服务业就业水平的长期时间趋势同样呈现直线上升，但其周期波动较为剧烈，大致分为三个阶段的变动态势。即第一阶段是 1995—2007 年处于平稳波动上升；第二阶段是 2008—2012 年出现大幅下降；第三个阶段是 2013—2019 年大幅反弹后处于平稳波动态势。

泛珠三角区域服务业就业水平变量的长期趋势（Trend）和周期波动（Cycle）如图 9 – 20 所示。可见，1997—2019 年的泛珠三角区域服务业就业水平的长期时间趋势也是呈现直线上升，而其周期波动大致分为两个阶段。即第一阶段是 1997—2007 年处于大幅度剧烈波动时期；第二个阶段是 2008—2019 年处于平稳略有上升的波动态势。因而，近年来，泛珠三角区域的服务业就业水平进入平稳的上升时期。

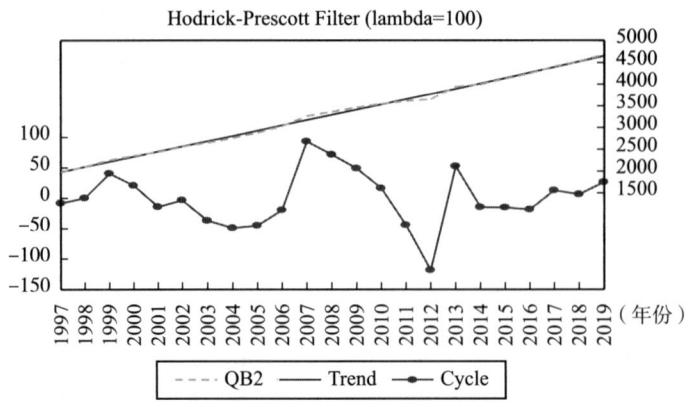

图 9 - 19　1997—2019 年长三角区域就业水平变量（QB2）的滤波分解

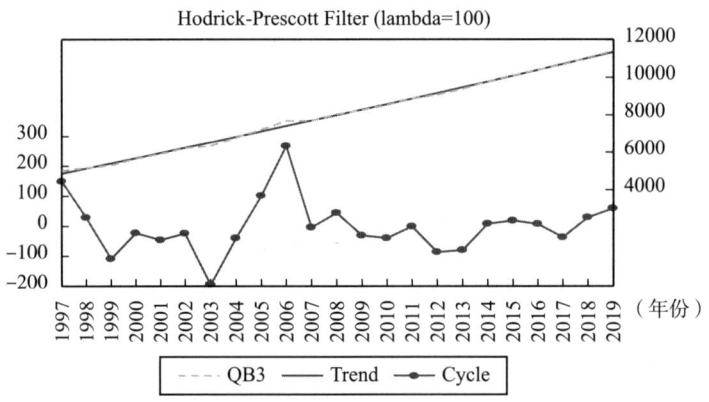

图 9 - 20　1997—2019 年泛珠三角区域就业水平变量（QB3）的滤波分解

二、政策措施效力对区域就业吸纳的影响因素分析

　　一般而言，服务业就业结构的变化总是落后于服务业增加值的变化。区域服务业就业水平的变化，受到区域经济发展水平、城市化、交通运输便利性、就业人员流动可行性以及区域与城市中心的辐射与带动效应等多重因素的影响与作用。作为三大经济圈，京津冀、长三角与泛珠三角区域具有较发达的服务业产业发展水平，有天然的就业吸纳效应。诚然，三大区域服务业就业水平总体上是直线上升的，但区域内各省区市服务业就业

吸纳也有其不平衡与周期波动的差异。因此，本书忽略城市辐射效应与人才政策等因素，仅从产业发展本身与宏观经济因素方面探析显著的三大区域就业吸纳影响因素。

三、政策措施效力对区域就业吸纳作用的实证分析

1. 指标选取与模型设定

本书以三大区域各省区市的服务业就业人数反映服务业就业水平。影响服务业就业吸纳的因素与指标包括服务业投资水平、服务业就业结构、城市化率、客运量以及服务业政策效力等，各指标的定义与变量符号见表9－8。

同样，本书以多因素的双对数模型为理论模型，构造包含政策效力的区域服务业就业水平模型的一般形式为

$$\ln Y_{it} = \beta_0 + \sum_{k=1}^{m} \beta_{ki}\ln x_{kit} + \gamma_i \ln FW_{it} + \alpha_i \ln(FW_{it}(-1)) + u_{it} \quad (9.9)$$

（1）$i = 1, 2, \cdots, N$，表示 N 个个体（即京津冀、长三角与泛珠三角区域的截面个体数分别为3，3，9）；$t = 1, 2, \cdots, T$，表示时间点有 T 个（即1997—2019年有23个时间点）。

（2）Y_{it} 表示区域（省区市）服务业就业水平，x_{kit} 表示第 k 个影响因素变量；FW_{it} 表示当期政策效力；$FW_{it}(-1)$ 表示滞后1期政策效力，在本模型中同样将政策效力变量看作外生变量。

在三大区域，由于区域服务业就业结构与就业水平差异较大，式（9.9）表示的双对数模型的显著变量不全相同。合理的模型形式是依据模型单整与协整检验、固定效应检验、斜率系数与变斜率系数的显著性检验，以及模型异方差与自相关检验、拟合优度效果评价等，最终确定模型的具体形式与估计方程。

2. 基于面板数据的对数模型的估计与检验

本书利用 EViews 9.0 软件进行面板数据的单位根检验，显示三大区

域的模型所涉及的变量均为 2 阶单整序列，现分别估计三大区域的各省区市服务业就业水平的关系模型。

（1）京津冀区域的变斜率对数自回归模型。根据京津冀区域各省市变量的面板数据，协整检验显示拒绝"不存在协整方程""至多存在 1 个协整方程""至多存在 2 个协整方程"以及"至多存在 3 个协整方程"的原假设，说明各变量之间具有协整关系，并存在多个协整关系方程（见表 9-18）。

表 9-18　　　基于面板数据的京津冀区域就业水平对数模型的协整检验

原假设	Fisher 统计量（迹检验）	p 值	Fisher 统计量（最大特征检验）	p 值
不存在协整方程	43.98	0.0000	28.27	0.0001
至多存在 1 个协整方程	22.88	0.0008	16.02	0.0136
至多存在 2 个协整方程	19.24	0.0038	19.24	0.0038

于是，通过面板数据的指数广义最小二乘法和截面似无关回归的加权方式消除异方差，得到估计方差。结果显示，影响京津冀区域就业水平（的对数）的显著因素是滞后 1 期的就业水平、客运量和本期政策效力，而且政策效力的作用随截面而变化，为变斜率的影响。但模型不具有固定效应；模型所有解释变量的回归系数通过了显著性检验；拟合优度达到 0.9981，拟合效果很好；DW 检验表明该模型也不存在自相关。所以，该模型的估计结果有效。其估计方程的表达式为

$$\ln YA_{it} = \hat{\beta}_0 + \hat{\beta}_1 \ln(YA_{it}(-1)) + \hat{\beta}_2 \ln KA_{it} + \hat{\gamma}_i \ln FW_{it} \qquad (9.10)$$

（2）长三角区域的固定效应对数回归模型。根据长三角区域各省市变量的面板数据，协整检验显示拒绝"不存在协整方程"和"至多存在 1 个协整方程"的原假设，说明各变量之间具有协整关系，并存在多个协整关系方程（见表 9-19）。

表 9 – 19　　　　　基于面板数据的长三角区域就业水平对数模型的协整检验

原假设	Fisher 统计量（迹检验）	p 值	Fisher 统计量（最大特征检验）	p 值
不存在协整方程	42.33	0.0000	29.96	0.0000
至多存在 1 个协整方程	18.78	0.0046	13.69	0.0322
至多存在 2 个协整方程	10.58	0.1022	8.648	0.1944
至多存在 3 个协整方程	9.476	0.1485	9.476	0.1485

同样，利用面板数据的指数广义最小二乘法与截面似无关回归的加权回归，得到估计方差。结果显示，长三角区域就业水平（的对数）的显著影响因素是客运量、服务业就业比例和本期政策效力，而且服务业就业比例的作用随截面而变化，为变斜率的影响。同时，模型具有固定效应，固定效应检验显示拒绝"固定效应是多余的"的原假设，接受备择假设"固定效应是合适的"（见表 9 – 20）；模型所有解释变量的回归系数通过了显著性检验；拟合优度达到 0.9861，拟合效果很好；DW 检验表明该模型也不存在自相关。所以，该模型的估计结果有效。其估计方程的表达式为

$$\ln YB_{it} = \hat{\beta}_0 + \hat{\lambda}_i + \hat{\beta}_2 \ln KB_{it} + \hat{\beta}_{3i} \ln PB_{it} + \hat{\gamma}_1 \ln FW_{it} \tag{9.11}$$

表 9 – 20　　　基于面板数据的长三角区域就业水平对数模型的固定效应检验

效应检验方法	统计量的值	自由度	p 值
面板数据的 F 检验	79.589853	(2, 61)	0.0000

（3）泛珠三角区域的固定效应对数自回归模型。根据泛珠三角区域各省区市变量的面板数据，协整检验显示拒绝"不存在协整方程"和"至多存在 1 个协整方程"的原假设，说明各变量之间具有协整关系，并存在多个协整关系方程（见表 9 – 21）。

表 9 - 21   基于面板数据的泛珠三角区域就业水平对数模型的协整检验

原假设	Fisher 统计量（迹检验）	p 值	Fisher 统计量（最大特征检验）	p 值
不存在协整方程	133.4	0.0000	98.80	0.0000
至多存在 1 个协整方程	58.45	0.0000	55.47	0.0000
至多存在 2 个协整方程	25.68	0.1073	25.68	0.1073

同样，根据面板数据，运用上述估计方法，得到估计方差。结果显示，泛珠三角区域就业水平（的对数）的显著影响因素是滞后 1 期的就业水平、服务业投资水平以及本期与滞后 1 期政策效力，且模型具有固定效应，固定效应检验显示拒绝"固定效应是多余的"的原假设，接受备择假设"固定效应是合适的"（见表 9 - 22）；模型所有解释变量的回归系数通过了显著性检验；拟合优度达到 0.9966，拟合效果很好；DW 检验表明该模型也不存在自相关。所以，该模型的估计结果有效。其估计方程的表达式为

$$\ln YE_{it} = \hat{\beta}_0 + \hat{\lambda}_i + \hat{\beta}_1 \ln(YE_{it}(-1)) + \hat{\beta}_2 \ln SE_{it} + \hat{\gamma}_1 \ln FW_{it} + \hat{\gamma}_2 \ln FW_{it}(-1)$$

$$(9.12)$$

表 9 - 22   基于面板数据的泛珠三角区域就业水平对数模型的固定效应检验

效应检验方法	统计量的值	自由度	p 值
面板数据的 F 检验	9.991063	(8, 185)	0.0000

式（9.10）~式（9.12）各回归系数与拟合结果见表 9 - 23。

3. 政策措施效力对区域服务业就业吸纳的弹性作用

表 9 - 23 显示，京津冀与泛珠三角区域的服务业就业水平与其影响因素之间具有对数自回归模型关系，但长三角区域的服务业就业水平（的对数）自回归项不显著（即因变量滞后 1 期变量不显著）。所以，长三角区域的服务业就业水平回归模型仅是双对数模型关系。显著的回归系数表

明，本期政策效力对三大区域的服务业就业水平均产生显著弹性影响，且滞后 1 期政策效力还对泛珠三角区域的就业吸纳产生显著弹性影响。

表 9－23　　三大区域服务业就业水平的对数自回归模型的回归系数与拟合结果

影响因素	京津冀	长三角	泛珠三角
因变量滞后项	0.9832 （0.0000）	—	0.4858 （0.0000）
服务业投资水平	—	—	0.1408 （0.0000）
客运量	0.0246 （0.0005）	0.1047 （0.0001）	—
服务业就业比例	—	1.5024（SH） （0.0000） 0.7859（JS） （0.0000） 1.5125（ZJ） （0.0000）	—
本期政策效力	0.0184（BJ） （0.0007） 0.0171（TJ） （0.0000） 0.0195（HB） （0.0012）	0.0503 （0.0033）	0.0362 （0.0155）
滞后 1 期 政策效力	—	—	0.0275 （0.0877）
截距项	0.0924 （0.2492）	0.8113 （0.0573）	2.0005 （0.0000）
固定效应系数	—	－1.6942（SH） 2.2914（JS） －0.5971（ZJ）	0.0441（FJ）　－0.5232（HA） 0.0343（JX）　0.3093（SC） 0.1907（HN）　－0.3037（GZ） 0.4551（GD）　－0.2137（YN） 0.0071（GX）
拟合优度	0.9981	0.9861	0.9966
DW 检验值	1.8482	1.5911	2.2074

注：（1）样本数据为面板数据。（2）模型的基本形式为双对数模型。（3）回归系数下方小括号内的值为概率 P 值（即显著性水平）。

在京津冀与泛珠三角区域，从长期来看，本期的服务业就业水平（的对数）与滞后1期的服务业增加值（的对数）相同，此时 $\dfrac{\hat{\gamma}_i}{1-\hat{\beta}_1}$ 即为政策效力的长期弹性。于是，政策效力对三大区域服务业就业吸纳的短期弹性与长期弹性见表9-24。结果显示，对于京津冀区域，本期政策效力每提高1%，引致北京、天津和河北的服务业就业吸纳分别提高0.0184%、0.0171%和0.0195%；从长期来看，本期政策效力每提高1%，将使北京、天津和河北的服务业就业吸纳分别提高0.2977%、0.2767%和0.3155%（见表9-24）。显然，本期政策效力对京津冀区域就业吸纳的短期影响很小，但长期弹性作用比较强。诚然，滞后期政策效力对京津冀区域就业吸纳的弹性影响不显著。在长三角区域，本期政策效力每提高1%，引致长三角区域服务业就业吸纳提高0.0503%；而滞后1期政策效力的影响也不显著。

表9-24　　　政策效力对区域服务业就业吸纳的短期弹性与长期弹性

影响因素		京津冀	长三角	泛珠三角
短期弹性	本期政策效力	0.0184（BJ） 0.0171（TJ） 0.0195（HB）	0.0503	0.0362
	滞后1期政策效力	—	—	0.0275
长期弹性	本期政策效力	0.2977（BJ） 0.2767（TJ） 0.3155（HB）	—	0.0704
	滞后1期政策效力	—	—	0.0535

在泛珠三角区域，本期政策效力对服务业就业吸纳产生显著弹性影响，短期与长期弹性系数分别为0.0362和0.0704；且滞后1期政策效力的弹性影响同样显著，其短期与长期弹性系数分别为0.0275和0.0535。可见，无论是本期与滞后期政策效力的作用，还是短期与长期的影响，就业吸纳的弹性作用都相对较小。

综合而言，政策效力对京津冀和泛珠三角区域的服务业就业吸纳具有短期弹性与长期弹性的共同作用，而对长三角区域的服务业就业吸纳只有短期弹性作用。区域服务业投资水平、客运量与服务业就业比例是影响服务业就业吸纳的显著因素，但三大区域略有差异。其中，京津冀区域的主要依靠客运量带动了服务业就业水平，表明服务业人员流入与交通旅游等行业的发展促进了京津冀区域服务业的就业水平；长三角区域主要依靠客运量与服务业就业结构的提高带动服务业的就业吸纳；泛珠三角区域的服务业就业吸纳只是依赖服务业投资水平提高，其他因素均不显著。从服务业政策措施效力的协同作用来看，同样是长三角与泛珠三角区域体现了区域的协同促进效应；京津冀区域则因省市不同而变化，虽然省市的弹性差异较小。从政策措施效力的滞后效应来看，京津冀与长三角区域只有当期效应，滞后期效应并不显著；而泛珠三角区域的当期和滞后期政策效应都是显著的。

第五节　本 章 小 结

一、主 要 结 论

本章以地区经济和社会发展较为发达的京津冀、长三角和泛珠三角三大区域的服务业为研究对象，这些区域的服务业发展水平处在全国的前列，他们既是服务业政策的先行先试者，也是政策措施实施效果的见证者，本章所得观点与结论有一定的借鉴意义和推广价值。政策措施的有效性体现在政策出台的"决策过程"、政策执行中的"政策管理"，以及政策实施之后的"政策效果"各个方面。

1. 服务业政策"决策与管理"过程的有效性

我国不同发展时期服务业政策文件的词云图和高频词显示，政策的决策兼顾了中央、部门和机构的配合与协调，政策的管理反复布置了

"工作"计划、方案和流程等，政策执行的主体也从抽象的部门和单位，具体到微观企业，可以认为，服务业政策的决策过程和政策管理大致是有效的。

2. 服务业政策实施结果的有效性

本章主要从经济效益角度量化分析服务业政策措施效力对区域服务业经济发展与就业水平的影响作用。统计显示，政策措施效力及其滞后期与三大区域服务业经济总量水平及就业水平之间呈现高度统计相关和排序的协同相关性；同时，服务业政策措施效力与三大区域服务业的增速之间具有较强的灰色关联，其中，长三角区域的关联度最强。由于区域服务业发展水平不尽相同，服务业政策措施效力对三大区域的区域经济总量和就业吸纳的影响也存在区域差异。

（1）政策效力对区域经济总量影响的绩效表明，政策效力对三大区域服务业的经济总量具有短期弹性与长期弹性作用，但政策作用的省区市协同性和政策效力的滞后性存在差异。其中，政策效力的省区市协同作用，表明长三角与泛珠三角区域体现了区域内省区市的协同一致促进效应，而京津冀区域因省市不同而变化，天津的弹性值最大、河北的弹性值最小；政策效力的滞后性，显示京津冀与泛珠三角区域只有当期政策效应显著，滞后期效应不显著；长三角区域的当期和滞后期政策效应都显著，且滞后期弹性大大高于当期弹性，表明长三角区域的政策效力具有较强的延续性和拓展作用。

（2）服务业政策效力对区域就业吸纳的绩效表明，政策效力对京津冀和泛珠三角区域具有短期弹性与长期弹性的共同作用，而对长三角区域只有短期弹性作用。其中，政策效力的省区市协同作用，同样是长三角与泛珠三角区域体现了区域内省区市的协同一致促进效应，而京津冀区域因省市不同而略有差异；政策效力的滞后效应，反映京津冀与长三角区域只有当期效应，滞后期效应不显著，但泛珠三角区域的当期和滞后期政策效应均显著，滞后期弹性略弱于当期弹性影响。

二、启示与对策建议

1. 政策实施效果随省区市或区域不同，在整体与局部区域上存在一定差异

本章的研究对象，虽然同属地区经济和社会服务业较发达的区域，但政策措施效力的影响效果在短期与长期效应、本期与滞后期政策效力上都随区域（或省区市）不同，而产生不尽相同的结果与结论。如果对全国范围的服务业进行评价，政策措施效力的有效性可能不显著，或政策效力与总量指标、产业结构之间没有关联性、耦合性较弱等。因此，服务业政策的制定、管理与实施，需要区分不同地域条件、不同发展水平，随区域、省区市或城市不同而采取有针对性的策略，逐步推进与指导服务业实现从粗放到精细化、从规模到质量的提升，分梯度实现从传统服务业向现代化服务业的转型与升级。

2. 提升区域服务业政策实施效果的对策建议

在京津冀区域，由于各省市服务业政策效力的影响作用差异较大，并没有形成协同一致的区域合力，因而，京津冀服务业的协同发展是一个"坎"，关键是找准服务业协同的行业与领域。例如：开拓京津生产性服务业与流通性服务业的协同发展，提升其产业集聚水平与辐射能力；促进京津冀民生产业升级，带动京津冀公共服务业发展上新台阶以及突破京津冀三地户籍限制，带动服务业产业人员的就业转移等。在长三角区域，服务业政策实施对经济增长的影响效果最好。其中，长期增长弹性大于短期弹性，表明具有较好的增长潜力；政策效力的滞后效应高于本期效应，显示政策的延续性顺畅。只是来自政策效力直接推动服务业就业水平的影响较有限，区域（省区市）服务业的就业水平主要受第三产业就业结构本身的影响。因此，未来该区域的服务业政策在促进第二产业（例如制造业）与第三产业（例如生产性服务业）融合发展上提供更多的引导，进

而带动服务业就业吸纳能力的提升。在泛珠三角区域，虽然该区域包含的省区市较多，但政策效力的省区市协同一致性显著。只是，服务业经济增长的长期弹性明显大于短期弹性，反映出服务业政策的消化与落实需要一个过程，政策效力的滞后效应也不显著。所以，服务业政策的管理与落地需要结合本地实际，给出相关配套政策，以提高政策实施的效果，达到预期的政策目标。

第十章 服务业发展政策措施协同的有效性分析

本章将对中国服务业发展政策措施协同的绩效进行分析，主要分析服务业发展政策措施协同对服务业发展的影响，前面分析得出行政措施与引导措施是政策措施协同中使用最多的两种措施，故本章根据有效政策的数量，选取1997—2019年服务业数据，将其他各种措施与行政措施和引导措施的协同作为自变量来分析其对服务业发展的影响。

第一节 基本计量模型

考虑到政策从实行到发挥效果存在时滞，故本章在具体分析时将根据AIC信息准则和SC准则来确定自变量的滞后期数，在自变量的选择过程中，本书考虑到了前一年的服务业发展水平对当年的服务业发展水平有影响，这是因为前一年的服务业发展水平在一定程度上代表了所处年份的服务业发展水平。其中服务业生产总值来自中国统计年鉴，协同数据来自政策量化的结果。所以，定义式（10.1）来表示政策措施的协同对服务业发展水平的影响

$$SGDP_t = C_1 + \theta_1 pSGDP_{t-i} + \theta_2 XZCZ_{t-i} + \theta_3 XZRS_{t-i} + \theta_4 XZYD_{t-i}$$
$$+ \theta_5 XZJR_{t-i} + \theta_6 XZQT_{t-i} + \varepsilon_t$$
$$t \in [1997, 2019] \tag{10.1}$$

再用式（10.2）来分析我国服务业发展政策中各种措施与引导措施

的协同对服务业发展的影响

$$SGDP_t = C_2 + \theta_1 pSGDP_{t-i} + \theta_2 YDCZ_{t-i} + \theta_3 YDRS_{t-i} + \theta_4 YDXZ_{t-i}$$
$$+ \theta_5 YDJR_{t-i} + \theta_6 YDQT_{t-i} + \mu_t$$
$$t \in [1997, 2019] \tag{10.2}$$

式中，$SGDP_t$ 表示第 t 年服务业增加值，$pSGDP_t$ 表示 $t-1$ 年的服务业增加值，本章用它们来表示服务业的发展水平；$XZCZ_{t-i}$、$XZRS_{t-i}$ 和 $YDCZ_{t-i}$、$YDRS_{t-i}$ 分别表示第 $t-i$ 年的政策措施协同度，具体代表的两种政策之间的协同信息参见第七章表 7-3；i 为滞后期数，为了得到滞后期数，需要利用 VAR 模型得到平稳性检验过后数据的 AIC 准则和 SC 准则信息，确定之后期数；θ_α 代表自变量的系数，其中 $\alpha = 1$，2，3，4，5，6；C_1 和 C_2 是两个式子中的常数项；μ_t 和 ε_t 为随机误差项，表示影响因变量的随机因素。

第二节　政策措施协同对服务业发展的影响

根据前面的描述，将服务业的增加值作为因变量，各政策与行政措施以及引导措施之间的协同度作为自变量，对政策措施的绩效进行分析。在进行实证分析之前，需要检验数据是否平稳，如果不平稳则容易出现伪回归，故先对数据进行 ADF 检验。通过检验发现变量在一阶差分后表现为平稳，再利用 VAR 中 AIC 和 SC 信息准则确定滞后期数（见表 10-1 和表 10-2），接着对变量间做了格兰杰因果关系检验，结果显示各政策之间的协同度是服务业增加值的格兰杰原因。

表 10-1 和表 10-2 分别表示各种措施与行政措施的协同、各措施与引导措施的协同对服务业发展的影响。从表 10-1 和表 10-2 的 R^2 与 D-W 检验来看，R^2 均大于 99%，D-W 值都在可接受的范围内，说明两个模型的拟合效果都较好；滞后期的选择本书主要参考 AIC 信息准则和 SC 准则，通过平稳性检验后得到 AIC 和 SC 的结果反映出政策措施的滞后期为 0~2 年，这也符合了现实生活中政策的滞后性，即说明了两个模型所表达的内容与现实相符。

表10-1　　　　　各种措施与行政措施协同对服务业发展的影响

变量	滞后期	系数	T 值	p 值
C	—	8.87100	58.67	0.0000
$pSGDP$	—	0.46000	15.35	0.0000
$XZCZ$	1	0.00072	-2.28	0.0360
$XZRS$	2	0.29419	5.41	0.0001
$XZYD$	1	0.08284	1.78	0.0936
$XZJR$	1	-0.00066	1.82	0.0864
$XZQT$	1	0.00025	1.01	0.3279

注：（1）$R^2 = 0.992581$；D - W = 1.920982。（2）置信区间为90%。

表10-2　　　　　各种措施与引导措施协同对服务业发展的影响

变量	滞后期	系数	T 值	p 值
C	—	1.45903	104.49	0.0000
$pSGDP$	1	0.08183	112.79	0.0000
$YDCZ$	1	0.00139	-1.229	0.2470
$YDRS$	1	0.00069	0.482	0.0640
$YDXZ$	2	0.02866	2.448	0.0344
$YDJR$	1	0.00017	0.552	0.5929
$YDQT$	1	-0.00554	-0.099	0.0923

注：（1）$R^2 = 0.999982$；D - W = 1.345724。（2）置信区间为90%。

可以看出：首先，政策措施协同对服务业发展整体上均具有滞后性，这与现实生活中政策发挥效应的滞后是相符的。其次，金融措施与行政措施的协同对服务业发展具有阻碍作用，但金融措施与引导措施的协同对服务业发展具有促进作用，表明在实际的经济运行中，应该更多地将金融措施与引导措施协同使用，能更有效地发挥金融措施的作用，更好地促进服务业的发展。最后，其他经济措施与行政措施的协同对服务业发展有促进作用，但其他经济措施与引导措施对服务业发展却有阻碍作用，说明在服务业发展中应该更加注重其他经济措施与引导措施的协同，提高其他经济措施在服务业发展中的作用，以促进服务业的发展。需要说明的是，金融措施与行政措施的协同对服务业发展具有阻碍作用是因为金融措施一般体现为给予服务行业信贷支持，包括一些小微服务企业，信贷的支持对服务企业而言一方面增加了资金支持，另一方面也增加了自身的债务风险，无形中提高了自身的经营成本；企业在利用资金扩大经营规模的同时也增加了自身的经营风险，甚至有些企业得到了资金的支持却没有将资金用在促进自身发展的方向上，这也从一定程度上阻碍了服务业的发展。

财政措施和人事措施不论是与行政措施协同还是与引导措施协同，对服务业发展都具有促进作用，说明财政措施与人事措施对服务业发展起到了很稳定的作用。财政措施一般体现在税收方面，服务行业对税收比较敏感，减税等积极的财政政策对服务业的刺激很大，可以对服务业发展提供支持。人事措施是促进服务业持续发展的基础，人才是服务业发展的坚实动力，对人员的培训可以为服务业的长远发展提供人力支持，促进服务业的持续健康发展；人事措施还有一个需要关注的地方，在与行政措施的协同中，人事措施与行政措施的协同对服务业发展的滞后期为2，高于其他措施协同对服务业发展的影响滞后阶数，这是因为人员培训相对于其他政策措施来说是更耗时耗力的，培训好的员工在工作岗位上发挥作用也需要一定的时间。

第三节　生产性服务业政策措施协同对生产性服务业发展的影响

一、基本计量模型

用式（10.3）分析各种措施与行政措施协同对生产性服务业发展水平的影响

$$TGDP_t = c_1 + \theta_1 pTGDP_{t-i} + \theta_2 XZRS_{t-i} + \theta_3 XZCZ_{t-i} + \theta_4 XZYD_{t-i}$$
$$+ \theta_5 XZJR_{t-i} + \theta_6 XZQT_{t-i} + \varepsilon_t$$
$$t \in [1997, 2019] \tag{10.3}$$

再用式（10.4）分析我国生产性服务业发展政策中各种措施与引导措施的协同对生产性服务业发展的影响

$$TGDP_t = c_2 + \partial_1 pTGDP_t + \partial_2 YDRS_{t-i} + \partial_3 YDCZ_{t-i} + \partial_4 YDXZ_{t-i}$$
$$+ \partial_5 YDJR_{t-i} + \partial_6 YDQT_{t-i} + \omega_t$$
$$t \in [1997, 2019] \tag{10.4}$$

式中，$TGDP_t$ 表示第 t 年生产性服务业增加值，$pTGDP_{t-i}$ 表示第 $t-i$ 年的生产性服务业增加值，用它们来表示生产性服务业的发展水平，其他变量分别表示第 $t-i$ 年的政策措施协同度，具体代表的两种政策之间的协同信息参见第七章表 7-3；i 为滞后期数，为了得到滞后期数，利用平稳性检验过后数据的 AIC 准则和 SC 准则信息，确定滞后期；θ_i 和 α_i 代表自变量的系数；c_1 和 c_2 是两个式子的常数项；ε_t 和 μ_t 为随机误差项。实证结果见表 10-3 和表 10-4。

表 10-3   各种措施与引导措施协同对生产性服务业发展的影响

变量	滞后期	系数	T 值	p 值
C_1	—	-13249.5	-1.86	0.090
$pTGDP$	1	—	—	—
$YDRS$	1	234.2923	3.64	0.004
$YDCZ$	1	247.5895	2.54	0.028
$YDXZ$	1	259.8071	4.57	0.001
$YDJR$	1	-470.9347	-2.14	0.055
$YDQT$	1	787.1177	1.48	0.167

注：（1）$R^2 = 0.9552$；D-W=1.901357。（2）置信区间为90%。

表 10 - 4　　　　各种措施与行政措施协同对生产性服务业发展的影响

变量	滞后期	系数	T 值	p 值
C_2	—	3074.723	2.88	0.015
$pTGDP$	1	1.139897	28.70	0.000
$XZRS$	1	19.45381	1.93	0.080
$XZCZ$	1	-25.03134	-1.16	0.270
$XZYD$	1	-23.89023	-2.22	0.048
$XZJR$	1	47.43295	3.17	0.009
$XZQT$	1	-43.95518	-2.60	0.015

注：（1）$R^2 = 0.9552$；$D - W = 2.120259$。（2）置信区间为 90%。

二、实证结果分析

根据实证结果，前期生产性服务业发展对当期生产性服务业发展的影响不显著，且影响系数相对较小，这说明前期的发展水平不会较大程度上决定当期的发展水平，同时也意味着可以通过政策措施的协同效应来推进生产性服务业的发展。人事措施、财政措施与引导措施的协同有显著的促进作用，政府需要将人事措施、财政措施与引导措施协同使用。金融措施与引导措施的协同有显著的阻碍作用，金融措施与行政措施的协同有显著的促进作用，这说明为了促进生产性服务业更好的发展，政府需要将金融措施与行政措施协同使用，才能更好地发挥政策协同效应。而行政措施与引导措施的正协同影响系数远远大于引导措施与行政措施协同的负影响系数。综合来看，行政措施和引导措施还是要搭配使用，利用其协同作用促进生产性服务业发展。其他经济措施与行政措施的协同有显著的阻碍作用，因此，政府在使用其他经济措施时应避免与行政措施搭配使用，这两种措施协同，一定程度上限制了生产性服务业的发展。

所以，政府要实现由单纯依靠单一政策措施向综合利用各种政策措施的方向转变，尤其是金融措施和行政措施协同度最小，要更加注重其他各种政策措施与金融措施的协同，以发挥经济杠杆作用，释放市场机制活力，助推生产性服务业的对外开放。

第四节 生活性服务业政策措施协同对
生活性服务业发展的影响

一、基本计量模型

采用 1997—2019 年的政策数据，将其他各种措施与引导措施和行政措施的协同度作为自变量，生活性服务业增加值作为生活性服务业发展的指标，以此为因变量来分析生活性服务业政策措施协同对生活性服务业发展的影响。其中因变量的数据来自中国统计年鉴（由于没有直接统计生活性服务业增加值的数据，只能根据分行业增加值估计得到生活性服务业增加值的近似值），自变量的数据来自政策量化的结果。故用式（10.5）来分析政策措施与引导措施和行政措施的协同对生活性服务业发展水平的影响

$$ZJZ_t = c_1 + \alpha_1 ZJZ_{t-i} + \alpha_2 XZRS_{t-i} + \alpha_3 XZCZ_{t-i} + \alpha_4 XZXZ_{t-i}$$
$$+ \alpha_5 XZJR_{t-i} + \alpha_6 XZQT_{t-i} + \varepsilon_t$$
$$t \in [1997，2019] \tag{10.5}$$

再用式（10.6）来分析我国生活性服务业发展政策中各种措施与行政措施的协同对生活性服务业发展的影响

$$ZJZ_t = c_2 + \beta_1 ZJZ_{t-i} + \beta_2 YDRS_{t-i} + \beta_3 YDCZ_{t-i} + \beta_4 YDXZ_{t-i}$$
$$+ \beta_5 YDJR_{t-i} + \beta_6 YDQT_{t-i} + \mu_t$$
$$t \in [1997，2019] \tag{10.6}$$

式中，ZJZ_t 表示第 t 年生活性服务业增加值，ZJZ_{t-i} 表示的是 $t-i$ 年的生活性服务业增加值，用它们来表示生活性服务业的发展水平，其他变量分别表示第 $t-i$ 年的政策措施协同度，具体代表的两种政策之间的协同信息

参见第七章表7－3；i 为滞后期数，为了得到滞后期数，利用平稳性检验过后数据的 AIC 准则和 SC 准则的信息，确定滞后期；α_i 和 β_i 代表自变量的系数；c_1 和 c_2 代表两个式子的常数项；ε_t 和 μ_t 为随机误差项。

二、实证结果分析

表 10－5 为人事措施、财政措施、行政措施、金融措施和其他经济措施与引导措施的协同对生活性服务业发展的分析结果；表 10－6 为人事措施、财政措施、引导措施、金融措施和其他经济措施与行政措施的协同对生活性服务业发展的分析结果。从表 10－5 和表 10－6 的 R^2 来看，都为 50% 以上，用 Q 检验对残差进行诊断，发现残差项不存在自相关，这进一步提高了模型的拟合效果。根据 AIC 信息标准和 SC 准则选出的各项政策措施协同滞后期均在 3 年以内，这与实际情况相符，即政策措施的颁布到实施过程存在一定的时间差。

表 10－5　　　　各种措施与引导措施协同对生活性服务业发展的影响

变量	c_i	$YDRS_i$	$YDCZ_i$	$YDXZ_i$	$YDJR_i$	$YDQT_i$
系数	53158.5 ** (2.55)	7.465 (0.02)	509.7 ** (2.18)	23.69 (0.18)	3216.1 *** (4.12)	－9239.7 ** (－2.75)
滞后期			1	2	3	2
R^2			0.592			

表 10－6　　　　各种措施与行政措施协同对生活性服务业发展的影响

变量	C_i	$XZRS_i$	$XZCZ_i$	$XZYD_i$	$XZJR_i$	$XZQT_i$
系数	66074.7 *** (3.58)	－95.13 (－0.39)	－240.3 (－1.17)	20.55 (0.20)	2467.6 *** (3.46)	－630.6 (－0.28)
滞后期			1	2	3	3
R^2			0.534			

人事措施、财政措施、行政措施和金融措施与引导措施的协同有显著的促进作用，政府需要将人事措施、财政措施、行政措施和金融措施与引导措施协同使用；其他经济措施与引导措施的协同有显著的阻碍作用。引导措施和金融措施与行政措施的协同有显著的促进作用，这表明为了推进生活性服务业更好的发展，政府需要将引导措施和金融措施与行政措施协同使用，才能更好地发挥政策协同效应。行政措施与引导措施的协同效应都是正向的，所以应将行政措施和引导措施结合使用，才能最大化政策措施的协同效应以促进生活性服务业发展。其他经济措施与引导措施和行政措施的协同有显著的阻碍作用，政府在使用其他经济措施时应避免与引导措施和行政措施搭配使用。

第五节　本章小结

不同的政策措施协同对服务业发展所产生的影响是显著不同的，其中财政措施和行政措施的协同、财政措施和引导措施的协同对经济发展具有正向的促进作用；人事措施与行政措施的协同、人事措施与引导措施的协同对经济发展也具有正向的促进作用。人事措施与行政措施的协同对服务业发展具有滞后影响，服务业发展对以税收为主要方式的财政政策比较敏感，对人才的培训所产生的实际经济效应要慢于其他政策。金融措施和行政措施的协同对服务业发展具有阻碍作用，但金融措施与引导措施的协同对服务业发展具有促进作用，表明在实际的经济运行中，应该更多地将金融措施与引导措施协同使用，即更有效地发挥金融措施的作用，才能更好地促进服务业的发展。

第十一章　典型案例分析

近些年来，我国服务业发展势头迅猛，逐渐成为国家经济发展的支柱性产业，各级政府也纷纷出台相关政策，以期更好地推动服务业的发展。但服务业是众多产业的统称，涵盖住宿餐饮、交通运输、文化体育、批发零售等在内的 18 个行业大类，相关的产业政策也纷繁复杂，为更明确、精准地研究产业政策的有效性，本章选取了北京市文化创意产业和京津冀批发和零售产业两个典型行业，对这两个行业的政策出台情况、政策实施效果进行了详细分析。

第一节　北京文化创意产业政策评价

当今世界，国民经济发展的动力已经依附于具有更高附加值的文化及其智力资源上来。文化创意产业作为知识密集型新型产业的典型代表，其发展成熟程度已经成为衡量一个城市乃至一个国家综合竞争力的重要指标。北京文源深、文脉广、文气足、文运盛，具备发展文化创意产业的独特资源和政策优势。2006 年至今，北京市出台了一系列促进文化创意产业发展的政策，北京市文化创意产业"1＋X"政策体系更加完备。北京文化创意产业发展持续向好，支柱地位更加稳固，发展质量有效提升，空间布局更加优化，市场体系不断完善，在拉动首都经济增长、推动经济转型升级、加快全国文化中心建设中的作用进一步凸显。2019 年，北京市规模以上文化创意产业资产总计 20198 亿元，实现总收入 13544.3 亿元，在《中国省市文化产业发展指数（2019）》，北京以 82.67 的得分高居全国之首。本书通过对北京市文化创意产业政策现状分析及效应评价，探索北京市文化创意产业政策发展方向，为政策进一步发展提出建议，同时为其他地区提供借鉴意义。

一、北京文化创意产业政策演变

1. 北京文化创意产业政策发展出台背景

20 世纪 90 以来，越来越多的国家将文化创意产业作为新兴的支柱产业，把它提升到了一种战略高度，纷纷采取各种积极措施对其进行扶持。文化创意产业不仅创造了可观的经济效益，带来了大批就业岗位，而且提升了本国与他国竞争的"软实力"。文化创意产业具有正的外部性、公共产品属性，根据宏观经济战略、产业生命周期等理论，以及国内外实践经验充分证明文化创意产业的发展离不开政府的支持，采取一定产业政策起着重要的作用。

北京有着三千多年建城史，在悠久漫长的历史进程中，积淀了丰富璀璨的文化遗产；加上首都的人才、科技等优势和文化氛围，使北京汇集了大批文化人才，这些都成为文化创意产业建设和发展的重要资源。文化创意产业现已成为北京转变经济发展方式、促进经济增长、优化产业结构的重要突破口。产业的发展离不开政策的扶持及引导，从 2006 年开始，北京文化创意产业政策正式进入政府产业政策重点关注。截至目前，北京出台了一系列相关产业政策，对北京文化创意产业的发展起到了积极的推动作用。

在加强全国文化中心建设、疏解非首都功能、构建"高精尖"经济结构的宏观背景下，国家和北京出台了一系列利好政策支持文化创意产业发展。《国务院办公厅关于发展众创空间推进大众创新创业的指导意见》《国务院关于大力推进大众创业万众创新若干政策措施的意见》《北京市人民政府关于大力推进大众创业万众创新的实施意见》先后出台，为文化创意产业领域创新创业生态提供了系统、有力的政策保障。《中华人民共和国电影产业促进法（草案）》《关于支持戏曲传承发展的若干政策》《关于推动传统出版和新兴出版融合发展的指导意见》进一步推动戏曲艺术、电影产业发展，推动传统出版影响力向网络空间延伸。国务院《关于新形势下加快知识产权强国建设的若干意见》以及北京《加快发展首都知识产权服务业的实施意见》《关于进一步推动知识产权金融服务工作的意见》等相关政策，为影视剧、图书出版等文化传媒类行业提供更好的版权保护和服务。

2. 北京文化创意产业政策演变及分类

（1）北京文化创意产业政策演变。在我国，文化创意产业得到政策支持和正式发展是从 2004 年开始的，从提出并得到重视并发展的时间都不长。2006 年 9 月，在《国家"十一五"时期文化发展规划纲要》中，"文化创意产业"被首次正式提出。北京作为我国的首都，一直在文化创意产业发展和政策支持上走在国内前列。

2004 年，文化创意产业进入了《国民经济行业分类目录》，国家对文化产业开始重视和发展，北京也加强了对文化创意产业的关注与支持，先后成立了中关村文化创意产业先导基地、大兴新媒体产业基地等园区，政策扶持也以原有的园区为对象。

2006 年初，北京市政府"十一五"规划《纲要》中把文化创意产业被列为北京以后的重点工作，同年出台了《北京市促进文化创意产业发展的若干政策》等一系列政策，相关文化创意产业的管理机制、支持力度均有了显著的转变和拓展。北京在原有文化分类的基础上新增了设计创意、软件、网络及计算机服务、旅游、体育休闲等内容，并制定了《北京市文化创意产业分类标准》，并且北京市政府开始对文化创意产业进行有统筹的规划，并进行文化创意产业集聚区的认定。

2007 年制定的《北京市"十一五"时期文化创意产业发展规划》中，再次强调将广播电视节目制作和交易、出版发行和版权贸易、设计创意、文艺演出、广告和会展、古玩和艺术品交易、文化旅游、文化体育休闲等作为行业重点。并且文化创意产业集聚区政策得到认可和推广，总共遴选出十佳文化创意产业集聚区。

2013 年，文化创意产业作为首都经济新的增长点，已经成为首都经济增长的支柱产业，而且分四个批次共认定了 30 个文化创意产业集聚区。北京已经在文化创意产业的政策执行、资金扶持、融资服务、交易平台和人才保障等方面，搭建起综合性的支撑保障体系。

2004—2013 年，是北京文化创意产业大规模发展的阶段，政府的政策主要是主动规划、引导发展、集聚引领，对集聚区的文化创意产业进行重点的扶植，充分发挥集群效应。

从 2014 年开始，北京进入了"文化创意产业功能区"时代。标志性政策是北京市人民政府印发的《北京市文化创意产业功能区建设发展规划（2014—2020 年）》和《北京市文化创意产业提升计划（2014—2020 年）》。其中《北京市文化创意产业功能区建设发展规划》是中国首个省级文创产业空间布局规划，首次明确提出了全市文创产业错位发展的空间格局。之后相继出台了《关于促进文化消费的意见》《北京市推进文化创意和设计服务与相关产业融合发展行动计划（2015—2020 年）》《关于进一步鼓励和引导民间资本投资文化创意产业的若干政策》等一系列促进产业发展的政策措施，对文化创意产业进行重点扶持和发展。

在政策演变过程中，北京文化创意产业"1＋X"政策体系逐渐完备。以 2011 年《关于发挥文化中心作用加快建设中国特色社会主义先进文化之都的意见》为统领，北京出台了《关于金融促进首都文化创意产业发展的意见》《北京市工商行政管理局关于支持文化产业创新发展的工作意见》等一系列促进文化创意产业发展的政策文件。特别是 2014 年出台了《北京市文化创意产业功能区建设发展规划（2014—2020 年）》《北京市文化创意产业提升规划（2014—2020 年）》和《北京市人民政府关于促进文化消费的意见》；2015 年出台了《北京市推进文化创意和设计服务与相关产业融合发展行动计划（2015—2020 年）》；2016 年出台的《北京市"十三五"时期文化创意产业发展规划》和《北京文化创意产业发展白皮书（2016）》，使"1＋X"政策体系更加完备，北京文化创意产业发展的总体政策框架基本形成，并着力构建"1 + N + X"文化经济政策体系。例如，2017 年发布《北京文化创意产业发展白皮书（2017）》，2018 年正式发布的《北京市文化创意产业园区认定及规范管理办法（试行）》《关于加快市级文化创意产业示范园区建设发展的意见》和《关于促进首都文化金融发展的意见》，2020 年发布的《北京市推进全国文化中心建设中长期规划（2019 年—2035 年)》等，政策体系的确定使得北京文化创意产业发展的总体政策框架更加完善。

历年来，北京文化创意产业政策演变的主要过程如图 11 - 1 所示。

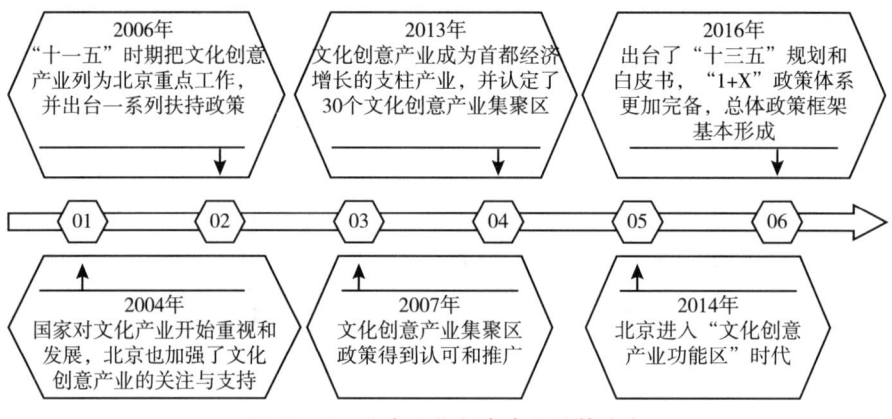

图 11 - 1　北京文化创意产业政策演变

（2）北京文化创意产业发展政策分类。从 2006 年开始，北京开始大力发展文化创意产业，到 2020 年为止，北京已经出台了 77 项政策来支持北京文化创意产业发展，本书对北京文化创意产业政策划分主要从政策发布时间、政策发布机构以及政策类型三个方面入手，并对其进行分析。

①政策发布时间分析，如图 11 - 2 所示。2006 年是北京市文化创意产业政策正式发布第一年，政策数量占 2006—2020 年政策数量的 7.79%，一系列政策从综合政策、财税政策到集聚区发展政策，促进了北京市文化创意产业的发展；2011 年北京文化创意产业政策进一步发展，占 2006—2020 年政策总数的 10.39%，政策主要集中在规划类政策和行业发展。随着文化创意产业逐渐成为首都经济发展的重要支柱性产业和

新的经济增长点，北京2014—2016年出台的文化创意产业政策逐渐增多。2016年是我国经济发展的重要阶段——"十三五"规划开局之年，这也是文化创意产业发展的重要阶段，在这一年也产生了非常多的政策，占2006—2020年文化创意产业政策总数的20.78%。在"十三五"时期，关于文化创意产业的政策更加具体，更加看重财税政策和投融资类政策，同时包括了北京文化创意产业发展的重要文件：《北京文化创意产业发展白皮书（2016）》和《北京市"十三五"时期文化创意产业发展规划》，这标志着北京文化创意产业进入一个新的发展阶段。2018年，北京启动文化创意产业园区认定工作，发布了《北京市文化创意产业园区认定及规范管理办法（试行）》和《关于加快市级文化创意产业示范园区建设发展的意见》，促进北京文化创意产业空间布局的优化。2020年，北京发布《关于新时代繁荣兴盛首都文化的意见》和《北京市推进全国文化中心建设中长期规划（2019年—2035年）》，在两个一百年交汇的特殊时期，加快推动北京市全国文化中心建设。

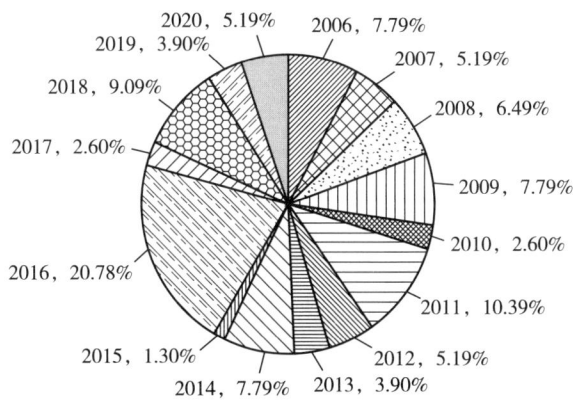

图11-2　北京文化创意产业政策发布时间分析

②政策发布机构分析。北京文化创意产业发行机构主要包括了政策制定出台的主导部门以及相关部门，包括北京市人民政府、北京市文化局、北京市国有文化资产监督管理办公室等，如图11-3所示。

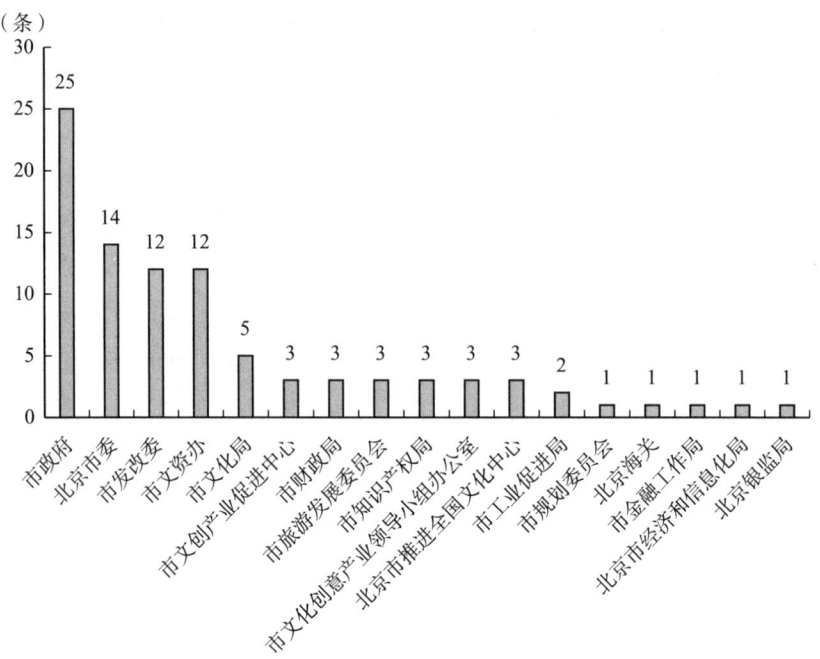

图 11 - 3　北京文化创意产业政策发布机构

　　根据分析，北京文化创意产业政策有超过 15 个政策发行主体，大多数政策由多部门联合发布。北京市政府出台超过 25 条政策，内容涵盖文化创意产业方方面面；北京市委发布了 14 条政策；北京市发展改革委员会参与发行的政策有 12 条；北京市文资办发布了 12 条政策。可见，北京文化创意产业政策发布机构众多，而且多部门联合发行，包括北京海关、北京银监局等都发布了协助北京文化创意产业发展的政策。

　　③政策类型分析。从目前北京文化创意产业政策类型上来看，主要包括综合政策、规划类政策、行业政策、财税政策、投融资政策、贸易政策、产业区划政策以及知识产权类政策，如图 11 - 4 所示。2006—2013 年关于行业发展的政策较多，2014—2020 年关于文化创意产业规划以及综合类政策类目增加，同时更加注重财税类政策和投融资政策等的发布，特别是在 2012 年成立了北京市文资办以后。2006—2020 年北京文化创意产业政策中关于综合类、财税和行业类的政策达到 42 条，关于规划、投

融资类政策多达到 22 条，包括《北京市实施文化创意产业 "投贷奖" 联动、推动文化金融融合发展管理办法（试行）》等。

从政策覆盖面角度来看，按照功能划分，北京已初步建立起包括综合政策、专项政策、金融政策、财税政策、园区建设、产业引导、企业扶持和人才引进在内的基本文化创意产业发展政策框架体系。

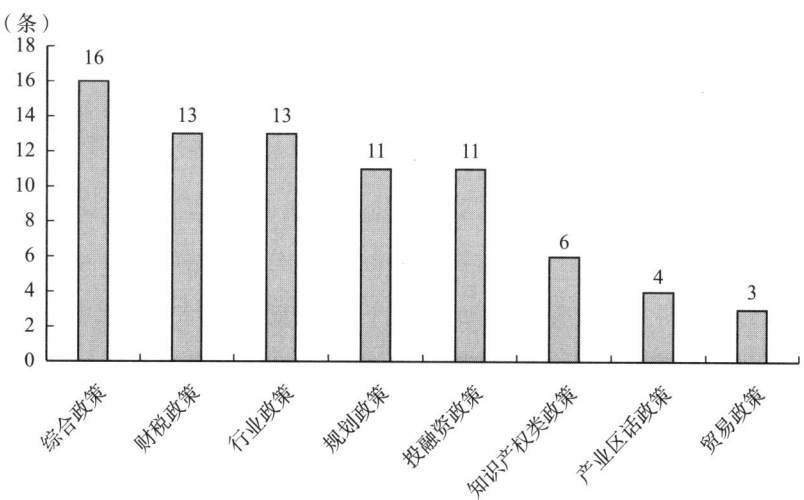

图 11 - 4 北京文化创意产业政策类型分析

二、北京文化创意产业政策效应评价

1. 北京文化创意产业政策实施整体效果

（1）产业发展目标、规划明确。推出《北京市"十三五"时期文化创意产业发展规划》以及《北京市"十三五"时期加强全国文化中心建设规划》等一系列重要文件。在总体规划的指引下，北京文化创意产业保持较快发展势头，经过三个五年的发展，文化创意产业增加值由 2006 年的 823.2 亿元增长到 2017 年的 3908.8 亿元；按现价计算，年均增长 15.2%，高于地区生产总值现价增速 3.0 个百分点，占地区生产总值的比重由 2006

年的 10.3% 提高到 2017 年的 14.0%，11 年间提高 3.7 个百分点。2019 年北京规模以上文化创意产业收入 13544.3 亿元，同比增长 26.55%。文化创意产业作为战略性支柱产业，对首都经济增长的拉动作用非常显著。

（2）加大对重点产业类别扶持。出台《北京市推进文化创意和设计服务与相关产业融合发展行动计划（2015—2020 年）》《北京市关于支持网络游戏产业发展的实施办法（试行）》《关于推动北京影视业繁荣发展的意见》等政策，加强对重点产业类别的发展扶持。截至 2019 年，北京市营业性演出场次共计 22823 场；观众人数共计 1040 万人次。2019 年动漫游戏产业产值约达 806 亿元，同比增长 14%。可见，政策扶持有力地推动了北京文化创意产业各重点行业的发展。

（3）促进文化金融发展。文化金融主要从财政投入以及投融资方面进行政策支持。首先设立扶持资金为核心，通过《北京市文化创意产业发展专项资金项目补助实施细则（试行）》等政策从项目补助、项目奖励等方面加大财政投入。自 2006 年起，北京市政府每年安排 5 亿元文化创意产业发展专项资金，对符合政府重点支持方向的文化创意产品、服务和项目予以扶持。2016 年 12 月，北京在全国率先启动文化创意产业"补贷投"联动体系，共有 327 家企业获得财政资金"补"的支持。还出台了《进一步鼓励和引导民间资本投资文化创意产业若干政策》等政策来强化文创产业投融资支持。2016 年文化产业的融资是 3966 亿元，其中 64.6% 的资金来自股权投资和上市后的融资。2017 年北京正式启动文创产业"投贷奖"联动，撬动金融资本服务北京 20 余万家文创企业，实现文化与资本的高效对接。随后，2018 年出台《关于促进首都文化金融发展的意见》，2020 年出台《关于加强金融支持文化产业健康发展的若干措施》等文化金融政策。政策的支持使得北京文化创意产业信贷发放量屡创新高。

（4）进行集聚区转型升级，推动功能区建设。北京市政府出台了《北京市文化创意产业集聚区认定和管理办法（试行）》，在政策推动下，到2014 年，北京市分四批共认定了 30 个集聚区。例如，2005 年底首批认定的国家新媒体产业基地，是北京市首批文化创意产业专业集聚园区，形成以新媒体产业为核心，以影视制作产业、设计创意产业、出版印刷产业、电子商务为重点发展领域的文化创意产业体系，有力地带动了文化创意产业的发展。2014 年，北京还启动了集聚区转型升级的整合规划，推动功能区建设，出台《北京市文化创意产业功能区建设发展规划（2014—2020 年）》等功能区认定及相关促进发展政策。在政策的指引下，2016 年，北京 20 个文化创意产业功能区规模以上文化创意产业，营业收入 11114.04 亿元，同比增长 22.8%，占全市规模以上文化创意产业收入的 73.0%。

（5）"文化创意 +"有效推进。2015 年，发布了《北京市推进文化创意和设计服务与相关产业融合发展行动计划（2015—2020 年）》，顺应"文化创意 +""互联网 +"的趋势，推进文化与科技、金融、旅游等相关产业融合，对辐射带动相关产业转型升级发挥了重要作用。同年 12 月北京市发布《文化创意及相关产业分类》地方标准，新标准强化"产业集群"概念，强调文化、技术和经济的深度融合。2020 年，举办的"第七届北京市文化融合发展项目合作推介会"涉及的项目涵盖文化金融、文博非遗、动漫游戏、文化旅游、网络教育、文化体育等多个行业，涉及 80 多个项目，签约项目总额达 611.58 亿元。

（6）京津冀协同发展全面推进。按照《京津冀协同发展规划纲要》部署，立足《京津冀三地文化领域协同发展战略框架协议》等基础性合作文件，北京与天津、河北在演艺交流、产业协作、市场培育等方面加强合作，有序推进三地文化创意产业协同发展。例如 2016 年，三地联合成立京津冀演艺联盟，深化演艺领域的交流合作；2019 年，推动构建京津冀文化和旅游圈，加快旅游协同发展示范区建设，搭建三地共享的旅游信用信息监管平台，推出跨区域国际旅游线路。通过不断搭建活动平台，京津冀协同发展全面推进。

（7）政策综合社会效应逐步显现。政策的间接社会效应，首先体现在拉动就业上，由于文化创意产业吸纳社会就业能力强劲，2019 年规模以上行业从业人员在第三产业中所占的比例为 10.05%，相比 2018 年的 9.76%，增幅 0.29%。其次体现在扩大外贸上，出台《关于加快发展对外文化贸易的实施意见》，政策的支持使得北京文化贸易进出口额从 2006 年的 12.65 亿美元提高至 2018 年的 60.2 亿美元，年均增长 13.88%；动漫游戏出口、图书版权输出和电影出口位居全国前列。

2. 北京文化创意产业政策效应评价的实证分析

本章主要对方法进行介绍以及建立了相关的指标体系之后，利用熵权法对权重进行实证，并基于模糊综合评价法求出了北京文化创意产业政策效应评价的单因素评估矩阵，利用加权算数平均法进行结果分析。

（1）北京文化创意产业政策效应评价方法。

①模糊综合评价法。模糊综合评价法是以模糊变换理论为基础，以模糊推理为主的定性与定量相结合，精确与非精确相统一的分析评判方法。该方法由美国自动控制专家查德于 1965 年首次提出，它根据模糊数学的隶属度理论把定性评价转化为定量评价，在处理定性的、不确定的问题方面有很大优势。由于政策效应评价的指标有较强的模糊性，很难给予定量的描述，因此本书采用模糊综合评价法对北京文化创意产业政策效应进行评价。其具体包括以下几个步骤。

a. 确定评价对象的因素论域。

b. 确定评价等级论域。

c. 建立模糊关系矩阵。

单独从一个因素出发进行评价，以确定评价对象对评价集合 V 的隶属程度，称为单因素模糊评价，确定从单因素来看被评价对象对各等级模糊子集的隶属度，进而得到模糊关系矩阵为

$$R = \begin{pmatrix} r_{11} & r_{12} & \cdots & r_{1n} \\ r_{21} & r_{22} & \cdots & r_{2n} \\ \cdots & \cdots & \cdots & \cdots \\ r_{m1} & r_{m2} & \cdots & r_{mn} \end{pmatrix}$$

式中，r_{ij} 表示某个被评价对象从因素 u_i 来看对等级模糊子集 v_j 的隶属度。这里要进行归一化处理：使得 $\sum r_{ij} = 1$ ，目的是消除量纲的影响。

d. 确定评价因素的权向量。设 $A = (\alpha_1, \alpha_2, \cdots, \alpha_m)$ 为权重分配模糊矢量，其中，α_i 表示第 i 个因素的权重，要求 $0 < \alpha_i$，$\sum \alpha_i = 1$ 。在此

确定权重的评价方法为熵权法。

e. 合成模糊综合评价结果向量。

f. 对结果向量进行分析。

②权重确定。熵权法是一种客观赋权方法。在具体使用过程中，熵权法根据各指标的变异程度，利用信息熵计算出各指标的熵权，再通过熵权对各指标的权重进行修正，从而得出较为客观的指标权重。它具有精确度高、客观性强，能够更好地解释所得到的结果，并且可以用于任何需要确定权重的过程。

利用熵权法确定比重包括以下步骤。

现有 m 个待评项目，n 个评价指标，形成原始数据矩阵为

$$
\boldsymbol{R} = \begin{Bmatrix} r_{11} & r_{12} & \cdots & r_{1n} \\ r_{21} & r_{22} & \cdots & r_{2n} \\ \cdots & \cdots & \cdots & \cdots \\ r_{m1} & r_{m2} & \cdots & r_{mn} \end{Bmatrix}_{m*n}
$$

式中，r_{ij} 为第 j 个指标下第 i 个项目的评价值。

求各指标权重包括以下过程。

a. 数据标准化，将矩阵 $\boldsymbol{R}$ 中数据进行标准化，并计算第 j 个指标下第 i 个项目的指标值的比重 P_{ij}

$$
p_{ij} = \frac{r_{ij} - \min r_{ij}}{\max r_{ij} - \min r_{ij}} \tag{11.1}
$$

b. 计算第 j 个指标的熵值 e_j

$$
e_j = -k \sum_{i=1}^{m} p_{ij} \ln p_{ij} \tag{11.2}
$$

式中，$k = \dfrac{1}{\ln m}$。

c. 计算第 j 个指标的熵权 w_j

$$
w_j = \frac{1 - e_j}{\sum_{j=1}^{n} (1 - e_j)} \tag{11.3}
$$

d. 确定指标的综合权数：β_j。假设评估者根据自己的目的和要求将指

标重要性的权重确定为 α_j，$j=1$，2，$\cdots$，n，结合指标的熵权 w_j 就可以得到指标 j 的综合权数

$$\beta_j = \frac{\alpha_j w_j}{\sum_{i=1}^{m} \alpha_j w_j} \qquad (11.4)$$

当各备选项目在指标 j 上的值完全相同时，该指标的熵达到最大值 1，其熵权为零。这说明该指标未能向决策者供有用的信息，即在该指标下，所有的备选项目对决策者说是无差异的，可考虑去掉该指标。因此，熵权本身并不是表示指标的重要性系数，而是表示在该指标下对评价对象的区分度。

（2）北京文化创意产业评价指标体系。根据已有研究，得到效应标准是指，在一定的成本投入之下政策实施的实际效果如何，西方学者通称其为政策效能，包括政治效应、社会效应与经济效应（主要考虑经济效应和社会效应）。因此，本书对北京文化创意产业政策效应评价主要建立在经济效应和社会效应两大指标上。

基于科学性、可比性、系统性、针对性和实用性的构建原则，参照"中国文化产业发展报告"城市文化产业综合评价指标体系等国内外相关指标体系，结合北京现行文化创意产业政策特点提出了构建关于北京文化创意产业政策的评估指标体系：指数由两大类 17 个小类组成，包括经济效应和社会效应，见表 11-1。

表 11-1　　　　　　　　北京文化创意产业政策评估指标

评估指标	具体指标
经济效应	文化创意产业资产 X_1
	文化创意产业收入 X_2
	文化创意产业平均就业人数 X_3
	文化创意产业增加值 X_4
	增加值的增长率 X_5
	增加值占地区 GDP 的比重 X_6

评估指标	具体指标
社会效应	北京市人均 GDP X_7
	人均受教育年限 X_8
	人均寿命 X_9
	报纸数量 X_{10}
	图书和期刊的数量 X_{11}
	录音制品种类 X_{12}
	录像制品种类 X_{13}
	专业剧团表演数量 X_{14}
	平均每日广播节目播出时间 X_{15}
	电影放映总数 X_{16}
	举办展览个数 X_{17}

（3）北京文化创意产业政策效应评价实证过程。查阅"中国统计年鉴""北京统计年鉴""首都文化贸易发展报告""北京文化创意产业发展报告"和"北京经济发展蓝皮书"等，参照近十年北京文化创意产业政策实施情况绩效评估研究报告等，选取相关指标数据。由于文化创意产业增加值以及占地区生产总值比重在本书研究阶段只更新到 2017 年，没有最新数据，因此这两个指标和增加值的增长率均存在数据缺失的问题；另外，录音录像制品种类两个指标也只更新到 2017 年，图书、报纸和期刊数量以及平均每日广播节目播出时间只更新到 2018 年。因此，考虑到数据的完整性和指标体系的系统性，本书只选取 2006—2017 年北京统计资料数据进行北京市文化创意产业政策效应评价。

①权重的结果分析。利用熵权法以及所得到的评价指标数据，得到了北京文化创意产业政策效应评价的权重。并采用熵权法对北京文化创意产业政策效应进行分析，结果显示原始矩阵为

$$R = \left\{ \begin{matrix} r_{11} & r_{12} & \cdots & r_{117} \\ r_{21} & r_{22} & \cdots & r_{217} \\ \cdots & \cdots & \cdots & \cdots \\ r_{121} & r_{122} & \cdots & r_{1217} \end{matrix} \right\}_{12 \times 17}$$

数值进行标准化变换，计算 $p_{ij} \cdot \ln p_{ij}$，可得到各指标的熵值 e_j 为

$e_j = \{0.8196，0.8677，0.8889，0.8872，0.7989，0.9171，0.8981，$

$0.8877，0.8850，0.8740，0.9420，0.9003，0.8329，0.7713，0.8425，$

$0.8550，0.8014\}$

北京文化创意产业政策效应权重为

$W_j = \{0.0774，0.0568，0.0477，0.0484，0.0863，0.0356，0.0437，$

$0.0482，0.0493，0.0541，0.0249，0.0428，0.0717，0.0981，0.0676，$

$0.0622，0.0852\}$

利用同样的方法计算分别计算经济效应的权重 W_1 和社会效应的权重 W_2 为

$W_1 = \{0.2199，0.1612，0.1354，0.1375，0.2450，0.1010\}$

$W_2 = \{0.0675，0.0744，0.0761，0.0835，0.0384，0.0660，0.1107，$

$0.1515，0.1043，0.0960，0.1316\}$

②单因素评估矩阵。通过两大类 17 个指标的数据，根据式（11.5）进行计算，即

$$r''_{ij} = \frac{r'_{ij}}{\sum\limits_{i=1}^{12} r'_{ij}} \tag{11.5}$$

可以得到指标的单因素评估矩阵，见表 11 - 2 和表 11 - 3。

表 11 - 2　　　　　　　2006—2017 年经济效应的单因素评估矩阵

年份	资产	收入	就业人数	产业 GDP	产业 GDP 增长率	产业 GDP 占地区 GDP 的比重
2006	0.0268	0.0284	0.0494	0.0304	0.0840	0.0658
2007	0.0315	0.0361	0.0566	0.0372	0.1171	0.0664

续表

年份	资产	收入	就业人数	产业 GDP	产业 GDP增长率	产业 GDP 占地区 GDP 的比重
2008	0.0360	0.0427	0.0590	0.0504	0.1878	0.0796
2009	0.0414	0.0470	0.0634	0.0558	0.0561	0.0828
2010	0.0485	0.0584	0.0678	0.0636	0.0735	0.0808
2011	0.0562	0.0708	0.0778	0.0745	0.0907	0.0822
2012	0.0677	0.0810	0.0844	0.0826	0.0570	0.0828
2013	0.0895	0.0972	0.1013	0.0966	0.0891	0.0875
2014	0.1149	0.1098	0.1057	0.1059	0.0507	0.0889
2015	0.1386	0.1247	0.1116	0.1191	0.0658	0.0929
2016	0.1648	0.1405	0.1093	0.1341	0.0666	0.0939
2017	0.1842	0.1634	0.1137	0.1498	0.0617	0.0963

表 11 - 3　　　　2006—2017 年社会效应指标的单因素评估矩阵

年份	市人均 GDP	人均受教育年限	人均寿命	报纸数量	图书期刊种类	录音制品种类	录像制品种类	专业剧团表演数量	平均每日广播节目播出时间	电影放映总数	会展总数
2006	0.0502	0.0802	0.0822	0.0754	0.0663	0.0857	0.1400	0.0574	0.0600	0.0191	0.1572
2007	0.0583	0.0811	0.0824	0.0745	0.0726	0.0867	0.1158	0.0615	0.0612	0.0259	0.0870
2008	0.0627	0.0804	0.0824	0.0746	0.0785	0.0993	0.1107	0.0599	0.0630	0.0319	0.1188
2009	0.0649	0.0813	0.0826	0.0730	0.0798	0.1010	0.1217	0.0532	0.0671	0.0425	0.0735
2010	0.0717	0.0840	0.0830	0.0790	0.0819	0.0952	0.0895	0.0577	0.0688	0.0506	0.0755
2011	0.0792	0.0824	0.0833	0.0847	0.0853	0.0860	0.0766	0.0617	0.0699	0.0663	0.0598
2012	0.0851	0.0834	0.0835	0.0912	0.0853	0.0832	0.0813	0.0665	0.1000	0.0817	0.0758
2013	0.0921	0.0851	0.0837	0.0935	0.0895	0.0853	0.0724	0.0683	0.1004	0.0939	0.0778
2014	0.0975	0.0858	0.0840	0.0917	0.0874	0.0748	0.0457	0.1291	0.1002	0.1109	0.0638
2015	0.1039	0.0848	0.0842	0.0891	0.0879	0.0706	0.0484	0.1273	0.0997	0.1349	0.0704
2016	0.1121	0.0851	0.0842	0.0877	0.0936	0.0650	0.0509	0.1283	0.1046	0.1557	0.0713
2017	0.1223	0.0862	0.0844	0.0855	0.0918	0.0671	0.0469	0.1289	0.1052	0.1866	0.0691

（4）北京文化创意产业政策效应评价实证结果。通过以上分析可以得到权重以及单因素评估矩阵，在此基础上可以通过加权算数平均法得到政策效应评价结果，如图 11 - 5 所示。

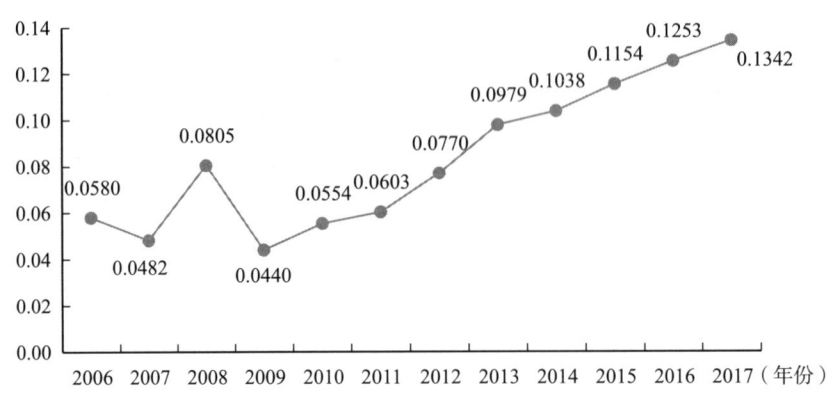

图 11 - 5　2006—2017 年基于模糊综合评价的北京文化创意产业政策效应评价结果

北京文化创意产业政策整体表现良好，政策效应由 2006 年的 0.058 增加到 2017 年的 0.1342。从 2006 年 8 月开始，随着北京文化创意产业一系列政策的发布，相关政策接连出台，自此北京市文化创意产业发展政策开始逐渐建立框架体系，"1 + X"的政策体系初步形成，北京文化创意产业发展的总体政策框架基本形成。因此 2006—2008 年，北京市文化创意产业的效应是波动式增加的；到 2009 年，由于金融危机的全面影响，政策中部分政策的效应下降超过了一些政策所产生的积极效应，使得政策的总体效应下降；从 2010 年开始，政策始终保持积极的影响效应，直到 2011 年《关于发挥文化中心作用加快建设中国特色社会主义先进文化之都的意见》出台，北京文化创意"1 + X"政策体系正式建立。自此以后，北京出台政策多围绕这一体系，政策效应也对北京文化创意产业发挥积极效应。总体而言，从 2006—2017 年，北京文化创意产业政策的效应总体呈现积极的结果。

从文化创意产业经济效应评价结果来看（见图 11 - 6），呈现与总效应类似的曲线，总体来说北京文化创意产业政策的经济效应是积极的，从 2006 年的 0.0208 增长到 2017 年的 0.1527；2008 年的金融危机，文化创意产业也受到影响，经济效应出现明显的下滑，但在之后的政策的促进下，政策的经济效应逐步增长。从北京文化创意产业政策的社会效应来看（见图 11 - 7），整体是逐步增长的，由 2006 年的 0.0781 增长到 2017 年的 0.1242，前期存在一定的波动，但始终维持在一定的程度上；2011 年之后，文创产业的社会效应稳步增加，这说明政策在社会效应上表现稳定，是积极的影响。

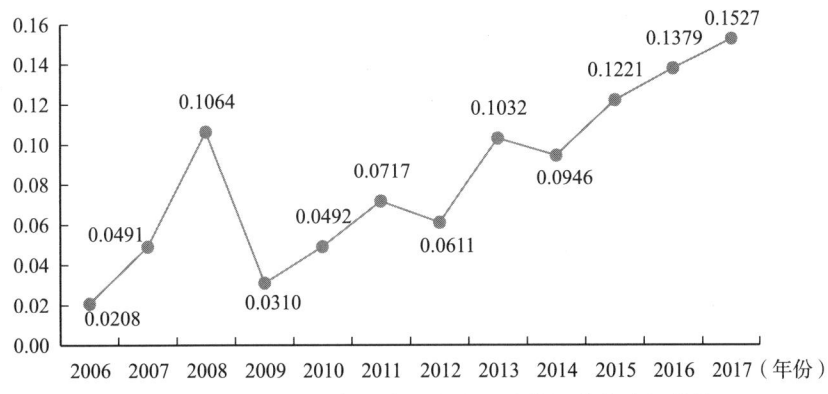

图 11 - 6 2006—2017 年北京文创产业政策经济效应评价结果

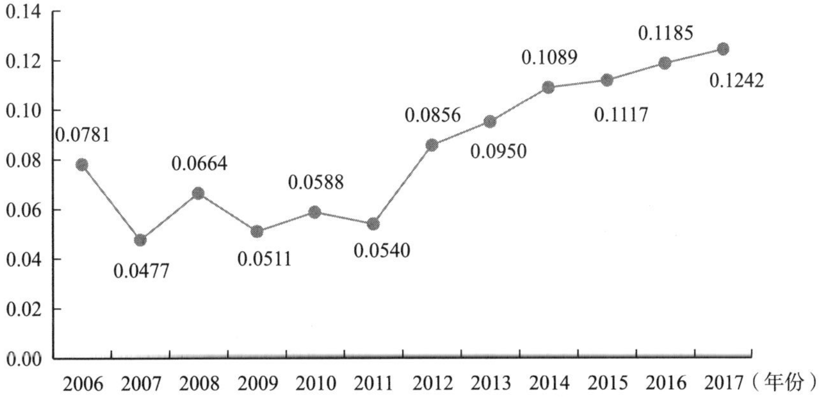

图 11 - 7 2006—2017 年北京文创产业政策社会效应评价结果

从效应研究可以看出文化创意产业政策对产业的推动是积极的，因此，适当的政策调整是有意义的。

三、北京文化创意产业政策的问题与对策

结合对北京化创意产业政策实施效果和实证分析，我们了解到尽管整体政策效应比较积极，但是文化创意产业仍然存在以下问题，同时针对这些问题提出了相应的政策建议。

1. 北京文化创意产业政策存在的问题

（1）政策之间系统性、相互性不强。通过前面的分析得知，一个文化创意产业门类往往涉及多个管理部门，而政策的制定却要严格依据政府管理职能进行，部门之间沟通不畅导致了部门政策之间存在内容重合、调控冲突等问题，未能实现政策合力的最大化。

（2）文化创意产业的政策体系科学性不足。现行的政策体系对鼓励原创、扩大外贸、吸引人才等关键环节的政策扶持力度不够。部分门类虽然有扶持政策，但是对产业的重点和核心的定位不够准确，严重影响产业整体水平的提升。

（3）文化创意产业政策的制定基础需要完善。由于文化创意产业是新兴产业，发展速度较快，主管部门对产业类的认识速度要远远落后于行业发展速度，行业标准和统计指标体系不够完善而且滞后，导致统计结果不能准确反映产业实际发展情况，数据统计基础的薄弱已经成为制约文化创意产业政策科学发展关键所在。

2. 政策建议

"十四五"时期，我国经济发展依然处于重要战略机遇期，文化产业发展的环境是正向而积极的，充满了机遇，同时针对发现的问题，提出以下建议。

（1）加大政策的宣传力度，提高政策的认知度。对政策认知度的提高有利于政策有效实施，促进政策发挥效应，因此要加快北京文化创意产业政策的服务平台建设，利用线上和线下双渠道推动政策的宣传。

（2）弥补目前在人才、消费、外贸等方面的政策缺位。政府积极出台促进文化消费、发展和扩大对外文化贸易等的政策，鼓励文化创意产业走出去，提升中国文化在国际上的影响力。同时要针对文化创意产业的特点出台一些普惠性的政策，吸引文化人才向北京集聚，通过政策健全人才培养体系，完善人才激励保障机制，营造发展文化创意产业的良好氛围。

（3）加强对重点产业门类的政策扶持。要在巩固北京优势产业在全国的领先地位的同时；还要加强重点产业，例如文艺演出产业、电影产业、艺术品交易产业等扶持政策的针对性，发展重点产业门类，积极出台政策完善相关制度，加强北京文化创意产业在全国的领先示范作用。

（4）进一步深化文化产业改革。要营造良好的产业发展环境，要研究出台政策措施，对文化创意产业创新、创意成果保护、自主品牌文化产品与服务出口、中小型文化创意企业启动等方面实行政策扶持。建立文化创意知识产权交易平台，培育文化产业无形资产评估机构，为知识产权、品牌价值和创意成果等提供便捷、高效、权威的评估和交易服务，进一步完善北京文化政策，深化文化政策改革。

（5）完善文化产业空间布局。虽然北京的文化资源丰富、种类多且质量高，但是北京市内的文化布局尚不完善，文化产业地理分布较为分散，地区间文化创意产业发展不平衡。北京应发挥政策引导作用，加快文化市场的资源整合，打造特色的文化品牌和高质量的文化创意产品，构建国际文化贸易发展新布局。

第二节　京津冀批发和零售业发展政策协同性与有效性分析

一、京津冀批发和零售业发展政策协同性分析

本节从全球法律法规网、万方数据库中筛选整理了1998—2019年京

津冀流通服务业中批发零售业的相关政策，通过略读这些政策筛选整理出与批发零售业密切相关的政策，再从政策制定的时间、类型、制定机构以及政策措施等不同方面精读这些政策，最后确定了多个部门单独和联合颁布的批发零售业的政策总共541条。关于政策力度和政策效力的量化标准参见第七章。

1. 批发和零售业政策协同的总体演变分析

本部分先从整体上了解京津冀批发零售业政策的颁布情况，主要从政策总效力、政策平均效力、政策效力平均得分等方面分析京津冀批发零售业政策的部门协同和政策协同的演变。

京津冀1998—2019年颁布的批发零售政策数量、政策总效力和平均效力的演变情况如图11-8所示。从图中可以看出，政策总效力和政策数量基本保持一致的变化趋势，政策平均效力的波动范围较小，变化相对平稳。2010年之前，政策数量和政策总效力是不断上升的，2001年加入世界贸易组织（WTO），"十一五"规划（2006—2010年）这些都是促进批发零售业发展的动力；2003年经历非典疫情的影响，2004年的政策颁布数量有一定程度的减少，但总体上并没有受到特别重大的影响，批发零售业的政策总效力是上升的。"十二五"规划（2011—2015年）提出扩大内需，通过建立扩大消费需求的长效机制，保持经济长期平稳较快发展，扩大内需加快了批发零售业的发展，京津冀三地积极颁布批发零售业相关政策。"十三五"规划（2016—2020年）提出坚持需求引领、供给创新，提高供给质量和效率，激活和释放有效需求，形成消费与投资良性互动、需求升级与供给升级协调共进的高效循环，增强发展新动能；而批发零售是连接生产和消费，促进消费的重要中间环节，所以政策颁布数量逐渐增多。到2018年、2019年"十三五"规划即将结束，再加上政策实施具有一定的滞后性，这两年颁布的政策数量较少，政策总效力也逐渐减少。

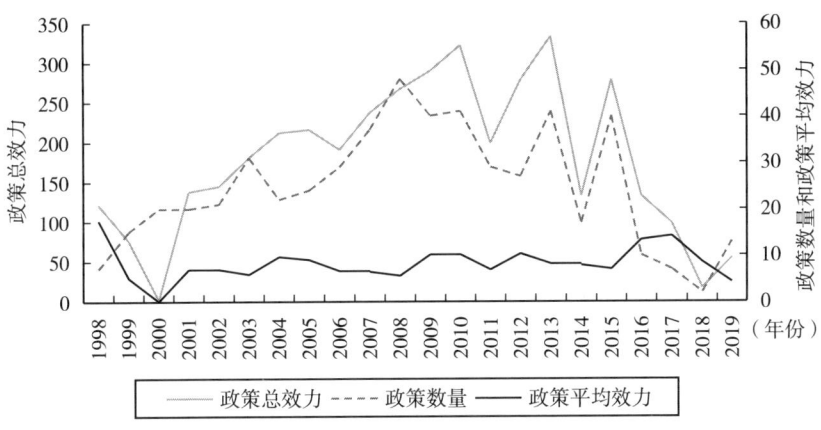

图 11 - 8 1998—2019 年政策数量、政策总效力、政策平均效力的演变

图 11 - 9 显示了京津冀批发零售业政策措施平均得分和政策力度平均得分的变化过程，可以看出政策力度平均得分基本维持在同一水平上。1998 年政策措施平均得分和政策力度平均得分偏高的原因是：虽然 1998 年颁布的政策数量较少，但是颁布的规定、办法等政策占颁布的政策的 3/7。1998 年后颁布的政策中通知类的政策占多数，政策力度在 1999 年后基本上维持在 1～1.2，比较稳定但从侧面反映出京津冀政府制定的通知

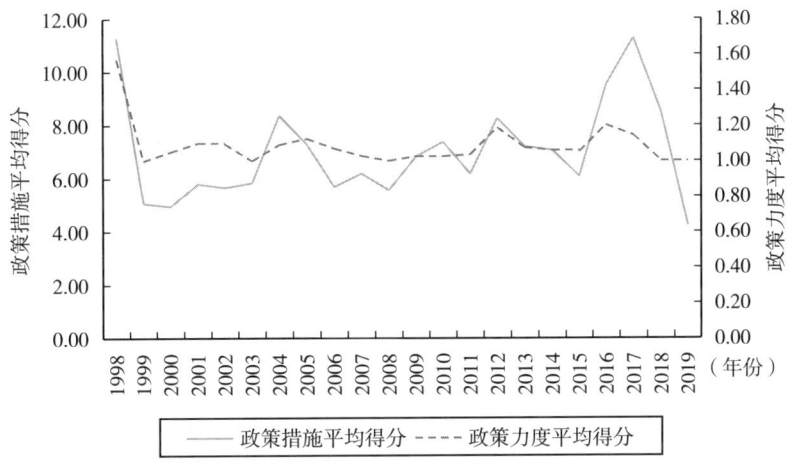

图 11 - 9 1998—2019 年政策措施平均得分、政策力度平均得分演变

类政策力度较小。2004 年经历非典疫情后为了重振经济发展，政府颁布的政策措施较为全面，政策措施平均得分较高；2019 年"十三五"规划进入收尾阶段，政策颁布较少，政府主要致力于总结归纳"十三五"成绩和存在的问题以及为接下来的"十四五"规划做准备。

2. 批发和零售业政策部门协同的演变分析

京津冀对应北京、天津、河北这三个省市，分别对这三个省市的批发零售业政策部门协同的演变情况进行分析。

（1）北京各部门协同颁布批发零售业政策的演变情况分析。对政策颁布的部门进行梳理和综合分析，为了便于分析，对 1998—2019 年颁布政策的 15 个部门进行编号。1～15 分别对应以下部门：北京市人民政府、国家税务总局北京市税务局、北京市物价局、北京市财政局、北京市劳动和社会保障局、北京市药品监督管理局、北京市医疗保险事务管理中心、北京市商业委员会、北京市新闻出版局、北京市发展计划委员会、北京市商务局、北京市工商行政管理局、北京市烟草专卖局、北京市市政管理委员会、北京市人力资源和社会保障局。对角线上的数字代表此部门单独颁布的政策数量，其余数字代表相对应的两个部门联合颁布的政策数量，对角线上的数量和对应列（或行）的数量加总代表该部门单独和联合颁布的政策总数量。

表 11 - 4 列出了 1998—2019 年北京批发零售业政策部门协同颁布的情况，可以看出，北京政府部门协同颁布的批发零售业政策数量是比较多的，特别是北京市商务局、北京市发展计划委员会、国家税务总局北京市税务局，这几个部门至少联合三个以上的其他部门一起颁布政策。单独颁布政策最多的部门是北京市发展计划委员会，占比达到了 34.55%；其次是北京市物价局、北京市药品监督管理局，所占比例分别达到了 13.01%、10.57%；其他的部门单独颁布的政策占比都在 10% 以下。北京市人民政府、北京市医疗保险事务管理中心、北京市烟草专卖局、北京市人力资源和社会保障局这几个部门主要是单独颁布政策，并没有与其他部门一起协同颁布，因此这几个部门以后可以多和其他部门联合颁布政策，提高政策

的执行范围。北京市财政局、北京市工商行政管理局、北京市市政管理委员会这三个部门颁布的批发零售的政策都是和其他部门一起颁布，没有自己部门单独颁布的政策。

表 11 – 4　　　　　北京批发零售业政策部门协同颁布情况

编号	1	2	3	4	5	6	7	8	9	10	11	12	13	14	15
1	9														
2		4		1							1			1	
3			30	1					1						
4		1	1								1				
5					13	1									
6					1	25									
7							16								
8								12		3					
9			1						3						
10								3		77	4	1			
11		1		1						4	9	1			
12										1	1				
13													3		
14		1													
15															13

"十四五"时期，各部门要加强沟通协调，通过各种政策协同促进北京批发零售业快速发展。北京鼓励发展的业态为国际知名主题购物中心、全球精品百货店、国际品牌体验店、旗舰店、高端特色主题商场、连锁品牌专卖店、特色餐饮和影剧院、博物馆等文体娱乐设施及各类新型跨界商业业态、定制业态；控制发展的业态为商品交易市场、大型家居商场、大型综合超市。

（2）天津各部门协同颁布批发和零售业政策的演变情况分析。对天津批发零售业政策颁布部门进行梳理和综合分析，为了分析方便，对1998—2019年颁布政策的15个部门进行编号。1～15分别对应以下部门：天津市人民政府、天津市物价局、天津市劳动和社会保障局、天津市药品监督管理局、天津市安全生产监督管理局、天津市商务委员会、天津市新闻出版局、天津市发展和改革委员会、天津市烟草专卖局、天津市人力资源和社会保障局、天津市水务局、天津市统计局、天津市粮食局、天津市财政局、天津市卫生局。对角线上的数字代表此部门单独颁布的政策数量，其余数字代表相对应的两个部门联合颁布的政策数量，对角线上的数量和对应列（或行）的数量加总代表该部门单独和联合颁布的政策总数量。

表11–5列出了1998—2019年天津批发零售政策部门协同颁布的情况，从时间演变的角度来看，天津各部门协同颁布的批发零售政策协同没有北京和河北高。大部分部门都是单独颁布政策，极少和其他部门一起协同颁布政策。天津市物价局单独颁布的政策占比是65.77%，超过了50%；其次是天津市发展和改革委员会，占比达到了15.44%；其他的部门单独颁布的政策加起来不超过20%。这也从侧面反映了天津批发零售业的发展政策主要是天津市物价局和天津市发展改革委员会颁布的，从颁布的政策内容来看主要是调整药品的零售价格和成品油的零售价格。

"十四五"时期，天津市的发展目标是建设国际消费中心和区域商贸中心的"双中心"城市。为实现这些发展目标，各部门要加强沟通协调，联合制定相关政策，促进批发零售业高质量发展。天津要力争建设全球商品贸易港，打造北方最大全球商品贸易基地。要发展平台经济，支持流通企业为核心的供应链平台做大做强，建设区域型商品交易市场，引导批发市场向展贸中心转型，推动天津逐步成为万商云集的商贸活动聚集地。到"十四五"时期末，要培育一批年销售额超过百亿元的批发和零售企业。

表 11 - 5　　　　　　　　　天津批发零售业政策部门协同颁布情况

编号	1	2	3	4	5	6	7	8	9	10	11	12	13	14	15
1	5														
2		97							1						
3			1	1											
4			1	7											
5					2										
6						1									
7							1								
8								23							
9		1													
10										1					
11											1				
12												1			
13														1	
14													1	2	
15														1	

（3）河北各部门协同颁布批发和零售业政策的演变情况分析。在对河北批发零售业政策颁布部门进行梳理和综合分析后，为了分析方便，对1998—2019 年颁布的 14 个部门进行编号。1～14 分别对应以下部门：河北省人民政府、河北省劳动和社会保障厅、河北省物价局、河北省粮食局、河北省食品药品监督管理局、河北省统计局、河北省卫生厅、河北省农业厅、河北省商务厅、河北省发展和改革委员会、河北省新闻出版局、河北省卫生和计划生育委员会、国家税务总局河北省税务局、中共河北省委员会。对角线上的数字代表此部门单独颁布的政策数量，其余数字代表相对应的两个部门联合颁布的政策数量，对角线上的数量和对应列（或行）的数量加总代表该部门单独和联合颁布的政策总数量。

表 11 - 6 列出了 1998—2019 年河北批发零售业政策部门协同颁布的情况，从时间演变的角度来看，河北批发零售业部门协同颁布的政策没有北京高，但比天津高。协同颁布的部门主要包括河北省物价局、河北省商务厅，这两个部门都和其他两部门及以上一起颁布政策，协同度较高。单

独颁布占比最高的是河北省物价局，占比达到了39.38%，其次是河北省发展和改革委员会、河北省食品药品监督管理局、河北省人民政府，占比分别达到了18.13%、13.13%、10.63%；其他部门单独颁布的政策占比都在10%以下。河北物价局和河北省发展和改革委员会这两个部门颁布的政策。大部分政策都是关于药品零售价格、成品油零售价格等的调整。河北省劳动和社会保障厅、河北省粮食局、河北省农业厅、河北省国家税务局这几个部门都是单独颁布政策，没有和其他部门协同一起颁布。河北省卫生厅、河北省新闻出版局、中共河北省委员会这几个部门都是和其他部门协同一起颁布政策，并没有单独颁布政策。

表11-6　　　　　　　　河北批发零售业政策部门协同颁布情况

编号	1	2	3	4	5	6	7	8	9	10	11	12	13	14
1	15						1							15
2		4												
3			61				1				1			
4				2										
5					21							1		
6						2			1					
7	1		1											1
8								3						
9						1			8	1				
10									1	27	1			
11			1							1				
12					1									
13													1	
14	1													1

综上可以看出，京津冀这三个省市协同颁布的政策有多有少，北京协同颁布的批发零售业政策最多，其次是河北，最后是天津。北京市政府及相关部门在进行经济结构的改革调整和转变经济增长方式，北京经济快速发展居民收入水平也在不断提升，居民消费需求也得到了稳步增长，企业

经营环境也得到了极大的改善，在很大程度上共同促进了北京批发零售业的快速建立与发展。河北作为三个省市中占地面积最大的一个，其商圈辐射范围也应该是较大的。2016 年河北省人民政府为了贯彻落实《国务院办公厅关于推动实体零售创新转型的意见》，结合河北省的具体情况提出要深化供给结构改革、创新零售发展模式、促进跨界融合发展、规范市场经营秩序、完善扶持政策措施。天津发挥港口和自贸实验区等优势，也在积极发展批发零售业，促进自身经济发展。天津市《"十二五"规划建议》把服务业大发展作为产业结构优化升级的战略重点，发展新型消费业态，拓展新兴服务消费，构建现代物流体系来发展批发零售业。

（4）京津冀各部门协同颁布批发和零售业政策的演变情况分析。从时间演变的角度来看，1998—2019 年京津冀批发零售业政策部门协同的情况如图 11－10 所示。可以看出联合颁布的政策数量和联合颁布的政策比例的波动情况大致是相同的，尽管 1998 年、1999 年、2008 年、2018 年联合颁布的政策是零，但并不代表颁布的政策数量少，颁布的政策不全面，可能是因为某些年份京津冀政府联合颁布的政策具有一定的滞后性，不需要每年都联合颁布政策。2016 年联合颁布的政策比例达到了最高，"十三五"规划在一定程度上促使政府联合颁布政策。

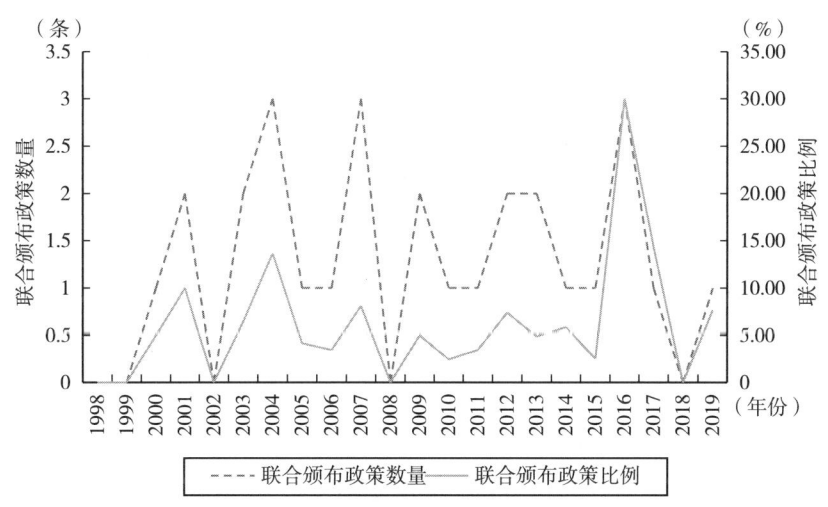

图 11－10 1998—2019 年京津冀批发零售业政策部门协同情况

北京各部门协同颁布的政策中，协同其他部门颁布政策最多的是北京市商务局、北京市发展计划委员会、国家税务总局北京市税务局，联合颁布的政策分别为 7、8、3 条，分别与 4、3、3 个部门一起颁布政策；其他的部门独自颁布政策或者联合一个部门或者两个部门颁布政策。单独颁布政策最多的是北京市发展计划委员会，颁布的政策数量为 85 条，占比达 1/3 以上，说明在北京市批发零售业的发展中，北京市发展计划委员会发挥着极为重要的作用。河北各部门协同颁布的政策中，协同度最高的是河北省物价局和河北省商务厅。单独颁布政策最多的河北省物价局，政策数量达到了 63 条，由于颁布的调整药品价格或者成品油等其他零售价格的政策较多，物价局主要负责颁布价格相关政策。天津各部门协同颁布的政策中，协同度相比北京和天津偏低，大部分政策都是政府部门单独制定实施，单独颁布政策最多的是天津物价局，政策数量达到了 98 条，占比 2/3 以上，原因和河北类似。

综合来看，京津冀联合颁布的政策中，更多的是通知及公告等力度较低的政策，政策实施有效期限短，效果不明显。

3. 京津冀批发和零售业政策措施协同的演变分析

对 1998—2019 年京津冀政府部门颁布的批发零售业政策措施进行了统计分析。统计分析结果显示使用人事措施、财政措施、引导措施、行政措施、金融措施、其他经济措施政策占所颁布政策总数比例分别为 20.52%、12.01%、98.71%、98.52%、5.36%、17.19%。其中引导措施占比最大，表明其是京津冀批发零售业发展的重要措施；其次是行政措施，并且行政措施和引导措施与其他措施表现出相当高的协同度，说明京津冀正逐步摆脱单纯依靠行政措施或其他单一政策措施，而是通过不同措施协同来实现政策目标。因此在分析政策措施协同时，重点分析其他各种措施与行政措施和引导措施的协同。

各种措施与行政措施的协同度如图 11 - 11 所示。引导措施与行政措施的协同度波动范围较大，而且协同度是最高的，这说明京津冀政府较为重视行政措施和宣传引导来促进批发零售业发展。在 2010 年之前，引导措施与行政措施的协同度总体上呈上升趋势，表明京津冀政府重视流通产业发展。2005 年是零售业转折的一个点，2005 年之前主要是线下的批发零售，2005 年电商发展，互联网经济迅速占领市场；1998—2005 年引导措施与行政措施的协同度的增加值和 2006—2010 年协同度的增加值基本等同，这说明电商很大程度上促进了批发零售的发展。2011 年、2014 年、2016—2019 年协同度波动幅度较大的原因是政策数量过少，导致协同度较低，波动幅度较大。其次是人事政策措施与行政措施的协同度，2003 年后人事措施与行政措施协同度增加幅度较大，2004 年后人事措施与行政措施的协同度趋于一个较平稳的状态，这说明京津冀政府越来越重视批发零售方面的人才培养。财政措施在 2016 年前整体上呈上升趋势，说明京津冀政府越来越重视通过财政手段（对批发零售业税收优惠）来促进批发零售业发展，但金融措施与行政措施的协同度一度处于相对较低的地位，说明京津冀政府在运用金融措施与行政措施协同方面比较薄弱，但使用行政措施过多则不利于批发零售业的可持续发展，政府应注重金融措施与其他措施之间的协同，从而促进京津冀批发零售业的持续稳定发展。

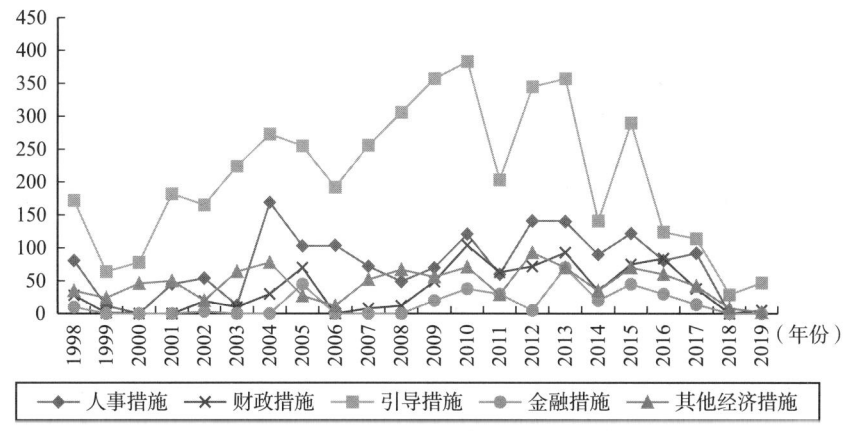

图 11-11 1998—2019 年各种措施与行政措施的协同度

各种措施与引导措施表现出的协同度如图 11-12 所示。1998—1999 年的协同度都在下降，主要原因是 1998 年颁布的政策意见、规范类政策占比较多，导致协同度高，其他年份的政策大多都是以通知类政策为主。

人事措施在 2003 年后与引导措施的协同度增加，原因与行政措施的协同度变化类似，这从侧面反映政府在宣传引导方面的人才培养也在加大力度，认识到了宣传引导对人才培养的重要性。财政措施和金融措施在2008 年后与引导措施的协同度上升，并且波动范围加大，说明京津冀政府越来越认识到财政方面的措施与引导措施协同的重要性。"十三五"规划指出要加大金融支持，大力发展风险投资。总体而言，各类措施与引导措施的协同度整体水平偏低，这与行政措施协同度之间存在较大的差距，说明行政措施在京津冀批发零售业发展中处于核心地位。

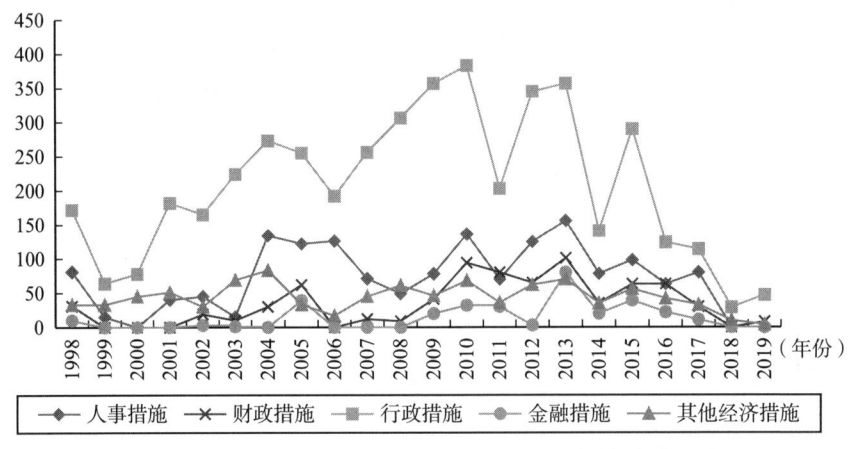

图 11 – 12　1998—2019 年各种措施与引导措施的协同度

二、京津冀批发和零售业发展政策协同的有效性分析

本部分将对京津冀批发零售政策协同的有效性进行分析，主要分析京津冀批发零售业政策协同对批发零售业发展的影响，前文分析得出行政措施与引导措施是在政策措施协同中使用最多的两种措施，故本部分根据有效政策的数量，选取 1998—2018 年批发零售业的数据，将其他各种措施与行政措施和引导措施的协同作为自变量来分析其对批发零售业发展的影响。

1. 基本计量模型

选用 1998—2018 年京津冀批发零售业的增加值代表京津冀批发零售

业的发展水平，并作为因变量来分析京津冀批发零售业政策措施协同对京津冀批发零售业发展的影响。由于 2019 年京津冀批发零售增加值未公布，再加上 2019 年的政策数量较少，协同度较低，故选择 1998—2018 年的数据进行研究。根据前文的分析，在京津冀批发零售业发展的政策协同中，行政措施和引导措施处于很重要的地位，故本部分分别分析批发零售业各种政策措施与行政措施、引导措施之间的协同对京津冀批发零售业发展的影响。选择自变量时，考虑到政策从实施到发挥效果存在时滞，具体分析时自变量的滞后阶数将根据 AIC 信息准则和 SC 准则来确定。考虑到前一年的京津冀批发零售业增加值对当年批发零售业发展水平有影响，将前一年的批发零售增加值也作为自变量。其中京津冀的批发零售增加值来自中国统计年鉴，协同度数据来自前文的量化分析。

构建以下模型分析京津冀批发零售业政策中各种措施与行政措施的协同对农产品发展的影响

$$bth_t = c_1 + \theta_1 bth_{t-i} + \theta_2 XZRS_{t-i} + \theta_3 XZCZ_{t-i} + \theta_4 XZYD_{t-i} + \theta_5 XZJR_{t-i}$$
$$+ \theta_6 XZQT_{t-i} + \theta_t \qquad t \in [1998, 2018] \qquad (11.6)$$

式中，$XZRS_{t-i}$、$XZCZ_{t-i}$、$XZYD_{t-i}$、$XZJR_{t-i}$、$XZQT_{t-i}$ 分别表示第 $t-i$ 年人事、财政、引导、金融、其他措施与行政措施的协同度。

再构建以下模型分析京津冀批发零售业政策中各种措施与引导措施的协同对批发零售业发展的影响。

$$bth_t = c_2 + \beta_1 bth_{t-i} + \beta_2 YDRS_{t-i} + \beta_3 TDCZ_{t-i} + \beta_4 YDXZz_{t-i}$$
$$+ \beta_5 YDJR_{t-i} + \beta_6 YDQTt_{t-i} + \omega_t \qquad t \in [1998, 2019] \qquad (11.7)$$

式中，bth_t 表示第 t 年京津冀批发零售业的增加值，bth_{t-1} 表示的是 $t-1$ 年的京津冀批发零售业的增加值，用它们来表示京津冀批发零售业发展水平；$YDRS_{t-i}$、$TDCZ_{t-i}$、$YDXZz_{t-i}$、$YDJR_{t-i}$、$YDQTt_{t-i}$ 分别表示第 $t-i$ 年的人事、财政、行政、金融、其他措施与引导措施的协同度；i 为滞后期数，为了得到滞后期数，需要利用 VAR 模型得到平稳性检验过后的数据的 AIC 准则和 SC 准则信息，确定滞后期；θ_i 和 β_i 代表自变量的系数；c_1 和 c_2 代表的是两个式子的常数项；θ_t 和 ω_t 为随机误差项。

2. 政策措施协同对批发和零售业发展的影响

将京津冀批发零售业的增加值作为因变量，各政策与行政措施以及引导措施之间的协同度作为自变量，对政策措施的绩效进行分析。在进行实证分析之前，需要检验数据是否平稳，如果不平稳则容易出现伪回归，故先对数据进行 ADF 检验，再利用 VAR 中的 AIC 和 SC 信息准则确定滞后期数，具体输出结果见表 11 – 7 和表 11 – 8。

表 11 – 7　　　　各种措施与行政措施协同对京津冀批发零售发展的影响

变量	滞后期	系数	T 值	P 值
c		– 387.8208	– 1.335080	0.2066
bth_{t-1}		0.893558	22.56018	0.0000
$XZCZ$	1	4.065077	0.741363	0.4727
$XZRS$	1	– 1.549914	– 0.765529	0.4587
$XZYD$	2	3.065677	3.111132	0.0090
$XZJR$	1	– 1.987007	– 0.282371	0.7825
$XZQT$	1	7.420904	1.742268	0.1070

注：（1）$R^2 = 0.990164$，D – W = 1.741756。（2）置信区间为 90%。

表 11 – 8　　　　各种措施与引导措施协同对京津冀批发零售发展的影响

变量	滞后期	系数	T 值	P 值
c		– 284.5951	– 0.779654	0.4507
bth_{t-1}		0.913190	20.77017	0.0000
$YDCZ$	1	5.935845	0.988623	0.3424
$YDRS$	1	– 0.971241	– 0.409518	0.6894
$YDXZ$	2	2.663593	2.317353	0.0390
$YDJR$	1	– 4.978007	– 0.728967	0.4800
$YDQT$	1	4.791419	0.918417	0.3765

注：（1）$R^2 = 0.987723$，D – W = 1.663049。（2）置信区间为 90%。

表 11-7 和表 11-8 分别表示各措施与行政措施的协同、各措施与引导措施的协同对批发零售业发展的影响。从上面这两个表的 R^2 与 D-W 检验来看，R^2 的值均大于 98%，第二个模型的 DW 的值在不确定性的范围内，对上述第二个模型进行修正，得到以下模型

$$bth_t = c_2 + \beta_1 bth_{t-i} + \beta_2 YDRS_{t-i} + \beta_3 YDCZ_{t-i} + \beta_4 YDXZ_{t-i}$$

$$+ \beta_5 YDJR_{t-i} + \beta_6 YDQT_{t-i} + \omega_t + \omega_{t-1} + \omega_{t-2}$$

$$t \in [1998, 2019] \tag{11.8}$$

修正后表 11-9 中的各个指标都符合范围值。从表 11-8 和表 11-9 中的置信区间来看，表 11-9 的各措施与引导措施协同的置信区间有两个变量在置信区间 95% 以内；表 11-8 的各措施与行政措施协同的置信区间有一个变量在置信区间 95% 以内。相比之下第二个模型即各措施与引导措施协同之间的模型拟合效果更好一点。这是因为在京津批发零售发展中，引导措施占比更高。滞后期的选择本部分主要是参考 AIC 信息准则和 SC 准则，通过平稳性检验后得到的 AIC 和 SC 的结果都可以得到政策措施的滞后期均为 1~2 年，两个模型所表达的内容与现实情况是相符合的。从表 11-7 和表 11-8 可以看出：首先，政策措施协同对于京津冀批发零售业发展整体上均具有滞后性，这和现实生活中政策发挥效应的滞后是相符的。可以看出财政措施主要是用于补贴、调整税收，对行政措施有促进作用，对引导措施反而起抑制作用，说明财政措施与行政措施结合的更好，应该探寻财政措施阻碍引导措施的原因，使财政措施与引导措施发挥积极的作用。人事措施对行政措施和引导措施都起一定的阻碍作用，人事措施主要是人才培养、提高从事相关行业的人的素质，可能是因为人才培养需要花费一定的资金和时间成本，所以措施的实施效果较不明显。

表 11-9　　各种措施与引导措施协同对京津冀批发零售发展的影响

变量	滞后期	系数	T 值	P 值
c		-234.0471	-2.224631	0.0568
bth_{t-1}		0.963112	73.14096	0.0000

变量	滞后期	系数	T 值	P 值
YDCZ	1	−0.631355	−0.418951	0.6863
YDRS	1	−4.741050	−5.880349	0.0004
YDXZ	2	5.787242	14.07703	0.0000
YDJR	1	−3.881278	−1.466505	0.1807
YDQT	1	−3.167329	−1.711068	0.1254
AR（1）		−1.186194	−9.396864	0.0000
AR（2）		−1.067367	−8.460270	0.0000

注：（1）$R^2 = 0.997666$，$D-W = 2.476996$。（2）置信区间为90%。

三、结论及政策建议

第一，虽然政府部门协同颁布批发零售业的政策较多，但是与交通运输部门相比，京津冀批发零售业政策协同度偏低，政府部门应该重视关于政策协同带来的政策效力，重视各部门协同颁布政策。"十四五"期间，加强对批发和新零售方面的政策支持力度；推动传统批发市场触网升级，建设现代化商品批发市场，构建高效配送网络体系，降低流通成本，提高流通效率；鼓励发展新零售、移动支付、网红带货、首店经济、宅经济、无人配送、直播零售等新业态、新模式；建设智慧商店、智慧商圈、智慧街区，完善城乡商业网点布局，推进社区便民商业网点建设；发展连锁经营、小店经营模式；健全鼓励消费的政策体系，创新消费金融；培育做优平台企业，加强线上线下消费融合，发展无接触交易服务，推进传统商圈改造，推动实体商业创新发展，打造一批购物小镇，提升特色商业街品质。

第二，人事措施对京津冀批发零售业有明显的促进作用。批发零售业的高质量发展离不开高素质的人才。政府要加大市场营销人才培育力度，使更多专业领域的人才掌握现代流通技术，提高流通效率。一方面要拓宽人才引进渠道，另一方面要提高人员素质，打造批发零售专业领域人才队伍。财政措施和金融措施对批发零售业的助推作用也非常显著，对一些中小型批发零售企业提供税收减免等财政优惠措施，加大金融扶持力度，可以促进中小企业发展能够有效提升批发零售业的规模层次。

第三节　本章小结

北京文化创意产业政策之间系统性、协同性不强，政策体系科学性不足，政策的制定基础需要完善。因此，北京要加大政策的宣传力度，提高政策的认知度；加快北京文化创意产业政策的服务平台建设；加强对重点产业门类的政策扶持，弥补目前在人才、消费、外贸等方面的政策缺位；加强对文化创意产业创意成果的保护，对自主品牌文化产品与服务出口、中小型文化创意企业启动等方面实行政策扶持；加快文化市场的资源整合，打造特色的文化品牌和高质量的文化创意产品，构建国际文化贸易发展新格局。

在批发零售业中，人事措施对京津冀批发零售业有明显的促进作用。人才是推动发展的动力，批发零售业的健康发展离不开人才的培养。政府需要完善管理制度，加大市场营销人才开发力度，使更多专业领域的人才掌握现代流通技术，提高流通效率。一方面要拓宽人才引进渠道，另一方面要提高人员素质，打造批发零售专业领域人才队伍。财政措施和金融措施对批发零售业的发展也起重要的推动作用，对一些中小批发零售企业提供税收减免等财政优惠措施，加大金融扶持力度，可以促进中小企业发展，能够有效提升批发零售的规模层次。近年来，新零售发展迅速，应该注重新技术在批发零售领域的应用，例如人工智能、大数据等新进技术，政府应高度重视现代流通技术对批发零售领域带来的改变，加大政策力度支持现代流通技术发展和应用到批发零售业。

第十二章　结论与政策建议

第一节　结　　论

本书课题组力求在以下方面作出一些具有理论与实践价值的探索，主要得出以下结论。

第一，服务业发展政策的制定和实施促进了服务业发展，但服务业发展质量不够高，表现为市场开放不够、民间投资动力不足，金融支持度不够等。我国服务业起步较晚，服务业产值增速较为明显，但受限于资金、管理经验不足以及服务业人才的短缺，发展水平仍然不高。传统服务企业的创新驱动意识仍然不强，与建立高质量的服务经济之间还有很大的差距。在互联网时代，"互联网＋"加快了信息传播的速度，加快了传统服务企业的转型升级。服务企业积极拥抱互联网技术，打造"互联网＋服务业"的新经济形式，为我国的服务业注入新的活力。我国服务业发展呈现出与制造业融合、新技术、电子商务、全球化相结合的新趋势。

当前我国服务业市场存在"双向封闭"的现象，致使国内服务业市场活力不足，产业竞争力弱。从国内市场来看，民营资本和中小企业存在"难以进入"的现象，支持性改革政策不到位；从国际市场来看，我国服务业政策在外资准入水平上具有较高的行政壁垒，导致优质外资企业无法进入国内市场参与竞争。因此，我国服务业应该积极采取对内改革、对外开放的政策，进一步推动服务业向价值链的中高端前进。

（1）生活性服务业。生活性服务业规模不断扩大、产业结构调整加快、消费范围扩大和服务质量提高。随着我国大数据、云计算、物联网等新技术应用迅速发展，生活性服务业衍生出生态旅游、休闲养老、远程教育、智慧社区等多种新的产业，但生活性服务业也存在供需矛盾突出、标准化程度偏低、人口老龄化抑制发展、体制机制不完善、企业规模小承担税费重等问题。

（2）生产性服务业。生产性服务业在现代农业发展中处于核心地位，在农业现代化进程中发挥重要作用。对高端制造业增长的影响是非线性的，扩大生产性服务业的投入对制造业产出有很大的贡献。但生产性服务业市场准入门槛高，供给能力受到制约，且工业生产方式相对落后，工业布局相对分散，城市化相对滞后，生产性服务业尚未形成有效集聚，缺乏有效的区域分工和协作机制。生产性服务业发展缺乏政策性支持，服务业用水、用电和用地政策与工业政策形成巨大反差。某些服务业领域仅仅依靠国有企业和外资，不能充分调动全社会的力量，尤其是民间资本的积极投入，必然会给生产性服务业的健康发展埋下重大隐患。

（3）社会性服务业。社会性服务业呈现非资本密集、劳动力需求量大、技术密集等特点。

社会服务业的领域十分庞大，其外延也在不断变化，但其所服务的对象是社会公民不变，主要的行业有计算机应用、科研、运动、旅游、社区等。

第二，中国服务业政策更加体现服务业的创新性和高质量发展。第三产业是相对于第一、二产业而言的，并没有突出其本质，而服务业的概念，则更为明确地抓住了该产业的本质。

新中国成立初期到1979年我国服务业发展政策总体缺失。第三产业在第七个五年计划中首次进入国家最高的战略政策体系之中。此后，每个五年计划（或规划），都会对第三产业的发展展开全面的论述和规划。在"八五"计划以及党的十四大关于建立中国特色社会主义市场经济体制的决议基础上，1992年6月16日中共中央、国务院作出了《关于加快发展第三产业的决定》，该文件成为我国第三产业发展历史上最重要的战略性文件之一，是此后第三产业或服务业发展政策扩展和调整的基础。

2001年，国务院批转了国家发展计划委员会关于《"十五"期间加快发展服务业若干政策措施的意见》，首次以服务业而不再是第三产业名义，对服务业的总体发展意义和政策措施体系进行了综合阐述。国务院于2013年印发了《服务业发展"十二五"规划》，这构成了我国第一部专门的服务业发展专项规划，由此服务业发展有了专门的指南和蓝图。为使服务业发展适应国家进入新常态下创新发展和高质量发展的总体要求，2016年，国家发展改革委出台了《"十三五"国家服务业综合改革试点实施意见》；2017年4月，科技部印发了《"十三五"现代服务业科技创新专项规划》；2017年6月，国家发展改革委发布了《服务业创新发展大纲（2017—2025年）》；2019年10月，国家发展改革委、市场监管总局印发了《关于新时代服务业高质量发展的指导意见》。这几个政策文件的相继发布标志着我国服务进入了高质量发展阶段。

第三，生产性服务业政策颁布的数量最多，生活性服务业政策数量次之，社会性服务业政策颁布最少。服务业可以分为生产性服务业、生活性服务业和社会性服务业。根据国家"十三五"规划关于服务业发展的相关内容，生产性服务业主要包括研发设计与其他技术服务、货物运输仓储和邮政快递服务、信息服务、金融服务、节能与环保服务、生产性租赁服务、商务服务、人力资源管理与培训服务、批发经纪代理服务、生产性支持服务等；生活性服务业包括文化、体育和娱乐业、批发零售业、旅游业、教育、房地产业和居民服务业等；社会性服务业包括水利、环境和公共设施管理业、科学研究、技术服务和地质勘查业等。

生活性服务业越来越能满足人民日益增长的美好生活需要，但在满足高端家政、老年生活质量提高等高品质消费要求方面的能力还有待提高。在推进产业结构调整升级的过程中，生活性服务业是扩大社会就业的重要渠道；大力发展文化、体育和娱乐业和旅游等生活性服务业，来丰富人民的精神生活，是国民收入水平提高、消费结构转型升级以及构建小康社会的必然要求。

生产性服务业协同颁布政策最多的部门是财政部和国家发展改革委，

其次是人力资源和社会保障部；单独颁布政策最多的是交通部，其次是银监会（已撤销，现为银保监会）。

生活性服务业部门协同颁布政策最多的部门是农业部和财政部，其次是国家税务总局；单独颁布政策最多的是教育部，其次是国务院，但在生产性服务业和生活性服务业政策中，国务院协同颁布的都较少，这可能与国务院的地位有关。

社会性服务业发展政策发布远不及生产性和生活性服务业，反映出社会保障、公共服务可能难以满足公众需求。社会服务大多具有公共品性质，社会资金相对短缺，政府是公共服务的主要提供者，由于社会组织的功能结构和服务能力低，所以很难提供专业化和高质量的社会服务产品。

第四，政策总效力增加主要是因为政策数量的增加，而不是政策力度和政策措施的改善。我国服务业发展政策总效力（政策实施后所产生的实际效果）处于稳步上升的态势。从"十二五"规划开始我国越来越重视服务业发展，制定了第一部专门的服务业发展专项规划，从此服务业发展有了专门的发展蓝图；2014年后颁布的服务业发展政策数量也开始稳步上升，导致政策总效力增加。

第五，服务业发展政策大多为通知类等力度比较低的政策，不利于服务业长期性、系统性、战略性发展目标的实现。服务业发展政策的形式是多样的，根据本书中所建立的政策数据库，发现自改革开放以来我国服务业发展政策多是以法律、规划纲要、指导意见、办法、通知等具体形式发布的。通知，是向特定受文对象告知或转达有关事项或文件，一般适用于批转下级机关公文，转发上级机关和不相隶属机关的公文等。在我国服务业发展政策的颁布中，不管是各部门单独或协同颁布的服务业发展政策中，很多都是以通知的形式告知，通知类的政策最多，但通知类政策的力度比较低，不利于服务业发展目标的实现。

第六，服务业主管部门没有掌握足够的经济和行政资源。在服务业发展政策的部门协同中，真正处于部门协同核心地位的是国家发展改革委和财政部等具有行政和经济资源的部门，而关乎服务业发展的主管部门没有掌握足够的经济和行政资源，虽然政策颁布参与的部门众多，但各部门参与积极性较低，整体效率不高。

第七，本书将服务业政策协同性问题，定位为政策的制定和实施主体在议定政策目标以及确立不同政策措施等方面的相互协调。政策协同性的内涵指向分解为三个层次：首先，对政策主体而言，政策协同要求各级政府为了推动跨部门政策目标的实现，需超越现有政策领域的边界，超越单个职能部门的职责范围，通过一定的方式和手段整合不同部门之间的政策。其次，对政策目标而言，政策协同要求各相关政策主体在政策目标上达成一致性。为了实现共同目标，需要各相关主体，最大限度减少与政策目标的冲突，以缓解政策碎片化所造成的政策效率低下问题。最后，对政策的具体措施而言，政策协同要求各个具体措施之间具有一致性。政策措施是最终落实政策目标、推进政策实现的手段，措施层面需要推进协同性，使之减少彼此之间的矛盾和相互抵触，最终都能够更好地相互配合、服务于共同的政策目标。

我国服务业政策正逐步摆脱单纯依靠行政措施或其他单一政策措施的局面，而是通过不同措施的协同来实现政策目标。

服务业发展政策措施协同不断加强，各部门协同、综合利用各种政策措施成为趋势。1997—2019 年我国政府部门颁布的生产性服务业政策措施中行政措施占比最大，其次是引导措施；而在此期间生活性服务业政策措施中引导措施占比最大，其次是行政措施。说明在生产性服务业发展政策措施中行政措施处于措施协同的核心位置，在生活性服务业发展政策措施中引导措施处于措施协同的核心位置。生产性服务业和生活性服务业的行政措施和引导措施与其他措施都表现出相当高的协同度，说明我国服务业政策不再单纯依靠单一政策措施，正在通过不同措施之间的协同来实现政策目标。

第八，注重体制和政策等的协同性以及系统性、整体性，是我国以往深化改革的重要经验。提高相关政策的协同性，是解决诸多社会经济问题的关键。党的十九大专门提出了"着力增强改革系统性、整体性、协同性"这一要求，并将其作为全面深化改革取得重大突破的一项重要经验；同时，大会还将"更加注重改革的系统性、整体性、协同性"写入了党章，成为此后一个时期指导全面深化改革的重要指导思想和基本要求。

从宏观角度看，服务业政策体系作为国家治理体系中的重要部分，促进了各项服务业政策的协调配套、系统集成，并增强了服务业政策改革深化的系统性、整体性、协同性，不仅是过去服务业政策效率的重要根源，更是今后持续推进服务业产业治理现代化、提升服务业政策体系效应的关键要求。

第九，我国政府尝试将更多的经济杠杆与行政措施协同使用，但在金融措施与行政措施的协同运用方面比较薄弱。财政措施与行政措施的协同度呈现出稳步上升的趋势，其他经济措施与行政措施间的协同度整体呈上升趋势，表明我国政府尝试将更多的经济措施与行政措施协同使用。金融措施与行政措施之间的协同度最小，说明我国政府在运用金融措施与行政措施协同方面比较薄弱，这与我国金融市场发展水平有关：我国金融市场尚不成熟，开放水平较低，金融工具类的使用与西方国家相比仍有较大差距。

值得注意的是人事措施与引导措施的协同整体上维持在一个较高水平，表明我国政府在重视人才培养的同时，也认识到了引导体系对人才培养的重要性，这不仅能够更好地促进人才的培养，重要的是能在全社会营造重视人才的氛围。财政措施、金融措施与引导措施的协同度整体上呈现上升的趋势，说明我国政府越来越认识到经济类措施和引导措施协同的重要性，但总体来说其协同度整体水平偏低，和与行政措施协同度之间存在较大的差距，说明我国在服务业发展政策制定的措施协同中主要考虑和行政措施的协同，行政措施依然处于措施协同中的核心地位。

第十，不同的政策措施协同对服务业发展所产生的影响是显著不同的。财政措施和行政措施的协同、财政措施和引导措施的协同对经济发展具有正向的促进作用，人事措施与行政措施的协同、人事措施与引导措施的协同对经济发展也具有正向的促进作用。人事措施与行政措施的协同对服务业发展具有滞后影响，服务业发展对以税收为主要方式的财政政策比较敏感，对人才的培训所产生的实际经济效应要慢于其他政策。金融措施和行政措施的协同对服务业发展具有阻碍作用，但金融措施与引导措施的协同对服务业发展具有促进作用，表明在实际的经济中，应该更多地将金融措施与引导措施协同使用，更好地促进服务业的发展。

第十一，服务业政策促进了经济增长、产业结构升级与就业，但在促进产业结构合理化方面还有待提高。我国服务业政策与GDP、第三产业发展、产业结构高级化均具有较为理想的耦合度。在耦合一致性方面，大致经历了"低度—中度—高度—极度"的耦合一致升级过程，这说明服务业政策与GDP、第三产业发展及产业结构高级化均表现出密切、良好的耦合关系，从而表明，服务业政策在经济增长与产业结构升级方面起到了一定的促进作用。然而，服务业政策与产业结构合理化之间耦合度非常不理想，一直处于分离或拮抗阶段，且耦合度呈现出下降趋势。服务业政策与产业结构合理化的耦合一致性同样处于较低水平，这表明服务业政策并未在产业结构合理化方面起到应有的作用。

服务业政策与GDP、第三产业增加值，就业人数，第二、三产业就业比，第三产业增加值比例以及产业结构合理化之间均存在较为稳定的长期均衡关系，且在各个均衡关系中，服务业政策均表现出了正向促进作用；在短期影响机制方面，服务业政策除了对第二、三产业就业比具有负的影响效应，其对GDP、第三产业增加值、就业人数、第三产业产值比重以及产业结构合理化均表现出了正向的短期影响。这表明服务业政策在经济增长、就业吸纳和结构优化升级方面均具有积极作用。应特别注意的是，服务业政策对这些方面的促进作用并不明显，未来在服务业政策制定和效力发挥方面，还有较大的提升空间。

第十二，生产性服务业政策在推动制造业发展中的效果较为理想。1997—2019年，经过一段时期的调整与发展，生产性服务业政策与制造业创新、制造业增长、制造业升级均达到了较为稳定的耦合阶段，生产性服务业政策与制造业发展各个方面的耦合一致性也都基本经历了"低度—中度—高度—极度"的完整耦合一致性过程，体现了我国生产性服务业政策在这一过程中不断优化升级，从而提升与制造业发展的契合度，助力制造业发展。生产性服务业政策与制造业创新水平、制造业增加值以及高技术制造业增长之间均存在长期的均衡关系，且其对制造业各项发展均起到了正向促进作用。从误差修正模型所反映的短期影响机制来看，生产性服务业政策对制造业发展也都起到了积极的推动作用。总而言之，生产性服务业政策在推动制造业发展中的效果较为理想。

第十三，生活性服务业政策在拉动消费需求、缩小城乡差距、提高人民生活水平方面，发挥了应有的重要作用。1997—2019 年的生活性服务业政策与居民消费水平、城乡消费差距以及居民生活水平之间的耦合度不断提升，生活性服务业政策与该三项的耦合一致性也都先后达到了极度耦合一致水平，体现了生活性服务业政策与居民消费和人民生活的深度融合。生活性服务业政策与居民消费水平、城乡消费差距、居民生活水平之间存在长期均衡关系，对居民消费水平具有正向效应，对城乡消费差距和恩格尔系数具有负向效应，说明生活性服务业政策拉动了消费需求、缩小了城乡之间的差距、提高了人民生活的水平。

第十四，服务业政策对产业结构升级、生产性服务业政策对制造业升级、生活性服务业政策对城乡居民消费升级的短期效应尚处于较低水平。其中，生活性服务业政策短期效应在三者中相对较大，生产性服务业政策短期效应为三者中之最小。政策系统的累积效应越大，增进效应也越大，二者均由短期效应和反馈循环水平共同决定。三个政策系统均具有正向反馈效应，其中生活性服务业政策的累积效应和增进效应最大，整体服务业政策次之，生产性服务业政策最小，表明在政策作用下，潜在发展速度从高到低排序为居民消费升级、产业结构升级和制造业升级。政策系统的长期均衡效应可以分解为系统增进效应与短期效应的乘积；同时，长期效应水平取决于短期效应水平和反馈循环水平，其对短期效应水平的变化更加敏感。三个系统的政策长期效应由高到低依次为"生活性服务业政策—居民消费升级"系统、"服务业政策—产业结构升级"系统和"生产性服务业政策—制造业升级"系统。

第十五，服务业政策的实施效果随省区市或区域不同，在整体与局部区域上可能存在较大差异。政策措施效力的影响效果在短期与长期效应、本期与滞后期政策效力上都随区域（或省区市）不同，进而产生不同的结果与结论。如果对全国范围的服务业进行评价，政策措施效力的有效性可能不显著，或政策效力与总量指标、产业结构之间没有关联性、耦合性较弱等。因此，服务业政策的制定、管理与实施，需要区分不同地域条件、不同发展水平，随区域、省区市或城市不同而采取有针对性的策略；逐步推进与指导服务业实现从粗放到精细化、从规模到质量的提升，分梯度实现从传统服务业向现代化服务业的转型与升级。

第十六，京津冀、长三角和泛珠三角区域的服务业政策实施明显促进了服务业的经济增长与就业水平，长三角区域的促进效应更加明显。我国不同发展时期服务业政策文件的词云图和高频词显示，服务业政策的"决策与管理"大致是有效的。服务业政策实施结果的有效性表明，政策措施效力及其滞后期与区域服务业经济总量与就业水平之间呈现高度统计相关和排序的协同相关性，并与服务业增速之间具有较强的灰色关联，其中，长三角区域的关联度最强。同时，政策效力对区域服务业的经济总量与就业水平具有短期弹性与长期弹性作用，但政策作用的省区市协同一致和政策效力的滞后性存在差异，其中，长三角和泛珠三角区域的省区市协同一致性显著；长三角区域的政策效力具有较强的滞后延续作用。

第十七，在关于北京文化创意产业政策效应评价的案例分析中发现，北京文化创意产业政策之间系统性、协同性不强，政策体系科学性不足，政策的制定基础需要完善。北京要加大政策的宣传力度，提高政策的认知度；加快北京文化创意产业政策的服务平台建设；加强对重点产业门类的政策扶持，弥补目前在人才、消费、外贸等方面的政策缺位；加强对文化创意产业创意成果的保护；对自主品牌文化产品与服务出口、中小型文化创意企业启动等方面实行政策扶持；加快文化市场的资源整合，打造特色的文化品牌和高质量的文化创意产品，构建国际文化贸易发展新格局。

在关于京津冀批发和零售业政策协同性与有效性的案例分析中有以下发现。

（1）虽然政府部门协同颁布批发零售业的政策较多，但京津冀批发零售业政策协同度偏低，政府部门应该重视关于政策协同带来的政策效力，重视各部门协同颁布政策。"十四五"期间，京津冀要加强在现代批发市场和新零售方面的政策支持力度；推动传统批发市场触网升级，建设现代化商品批发市场，构建高效配送网络体系，降低流通成本，提高流通效率；鼓励发展新零售、移动支付、网红带货、首店经济、宅经济、无人配送、直播零售等新业态新模式；建设智慧商店、智慧商圈、智慧街区，完善城乡商业网点布局，推进社区便民商业网点建设，发展连锁经营、小店经营模式；培育做优平台企业，加强线上线下消费融合，发展无接触交易服务，推进传统商圈改造，推动实体商业创新发展，打造一批购物小镇，提升特色商业街品质。

（2）人事措施对京津冀批发零售业有明显的促进作用。批发零售业的高质量发展离不开高素质的人才，政府需要完善管理制度，加大市场营销人才培育力度，使更多专业领域的人才掌握现代流通技术，提高流通效率。一方面拓宽人才引进渠道，另一方面提高人员素质，打造批发零售专业领域人才队伍。财政措施和金融措施对批发零售业的助推作用也非常显著，对一些中小型批发零售企业提供税收减免等财政优惠措施，加大金融扶持力度，扶持中小企业发展，能够有效提升批发零售业的规模层次。

第二节 政策建议

一、总体层面的政策建议

1. 赋予服务业主管部门更多权力，加强服务业政策制定的力度

在联合制定服务业政策的过程中，服务业主管部门由于权力资源的限制往往受制于掌握资源的核心部门；有些部门的参与仅仅是为了争取更多经济、政治利益，因此制定的政策数量虽多，但法律、国家层面的条例和纲要等较少，政策力度普遍偏低并影响实施效果。为了提高服务业发展政策部门协同的有效性，建立与国际接轨的服务业标准体系，应该赋予服务业主管部门更多经济和行政权力，使其积极参与本行业政策的制定，加强

政策制定力度。

2. 加强服务业各种政策措施之间的协同，强化政策协同保障

新经济时代全面深化改革呈现出许多新的内涵和特点，政策制定分量更重。对政策制定顶层设计的要求更高，对政策制定的系统性、整体性、协同性要求更强，相应地政策措施的协同、构建完善的政策体系的任务更重。因此，要综合运用各种服务业政策措施之间的协同来推进服务业的发展。此外，服务业发展政策的制定要综合考虑各种政策措施的运用，特别是金融措施与引导措施、人事措施与行政措施等要协同发力，共同服务于实体经济。我国服务业领域需要平衡促内需、调结构、稳增长、防风险等多元目标，单独依靠某一种政策措施都无法实现，政策措施间必须紧密配合，协同发力，共同推进服务业发展。即需要更好地发挥金融措施的作用，加大对服务业人才的培养力度，推动我国服务业更好的发展。随着我国改革开放程度越来越深入，金融措施将会发挥更大的作用，应该更多地关注其他措施与该措施的协同。过多地使用行政措施会阻碍服务业的可持续增长，因此在优化现代产业体系，加快推进服务业优质高效发展的背景下，政府应该将政策协同的重心转移到其他措施与金融措施之间的协同上来，用经济杠杆和市场机制取代部分的行政命令，从而推动服务业的健康可持续发展。在实际的经济运行中，应该更多地采用金融措施与引导措施的协同，以有效地发挥金融措施促进服务业发展的作用。尤其在"一带一路"建设背景下，完善金融服务政策，全力支持亚投行建设，为我国出口服务业提供全方位的金融服务。

我国已经制定了第十四个五年规划和2035年远景目标，按照"十四五"规划的目标任务、结合当前的经济发展形势，要坚持财政措施作保障、金融措施为支撑、其他政策相协调，着力构建宏观政策协调联动机制。合理确定宏观政策取向，坚持公共财政为公共政策服务，增强国家关于服务业重大战略任务的财力保障；加强中期财政规划和年度预算、政府投资计划与"十四五"规划实施的衔接协调，中央财政性资金优先投向"十四五"规划确定的有关服务业方面的重大任务。

3. 尽快完善发展服务业以"畅通国内大循环、促进国内国际双循环"的政策顶层设计

基于我国正处于经济发展新常态且服务业发展相对滞后的现状，应建立更加有利于服务业创新和发展的制度环境，不断完善服务业发展政策。在政策制定中，应以服务业供给侧结构性改革为主线，以推动经济社会高质量发展为根本任务，以充分发挥服务业的经济发展效应为目标，尽快完善发展服务业以"畅通国内大循环、促进国内国际双循环"的政策顶层设计；合理制定政策目标，创新政策工具，精细化政策措施，具体化政策实施路径和落实途径。

4. 强化政策制定与实施的多部门协同和完善服务业人才培养机制，提升政策效应

为了促进服务业整体又快又好发展，加快产业结构优化升级，提升服务业政策的长期效应，应不断完善服务业人才培养和培训长效机制，推动形成服务业参与主体网格化发展格局以及省内协作、省际协调、东中西部地区协同的多层次协同发展格局；加快推进服务业规范化、信息化和智能化，建立服务业发精细化标准和数字共享信息库。同时，强调政策工具组合多样化，强化政策制定与实施的多部门协同，以提升政策短期效应。

5. 激发民间投资活力，助推服务业高质量发展

我国服务业发展政策的制定和实施促进了服务业的发展，但服务业发展质量不够高，比较突出的表现为民间投资动力不足。因此，要激发民间投资活力，助推服务业高质量发展；要充分发挥市场机制的作用，鼓励民间投资，培育和发展旅游、健康、养老、体育、文化、家政、培训等社会领域的服务业；优化公共服务供给，释放居民的消费潜力，更好地满足人民向往美好生活的新时代需要，增强人民幸福感。

6. 继续扩大服务业开放政策，有效推动国家"一带一路"建设

深入推进服务业综合改革试点和扩大开放，扩大服务业对内对外开放，进一步放宽市场准入，全面清理不合理的限制条件，鼓励社会力量扩大多元化多层次服务供给。坚持独立自主和对外开放相统一，积极参与全球治理，共同构建人类命运共同体。在我国改革开放不断深入的当下，要以更大的决心和力度积极推动新一轮的改革开放，打破制度壁垒，扩大服务业的开放领域；我国服务贸易逆差，主要表现在旅行服务上，中美服务贸易互补性强，因此要扩大旅行服务的开放力度；要大力推动高附加值、高技术含量的生产性服务业对外开放，引导外资投向养老、商务、服务贸易、设计、金融、电信等领域，促进各国共同发展。

新冠肺炎疫情对服务业发展的重大冲击，一方面，说明了我们的服务业发展体系还不完善，有些环节还很脆弱，尤其是公共卫生和医疗服务领域；另一方面，也恰恰说明推动服务业转型升级和高质量发展的重要性和紧迫性。新冠肺炎疫情冲击引发的新问题，与原有的一些体制机制问题叠加，可能增大今后一段时期服务业进一步转型升级和高质量发展的难度。但转型升级的目标不能变、高质量发展的方向不能变，以更好地应对全球新冠肺炎疫情可能引发的我国国际发展环境变化的要求。全球新冠肺炎疫情的暴发，对我国的发展环境产生较大不利影响，为适应新形势并应对这些影响，提出了"以国内大循环为主体、国内国际双循环相互促进的新发展格局"。而随着国内收入水平和城市化程度的提高，服务消费的增长速度必然是内需增长中最快的部分，服务需求质量提高的趋势同样会日益明显。因此，以国内大循环为主，必然意味着服务业发展在这一大循环中将扮演主要角色，为了更有效地担当这一角色，服务业发展政策必然应该助推。而为了改善国际大循环，尤其是在新的形势下，更有效推动国家"一带一路"建设，继续提升我国服务业的开放水平，提升服务业在全球价值链中的位置，建立中国服务品牌，推动我国由制造大国走向服务强国，就必须大力推进服务业高质量发展。

7. 借鉴国外经验，合理制定服务业发展政策

借鉴欧盟、美国和日本的经验，我国在制定服务业发展政策时，要考虑以下三个方面。

首先，我国政府需要针对服务业发展给出合理的战略规划。其次，政府对服务业的具体研发环节所必需的资金，需要给予强有力的支持。而资金的使用应该着眼于具有核心竞争力的关键技术。此外，以制造业为代表的第二产业和以服务业为代表的第三产业有机融合是关键。如今，5G技术时代已经到来，有效促进了服务业的飞速发展，我们一定要以优质的通讯覆盖网作为基础，同时对相关产品也提出新的需求，让行业协会的促进作用发挥到极致。只有通过政府和行业协会的一致促进，才能够让服务行业整体在资金的支持下稳步向前发展。最后，发展服务业要从大型企业入手，大型企业的发展能带动中小企业的共同发展。大型企业由于其体量较大，因此更加有充足的资金投入研发环节，并且重视资金的使用效率，这样可以在一定程度上弥补由于垄断所造成的效率不高的现象。

以上各方面，都对我国服务业政策的制定提供了宝贵的可借鉴经验，我们应该确定目标，深入研究，推进政策的落地实施，推进我国服务业健康稳步地发展并与国际市场接轨。

二、分行业的政策建议

对各分行业而言，要巩固扩大生产性服务业优势，积极培育新兴服务业态，提高生活性服务业品质，增强服务业高价值创造能力。坚持以供给侧结构性改革为主线，持续推进服务业扩大开放综合试点，推动社会基本公共服务均等化发展；促进义化创意产业健康繁荣发展，形成一批在全国有影响力的高端、高效、高辐射产业集群，优化重构服务业功能布局，为建设经济强国提供重要支撑。发展高端商务服务业；调整提升流通服务业，进一步优化城市配送网络，运用现代信息技术、创新商业模式及金融服务配套等手段，支持统一配送、共同配送、城市配送物流、电子商务物

流等领域发展，提升流通业现代化发展水平。

1. 生产性服务业

（1）提升较发达地区生产性服务业的集群发展，加快生产性服务业向中心城市集聚。区域间生产性服务业发展不平衡。我国目前区域生产性服务业发展差距较大，且生产性服务业的发展具有明显的聚集性，对发展落后的地区，要加大投资，改造提升落后地区的传统产业，带动经济的快速发展；遵循服务业特别是生产性服务业在空间上的集聚发展规律，要进一步提升较发达地区的生产性服务业的集群发展，加快生产性服务业向中心城市集聚。

（2）对不同的服务业发展实行差别化政策，加大对新兴服务业的支持力度。生产性服务业之间发展不平衡。对新兴服务业的支持力度还不够，所以要对不同的服务业发展实行差别化政策。例如对金融业、软件和信息服务业、商务服务业这些与人均 GDP 和就业人数呈正相关的行业，要加大力度支持这些服务业的发展，在投资、税收等方面予以一些优惠政策；加大对这些行业的基础设施和环境的投资力度，实施优先发展战略，但是对交通运输业及仓储和邮政类基础行业，要结合当地的经济发展水平，实行适当的政策，不宜盲目放任和扩张。

（3）对新兴行业的政策要逐步放开管理，鼓励金融创新、技术创新、商业模式创新。生产性服务业创新程度还不够。电子商务服务业和互联网金融服务业的政策滞后于行业的发展，阻碍了这些新兴行业创新的步伐，由于电子商业模式创新大多没有具体的产品载体，所以在创新成果出来以后往往难以得到知识产权的保护；且这种模仿成本非常低，所以这会打击这些新兴行业的创新积极性。尽管这些行业的创新会给传统行业带来很大的冲击，但是我们不能因为潜在的风险就停滞不前，对这些行业的政策要逐步放开管理，鼓励在金融、技术、商业模式等方面进行创新。

（4）完善生产性服务业相关的法律法规。生产性服务业相关的法律法规依然还不完善。一是要加快生产性服务业发展的相关法律法规建设，完善法律法规环境，使生产性服务业的发展有法可依；二是要加强对消费者的风险教育和权益保护，完善生产性服务业的市场投资机制和消费环境，对违法行为要予以严厉打击；三是要优化生产性服务业企业的营商环境，支持各类企业依法设立，合法经营。

（5）加强部门协同，推动生产性服务业融合化、数字化发展。要以服务制造业和现代农业高质量发展为导向，推动现代服务业与先进制造业、现代农业深度融合，实现生产性服务业向专业化和价值链高端延伸；提高研发与工业设计、商务咨询、检验检测认证等服务，从而提高生产性服务业的创新能力。通过提高要素配置效率，推动供应链金融、信息数据、人力资源等服务创新发展；通过增强全产业链优势，提高现代物流、采购分销、生产控制、运营管理、售后服务等发展水平。

对服务业子行业而言，生产性服务业协同颁布政策最多的部门是财政部和国家发展改革委，其次是人力资源和社会保障部；单独颁布政策最多的是交通部，其次是银监会（已撤销，现为银保监会）。

生产性服务业是世界城市抢占产业竞争制高点、提升城市能级位势、构建国际供应链体系的关键产业，既能大幅提升产业基础高级化和产业链现代化水平、显著增强中心城市对区域发展的辐射力带动力，又能为畅通国民经济循环提供有力支撑。中央"十四五"规划《建议》中提出，要加快发展现代服务业，推动生产性服务业向专业化和价值链高端延伸，推动各类市场主体参与服务供给，加快发展研发设计、现代物流、法律服务等服务业。生产性服务业涉及交通部、工业信息化部、农业部等部门，多部门联合协同制定政策，推动现代服务业同先进制造业、现代农业深度融合，加快推进生产性服务业数字化。

（6）推动生产性服务业与制造业深度融合，提升制造业服务化水平。针对我国生产性服务业政策在促进制造业升级中的短期效应水平较低的现状，政策制定应立足于促使长期效应与短期效应协同发力；致力于推动生产性服务业与制造业深度融合，提升制造业服务化水平，不断以服务创新推动制造创新，加快制造业升级。这就需要建设有利于科技创新的长期与短期合作项目、创新扩散示范项目、信息交流平台和创新服务网络，形成更加高效的部门与地区间协调机制；充分发挥市场作用，优化商业环境，完善投融资机制；实施细分产业分类调研和指导计划，实现信息与技术的实时动态存储和在线共享交流。

2. 生活性服务业

（1）加大对生活性服务业各行业政策的制定力度，促进生活性服务业行业整体的发展和进步。各行业发展不平衡，各行业政策数量分布不均。我国的生活性服务业中，旅游业发展迅速，旅游服务行业政策数量偏高，其他行业的政策发布数量占比偏低。在重视旅游业发展的同时，应该同样提高对餐饮业、文化体育和娱乐业、批发零售业、教育、房地产业、居民服务业等的关注，促进生活性服务业行业整体的发展和进步。

（2）加强制定生活性服务业发展的专门规划。生活性服务业发展专门规划不足。从国家"六五"计划至"十二五"规划可以发现，国家的每五年发展计划（或规划）中，经常会把生产性服务业发展计划（或规划）单独列出，而很少专门把生活性服务业计划（或规划）单独列出。另外，很多省区市很早就开始制定关于促进生产性服务业发展的专门计划，而很少专门制定关于促进生活性服务业发展的专门规划。近年来，关于生活性服务业发展的专门规划开始增多，例如，2015年国务院办公厅印发了《关于加快发展生活性服务业促进结构升级的指导意见》，2017年初商务部依据国家"十三五"规划等内容制定了《居民生活服务业发展"十三五"规划》，但在"十二五"规划以前，生活性服务业发展专门规划明显少于生产性服务业发展专门规划。

（3）健全生活性服务业各行业的法规，明确相关服务标准，提高服务质量。生活性服务业各行业法规不健全、标准不明确，服务质量有待提高。尽管我国已制定了大量的生活性服务行业法规和标准，但各地政策落实的程度相差较大，各地方政策、标准实施效果不佳。例如，我国旅游业政府监管依旧未成体系，监管主体权责不清，监管制度不健全，导致我国旅游业政府监管出现效率低下、多头监管、监管空白频发、监管有效性缺失等系列问题，因而急需政府出面加大对旅游业的监管力度。我国政府应当积极采取相应措施，通过加强行业相关制度建设、健全法律法规、丰富监管手段、明确服务标准等措施，解决旅游市场失灵带来的损害消费者权益的系列问题，从而促进我国旅游业更加健康、快速地发展。目前，餐饮业仍未建立适用于餐饮全行业的统一法规，缺乏行业严格的市场准入制度和监管措施，餐饮市场秩序不规范，餐饮环境难以保障，食品安全问题时有发生，市场监督管理不到位。相关部门应引起重视，采取积极措施，提升餐饮行业服务质量，满足消费者更高的消费要求，促进餐饮行业更优质、快速地发展。另外，家政服务行业也缺乏专门的法律规范，争端处理机制不健全，一些家政服务公司只把业务停留在中介层面，而对服务质量缺乏要求。目前，居民服务业中的美容美发行业尚无服务人员服务技术的鉴定资质准入机构，导致很多企业或店面服务项目不规范，服务质量无法保证，资质名称、技术名称、产品名称较为混乱，严重降低了服务质量，损坏了消费者的合法权益。此外，房地产业的发展也存在较大问题，房屋质量问题时常作为热点新闻进入人们的视野，物业管理服务过程中也存在不作为、乱收费、野蛮服务等问题。因此，政府应当采取相应的措施，完善相关法律建设，加强监管措施，明确相关服务标准，以促进房地产行业快速健康发展。

（4）加强部门协同，推动生活性服务业向数字化转型、绿色化发展、品质化升级。我国经济已由高速增长阶段转向高质量发展阶段，人们的消费需求更加倾向于个性化、多样化和优质化，加快生活性服务业向高品质和多样化升级是大势所趋。要通过促进生活性服务业转型升级、培育新的增长点、加快集聚发展、提高开放水平、构建良好产业生态环境等，全面提升生活性服务业发展质量和水平。

生活性服务业为人们提供物质和精神生活服务，满足人们生活性消费需求，涉及人们生活的各个方面，以提升便利度和改善服务体验为导向，加快发展旅游、商贸服务、家庭服务、养老、医疗等服务业，对改善民生、扩大消费需求、转变生活方式有着重要支撑带动作用。加快完善养老、家政等服务标准，健全生活性服务业认证认可制度，推动生活性服务业诚信化职业化发展。推动生活性服务业向高品质和多样化升级还要加强政策创新，积极培育生活性服务新业态新模式，鼓励商贸流通业态与模式创新，推进数字化智能化改造和跨界融合，线上线下全渠道满足消费需求。

高质量发展、双循环、促消费是"十四五"期间国内经济发展主旋律。推动生活性服务业向高品质和多样化升级，推进服务业标准化、品牌化建设。生活性服务业将发生深度的质量变革，在数字化转型、绿色化发展、品质化升级等领域，生活性服务业还将迎来更多"大考"：既要适应疫情常态化下疫情防疫要求，又要积极实现企业经营目标和防疫升级，任务艰巨繁重。生活性服务业涉及商务部、教育部等部门，因此要加强部门协同，发挥部门优势，制定相关政策，使生活性服务业真正实现数字化转型、绿色化发展、品质化升级。

（5）加强生活性服务业政策与生产性服务业政策的协同性。鉴于生活性服务业政策对缩小城乡消费差距及促进消费升级的短期效应较为明显，一方面，可以从优化系统基础运行环境和促进政策长期效应发挥的角度，进一步提升生活性服务业政策效应水平，政策制定中着力推进生活性服务业与新型城镇化深度融合，促进以城带乡和城乡互动，缩小城乡差距；建立生活性服务业供需两端的双向联动机制和媒介平台，加快生活性服务业标准化和品牌化建设，推进品质升级。另一方面，加强生活性服务业政策与生产性服务业政策的协同性，实现生活性服务业与生产性服务业发展的双向带动，促进协同升级。

3. 批发零售业

加强部门协同颁布政策，促进批发零售业新业态新模式发展。虽然政府部门协同颁布批发零售业的政策较多，但是和交通运输部门相比，例如京津冀批发零售业政策协同度偏低，政府部门应该重视关于政策协同带来的政策效力，重视各部门协同颁布政策。"十四五"期间，要加强关于现代批发市场和新零售方面的政策支持力度；推动传统批发市场触网升级，建设现代化商品批发市场，构建高效配送网络体系，降低流通成本，提高流通效率；鼓励发展新零售、移动支付、网红带货、首店经济、宅经济、无人配送、直播零售等新业态新模式；建设智慧商店、智慧商圈、智慧街区，完善城乡商业网点布局，推进社区便民商业网点建设，发展连锁经营、小店经营模式；健全鼓励消费的政策体系，创新消费金融；培育做优平台企业，加强线上线下消费融合，发展无接触交易服务，推进传统商圈改造，推动实体商业创新发展，打造一批购物小镇，提升特色商业街品质。

加强批发市场尤其是农产品批发市场管理转型升级，推动主要批发市场"批零分开"。深入贯彻落实"十四五"流通体系发展规划，推进大型农产品批发市场建设，进一步提升生活必需品及应急物资供应保障能力。在农产品批发集散功能基础上强化公共物流配送功能，发展形成"批发集散＋电子商务＋物流配送"的现代化农产品流通枢纽。完善多层次商贸物流节点网络，支持农产品冷链设施建设，推动商贸物流信息化、标准化、智慧化发展。

在抗击新冠肺炎疫情的大背景下，压紧压实商业服务业防疫责任。滚动修订批发市场等行业疫情防控指引，落实各方责任，通过日常巡查、驻场督查等多种方式，落实测体温、戴口罩、一米线、限客流、通风消毒等措施，织密疫情防控大网。

三、分区域的政策建议

对京津冀区域，由于各省市服务业政策效力的影响作用差异较大，并没有形成协同一致的区域合力。因此，京津冀服务业的协同发展是一个"坎"，关键是找准服务业协同的行业与领域，例如开拓京津生产性服务业与流通性服务业的协同发展，提升其产业集聚水平与辐射能力；促进京津冀民生产业升级，带动京津冀公共服务业发展上新台阶以及突破京津冀三地户籍限制，带动服务业产业人员的就业转移等。对长三角区域，服务业政策实施对经济增长的影响效果最好。其中，长期增长弹性大于短期弹性，表明具有较好的增长潜力；政策效力的滞后效应高于本期效应，显示政策的延续性顺畅。只是来自政策效力直接推动服务业就业水平的影响较有限，区域（省市）服务业的就业水平主要受第三产业的就业结构本身的影响。因此，未来该区域的服务业政策要在促进第二产业（如制造业）

与第三产业（如生产性服务业）融合发展上提供更多的引导，进而带动服务业就业吸纳能力的提升。对泛珠三角区域，虽然该区域包含的省区市较多，但政策效力的省区市协同一致性显著；不过该区域对服务业经济增长的长期弹性明显大于短期弹性，反映服务业政策的消化与落实需要一个过程，政策效力的滞后效应也不显著。所以，服务业政策的管理与落地需要结合本地实际，给出相关配套政策，以提高政策实施的效果，达到预期的政策目标。

四、其他建议

1. 思想上要高度重视服务业发展

为更进一步发展服务业，需要在思想上进一步高度重视服务业发展。在新经济时代背景下，服务业发展较为迅速，服务业更加注重平台化和个性化，政策上应该加强与时代同发展的气息；服务业涉及的领域和范围越来越多，政府各部门应注重联合和协同，在政策制定时要考虑更加全面些。

2. 政府要加大对服务业扶持力度

为更进一步发展服务业，需要政府加大政策层面对服务业的扶持力度。政策对服务业的发展具有明显的经济绩效的，因此，需要各部门进一步转变政府职能，提高政府的行政效率，为服务业的发展需求提供更好的政策支持，让服务业更好的发展。

3. 政府要与时俱进地出台相关政策

为更进一步发展服务业，需要政府出台符合现实需求的政策文件。出台的金融措施没有起到促进服务业经济增长和就业吸纳的作用，说明服务业在新经济时代下有新的发展需求，服务业需要覆盖范围更广的金融支持；政策方面应该进一步放开服务业企业的贷款限制，为服务业企业提供更好的金融环境。

4. 进一步提高政策制定与实施能力

在注重高质量发展的新经济时代背景下，优化服务业政策组合，调整政策着力点和发力点，提升服务业政策对产业结构合理化的调整与促进作用，是今后服务业政策制定和落实方面的工作重点。服务业政策在经济增长、就业吸纳和结构优化升级等方面的促进作用并不明显，未来在服务业政策制定和效力发挥方面，还有较大的提升空间。

参 考 文 献

［1］埃伦·费希尔. 安全与进步的冲突［M］. 伦敦：麦克米伦出版社，1935.

［2］安体富，刘翔. 促进现代服务业发展的税收政策研究：国际比较与借鉴［J］. 学习与实践，2011（2）：5 – 11.

［3］白清. 生产性服务业促进制造业升级的机制分析——基于全球价值链视角［J］. 财经问题研究，2015（4）：17 – 23.

［4］白仲林. 面板数据的计量经济分析［M］. 天津：南开大学出版社，2008.

［5］北京市国家发展改革委. 推进京津冀协同发展 2018—2020 年行动计划［J］. 城市规划通讯，2018（15）：10.

［6］北京市国有文化资产监督管理办公室，中国传媒大学文化发展研究院. 北京文化创意产业发展白皮书（2016）［EB/OL］.（2016 – 11 – 21）［2021 – 8 – 16］http：//www. bjwzb. gov. cn/xxdt/tzgg/ff8080815881bf87015884f97a620007. html.

［7］毕斗斗，方远平. 发达国家生产性服务业的政策导向及启示［J］. 生产力研究，2008（22）：97 – 99，126.

［8］毕斗斗. 亚洲"四小龙"地区生产性服务业政策导向及启示［J］. 国际经贸探索，2008（5）：54 – 58.

［9］毕然，王英. 中国服务业增长影响因素——基于省级面板数据的实证分析［J］. 经济问题探索，2014（4）：52 – 57.

［10］曹莉萍，诸大建，易华. 低碳服务业概念、分类及社会经济影响研究［J］. 上海经济研究，2011（8）：3 – 10.

[11] 曹堂哲，崔楚虹. 我国 PPP 政策协同分析——基于 1985—2017 年国家和部委层面的政策计量 [J]. 岭南学刊，2019（2）：54 – 62.

[12] 曹堂哲. 公共行政执行协同机制——概念、模型和理论视角 [J]. 中国行政管理，2010（1）：115 – 120.

[13] 晁刚令. 服务业分类统计核算研究 [J]. 科学发展，2010（10）：33 – 51.

[14] 陈憧，杨建龙. 中国旅游业发展现状研究 [J]. 价值工程，2016，35（6）：219 – 222.

[15] 陈红霞. 北京市生产性服务业空间分布与集聚特征的演变 [J]. 经济地理，2018（5）：108 – 116.

[16] 陈建军，陈国亮，黄洁. 新经济地理学视角下的生产性服务业集聚及其影响因素研究——来自中国 222 个城市的经验证据 [J]. 管理世界，2009（4）：83 – 95.

[17] 陈建军，陈菁菁. 生产性服务业与制造业的协同定位研究——以浙江省 69 个城市和地区为例 [J]. 中国工业经济，2011（6）：141 – 150.

[18] 陈瑾玫. 中国产业政策效应研究 [M]. 北京：北京师范大学出版社，2011.

[19] 陈凯. 服务业在经济发展中的地位和作用：国外理论述评 [J]. 经济学家，2005（4）：112 – 118.

[20] 陈凯. 美国服务业内部结构变动趋势分析 [J]. 软科学，2008（3）：52 – 56.

[21] 陈丽君，金铭. 政策营销、政策获取意愿与政策有效性评价的关系研究——基于政策知晓度的中介效应检验 [J]. 中国行政管理，2020（2）：117 – 122.

[22] 陈秋玲. 中国服务产业研究 [M]. 北京：经济管理出版社，2010.

[23] 陈仕权. 生产性服务业的分类、特点及作用 [J]. 郑州航空工业管理学院学报（社会科学版），2006（4）：191 – 193.

[24] 陈岩峰，吕一尘. 促进广东科技服务业发展政策支持体系研究 [J]. 科技管理研究，2011，31（14）：28 – 32.

[25] 陈振明. 公共政策分析 [M]. 北京：中国人民大学出版社，2003.

[26] 陈卓咏. 服务业类型划分的一种新方案 [J]. 统计与决策，2008（11）：29 - 31.

[27] 程大中. 论服务业在国民经济中的"黏合剂"作用 [J]. 财贸经济，2004（2）：70 - 75，99.

[28] 程大中. 中国服务业的增长、技术进步与国际竞争力 [M]. 北京：经济管理出版社，2006.

[29] 迟福林. "十三五"：以服务业市场开放为重点的结构性改革 [J]. 行政管理改革，2016（2）：4 - 7.

[30] 迟福林. 走向服务业大国的转型与改革——2020 年中国经济转型升级的大趋势 [J]. 上海大学学报（社会科学版），2015，32（1）：1 - 18.

[31] 戴建军. 中美服务业统计分类和口径比较 [J]. 发展研究，2012（6）：10 - 14.

[32] 戴芷华. 欧盟服务业的政策演变和实施情况及发展前景（上）[J]. 世界贸易组织动态与研究，1996（10）：10 - 14.

[33] 邓仲良，张可云. 产业政策有效性分析框架与中国实践 [J]. 中国流通经济，2017，31（10）：89 - 99.

[34] 杜涛，冉伦，李金林，王珊珊. 基于 DtSBM 模型的中国医疗卫生服务效率动态评价 [J]. 北京理工大学学报（社会科学版），2019，21（4）：82 - 94.

[35] 樊桦. 我国运输服务业政策体系评述 [J]. 综合运输，2012（12）：31 - 39.

[36] 方远平，毕斗斗. 国内外服务业分类探讨 [J]. 国际经贸探索，2008（1）：72 - 76.

[37] 冯锋，高娟，詹正茂. 国际现代服务业创新政策研究与启示 [J]. 未来与发展，2008，29（10）：11 - 16.

[38] 冯锋，汪良兵. 协同创新视角下的区域科技政策绩效提升研究——基于泛长三角区域的实证分析 [J]. 科学学与科学技术管理，2011（12）：109 - 115.

［39］冯俊，张运来，崔正. 服务概念的多层次理解［J］. 北京工商大学学报（社会科学版），2011，26（2）：110 - 117.

［40］冯泰文. 生产性服务业的发展对制造业效率的影响——以交易成本和制造成本为中介变量［J］. 数量经济技术经济研究，2009，26（3）：56 - 65.

［41］高宝华. 促进我国居民生活服务业"一体两翼"发展的战略思考［J］. 金融经济，2017（12）：21 - 23.

［42］高传胜，李善同. 中国服务业：短处、突破方向与政策着力点——基于中、美、日、德四国投入产出数据的比较分析［J］. 中国软科学，2008（2）：16 - 22.

［43］高传胜，刘志彪. 生产者服务与长三角制造业集聚和发展——理论、实证与潜力分析［J］. 上海经济研究，2005（8）：35 - 42.

［44］高娟. 创新视角下知识密集型服务业发展研究与政策启示［D］. 合肥：中国科学技术大学，2009.

［45］高觉民，李晓慧. 生产性服务业与制造业的互动机理：理论与实证［J］. 中国工业经济，2011（6）：151 - 160.

［46］高泽敏. 新时代服务业转型升级的思考［J］. 决策探索（下），2019（1）：10 - 11.

［47］格鲁伯，迈克尔·A. 沃克. 服务业的增长：原因与影响［M］. 陈彪如，译. 上海：上海三联书店，1993.

［48］耿莉萍. 居民家庭服务消费的特征、制约因素与发展趋势分析［J］. 商业研究，2007（3）：190 - 193.

［49］耿莉萍. 我国居民服务消费的特点和居民服务业发展问题研究［J］. 北京工商大学学报（社会科学版），2006（4）：91 - 95.

［50］谷永芬，洪娟. 城市群服务业集聚与经济增长——以长三角为例［J］. 江西社会科学，2013，33（4）：43 - 47.

［51］顾乃华，毕斗斗，任旺兵. 生产性服务业与制造业互动发展：文献综述［J］. 经济学家，2006（6）：35 - 41.

［52］顾乃华，毕斗斗，任旺兵. 中国转型期生产性服务业发展与制

造业竞争力关系研究——基于面板数据的实证分析 [J].中国工业经济,2006 (9):14－21.

[53] 顾乃华,李江帆.中国服务业技术效率区域差异的实证分析 [J].经济研究,2006 (1):46－56.

[54] 顾乃华.服务业低效率体制的成因以及后果 [J].社会科学研究,2006 (5):73－77.

[55] 顾乃华.我国服务业发展状况区域差异及其影响因素的实证分析 [J].财贸经济,2004 (9):84－88.

[56] 郭东海.我国生产性服务业产业政策的演进、现状与问题 [J].东岳论丛,2012,33 (5):121－125.

[57] 郭东海.我国生产性服务业企业创新管理研究 [D].天津:天津大学,2011.

[58] 郭怀英.我国服务业政策的调整与创新 [J].宏观经济管理,2006 (2):31－33.

[59] 郭克莎.中国产业结构调整升级趋势与“十四五”时期政策思路 [J].中国工业经济,2019 (7):24－41.

[60] 郭世英,王庆,李素兰.中国服务业结构优化升级问题分析 [J].河北大学学报(哲学社会科学版),2010,35 (3):115－118.

[61] 郭淑芬,裴耀琳.山西省文化产业创新政策的协同性分析 [J].高等财经教育研究,2015,18 (4):70－75,82.

[62] 郭晓丹,宋维佳.战略性新兴产业的进入时机选择:领军还是跟进 [J].中国工业经济,2011 (5):119－128.

[63] 郭晔,赖章福.政策调控下的区域产业结构调整 [J].中国工业经济,2011 (4):74－83.

[64] 郭玥.政府创新补助的信号传递机制与企业创新 [J].中国工业经济,2018 (9):98－116.

[65] 国家发展改革委.服务业创新发展大纲(2017—2025 年) [EB/OL].(2017－6－21) [2021－8－16].http://www.gov.cn/xinwen/2017－06/21/content_5204377.htm.

[66] 国家发展和改革委员会办公厅.国家发展改革委、市场监管总局关于新时代服务业高质量发展的指导意见 [EB/OL].（2019 - 10 - 24）[2021 - 8 - 16].https：//www.ndrc.gov.cn/xxgk/zcfb/tz/201910/t20191024_1181944_ext.html.

[67] 韩宝国,李世奇.软件和信息技术服务业与中国经济增长 [J].数量经济技术经济研究,2018,35（11）：128 - 141.

[68] 韩冰.中国科技服务业集聚研究 [D].长春：吉林大学,2016.

[69] 韩坚,尹国俊.农业生产性服务业：提高农业生产效率的新途径 [J].学术交流,2006（11）：107 - 110.

[70] 韩乾,洪永淼.国家产业政策、资产价格与投资者行为 [J].经济研究,2014,49（12）：143 - 158.

[71] 韩永辉,黄亮雄,王贤彬.产业政策推动地方产业结构升级了吗？——基于发展型地方政府的理论解释与实证检验 [J].经济研究,2017,52（8）：33 - 48.

[72] 韩岳峰.美国服务贸易模式特征研究 [D].长春：吉林大学,2010.

[73] 郝爱民.农业生产性服务业对农业的影响——基于省级面板数据的研究 [J].财贸经济,2011（7）：97 - 102,136.

[74] 郝青青.高校大学生创业教育问题研究——以发展现代服务业为视角 [J].中国校外教育,2010（22）：9.

[75] 何成学.新中国 70 年社会主要矛盾的演变 [J].党史文汇,2019（6）：4 - 11.

[76] 贺兴东.产业视角下的运输服务业内涵分析 [J].综合运输,2013（1）：58 - 63.

[77] 贺志姣.产业生态理论视角下湖北省科技服务业发展政策支持体系研究 [J].科技进步与对策,2014,31（21）：104 - 109.

[78] 侯景新,尹卫红.区域经济分析方法 [M].北京：商务印书馆,2007.

[79] 胡慧庆,戴继勇,张文秋.我国生活性服务业标准化现状及对

策研究 [J]. 时代经贸, 2016 (27): 66 - 67.

[80] 胡霞. 中国城市服务业空间集聚变动趋势研究 [J]. 财贸经济, 2008 (6): 103 - 107, 129.

[81] 胡晓鹏, 李庆科. 生产性服务业与制造业共生关系研究——对苏、浙、沪投入产出表的动态比较 [J]. 数量经济技术经济研究, 2009, 26 (2): 33 - 46.

[82] 胡祖才. 加快推动服务业创新发展支撑引领经济转型升级 [J]. 现代企业, 2017 (8): 4 - 5.

[83] 黄朝晓, 唐婧妮, 王结玉. 发展服务业税收政策探讨 [J]. 特区经济, 2010 (4): 228 - 230.

[84] 黄繁华. 经济全球化与现代服务业 [M]. 南京: 南京出版社, 2002.

[85] 黄少军. 服务业与经济增长 [M]. 北京: 经济科学出版社, 2000.

[86] 黄先海, 宋学印, 诸竹君. 中国产业政策的最优实施空间界定——补贴效应、竞争兼容与过剩破解 [J]. 中国工业经济, 2015 (4): 57 - 69.

[87] 霍景东, 夏杰长. 现代服务业研究开发竞争力的国际比较 [J]. 中国软科学, 2007 (10): 8 - 14.

[88] 吉亚辉, 杨应德. 中国生产性服务业集聚的空间统计分析 [J]. 地域研究与开发, 2012, 31 (1): 1 - 5.

[89] 贾曼莹. 促进我国现代服务业发展的财税政策研究 [J]. 税务研究, 2010 (2): 95 - 97.

[90] 江飞涛, 李晓萍. 当前中国产业政策转型的基本逻辑 [J]. 南京大学学报 (哲学·人文科学·社会科学), 2015, 52 (3): 17 - 24, 157.

[91] 江飞涛, 李晓萍. 改革开放四十年中国产业政策演进与发展——兼论中国产业政策体系的转型 [J]. 管理世界, 2018, 34 (10): 73 - 85.

[92] 江飞涛, 李晓萍. 直接干预市场与限制竞争: 中国产业政策的取向与根本缺陷 [J]. 中国工业经济, 2010 (9): 26 - 36.

[93] 江飞涛, 李晓萍, 贺俊. 财政、金融与产业政策的协调配合研

究——基于推进供给侧结构性改革的视角［J］. 学习与探索，2016（8）：107 - 114，160.

［94］江静. 制度，营商环境与服务业发展——来自世界银行《全球营商环境报告》的证据［J］. 学海，2017（1）：176 - 183.

［95］姜长云. 服务业高质量发展的内涵界定与推进策略［J］. 改革，2019（6）：41 - 52.

［96］蒋琳. 借鉴国际经验完善现代服务业税收政策［J］. 涉外税务，2011（1）：34 - 38.

［97］金辉.《中国服务业改革开放 40 年》报告提出进一步扩大服务业对外开放的五点建议［N］. 经济参考报，2018 - 11 - 14（5）.

［98］科林·克拉克. 经济进步的条件［M］. 张旭昆，夏晴，译. 纽约：圣马丁出版社，1957.

［99］科学院（中国籍）院士研讨会文集［C］. 中国生产力学会，2011.

［100］寇天龙. 济南市现代服务业发展的扶持政策研究［D］. 乌鲁木齐：新疆大学，2017.

［101］匡佩远. 我国信息服务业发展政策研究［J］. 中国通信，2009，6（4）：36 - 40.

［102］匡贤明. 工业转型升级关键在于生产性服务业［J］. 金融经济，2015（13）：12 - 13.

［103］匡跃辉. 科技政策评估：标准与方法［J］. 科学管理研究，2005（6）：62 - 65，79.

［104］来有为. 推动服务业高质量发展需解决几个关键问题［N］. 经济日报，2018 - 07 - 12（15）.

［105］黎文靖，郑曼妮. 实质性创新还是策略性创新？——宏观产业政策对微观企业创新的影响［J］. 经济研究，2016，51（4）：60 - 73.

［106］李博，韩增林. 辽宁沿海经济带生产性服务业与制造业互动发展研究［J］. 海洋开发与管理，2013，30（4）：95 - 99.

［107］李晟婷，周晓唯，李娟伟. 供给侧与需求侧产业政策效应的异

质性与协同性 [J]. 西部论坛, 2020, 30 (4): 24 – 35.

[108] 李春成, 和金生. 完善我国区域服务业创新的政策体系研究 [J]. 科学学研究, 2009, 27 (5): 721 – 727.

[109] 李大明, 肖全章. 现代服务业区域发展差异因素研究 [J]. 中南财经政法大学学报, 2011 (4): 17 – 22.

[110] 李国刚, 李开航, 唐燕, 戚娇娇. 新常态背景下生产性服务业发展政策框架设计与分析 [J]. 情报杂志, 2016, 35 (9): 37 – 42.

[111] 李吉雄. 江西生产性服务业发展现状调研及对策 [J]. 中国商论, 2018 (32): 157 – 158.

[112] 李继尊. 关于互联网金融的思考 [J]. 管理世界, 2015 (7): 1 – 7, 16.

[113] 李江帆. 第三产业经济学 [M]. 广州: 广东人民出版社, 1990.

[114] 李金昌, 罗顺风. 我国服务业区域发展差异的收敛性分析 [J]. 统计科学与实践, 2010 (9): 30 – 32.

[115] 李京文. 现代服务业对推动经济发展的重要作用 [J]. 武汉理工大学学报 (信息与管理工程版), 2008 (2): 169 – 171, 184.

[116] 李晶, 黄斌. 科技服务业新分类及发展形势分析 [J]. 企业科技与发展, 2011 (23): 8 – 10.

[117] 李丽, 赵博文, 陈佳波, 李尚容. 我国流通服务业发展政策的历史演变 [J]. 商业经济研究, 2020 (15): 14 – 16.

[118] 李丽, 李尚容, 王微微, 陈佳波. 京津冀农产品流通政策的协同性及有效性分析 [J]. 商业经济研究, 2021 (4): 152 – 154.

[119] 李玲, 李伟. 乡村教师队伍建设政策协同性评价研究 [J]. 南京师大学报 (社会科学版), 2020 (1): 43 – 54.

[120] 李平, 付一夫, 张艳芳. 生产性服务业能成为中国经济高质量增长新动能吗 [J]. 中国工业经济, 2017 (12): 5 – 21.

[121] 李平. 美国服务业财税政策及借鉴 [J]. 涉外税务, 2007 (10): 46 – 50.

[122] 李启平. 生产性服务业与农业的互动发展: 基于投入产出表的

分析 [J]. 科技进步与对策, 2009, 26 (13): 73 – 75.

[123] 李善同, 陈波. 世界服务业发展趋势 [J]. 经济研究参考, 2002 (11): 38 – 44.

[124] 李文. 鼓励我国生产性服务业发展的税收政策研究 [J]. 税务与经济, 2008 (3): 87 – 92.

[125] 李杨, 张鹏举, 付亦重. 欧盟服务业创新政策新发展及对中国的启示 [J]. 科技进步与对策, 2015, 32 (19): 106 – 110.

[126] 李莹, 熊涓. 日本、韩国服务业、服务贸易的发展及对中国的启示 [J]. 学术交流, 2007 (10): 98 – 100.

[127] 李勇坚, 夏杰长, 林瑜璟. 服务业改革的"中国模式": 特征与评析——基于 1978—2016 年服务业改革历程 [J]. China Economist, 2018, 13 (4): 34 – 67.

[128] 李勇坚, 夏杰长. 1978—1984 年的中国服务业改革: 起源、动力与启示 [J]. 中国经济史研究, 2017 (6): 148 – 159.

[129] 李原. 关于我国发展现代服务业的几点思考 [J]. 经济问题, 2006 (6): 13 – 15.

[130] 李振杰. 金融服务业混业经营与风险控制实证分析 [J]. 统计与决策, 2018, 34 (17): 166 – 169.

[131] 荔小珂. 促进北京市文化创意产业发展的财税政策研究 [D]. 北京: 首都经济贸易大学, 2012.

[132] 梁璐璐, 赵胜民, 田昕明, 罗金峰. 宏观审慎政策及货币政策效果探讨: 基于 DSGE 框架的分析 [J]. 财经研究, 2014, 40 (3): 94 – 103.

[133] 林红. 金砖五国服务业发展比较研究 [D]. 长春: 吉林大学, 2016.

[134] 林仁文, 杨熠. 中国市场化改革与货币政策有效性演变——基于 DSGE 的模型分析 [M]. 管理世界, 2014 (6): 39 – 52.

[135] 林毅夫, 张军, 王勇, 寇宗来. 产业政策总结、反思与展望 [M]. 北京: 北京大学出版社, 2018.

[136] 凌永辉，刘志彪. 中国服务业发展的轨迹、逻辑与战略转变——改革开放 40 年来的经验分析 [J]. 经济学家，2018 (7)：45 - 54.

[137] 刘芳. 国外政府居家养老医疗服务政策与经验借鉴 [J]. 经济研究导刊，2012 (29)：63 - 64.

[138] 刘凤朝，孙玉涛. 我国科技政策向创新政策演变的过程、趋势与建议——基于我国 289 项创新政策的实证分析 [J]. 中国软科学，2007 (5)：34 - 42.

[139] 刘华，周莹. 我国技术转移政策体系及其协同运行机制研究 [J]. 科研管理，2012，33 (3)：105 - 112.

[140] 刘建民，王鑫. 我国生产性服务业税收政策研究 [J]. 财经理论与实践，2008，29 (4)：87 - 90.

[141] 刘戒骄，张小筠. 改革开放 40 年我国产业技术政策回顾与创新 [J]. 经济问题，2018 (12)：1 - 7.

[142] 刘金全，郑挺国. 我国货币政策冲击对实际产出周期波动的非对称影响分析 [J]. 数量经济技术经济研究，2006 (10)：3 - 14.

[143] 刘金全. 货币政策作用的有效性和非对称性研究 [J]. 管理世界，2002 (3)：43 - 51，59 - 153.

[144] 刘平. 日本促进服务业发展的政策特点及启示 [J]. 上海经济，2011 (8)：55 - 57.

[145] 刘强，杨万江，孟华兵. 农业生产性服务对我国粮食生产成本效率的影响分析——以水稻产业为例 [J]. 农业现代化研究，2017，38 (1)：8 - 14.

[146] 刘胜，陈秀英. 金融服务业与制造业空间协同分布驱动制造业转型升级了吗 [J]. 金融经济学研究，2019，34 (1)：111 - 120.

[147] 刘胜，顾乃华，陈秀英. 制度环境、政策不连续性与服务业可持续性增长——基于中国地方官员更替的视角 [J]. 财贸经济，2016 (10)：147 - 161.

[148] 刘思峰，等. 灰色系统理论及其应用 [M]. 8 版. 北京：科学出版社，2017.

［149］刘希宋，夏志勇，赵寰．基于全面建设小康社会的支柱产业政策绩效评价［J］．科学学与科学技术管理，2005，26（6）：116－119.

［150］刘希宋，夏志勇，赵寰．我国支柱产业的产业政策实施效果评价［J］．技术经济，2005（4）：9－11.

［151］刘小鸽．基于效率视角的产业政策效果评估——以我国A股上市公司为例［J］．科学与管理，2020，40（1）：76－82.

［152］刘奕，夏杰长，李垚．生产性服务业集聚与制造业升级［J］．中国工业经济，2017（7）：24－42.

［153］刘有章，肖腊珍．湖北现代服务业的发展现状及对策研究［J］．中南财经政法大学学报，2004（3）：33－38.

［154］刘治．促进我国服务业加快发展的政策措施［J］．宏观经济研究，2007（4）：9－13.

［155］柳成洋，曹俐莉，李涵．服务业分类研究［J］．世界标准化与质量管理，2008（6）：47－51.

［156］卢安文，张琪，卢华玲．基于合作兼容的互联网信息服务业激励性监管研究［J］．图书馆学研究，2017（9）：64－72.

［157］路红艳．国外发展生产性服务业的政策措施及启示［J］．中国经贸导刊，2010（19）：21－22.

［158］罗若愚，周立群．产业结构调整中的就业结构优化问题研究——以天津市为例［J］．理论与现代化，2005（1）：54－57.

［159］吕政，刘勇，王钦．中国生产性服务业发展的战略选择——基于产业互动的研究视角［J］．中国工业经济，2006（8）：5－12.

［160］马春，宋鸿．国外研发服务业发展现状及对我国的启示［J］．科技管理研究，2008，28（12）：69－71.

［161］马风华，刘俊．我国服务业地区性集聚程度实证研究［J］．经济管理，2006（23）：10－13.

［162］马立行．现行土地政策调整及其对现代服务业发展的支持［J］．上海经济研究，2010（5）：102－105.

［163］马鹏，李文秀．高端服务业集聚效应研究——基于产业控制力

视角的分析 [J]. 中国软科学, 2014 (4): 169 - 179.

[164] 孟可强, 陆铭. 中国的三大都市圈: 辐射范围及差异 [J]. 南方经济, 2011 (2): 3 - 15.

[165] 孟潇, 聂晓潞, 纪若雷. 关于现代服务业内涵辨析与发展经验的评析 [J]. 经济研究参考, 2014 (26): 41 - 49.

[166] 孟旭, 张树青. 关于服务定义研究视角的探讨 [J]. 商业时代, 2009 (15): 17 - 18.

[167] 芈凌云, 杨洁. 中国居民生活节能引导政策的效力与效果评估——基于中国 1996—2015 年政策文本的量化分析 [J]. 资源科学, 2017, 39 (4): 651 - 663.

[168] 南亮进. 经济发展的转折点: 日本经验 [M]. 关权, 译. 北京: 社会科学文献出版社, 2008.

[169] 泥川. "互联网 +" 下我国服务业企业改革创新的动力、导向与建议 [J]. 改革与战略, 2017, 33 (8): 163 - 165.

[170] 倪红福, 夏杰长. 区域生产性服务业发展水平、结构及其与制造业关系研究——基于中国省级投入产出表的分析 [J]. 山东财经大学学报, 2015, 27 (1): 60 - 72.

[171] 宁凌, 汪亮, 廖泽芳. 基于 DEA 的高技术产业政策评价研究——以广东省为例 [J]. 国家行政学院学报, 2011 (2): 99 - 103.

[172] 欧阳坤, 许文. 促进我国服务业发展的税收政策研究 [J]. 税务研究, 2009 (4): 9 - 14.

[173] 潘东波. 我国服务业发展与就业互动关系实证研究 [J]. 中国集体经济, 2016 (9): 88 - 89.

[174] 潘海岚. 中国服务业发展的政策变迁及效应评析 [J]. 北京工商大学学报 (社会科学版), 2009, 24 (5): 78 - 83.

[175] 庞毅, 宋冬英. 北京现代服务业发展研究 [J]. 经济与管理研究, 2005 (10): 42 - 45, 82.

[176] 彭纪生, 仲为国, 孙文祥. 政策测量、政策协同演变与经济绩效: 基于创新政策的实证研究 [J]. 管理世界, 2008 (9): 25 - 36.

［177］钱立华，方琦，鲁政委．刺激政策中的绿色经济与数字经济协同性研究［J］.西南金融，2020（12）：3－13.

［178］秦浩，郭薇．国外人力资源服务业的发展现状及趋势［J］.商业时代，2013（8）：122－123.

［179］青连斌．我国养老服务业发展的现状与展望［J］.中共福建省委党校学报，2016（3）：75－83.

［180］邱兆林．中国产业政策的特征及转型分析［J］.现代经济探讨，2015（7）：10－14.

［181］邱兆林．中国产业政策有效性的实证分析——基于工业行业的面板数据［J］.软科学，2015，29（2）：11－14.

［182］邱兆林．中国制造业转型升级中产业政策的绩效研究［D］.济南：山东大学，2016.

［183］瞿华，邓于君．我国服务业发展政策的特点研究——兼析部分省、直辖市、自治区服务业发展政策［J］.石家庄经济学院学报，2005（3）：281－284.

［184］瞿华．我国服务业政策分析和发展对策思考［J］.未来与发展，2007（8）：21－24，20.

［185］瞿宛文．多层级模式：中国特色的产业政策［J］.文化纵横，2018（2）：76－89.

［186］饶友玲．国际服务贸易［M］.北京：对外经济贸易大学出版社，2005.

［187］萨伊．政治经济学概论［M］.北京：商务印书馆，2009.

［188］申丹虹，张亚倩，薛山．我国服务业发展新趋势及对策探讨［J］.商业经济研究，2018（7）：169－173.

［189］申冬冬，张志彬，李桂．创新引领湖南服务业开放发展的研究［J］.华北理工大学学报（社会科学版），2018，18（6）：60－66.

［190］沈承刚．政策学［M］.北京：首都经济贸易大学出版社，1996.

［191］沈彤．充分发挥税收在促进服务业发展中的作用［J］.税务研究，2007（8）：27－32.

[192] 舒锐. 产业政策一定有效吗? ——基于工业数据的实证析 [J]. 产业经济研究, 2013 (3): 45 - 54.

[193] 司晓悦, 王园园. 我国高技术服务业政策研究——政策工具理论视角下《关于加快发展高技术服务业的指导意见》内容分析 [J]. 科学管理研究, 2013, 31 (6): 25 - 28, 36.

[194] 宋凌云, 王贤彬. 重点产业政策、资源重置与产业生产率 [J]. 管理世界, 2013 (12): 63 - 77.

[195] 孙斌, 彭纪生. 中国知识产权保护政策与创新政策的协同演变研究 [J]. 科技管理研究, 2010, 30 (1): 33 - 35.

[196] 孙博. 北京市文化创意产业政策实施情况评估报告 [J]. 首都师范大学文化研究院: 文化决策参考, 2013 (16): 1 - 10.

[197] 孙玉涛, 曹聪. 战略情景转变下中国创新政策主体合作结构演进实证 [J]. 研究与发展管理, 2012, 24 (4): 93 - 102.

[198] 孙早, 席建成. 市场化水平的门槛效应与差异化的产业政策 [J]. 经济与管理研究, 2016, 37 (8): 23 - 31.

[199] 谭晓军. 消费服务业科学发展的社会再生产图式分析 [J]. 经济社会体制比较, 2008 (3): 169 - 174.

[200] 谭旭东. 中国货币政策的有效性问题——基于政策时间不一致性的分析 [J]. 经济研究, 2008, 43 (9): 46 - 57.

[201] 唐旭, 冷克平. 我国现代服务业的转移趋势及对策分析 [J]. 科技进步与对策, 2006 (12): 108 - 110.

[202] 陶纪明. 服务业的内涵及其经济学特征分析 [J]. 社会科学, 2007 (1): 21 - 28.

[203] 汪旭晖, 冯文琪. 电子商务助推现代服务业升级: 机制、路径及政策——以大连市为例 [J]. 北京工商大学学报 (社会科学版), 2016, 31 (2): 41 - 52.

[204] 王爱俭, 王璟怡. 宏观审慎政策效应及其与货币政策关系研究 [J]. 经济研究, 2014, 49 (4): 17 - 31.

[205] 王宏起, 孙继红, 李玥. 战略性新兴企业自主创新的税收政策

有效性评价研究 [J]. 中国科技论坛, 2013 (6): 63 - 69.

[206] 王晶晶, 黄繁华, 于诚. 服务业集聚的动态溢出效应研究——来自中国 261 个地级及以上城市的经验证据 [J]. 经济理论与经济管理, 2014 (3): 48 - 58.

[207] 王坤, 沈娟, 高臣. 产教融合政策协同性评价研究 (2013—2020) [J]. 教育发展研究, 2020 (17): 66 - 75.

[208] 王洛忠, 张艺君. 我国新能源汽车产业政策协同问题研究——基于结构、过程与内容的三维框架 [J]. 中国行政管理, 2017 (3): 101 - 107.

[209] 王明雁. 服务业发展对中国经济增长贡献率的演化分析 [D]. 济南: 山东财经大学, 2015.

[210] 王琴英, 程凤. 京沪深生产性服务业对经济发展的影响作用比较——基于面板数据分析 [J]. 商业经济, 2019 (2): 61 - 62, 93.

[211] 王琴英, 刘远峰, 李晓晓. 京津冀服务业分行业的辐射能力与带动效应研究 [J]. 商业经济, 2019 (10): 41 - 45.

[212] 王琴英, 周文倩. 京津冀服务业分行业的结构差异与发展潜力研究 [J]. 当代经济, 2019 (2): 4 - 7.

[213] 王瑞丹. 高技术型现代服务业的产生机理与分类研究 [J]. 北京交通大学学报 (社会科学版), 2006 (1): 50 - 54.

[214] 王绍熙, 张汉林. 中国开放型经济制度创新 [M]. 上海: 上海财经大学出版社, 2005.

[215] 王思语, 林桂军. 供给侧改革背景下的我国服务业发展思考 [J]. 国际贸易, 2017 (3): 15 - 21.

[216] 王铁山. 中国服务业的技术效率及其区域差异分析 [J]. 求索, 2015 (5): 96 - 100.

[217] 王文, 孙早. 制造业需求与中国生产性服务业效率——经济发展水平的门槛效应 [J]. 财贸经济, 2017, 38 (7): 136 - 155.

[218] 王雅琴. 货币政策、财政政策与产业政策协同性研究 [J]. 价格理论与实践, 2020 (9): 107 - 110.

[219] 王亚星. 社会性服务业领域大学生创业问题研究 [D]. 沈阳:

沈阳师范大学，2015.

[220] 王益民，宋琰纹. 全球生产网络效应、集群封闭性及其"升级悖论"——基于大陆台商笔记本电脑产业集群的分析 [J]. 中国工业经济，2007（4）：46 - 53.

[221] 王振宇，邓尚洲. 江西省知识产权保护与科技创新协同发展的政策绩效研究 [J]. 企业经济，2017，36（6）：120 - 126.

[222] 王志明，张斌，方名山. 现代服务业的内涵界定与分类 [J]. 上海商业，2009（6）：6 - 10.

[223] 王志强，赵中建. 基于持续竞争优势的欧盟服务创新现状及其战略框架 [J]. 科学管理研究，2010，28（3）：75 - 78，86.

[224] 王琢卓，韩峰，赵玉奇. 生产性服务业对经济增长的集聚效应研究——基于中国地级城市面板 VAR 分析 [J]. 经济经纬，2012（4）：1 - 5.

[225] 蔚超. 政策协同的内涵、特点与实现条件 [J]. 理论导刊，2016（1）：56 - 59.

[226] 魏江，陶颜，王琳. 知识密集型服务业的概念与分类研究 [J]. 中国软科学，2007（1）：33 - 41.

[227] 魏作磊. 对第三产业发展带动我国就业的实证分析 [J]. 财贸经济，2004（3）：80 - 85.

[228] 吴飞飞，唐保庆. 人口老龄化对中国服务业发展的影响研究 [J]. 中国人口科学，2018（2）：103 - 115，128.

[229] 吴建华. 对现代服务概念的再认识——赴美商务考察的启示 [J]. 上海商业，1995（Z1）：226 - 227.

[230] 伍毓锋，汤志伟. 中国服务业发展的区域差异与动因分析 [J]. 商业经济研究，2015（19）：114 - 116.

[231] 席佳颖，张楠. 对接于现代服务业的大学生创业素质培养体系的研究 [J]. 职业教育研究，2011（10）：59 - 60.

[232] 席强敏，陈曦，李国平. 中国城市生产性服务业模式选择研究——以工业效率提升为导向 [J]. 中国工业经济，2015（2）：18 - 30.

［233］夏海力，贾海成．苏州市促进高技术服务业发展的政策环境研究［J］.中国科技论坛，2012（7）：115 - 119.

［234］夏杰长，李芳芳．经济新常态背景下中国服务业就业特征与趋势研究［J］.学习与探索，2015（7）：83 - 89.

［235］夏杰长，倪红福．中国经济增长的主导产业：服务业还是工业？［J］.南京大学学报（哲学·人文科学·社会科学），2016，53（3）：43 - 52.

［236］夏杰长，姚战琪．中国服务业开放 40 年——渐进历程、开放度评估和经验总结［J］.财经问题研究，2018（4）：3 - 14.

［237］夏杰长．我国服务业发展的实证分析与财税政策选择［J］.经济与管理研究，2007（2）：16 - 20，56.

［238］项安波，张文魁．中国产业政策的特点、评估与政策调整建议［J］.中国发展观察，2013（12）：19 - 21.

［239］小宫隆太郎，等．日本的产业政策［M］.黄晓勇，等译．北京：国际文化出版社，1988.

［240］肖全章．促进我国服务业发展的税收政策研究［J］.经济问题，2011（6）：106 - 109.

［241］肖泽磊，韩顺法．高技术产业政策实施效果评估——以江苏省高技术产业政策群为例（1998—2008）［J］.科技进步与对策，2011，28（24）：126 - 130.

［242］谢宁．中国服务业吸纳就业能力的实证研究［D］.天津：天津财经大学，2016.

［243］谢平，袁沁敔．我国近年利率政策的效果分析［J］.金融研究，2003（5）：1 - 13.

［244］谢少锋．融合创新协同推进　推动信息化和软件服务业持续健康发展［N］.中国电子报，2017 - 10 - 17（10）.

［245］熊小奇．发达国家科技中介服务业发展的经验及启示［J］.中国科技论坛，2007（11）：50 - 53，98.

［246］徐国祥，常宁．现代服务业统计标准的设计［J］.统计研究，

2004（12）：10 – 12.

[247] 徐伟金，周世锋，秦诗立. 发展高端服务业的重点选择 [J].
浙江经济，2009（8）：46 – 47.

[248] 宣扬. 中国货币政策与产业政策协调效果评估 [J]. 金融经济
学研究，2013，28（4）：94 – 104.

[249] 严飞. 基于模糊多准则决策方法的产业集群政策评价 [J]. 经
济问题，2012（2）：43 – 46.

[250] 严海伟. 我国现代服务业发展政策及规制研究 [J]. 黑龙江对
外经贸，2008（3）：104 – 105.

[251] 阎小培. 我国有关信息产业与城市发展的研究综述 [J]. 城市
问题，1998（3）：41 – 44.

[252] 阎小培. 信息产业与城市发展 [M]. 北京：科学出版社，1999.

[253] 阳镇，陈劲，凌鸿程. 相信协同的力量：央—地产业政策协同
性与企业创新 [J]. 经济评论，2021（2）：3 – 22.

[254] 杨婧，李玲. 软件外包与我国软件产业升级 [J]. 中国外资，
2011（6）：22 – 23.

[255] 杨衍江. 论区域经济增长中消费者服务业的角色定位与发展对
策 [J]. 商业时代，2010（7）：13 – 15.

[256] 杨媛媛. 我国生活性服务业信息化发展的对策研究 [D]. 哈
尔滨：中共黑龙江省委党校，2015.

[257] 姚永玲，陈卓咏. 服务业分类方案探讨——以北京市为例
[J]. 经济管理，2008（6）：86 – 91.

[258] 姚战琪. 我国人力资源服务业发展现状、趋势与政策建议
[J]. 经济研究参考，2012（46）：48 – 53.

[259] 姚战琪. 中国服务业开放的现状、问题和对策：基于中国服务
业 FDI 视角的研究 [J]. 国际贸易，2013（8）：12 – 17.

[260] 叶伟巍，梅亮，李文，等. 协同创新的动态机制与激励政策——
基于复杂系统理论视角 [J]. 管理世界，2014（6）：79 – 91.

[261] 于东智，池国华. 董事会规模、稳定性与公司绩效：理论与经

验分析 [J]. 经济研究, 2004 (4): 70 - 79.

[262] 于璇. 中国与欧盟服务业及服务贸易比较研究 [D]. 哈尔滨: 黑龙江大学, 2011.

[263] 余明桂, 范蕊, 钟慧洁. 中国产业政策与企业技术创新 [J]. 中国工业经济, 2016 (12): 5 - 22.

[264] 余怒涛, 沈中华. 董事会规模与公司价值关系的进一步检验——基于公司规模门槛效应的分析 [J]. 中国会计评论, 2008 (9): 237 - 254.

[265] 俞华, 路红艳. 我国生活性服务业政策梳理与分析 [J]. 中国经贸导刊, 2014 (30): 40 - 44.

[266] 俞梅珍. 服务业与当代国际经济竞争 [M]. 北京: 中国物资出版社, 2002.

[267] 郁义鸿, 黄云峰. 服务业对中国经济发展与结构转变贡献的一项实证研究 [J]. 复旦学报 (自然科学版), 2003 (5): 736 - 741.

[268] 袁勤俭. 美国产业分类体系的演化 [J]. 统计与信息论坛, 2005, 20 (1): 29 - 32.

[269] 苑清敏, 骆晓. 三大城市群中心城市集聚于辐射效应比较研究——以生产服务业为例 [J]. 价值工程, 2017 (12): 49 - 50.

[270] 苑新丽, 任东梅. 现代服务业发展与财税政策选择 [J]. 地方财政研究, 2008 (11): 33 - 37, 61.

[271] 曾国宁. 生产性服务业集群: 现象、机理和模式 [J]. 经济学动态, 2006 (12): 59 - 61.

[272] 曾璐璐. 开放式创新驱动生产性服务业转型升级的机理研究 [J]. 科技和产业, 2019 (8): 29 - 33.

[273] 湛军. "再工业化" 背景下欧盟现代服务业创新及发展我国高端服务业研究 [J]. 上海大学学报 (社会科学版), 2015, 32 (1): 126 - 140.

[274] 张程. 从服务产品到服务商品——服务商品概念的确立、考察和启示 [J]. 南京医科大学学报 (社会科学版), 2005 (3): 203 - 205.

[275] 张国兴,高秀林,汪应洛,郭菊娥. 我国节能减排政策协同的有效性研究:1997—2011 [J]. 管理评论,2015,27 (12):3-17.

[276] 张国兴,张绪涛,程素杰,柴国荣,王龙龙. 节能减排补贴政策下的企业与政府信号博弈模型 [J]. 中国管理科学,2013,21 (4):129-136.

[277] 张国兴,高秀林,汪应洛,郭菊娥,汪寿阳. 中国节能减排政策的测量、协同与演变——基于1978—2013年政策数据的研究 [J]. 中国人口·资源与环境,2014,24 (12):62-73.

[278] 张昊. 知识密集型服务业发展政策体系设计 [J]. 经济研究导刊,2013 (14):67-69.

[279] 张建升,谭伟. 我国服务业发展的地区差异及其影响因素 [J]. 企业经济,2011,30 (3):110-113.

[280] 张军扩,侯永志. 协调区域发展——30年区域政策与发展回顾 [M]. 北京:中国发展出版社,2008.

[281] 张楠. 日本现代服务业发展经验及对中国的启示 [J]. 现代财经 (天津财经大学学报),2011,31 (2):58-65.

[282] 张奇. 欧盟现代服务业的发展及对中国的启示 [D]. 大连:东北财经大学,2011.

[283] 张蕊,张天旗. 美国服务业发展状况对中国的启示 [C]//民生经济:转变经济发展方式的目标——中国生产力学会第16届年会暨世界生产力科学院 (中国籍) 院士研讨会文集. 北京:经济科学出版社,2012.

[284] 张素珍,徐江林. 试论我国服务业现状及发展对策 [J]. 科技进步与对策,2003,20 (4):67-68.

[285] 张学江,荆林波. 我国消费金融服务业发展现状及政策选择 [J]. 南京社会科学,2010 (11):35-43.

[286] 张艳秋,詹守廉. 我国现代服务业发展的政策软环境研究 [J]. 科技管理研究,2015,35 (13):108-112.

[287] 张永安,马昱. 基于R语言的区域技术创新政策量化分析

[J].情报杂志，2017，36（3）：113－118.

[288] 赵锦.中国网约车服务业的协同治理研究［D］.武汉：华中师范大学，2016.

[289] 赵晶晶.区域产业政策的制度基础、实施路径与效果测度研究［D］.天津：南开大学，2012.

[290] 赵莉晓.创新政策评估理论方法研究——基于公共政策评估逻辑框架的视角［J］.科学学研究，2014，32（2）：195－202.

[291] 赵卿，曾海舰.国家产业政策、信贷资源配置与企业业绩［J］.投资研究，2016，35（3）：58－72.

[292] 赵英，倪月菊.财政、货币、产业三大政策并用的宏观调控——亚洲金融危机以来中国经济宏观调控模式探讨［J］.经济管理，2012，34（8）：1－10.

[293] 甄峰，顾朝林，朱传耿.西方生产性服务业研究述评［J］.南京大学学报（哲学·人文科学·社会科学版），2001（3）：31－38.

[294] 郑才林.生产性服务对不同阶段产业集群竞争力影响研究［D］.杭州：浙江大学，2008.

[295] 郑吉昌，姜文杰.中国发展服务业政策与发展服务贸易政策的结合［J］.国际贸易，2008（12）：35－39.

[296] 郑吉昌.服务业在浙江产业结构转型升级中的战略地位［J］.浙江树人大学学报，2005（2）：32－38.

[297] 郑佳.中国基本公共服务均等化政策协同研究［D］.长春：吉林大学，2010.

[298] 钟韵，闫小培.我国生产性服务业与经济发展关系研究［J］.人文地理，2003（5）：46－51.

[299] 钟韵，闫小培.西方地理学界关于生产性服务业作用研究述评［J］.人文地理，2005（3）：12－17，5.

[300] 仲为国，彭纪生，孙文祥.政策测量、政策协同与技术绩效：基于中国创新政策的实证研究（1978—2006）［J］.科学学与科学技术管理，2009，30（3）：54－60，95.

[301] 仲为国，彭纪生，孙文祥．政策测量、政策协同与经济绩效——基于创新政策的实证研究（1978—2006）[J]．南方经济，2008（7）：45 - 58，67．

[302] 周革非，周力．新时期我国服务产业政策创新研究 [J]．经济纵横，2005（6）：37 - 39．

[303] 周侃，申玉铭，任旺兵．中国服务业政策效应及其影响因素 [J]．地理学报，2011，66（10）：1355 - 1367．

[304] 周珂慧，甄峰，余洋，姜煜华．中心城区金融服务业空间集聚过程与格局研究——以潍坊市奎文区为例 [J]．人文地理，2010，25（6）：62 - 67．

[305] 周亚虹，蒲余路，陈诗一，方芳．政府扶持与新型产业发展——以新能源为例 [J]．经济研究，2015，50（6）：147 - 161．

[306] 周英男，柳晓露，官宁．政策协同内涵、决策演进机理及应用现状分析 [J]．管理现代化，2017，37（6）：122 - 125．

[307] 周莹，刘华．知识产权公共政策的协同运行模式研究 [J]．科学学研究，2010，28（3）：351 - 356．

[308] 周峥，廖旻，奚大龙．北京文化政策绩效评价 [R]//杨松．北京经济发展报告（2014~2015）．北京：社会科学文献出版社，2015．

[309] 周志忍，蒋敏娟．整体政府下的政策协同：理论与发达国家的当代实践 [J]．国家行政学院学报，2010（6）：28 - 33．

[310] 朱立恩．服务业质量管理国际标准系列讲座（一）：ISO 9004—2 的产生及服务与服务业概念 [J]．中国商贸，1994（4）：57 - 58．

[311] 朱丽莉，李光泗．江苏省农业生产性服务业发展的制约因素与政策优化 [J]．江苏农业科学，2018（21）：7 - 11．

[312] 朱平芳，王永水，李世奇，谢婧青．新中国成立70年服务业发展与改革的历史进程、经验启示 [J]．数量经济技术经济研究，2019，36（8）：27 - 51．

[313] 朱玉佩．生产性服务业发展与高端制造业增长分析 [M]．合作经济与技术，2018（21）：6 - 8．

［314］ 祝影，涂琪. 全球科技创新中心的产业结构特征——来自美国 34 个大都市区的证据 ［J］. 城市发展研究，2016，23 (12)：29 - 36.

［315］ 庄丽娟. 服务定义的研究线索和理论界定 ［J］. 中国流通经 济，2004 (9)：42 - 45.

［316］ Aghion P，David P A，Foray D. Science，Technology and Innova- tion for Economic Growth：Linking Policy Research and Practice in "STIG Sys- tem" ［J］. *Research Policy*，2009，38 (4)：681 - 693.

［317］ Aghion P，Cai J，Dewatripont M，Du L S，Harrison A & Legros P. Industrial Policy and Competition ［J］. *American Economic Journal*：*Macroeco- nomics*，2015，7 (4)：1 - 32.

［318］ Alan MacPherson. The Role of Producer Service Outsourcing in the Innovation Performance of New York State Manufacturing Firms ［J］. *Annals of the Association of American Geographers*，1997 (87)：52 - 71.

［319］ Ando M. Fragmentation and Vertical Intra - Industry Trade in East - Asia ［J］. *North American Journal of Economics & Finance*，2006，17 (3)：257 - 281.

［320］ Arndt S W. Globalization and the OpenEconomy ［J］. *The North American Journal of Economics and Finance*，1997，8 (1)：71 - 79.

［321］ Barrell R，Dury K，Hurst K. International Monetary Policy Coordi- nation：an Evaluation Using a Large Econometric Model ［J］. *Economic Model- ling*，2003，20 (3)：507 - 527.

［322］ Browning H L，Singlemann J. *The Emergence of a Service Society* ［M］. Springfield：National Technical Information Service，1975.

［323］ Carley S. Decarbonization of the U. S. Electricity Sector：Are State Energy Policy Portfolios the Solution? ［J］. *Energy Economics*，2011，33 (5)：1004 - 1023.

［324］ Chen C，Wiser R，Mills A，et al. Weighing the Costs and Benefits of State Renewables Portfolio Standards in the United States：A Comparative Analysis of State - Level Policy Impact Projections ［J］. *Renewable and Sustain-*

able Energy Reviews, 2009, 13 (3): 552 – 566.

[325] Commission of the European Communities. *Assessing Community Innovation Policies in the Period* 2005—2009 [C]. Commission Staff Working Document, 2009.

[326] Cools M, Brijs K, Tormans H, et al. Optimizing the Implementation of Policy Measures through Social Acceptance Segmentation [J]. *Transport Policy*, 2012 (22): 80 – 87.

[327] Daisukelda. Optimal Monetary Policy Rules in a Two-country Economy with a Zero Bound on Nominal Interest Rates [J]. *North American Journal of Economics & Finance*, 2013, 24 (JAN.): 223 – 242.

[328] Daniel Bell. *The Coming of Post – Industrial Society* [M]. New York: Basic Books, 1973.

[329] House E R. *Evaluation with Validity* [M]. Beverly Hill: Sage, 1980.

[330] Eurostat Commission. *Seventh Community Innovation Survey Highest Proportions of Innovative Enterprises in Germany, Luxembourg and Belgium* [M]. Brussels: EU, 2013.

[331] Fischer C, Newell R G. Environmental and Technology Policies for Climate Mitigation [J]. *Journal of Environmental Economics & Management*, 2008, 55 (2): 142 – 162.

[332] G D Libecap. Economic Variables and the Development of the Law: The Case of Western Mineral Rights [J]. *The Journal of Economic History*, 1978, 38 (2): 338 – 362.

[333] Grubel, Herbert G, Walker, Michael. *Service Industry Growth: Causes and Effects* [M]. Montreal: Fraser Institute, 1989.

[334] Hansen N. Do Producer Services Induce Regional Economic Development? [J]. *Journal of Regional Science*, 2006, 30 (4): 465 – 476.

[335] Hausmann R, Rodrik D. Economic Development as Self-discovery [J]. *Journal of Development Economics*, 2003, 72 (2): 603 – 633.

［336］ Helga Pülzl, Marius Lazdinis. May the Open Method of Coordination Be a New Instrument for Forest Policy Deliberations in the European Union? ［J］. *Forest Policy and Economics*, 2011, 13 (6)：411 –418.

［337］ Herzog B. Coordination of Fiscal and Monetary Policy in CIS – countries：A Theory of Optimum Fiscal Area? ［J］. *Research in International Business & Finance*, 2006, 20 (2)：256 –274.

［338］ Hill P. On goods andservices ［J］. *Review of Income & Wealth*, 1997, 23 (4)：315 –318.

［339］ Hottenrott H, Peters B. Innovative Capability and Financing Constraints for Innovation：More Money, More Innovation? ［J］. *Review of Economics and Statistics*, 2012, 94 (4)：1126 –1142.

［340］ Howells J, Green A. Location, Technology and Industrial Organization in UK Services ［J］. *Progress in Planning*, 1986, 26 (2)：83 –184.

［341］ Hubbard R K B, Nutter D S. Service Sector Employment in Merseyside ［J］. *Geoforum*, 1982, 13 (3)：209 –235.

［342］ Hughes C E, Ritter A, Mabbitt N. Drug Policy Coordination：Identifying and Assessing Dimensions of Coordination ［J］. *International Journal of Drug Policy*, 2013, 24 (3)：244 –250.

［343］ Iglesias G, Rio P D, Dopico J A. Policy Analysis of Authorisation Procedures for Wind Energy Deployment in Spain ［J］. *Energy Policy*, 2011, 39 (7)：4067 –4076.

［344］ Klod H. *Structural Change Towards Services：The German Experience* ［R］. University of Brimingham, 2008.

［345］ Lall S. Industrial Policy：The Role of Government in Promoting Industrial and Technological Development ［J］. *Unctad Review*, 1994：65 –89.

［346］ Lee Jong – Wha. Government Interventions and Productivity Growth in Korean Manufacturing Industries ［J］. *Journal of Economic Growth*, 1996, 1 (3)：391 –414.

［347］ M A Katouzian. The Development of the Service Sector：A New Approach [J]. *Oxford Economic Papers*, 1970, 22 (3): 362 – 382.

[348] Martin F. Rethinking the Role of Fiscal Policy [J]. *American Economic Review*, 2009, 99 (2): 556 – 559.

[349] Meijers E, Stead D. Policy Integration: What Does It Mean and How Can It Be Achieved? A Multi-disciplinary Review [C]. *Berlin Conference on the Human Dimensions of Global Environmental Change: Greening of Policies-Interlinkages and Policy Integration.* 2004: 1 – 15.

[350] Mellssa Liew, Langford B White. Concurrent Temporal Planning Using Timed Petrinets-policy Evaluation [J]. *Springer Berlin/Heidelberg*, 2007: 727 – 731.

[351] Morelli G. Towards the Service Economy. And Yet It Moves! [J]. *Economia dei Servizi*, 2011 (1): 3 – 10.

[352] Mulford, C L, Rogers D L. *Definitions and Models* [M]. IΛ: Iowa State University Press, 1982.

[353] N Hansen. The Strategic Role of Producer Services in Regional Development [J]. *International Regional Science Review*, 1994: 1 – 2.

[354] Nina Maier. Coordination and cooperation in the European Marine Strategy Framework Directive and the US National OceanPolicy [J]. *Ocean and Coastal Management*, 2014 (92): 1 – 8.

[355] Noman A, Stiglitz J E. *Learning, Industrial and Technology Policies. Efficiency, Finance and Varieties of Industrial Policy: Guiding Resources, Learning and Technology for Sustained Growth* [M]. New York: Columbia University Press, 2016.

[356] Olaya Y. Modelling for Policy Assessment in the Natural Gas Industry [J]. *Journal of the Operational Research Society*, 2005, 56 (10): 1122 – 1131.

[357] P W Daniels. The Geography of Services [J]. *Progress in Physical Geography*, 1985, 9 (3): 443 – 451.

[358] Pack H, Saggi K. Is There a Case for Industrial Policy? A Critical

Survey [J]. *The World Bank Research Observer*, 2006, 21 (2): 267 – 297.

[359] Peltzman S. Toward a More General Theory of Regulation [J]. *Journal of Law and Economics*, 1976 (19): 211 – 240.

[360] Poister T H. *Public Program Analysis: Applied Research Methods* [M]. New York: University Park Press, 1978.

[361] Pollitt C. Joined-up Government: a Survey [J]. *Political Studies Review*, 2003, 1 (1): 34 – 49.

[362] Recalde M. Energy Policy and Energy Market Performance: The Argentinean Case [J]. *Energy Policy*, 2011, 39 (6): 3860 – 3868.

[363] Riddle. *Service-led Growth: The Role of the Service Sector in World Development* [M]. New York: Praeger, 1986.

[364] Rodrik D. Industrial Policy: Don't Ask Why, Ask How [J]. *Middle East Development Journal*, 2009, 1 (1): 1 – 29.

[365] Rodrik D. Understanding Economic Policy Reform [J]. *Journal of Economic Literature*, 1996, 34 (1): 9 – 41.

[366] Singelmann J. From Agriculture to Services: the Transformation of Industrial Employment [J]. *Sage Library of Social Research*, 1978 (68): 165 – 171.

[367] Smith N, Mitton C, Coraelissen E, et al. Using Evaluation Theory in Priority Setting and Resource Allocation [J]. *Journal of Health Organization & Management*, 2012, 26 (4 – 5): 655.

[368] Sorensen C H, Longva F. Increased Coordination in Public Transport—Which Mechanisms Are Available? [J]. *Transport Policy*, 2011, 18 (1): 117 – 125.

[369] Stiglitz J E. Some Lessons from the East Asian Miracle [J]. *The Word Bank Research Observer*, 1996 (11): 151 – 177.

[370] Suh H. Macroprudential Policy: Its Effects and Relationship to Monetary Policy [J]. *FRB of Philadelphia Working Paper*, 2012: 12 – 28.

[371] Tom Elfring. New Evidence on the Expansion of Service Employment

in Advanced Economies [J]. *Review of Income & Wealth*, 1989, 35 (4): 409 – 440.

[372] Tony S Frost. Imitation to Innovation: The Dynamics of Korea's Technological Learning [J]. *Journal of International Business Studies*, 1997, 28 (4): 868 – 872.

[373] Vakili G, Khorsandi S. Coordination of Cooperation Policies in a Peer – to – Peer System Using Swarm-based RL [J]. *Journal of Network & Computer Applications*, 2012, 35 (2): 713 – 722.

[374] W J Baumol. Macroeconomics of Unbalanced Growth: The Anatomy of Urban Crisis [J]. *The American Economic Review*, 1967, 57 (3): 415 – 426.

[375] Weixin Yang, Guanghui Yuan, Jingti Han. Is China's Air Pollution Control Policy Effective? Evidence from Yangtze River Delta Cities [J]. *Journal of Cleaner Production*, 2019 (220): 110 – 133.

[376] Young A A. Increasing Returns and Economic Progress [J]. *Economic Journal*, 1928, 38 (152): 527 – 542.

[377] Yuan G H. Yang W X. Evaluating China's Air Pollution Control Policy with Extended AQI Indicator System: Example of the Beijing – Tianjin – Hebei Region [J]. *Sustainability*, 2019, 11, 939.